本书出版得到

西北大学"双一流"建设项目资助

（Sponsored by First-class Universities and
Academic Programs of Northwest University）

丝 路 豹 斑

（续集）

——不起眼的交流，不经意的发现

舟万里　著

科学出版社

北京

内 容 简 介

本书共分十一章，各章内容以"丝绸之路"为线索，将其串联在一起，形成基本架构，主要论述了古代中国与希腊、罗马、中亚、西亚及古印度之间存在的文化交流。其中包括峰牛、三花马等的交流；与佛教相关的石窟地形的选择、香炉造型、舍利容器与舍利瘗埋等的交流；波斯与中国文化的交流问题；作为中华民族文化符号的"胜"的发展与传播；中原王朝对西域经略过程中的文化传播；以贵霜为中介的希腊罗马与中国的文化交流等。全书所述分为以下几种情况：一是前辈学者已经在有关论著中有所涉及，但无暇展开论述者，著者在其基础上结合新的考古发现进行了全面综合的研究；二是国外学者以日本学者为主，对其本国所涉及的问题已经有较为详细的论述，著者在其观点的启发之下，对我国的相关问题展开探讨；三是著者在读书学习、教学和研究过程中的一点心得体会。综合而言，本书内容丰富，选题新颖，视角独特，以小见大，为读者阐释了人类文明交往的特点，适合考古工作者、美术史研究者以及相关领域的研究者阅读。

图书在版编目（CIP）数据

丝路豹斑：不起眼的交流，不经意的发现：续集 / 冉万里著 . —北京：科学出版社，2020.10

ISBN 978-7-03-066292-7

Ⅰ.①丝… Ⅱ.①冉… Ⅲ.①丝绸之路－研究 Ⅳ.① K928.6

中国版本图书馆 CIP 数据核字（2020）第 189751 号

责任编辑：柴丽丽 / 责任校对：邹慧卿
责任印制：肖　兴 / 封面设计：张　放

科 学 出 版 社 出版
北京东黄城根北街 16 号
邮政编码：100717
http://www.sciencep.com

北京汇瑞嘉合文化发展有限公司 印刷
科学出版社发行　各地新华书店经销

*

2020 年 10 月第 一 版　开本：787×1092　1/16
2020 年 10 月第一次印刷　印张：23 3/4
字数：560 000

定价：**200.00** 元
（如有印装质量问题，我社负责调换）

前　言

　　自德国地理学者李希霍芬提出"丝绸之路"这一概念，距今已经120多年了。人们经过不断努力和探索，不仅丰富了"丝绸之路"的内涵，而且还因具体路径的差异，提出了各种不同的名称，诸如"绿洲丝绸之路"、"草原丝绸之路"、"海上丝绸之路"等。但从本质上而言，"丝绸之路"是古代连接欧亚大陆的漫长的道路网络，是两者之间贸易和民族迁徙的通道，更是文化交流的纽带和桥梁。它也因时代的变迁和地域的不同，有时为线状，犹如一条条丝线；有时为路网，犹如纵横交错的美丽织锦。自公元前2世纪起，沿着张骞开通的"丝绸之路"，东西方之间的物质和精神文明不断地交流和融合，从而对当时社会的政治、经济、文化等方面产生了深远的影响，并不同程度地促进了"丝绸之路"沿线社会的进步，对人类文明的发展有巨大的贡献。因此，"丝绸之路"是一个永远谈不完的话题。

　　尽管"丝绸之路"的开通在古代是了不起的大事情，其重要性也是不言而喻的，但"丝绸之路"上的行走绝不是浪漫之旅，它是那些敢于冒着生命危险的大无畏者，胸怀世界放眼天下的智者，不畏千难万险趟出来的连接东西方的"路"，它不同于一般意义上的"路"。司马迁将张骞出使西域概括为"凿空"，盖有前无古人之意，其评价再恰当不过。东晋高僧法显在《法显传》中也说："沙河中多有恶鬼、热风，遇则皆死，无一全者。上无飞鸟，下无走兽。遍望极目，欲求度处，则莫知所拟，唯以死人枯骨为标识耳。"由此可以更进一步感知"丝绸之路"开通的意义是非凡的。

　　漫长的"丝绸之路"是人类文明交往的主通道，但通过其进行的各种交流是有层次性的。在交流的过程中，既有国家层面的直接交流，也有普通商队层面的交流；既有物质层面的交流，也有精神、文化、宗教、技术层面的交流，不一而足。既然交流本身具有层次性，那么研究自然而然会有宏观与微观之分。宏观研究的对象可以是路网的形成、民族的迁徙等，微观研究的对象可以是某类奢侈品、某种纹饰或者器物造型的传播与交流等。但不论是宏观还是微观研究，都必须在特定的历史背景下进行，不能刻意地放大或缩小交流的意义。国家层面的交流，在浩如烟海的汉文典籍中，大体上可以勾勒出其轮廓，如果再辅以《职贡图》、《客使图》之类生动形象的图像资料，则会使当时的交流情形更加生动。值得注意的是，有些文化交流的历史沉淀，其表现较为隐蔽，往往隐藏于人们习以为常、司空见惯的各类遗物、装饰纹样或者一些不起眼的迹象中，需要仔细地辨析和研究，才能究明其交流、融合的过程。比较有趣的是，这种微观研究却往往需要宏观的视野，有时候甚至需要将"丝绸之路"沿线的诸文明要素综合起来，才能看清其来龙去脉。这，也许正是不同的世界文明通过"丝绸之路"而融合在一起的写照！

拙著正是基于上述考虑，从若干个不大引人关注的问题入手，对"丝绸之路"这一永远谈不完的话题进行了一些不成熟的探讨。核心内容为古代中国与希腊、罗马、中亚、西亚及古印度之间存在的文化交流。其中包括峰牛、三花马等的交流；与佛教相关的石窟地形的选择、香炉造型、舍利容器与舍利瘗埋等的交流；波斯与中国文化的交流问题；作为文化符号的"胜"的发展与传播；中原王朝对西域经略过程中的文化传播；以贵霜为中介的希腊罗马与中国的文化交流等。内容虽然有点驳杂，但以"丝绸之路"这条主线将其贯穿起来，从而形成拙著的基本架构。

由于个人能力有限，在论述过程中难免有失之偏颇或者错误的看法，不足及错误之处，敬请方家批评指正。

目　　录

前言

第一章　峰牛东来——又一个"丝绸之路"的文化符号 ………………………（1）

　　一、文献资料中有关峰牛的记载及唐以前的峰牛形象 ………………………（1）

　　二、考古发掘出土的唐代峰牛俑及壁画、墓志纹饰中的峰牛形象 …………（10）

　　三、峰牛在古印度等地的地位 ………………………………………………（20）

　　四、南宋程大昌对峰牛的解释所反映的问题 ………………………………（27）

　　五、峰牛俑——骆驼俑、胡人俑之外又一"丝绸之路"的象征符号 ………（27）

　　六、结语 ………………………………………………………………………（34）

第二章　两则故事的比较——古代波斯与中国文化交流的探索 ……………（43）

　　一、故事抄录 …………………………………………………………………（43）

　　二、故事内容比较 ……………………………………………………………（44）

　　三、两则故事反映的波斯与唐王朝的文化交流 ……………………………（47）

　　四、结语 ………………………………………………………………………（50）

第三章　狮子、须弥山、覆钵塔与香炉的完美结合——一个古印度创意的传播 …（52）

　　一、造型及宗教含义的分析 …………………………………………………（54）

　　二、唐代狮子香炉的余韵 ……………………………………………………（71）

　　三、创意的源头——印度 ……………………………………………………（75）

　　四、结语 ………………………………………………………………………（76）

第四章　山水形胜——阿旃陀石窟与麟游慈善寺石窟寺地形选择的比较 …（77）

第五章　头光与背光上的放射状线条——一个外来因素的东传 ……………（85）

　　一、犍陀罗地区放射线状凸棱头光造像举例 ………………………………（86）

　　二、对新疆地区及内地佛教造像、壁画的影响 ……………………………（86）

　　三、对日本的影响 ……………………………………………………………（96）

　　四、结语 ………………………………………………………………………（98）

第六章　龟兹印章与外来文化 …………………………………………………（99）

　　一、大象鼻端顶瓶花　印度文化龟兹发芽 …………………………………（99）

　　二、回身射猎国王姿　人立狮子自波斯 ……………………………………（105）

　　三、盘腿而坐西域风　国王风采示天下 ·······················（112）

　　四、结语 ··（114）

第七章　摩羯纹饰相关问题的思考 ·································（115）

　　一、古印度摩羯形象的类型 ·····································（116）

　　二、相关问题探讨 ··（125）

　　三、结语 ···（142）

第八章　舍利容器与舍利信仰 ·····································（144）

　第一节　古印度舍利容器集锦及初步研究 ····················（144）

　　一、覆钵塔形舍利容器 ···（145）

　　二、罐形舍利容器 ··（152）

　　三、扁平盒形舍利容器 ···（161）

　　四、圆筒状舍利容器 ··（162）

　　五、其他形状的舍利容器 ··（170）

　　六、结语 ···（172）

　第二节　越南北宁省发现的隋交州龙编县禅众寺舍利石函及塔铭 ···（182）

　　一、交州禅众寺舍利石函及塔铭的概况与研究 ············（186）

　　二、关于交州及龙编县 ···（197）

　　三、结语 ···（199）

　第三节　古代中韩舍利瘗埋的比较研究——以南北朝至隋唐时期为中心 ···（199）

　　一、文献中有关中韩舍利瘗埋关系的记载 ··················（200）

　　二、瘗埋方式的比较 ··（202）

　　三、舍利容器的组合方式 ··（206）

　　四、舍利容器造型的比较 ··（212）

　　五、舍利容器之下安置莲花座的比较 ·······················（228）

　　六、同一地点反复瘗埋舍利的问题 ···························（229）

　　七、从棺椁形舍利容器的有无看中韩舍利信仰的差异 ···（229）

　　八、结语 ···（230）

第九章　"三花"、"三鬃"两相呼，御马颈饰修剪成——苏轼眼中的三花马 ···（232）

　　一、紫髯胡雏金剪刀　平明剪出三鬃高 ····················（232）

　　二、御马盛唐呼"三鬃"　乐天诗颂马"三花" ············（233）

　　三、秦汉花马传万古　域外"三花"点马颈 ···············（234）

　　四、意外的收获 ··（243）

　　五、结语 ···（250）

第十章　胜——一个民族的文化符号·······························（251）

一、西王母式胜的分类与演变 ·······························（251）

二、花胜的发现与演变 ···································（286）

三、人胜的发现与演变 ···································（292）

四、结语 ···（296）

第十一章　史海拾贝·····································（299）

第一节　长安镜像·····································（299）

一、一幅承载历史记忆的马毬图像——唐嗣虢王李邕墓壁画中的打马毬图 ··（299）

二、"丝绸之路"视野中的一件三彩骆驼俑 ·····················（309）

三、长安盛开无花果——一幅珍贵的"无花果采摘归来图" ·············（327）

四、大唐威仪——章怀太子墓"客使图"中的鸿胪寺官员形象 ···········（332）

五、跋一幅珍贵的"羊车通学"图像 ·························（334）

第二节　新疆文物中的历史镜像·····························（340）

一、吐鲁番的日月图案与器物装饰 ·························（340）

二、库车发现的阿特拉斯铜像 ···························（344）

三、托库孜萨来古城遗址的摩崖造像 ·······················（349）

四、于阗蚕神——关于和田出土的一件双人面双耳陶壶 ·············（353）

五、猕猴顶钵——猕猴奉蜜的佛传故事 ·······················（357）

结语···（364）

后记···（366）

第一章　峰牛东来
——又一个"丝绸之路"的文化符号

在唐代的动物俑中，骆驼俑及胡人俑等因其与"丝绸之路"关系密切而格外受学界的宠爱，对于它们的论述以汗牛充栋来形容也不为过，而且还有继续扩大的趋势。其中有一种动物俑——峰牛俑，本来也是中外文化交流和"丝绸之路"的象征符号，但由于种种原因，人们还没有认识到其价值，使其在唐代陶俑的海洋里显得有些孤寂，有"泯然众人矣"的遗憾。就连写出《唐代的外来文明》(《撒马尔罕的金桃》)这本名著的谢弗(薛爱华)在对唐代的牛进行论述时[①]，也没有注意到"峰牛"这一与外来文化交流有着密切关系的动物，应该与之写作其著作时囿于唐代的峰牛俑尚未发现有关。笔者在阅读河南洛阳唐王雄诞夫人魏氏墓发掘报告时，得益于该报告图版印刷精美而且醒目，发现该墓中出土了一组形象逼真而尤显珍贵的三彩陶俑，其中有 8 件施黄釉的牛俑与其他的牛俑有所不同，显得尤其重要[②] (图 1-1)。从其项部隆起如驼峰[③] (图 1-2)这一点来看，应该是以文献记载中的"峰牛"为蓝本制作而成的，峰牛在文献中也被称为"封牛"、"犎牛"、"犦牛"。

"峰牛"现代也称为"瘤牛"[④] (图 1-3),《辞海》"瘤牛 (*Bos chindcus*)"条云:"中国古称为'犎牛'、'封牛'，哺乳纲，牛科，反刍家畜。因鬐甲部组织隆起如瘤，故名。被毛多灰白色，亦有赤、褐、黑或有花斑者。头面狭长，额平或稍隆起。垂皮发达。皮肤较致密，分泌有臭气的皮脂。耐热，性极温驯。原产亚洲和非洲热带地区。有乳用、役用、乳役兼用等类型。常用它与欧洲牛杂交，以育成高产耐热的新品种。"[⑤]

一、文献资料中有关峰牛的记载及唐以前的峰牛形象

关于峰牛，在文献资料中有不少记载，现将与拙著论述相关的记载列举于下:

---

① 〔美〕谢弗著，吴玉贵译:《唐代的外来文明》，中国社会科学出版社，1995 年，第 157—159 页。

② 洛阳市文物考古研究院:《唐王雄诞夫人魏氏墓》，中州古籍出版社，2016 年，第 207—214 页。

③ 该骆驼俑出土于陕西西安灞桥区洪庆村唐墓，参见西安市文物保护考古研究院:《西安文物精华·陶俑》，世界图书出版公司，2014 年，第 218 页，图版 277。

④ 文中插图系日本奈良县立橿原考古学研究所副所长冈林孝作先生拍摄并提供，拍摄地点位于印度中南部阿玛拉瓦蒂附近的克里希纳河(Krishna River)岸边。笔者在此深表谢意!

⑤ 辞海编辑委员会:《辞海》第六版彩图本，上海辞书出版社，2009 年，第 1425 页。

图1-1　河南洛阳唐王雄诞夫人魏氏墓出土峰牛俑一组

图1-2　陕西西安灞桥区洪庆村唐墓出土骆驼俑　　　　图1-3　现代瘤牛

　　《汉书·西域传上·罽宾国》记载："（罽宾国）出封牛、水牛、象、大狗、沐猴、孔爵（即孔雀）、珠玑、珊瑚、虎魄、璧流离"。颜师古注："封牛，项上隆起者也"[1]。

　　《后汉书·南蛮西南夷传》记载："永初元年（107年），徼外僬侥种夷陆类等三千

────────────────

① （汉）班固撰，（唐）颜师古注：《汉书》，中华书局，1962年，第3885页。

余口举种内附，献象牙、水牛、封牛"①。

《后汉书·顺帝纪》记载：阳嘉二年（133年），"疏勒国献师子、封牛"。李贤注："封牛，其领上肉隆起若封然，因以名之，即今之峰牛"②。

《后汉书·西域传》记载："（条支国）土地暑湿，出师子、犀牛、封牛、孔雀、大雀"③。

《尔雅》卷下《释畜第十九》"犦牛"条，晋郭璞注："即犫牛也。领上肉犦胅起高二尺许，状如橐驼，肉鞍一边。健行者日三百余里。今交州、合浦、徐闻县出此牛"④。

《晋书·张骏传》记载："西域诸国献汗血马、火浣布、犎牛、孔雀、巨象及诸珍异二百余品"⑤。

《初学记》卷二十九引《广志》云："有牧牛，项上堆肉大如斗，似驼驼⑥，日行三百里，出徐门⑦"⑧。

唐人杜佑在其所著《通典》一书中，记述罽宾国的物产时，其内容与前文所引《汉书》相似。据《通典》卷一百九十二《西戎传》"罽宾"条记载："出犎牛、水牛、象、大狗、沐猴、孔雀、犫牛，项上高起。大狗，如驴，赤色。珠玑、珊瑚、琥珀、璧琉璃"⑨。又据《太平寰宇记》卷一百八十二"罽宾"条引《西域记》云："出犎牛、水牛、象、大狗、沐猴、孔雀、犫牛，项上高起。大狗，如驴，赤色。珠玑、珊瑚、琥珀、璧琉璃"⑩。两者相较，可知《通典》关于罽宾的记载直接来自《西域记》。

《通典》卷一百九十二《西戎传》"条支"条记载："出犎牛、孔雀，有大鸟，卵如瓮"⑪。又据《太平寰宇记》卷一百八十四《四夷传》"条支"条记载："出犎牛、孔雀，有大鸟，卵如瓮"⑫。

《通典》卷一百九十三《西戎传》"康居"条记载："出马、驼、骡、驴、犫牛……"⑬。又据《太平寰宇记》卷一百八十三《四夷传》"康居"条记载："出驼、马、

① （宋）范晔撰，（唐）李贤等注：《后汉书》，中华书局，1965年，第2851页。

② （宋）范晔撰，（唐）李贤等注：《后汉书》，中华书局，1965年，第263页。

③ （宋）范晔撰，（唐）李贤等注：《后汉书》，中华书局，1965年，第2918页。

④ 《尔雅：附音序、笔画索引》，中华书局，2016年，第101页。

⑤ （唐）房玄龄等：《晋书》，中华书局，1974年，第2235页。

⑥ （宋）李昉等：《太平御览》，中华书局，1960年，第3985页作"橐驼"。

⑦ 此处"徐门"似应为"徐闻"。

⑧ （唐）徐坚等：《初学记》，中华书局，2004年第2版，第706页。

⑨ （唐）杜佑撰，王文锦等点校：《通典》，中华书局，1988年，第5235页。

⑩ （宋）乐史撰，王文楚等点校：《太平寰宇记》，中华书局，2007年，第3488页。

⑪ （唐）杜佑撰，王文锦等点校：《通典》，中华书局，1988年，第5237页。

⑫ （宋）乐史撰，王文楚等点校：《太平寰宇记》，中华书局，2007年，第3519页。

⑬ （唐）杜佑撰，王文锦等点校：《通典》，中华书局，1988年，第5256页。

犎牛……"①。

《太平寰宇记》卷一百八十一《四夷传》"龟兹"条记载："土多稻、粟、菽、麦、饶铜、铁、卤砂、盐绿、雌黄、胡粉、安西香、良马、犎牛"②。

如果将上述相关文献记载进行梳理、排比，这种项部隆起的峰牛，最初仅被视作一种外来的方物，而且在两汉之际已经作为一种贡品传入我国，是当时东西方文化交流的象征。从《辞海》的解释来看，中国北方中原地区及长江流域没有峰牛生存，但根据《后汉书·西南夷传》记载，在东汉时期峰牛已在位于云南的滇国饲养。对于云南地区出土的春秋晚期至西汉时期的青铜器等之上的峰牛形象，汪宁生进行了简约的论述，认为"牛角长而弯，颈有高峰，与今滇池地区的牛完全不同，而与西双版纳、德宏地区的牛相近。这种牛当是《后汉书·西南夷传》说的'封（峰）牛'，即今之瘤牛（zebu）"③。汪宁生的论述可谓一针见血，中肯至极。后来张增祺在其基础上又进一步认为，滇国的峰牛很可能是流行于我国西北及中亚地区一带的封牛，后来随当地游牧民族南迁于云南，成为滇国的饲养对象④。霍巍、赵德云在探讨战国秦汉时期中国西南地区的对外文化交流时，对汪宁生、张增祺的论述进行过综述⑤。俞方洁近来就滇文化中的瘤牛形象发表了长篇文章，对滇文化中的瘤牛形象及其传播路线等问题进行了深入研究，并认为"瘤牛传入中国的路线不大可能从北方传入，但有可能从印度、东南亚进入云南。由于横断山区高山深谷的阻碍，尽管蜀身毒道是古代云南赴印度的最短行程，但通行的可能性较小。结合印度、泰国考古资料，瘤牛可能是从印度海航至缅甸、泰国，通过怒江、澜沧江北上，抵达云南境内"⑥。结合文献资料和目前的研究成果来看，峰牛不仅在东汉时期的云南地区（现主要集中在西双版纳、德宏地区）已经大量饲养，而且曾经作为贡品向东汉王朝贡献，即峰牛也曾充当过文化互动与交流的角色。而在西汉时期，中原地区就与西南夷的滇国有密切的关系，《史记·西南夷列传》曾记载，汉武帝为了打通自西南至身毒（印度）之间的通道，曾派使者王然于、柏始昌、吕越人等至滇国。同时在元封二年（公元前 109 年）"滇王离难西南夷，举国降，请置吏入朝。于是以为益州郡，赐滇王王印，复长其民。西南夷君长以百数，独夜郎、滇

① （宋）乐史撰，王文楚等点校：《太平寰宇记》，中华书局，2007 年，第 3494 页。

② （宋）乐史撰，王文楚等点校：《太平寰宇记》，中华书局，2007 年，第 3464 页。

③ 汪宁生：《"滇人"的经济生活和社会生活》，《云南青铜器论丛》，文物出版社，1981 年，第45、46 页。

④ 张增祺：《滇国与滇文化》，云南美术出版社，1997 年，第 63 页。

⑤ 霍巍、赵德云：《战国秦汉时期中国西南地区的对外文化交流》，巴蜀书社，2007 年，第 75、76 页。

⑥ 俞方洁：《滇文化瘤牛形象研究》，《艺术研究》2016 年第 3 期。

受王印"①。晋宁石寨山 M6 出土的"滇王之印"金印②，则是中原地区与西南夷的滇国关系密切的直接证据，同时也证明了文献记载的真实性。考古发掘也证明，在滇文化的墓葬发展演变序列中，其中第四期墓葬（年代在西汉晚期至东汉初期）的中原文化特征已经非常显著而且占据主要地位③。另外，从目前云南地区所出土的春秋晚期至西汉时期的装饰有峰牛的青铜器物来看，主要见于贮贝器（图1-4）、扣饰（图1-5-1）、器盖（图1-5-2）、杖头（图1-5-3）、案（图1-5-4）、枕（图1-5-5）等，还有一些独立的峰牛造型④（图1-5-6）。云南地区出土的这些装饰峰牛或者峰牛造型的春秋晚期至西汉时期青铜器，充分反映了这一地区在当时已经大量饲养峰牛了，在东汉时期峰牛还曾作为归附民贡献给朝廷的见面礼。

1　　　　　　　　　2　　　　　　　　　3

图1-4　云南晋宁石寨山墓葬出土贮贝器

1. 13 号墓出土　　2. 10 号墓出土　　3. 18 号墓出土

又据晋郭璞的注释来看，晋代之时峰牛也见于今越南北部的交州、广西合浦和广东徐闻一带。其实从考古发现来看，在广东广州西汉晚期墓葬中曾经出土过 16 件陶牛俑，其中 M3024 中出土的 1 件较为完整，呈卧姿，项部有一形如驼峰的凸起⑤（图1-6-1）。

---

① （汉）司马迁：《史记》，中华书局，2013 年，第 3606—3608 页。

② 国家文物局：《中国文物精华·金银玉石卷》，上海辞书出版社、商务印书馆（香港），1996 年，第 413 页，印玺篇图版 10。

③ 王大道：《滇池区域的青铜文化》，《云南青铜器论丛》，文物出版社，1981 年，第 78—82 页。

④ 云南省博物馆：《中国博物馆丛书》第 10 卷《云南省博物馆》，文物出版社、株式会社讲谈社，1991 年，图版 9、41、100—102；中国青铜器全集编辑委员会：《中国青铜器全集》14《滇·昆明》，文物出版社，1993 年，图版五四、五五、一六二、一七二；俞方洁：《滇文化瘤牛形象研究》，《艺术研究》2016 年第 3 期。

⑤ 广州市文物管理委员会、广州市博物馆：《广州汉墓》，文物出版社，1981 年，第 285 页；图版八七，8。

图1-5　云南出土装饰峰牛及峰牛造型的青铜器
1. 晋宁石寨山 10 号墓出土　　2—4、6. 晋宁石寨山出土　　5. 江川李家山出土

在广西合浦风门岭西汉时期 M26 也曾经出土 1 对铜牛俑，其中 1 件项部隆起若驼峰[①]（图 1-6-2、3）。这些陶、铜的牛俑都应该是峰牛俑。此外，在广西梧州云盖山出土了东汉时期的陶峰牛拉车俑[②]（图 1-6-4）；广西梧州白石村出土了 2 件卧着的陶牛俑，其

①　广西壮族自治区文物工作队、合浦县博物馆：《合浦风门岭汉墓——2003～2005 年发掘报告》，科学出版社，2006 年，第 54、55、58 页；彩版二八，2。此条资料的信息最初来自北京服装学院邱忠鸣女士从美国纽约大都会美术馆发来自己拍摄的照片，经笔者询问，邱女士发来了更为详细的信息，也通过微信进行了简单的相互讨论。后习通源先生、白月同学分别给我发来相关书籍的电子版，笔者在此谨表感谢！

②　广西壮族自治区文物管理委员会：《广西出土文物》，文物出版社，1978 年，第 13 页，图版 116。

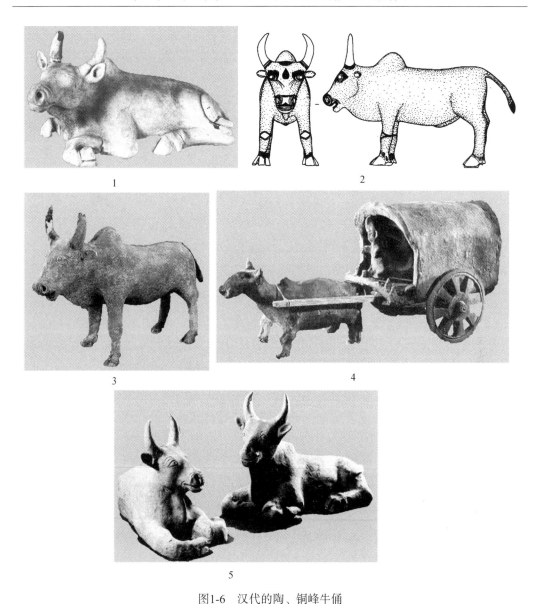

图1-6　汉代的陶、铜峰牛俑

1. 广东广州 M3024 出土陶峰牛俑　2、3. 广西合浦风门岭 M26 出土铜峰牛俑　4. 广西梧州云盖山出土
陶峰牛拉车俑　5. 广西梧州白石村出土陶牛及峰牛俑

中 1 件项部隆起,显然也是陶峰牛俑[①]（图 1-6-5）。与广西合浦风门岭 M26 出土的铜峰
牛俑相比较,广西梧州出土的陶峰牛俑背部隆起部分显得略小,但仍然很明显。这些
陶、铜牛俑显然是参照当地的峰牛制作而成的,说明早在两汉时期的广东广州、广西
合浦及梧州一带也饲养峰牛,这些考古发现也证明了郭璞《尔雅》注中晋代之时交州、
合浦、徐闻出峰牛的真实性。值得注意的是,在河北赞皇东魏李希宗墓出土了 3 件陶

① 广西壮族自治区文物管理委员会:《广西出土文物》,文物出版社,1978 年,第 13 页,图版 117。

牛俑，其中发表的 1 件双角上弯，垂皮发达，项部隆起如驼峰，是典型的陶峰牛俑[①]（图 1-7-1）。又从李希宗的"高门望族"身份及墓葬中出土的 3 枚东罗马金币、镶嵌青金石的金戒指以及具有异域风格的水波纹银杯等来看[②]，李希宗对于异域的器物有着特殊的爱好，其"高门望族"的身份也使他有条件和可能拥有这些外来的珍奇之物。陕西西安临潼区博物馆收藏有 1 件北周时期的陶峰牛拉车俑，驾车的陶牛项部高高隆起犹如驼峰，并将轭高高顶起，而且双角上弯，垂皮发达，身躯肥壮，也是典型的陶峰牛俑[③]（图 1-7-2）。在山西太原北齐东安王娄睿墓中也曾出土 1 件拉车的陶峰牛俑，其形象威猛，双角较长而且上弯，垂皮发达，项部隆起如驼峰，是典型的陶峰牛俑[④]（图 1-7-3、4）。从与娄睿墓属于同一时期的山西太原北齐徐显秀墓牛车图壁画中牛的形象来看，它虽然也威猛健壮，但其项部却是平坦的[⑤]（图 1-7-5），两者鲜明的对比，更进一步证明了娄睿墓出土的陶牛俑是根据峰牛的形象制作而成的。而东安王娄睿墓葬能够随葬陶峰牛俑，其原因大体与李希宗墓随葬陶峰牛俑相似，主要是与其贵族身份有着密切关系。这三件东魏、北周、北齐时期的陶峰牛俑是目前中原北方地区北朝时期所罕见的峰牛形象。由于南北朝时期南北方之间尚处于对立阶段，北方中原地区出土的峰牛俑的原型从西域一带输入或传入的可能性较大。北朝时期与中亚、西亚之间文化交流的情形，还可以用一条史料作为旁证。据《洛阳伽蓝记》卷四记载：北魏时期的"（河间王）琛在秦州，多无政绩，遣使向西域求名马，远至波斯国，得千里马，号曰'追风赤骥'。次有七百里者十余匹，皆有名字。以银为槽，金为环锁，诸王服其豪富。……自余酒器，有水晶钵、玛瑙琉璃碗、赤玉卮数十枚。作工奇妙，中土所无，皆从西域而来"[⑥]。在河西一带的敦煌、酒泉、嘉峪关等地魏晋至北朝时期的石窟寺壁

① 石家庄地区革命委员会文化局文物发掘组：《河北赞皇东魏李希宗墓》，《考古》1977 年第 6 期；河北省文物研究所：《河北考古重要发现（1949—2009）》，科学出版社，2011 年，第 238、239 页。

② 石家庄地区革命委员会文化局文物发掘组：《河北赞皇东魏李希宗墓》，《考古》1977 年第 6 期；夏鼐：《赞皇李希宗墓出土的拜占庭金币》，《考古》1977 年第 6 期；河北省文物研究所：《河北考古重要发现（1949—2009）》，科学出版社，2011 年，第 238、239 页。孙机认为李希宗墓出土的水波纹银杯是中国的产品，其主要根据是杯底的浮雕式凸起的莲花，参见氏著《中国圣火——中国古文物与东西文化交流中的若干问题》，辽宁教育出版社，1996 年，第 145、146 页。实际上，这种饱满的莲瓣式纹样，在伊朗波斯波利斯宫殿的墙壁上就有装饰，而且数量不少，可见饱满的莲瓣并非中国所独有，结合着李希宗墓出土的其他外来器物来看，这件水波纹银杯似乎也应该是一件舶来品。

③ 西安市临潼区博物馆：《临潼博物馆》，三秦出版社，2016 年，第 26 页。

④ 山西省考古研究所、太原市文物考古研究所：《北齐东安王娄睿墓》，文物出版社，2006 年，第 124、127、128 页，彩版一三〇。

⑤ 山西省考古研究所、太原市文物考古研究所：《太原北齐徐显秀墓发掘简报》，《文物》2003 年第 10 期；山西博物院：《山西博物院》，山西人民出版社，2013 年，第 84 页。

⑥ （魏）杨衒之撰，周祖谟校释：《洛阳伽蓝记校释》，中华书局，2010 年，第 149、150 页。

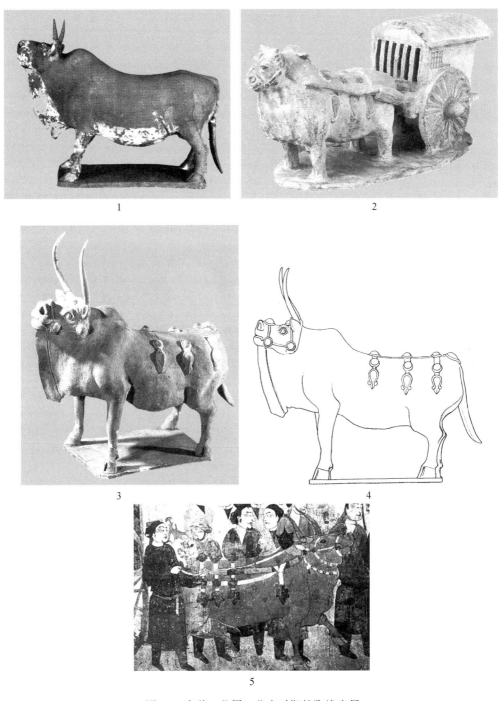

图1-7 东魏、北周、北齐时期的陶峰牛俑

1. 河北赞皇东魏李希宗墓出土 2. 陕西西安临潼区博物馆藏北周陶峰牛拉车俑

3、4. 山西太原北齐东安王娄睿墓出土 5. 山西太原北齐徐显秀墓壁画（局部）

画及墓葬中的彩绘砖画中，也发现了峰牛形象。关于它们，笔者将于文末讨论峰牛的传播路线时论述。

　　值得一提的是，注《后汉书》的李贤是唐高宗与武则天之子，从其将《后汉书》的"峰牛"注释为"即今之峰牛"这一点来看，唐人将这种项部隆起如驼峰的牛称为"峰牛"，这也是笔者将"峰牛"作为文章题目的原因。在以下的论述过程中，除引用的原文之外，行文一律以"峰牛"称之。

二、考古发掘出土的唐代峰牛俑及壁画、墓志纹饰中的峰牛形象

　　由于峰牛原产于热带地区，所以，在北方中原地区及长江流域一般没有峰牛生存。在传世的唐代有关牛的绘画资料中，所绘的牛项部均平坦或者略弧，而未见隆起如驼峰者，如传世的唐韩滉《五牛图》中的五头神气活现的牛[①]（图1-8）即是如此。在考古

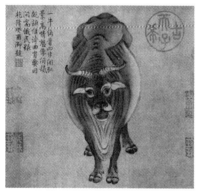

图1-8　唐韩滉《五牛图》

[①]　金维诺总主编：《中国美术全集·卷轴画（一）》，黄山书社，2010年，第62、63页。

发掘中出土的大量唐代陶牛俑也是如此，也以项部平坦或略呈弧状，以及略微凸起的牛为主，罕见颈部隆起如驼峰的"峰牛"，如陕西西安灞桥区新筑乡唐金乡县主（从二品）墓出土的1件母牛俑（图1-9-1）、陕西铜川新区华阳小区唐开元二十九年（741年）墓出土的1件陶牛俑[①]（图1-9-2）等都是这样。从河南洛阳唐王雄诞夫人魏氏墓出土的墓志内容来看，其子王果在魏氏埋葬之时所任官职为左威卫大将军（正三品）、安西大都护（从二品）、上柱国（正二品）等，《旧唐书》卷五十六也记载："果，垂拱初官至广州都督、安西大都护"[②]。而其母魏氏的墓志中未云王果任广州都督一职，诚如发掘者所推断的那样，王果在安葬其母亲时尚未任广州都督这一官职，那么其母亲墓葬中的峰牛俑似乎不可能以广州一带的峰牛作为原型，而应该是王果将其任安西大都护时在西域一带所见的峰牛视为神奇之物，据前文《太平寰宇记》记载龟兹一带也产"犎牛"，那么，王果特意制作峰牛俑作为其母亲的随葬品是完全有可能的。如

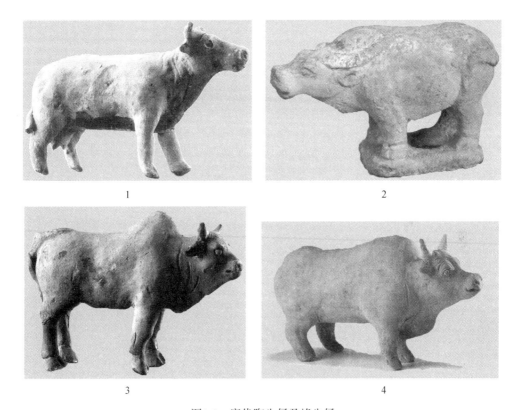

1　　　　　　　　　　　　　　　　2

3　　　　　　　　　　　　　　　　4

图1-9　唐代陶牛俑及峰牛俑

1. 陕西西安灞桥区新筑乡唐金乡县主墓出土陶牛俑　2. 陕西铜川新区华阳小区唐开元二十九年（741年）墓出土
陶牛俑　3、4. 陕西西安灞桥区新筑乡唐金乡县主墓出土陶峰牛俑

①　铜川市考古研究所：《漆沮遗珍——铜川市考古研究所藏文物精品》，三秦出版社，2015年，第45页。

②　（后晋）刘昫等：《旧唐书》，中华书局，1975年，第2272页。

前文所云，峰牛不见于北方中原地区及长江流域，在其他唐墓的陶俑中也较为罕见，显然，曾担任安西大都护的王果以珍奇之物的峰牛制作成俑，不仅是为了表达与众不同的身份，也是为了表达自己的一份孝心，同时也彰显了传统的"事死如生"的丧葬思想。

另外，从陕西西安灞桥区新筑乡唐金乡县主墓出土的 2 件陶牛俑来看，其项部隆起如驼峰[①]（图 1-9-3、4），它们也应该是峰牛俑，其中 1 件形象而逼真，另 1 件不甚逼真。由此看来，这种以峰牛作为随葬品的行为，还有一定的"等级性"，这也与当时的上流社会以珍奇玩物为时尚有关。其他的发现如陕西长武郭村唐总章元年（668 年）正议大夫（正四品上）、使持节兼泉州刺史（上州，从三品）、潞城公（从二品）张臣合墓出土 1 件峰牛俑（图 1-10-1），其项部隆起较高，作为峰牛俑其形制比较典型[②]；河南荥阳唐咸亨四年（673 年）邛州刺史（上州，从三品）赵德明墓出土 1 件峰牛俑[③]（图 1-10-2）；甘肃庆城唐开元十八年（730 年）游击将军（从五品上）、上柱国（正二品）穆泰墓出土 1 件峰牛俑[④]（图 1-10-3）；河南洛阳龙门张沟唐开元二十三年（735 年）商州刺史（下州，正四品下）萧某墓出土 5 件峰牛俑[⑤]（图 1-10-4）；在陕西西安东北郊发掘的武周万岁通天二年（即神功元年，697 年）独孤思贞墓中出土了 9 件峰牛俑[⑥]（图 1-11），形制完全相同，高 17—18 厘米，釉色分为白色、橙黄色、浅黄色。根据独孤思贞墓志记载，他生前任文散官朝议大夫（正五品下）行乾陵令（从五品上），但其家世显赫，也属于当时的上层社会。这些出土峰牛俑的墓主人身份多为刺史或者刺史以上（或为职事官，或为死后赠官），而以刺史这个级别较多，有些则家世显赫，只有极个别的身份较低。如山西长治唐上元二年（675 年）出土 1 件陶峰牛拉车俑（图 1-12）的云骑尉（正七品上）王惠墓[⑦]；河南偃师杏园同葬于唐景龙三年（709 年）的宁州录事参军事（从七品下）李嗣本墓及其子处士（无官职）李延祯墓各出土 1 件陶峰牛拉车俑[⑧]（图 1-13）。虽然李延祯无官职，但他与父亲李嗣本是在李嗣本之子、李延祯之兄朝议郎（正六品上）、洛州氾水县令（畿县，正六品下）、上柱国（正二品）李延祖主持下同时

---

①　西安市文物保护考古所：《唐金乡县主墓》，文物出版社，2002 年，图版 50；西安市文物保护考古研究院：《西安文物精华·陶俑》，世界图书出版公司，2014 年，第 227 页，图版 290。

②　长武县博物馆：《陕西长武郭村唐墓》，《文物》2004 年第 2 期。

③　郑州市文物考古研究院：《河南荥阳唐代邛州刺史赵德明墓》，《文物》2010 年第 12 期。

④　庆阳市博物馆、庆城博物馆：《甘肃庆城唐代游击将军穆泰墓》，《文物》2008 年第 3 期。

⑤　洛阳市文物工作队：《洛阳龙门张沟唐墓发掘简报》，《文物》2008 年第 4 期。

⑥　中国社会科学院考古研究所：《唐长安城郊隋唐墓》，文物出版社，1980 年，第 38 页；图版五五，2。

⑦　长治市博物馆：《山西长治唐代王惠墓》，《文物》2003 年第 8 期。

⑧　中国社会科学院考古研究所：《偃师杏园唐墓》，科学出版社，2001 年，第 52、91、264—270 页；图版 11-1、11-2。

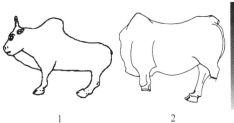

图1-10　唐代的陶峰牛俑

1. 陕西长武郭村唐张臣合墓出土　2. 河南荥阳唐赵德明墓出土　3. 甘肃庆城唐穆泰墓出土

4. 洛阳龙门张沟唐萧某墓出土

图1-11　陕西西安唐独孤思贞墓出土陶峰牛俑　　　　图1-12　山西长治唐王惠墓出土

陶峰牛拉车俑

图1-13　河南偃师杏园唐墓出土陶峰牛拉车俑

1. 李嗣本墓出土　2. 李延祯墓出土

安葬的,从两墓所出陶峰牛拉车俑几乎完全一致这一点来看,应该"定制"了两套同样的随葬品。虽然被葬者的身份较低,可是主持葬仪的李延祖的身份却是很高的,尽管其正二品的上柱国只是勋官,却是不可忽视的一个重要因素。

　　另外，在一些墓主人身份不明的唐墓中也出土一些峰牛俑，如陕西西安新城区韩森寨唐墓曾经出土 1 件[①]（图 1-14-1）；河南巩义一座唐墓中出土 1 件[②]（图 1-14-2）；洛阳新区唐墓 C7M3138 出土 1 件[③]（图 1-14-3）等，参考上述出土同类陶峰牛俑的墓主人身份，可以推测这 3 座墓的墓主人身份应该不会很低，可能也在刺史或者刺史以上级别。在陕西西安西郊一些中小型唐墓中也有随葬小型陶峰牛俑的现象，它们或立或卧[④]。站立者似乎是象征拉车，但却省略了牛车（图 1-15-1、2），卧着的似乎作为家畜俑出现（图 1-15-3）。两者不同的表现形式似乎反映着墓主人身份的不同。对于陶峰牛俑随葬在这些身份不明的长安地区的中小型唐墓中，我们不仅要认真思考其墓主人的身份，也要对其反映的文化交流问题有所思考。如果说大型墓葬出土峰牛俑反映的是与其等级相匹配和社会风尚的话，那么一些小型墓葬出土的个体较小的峰牛俑，则是流风所及，仅仅作为一种象征，是当时上层社会风尚影响的结果。

　　　　　　1　　　　　　　　　　　　2　　　　　　　　　　　　3

图1-14　唐代的陶峰牛俑

1. 陕西西安新城区韩森寨唐墓出土　2. 河南巩义唐墓出土　3. 河南洛阳新区唐墓C7M3138出土

　　值得注意的是，在湖南地区的唐墓中也出土有为数不少的陶峰牛俑。如湖南岳阳桃花山 M4 出土 1 件陶峰牛俑（图 1-16-1、2）、1 件峰牛拉车陶俑[⑤]（图 1-16-3、4）；牛角塘唐墓出土 1 件陶峰牛俑[⑥]（图 1-16-5）。由于湖南靠近广东一带，其峰牛的来源可能来自于广东一带。但在这些墓中除了陶峰牛俑和峰牛拉车俑之外，还随葬有象征墓主人

---

　　①　西安市文物保护考古所：《唐金乡县主墓》，文物出版社，2002 年，图版 48、49；西安市文物保护考古研究院：《西安文物精华·陶俑》，世界图书出版公司，2014 年，第 227 页，图版 291。

　　②　郑州市文物考古研究院、巩义市文物管理局：《河南巩义唐墓发掘简报》，《文物》2014 年第 8 期。

　　③　洛阳市文物考古研究院：《洛阳新区唐墓 C7M3138 发掘简报》，《洛阳考古》2016 年第 4 期。

　　④　中国科学院考古研究所：《西安郊区隋唐墓》，科学出版社，1966 年，图版贰陆，1—3。

　　⑤　湖南省文物考古研究所、岳阳市文物管理处：《岳阳唐宋墓》，上海古籍出版社，2016 年，第 40、47 页。

　　⑥　何介钧、文道义：《湖南长沙牛角塘唐墓》，《考古》1964 年第 12 期。

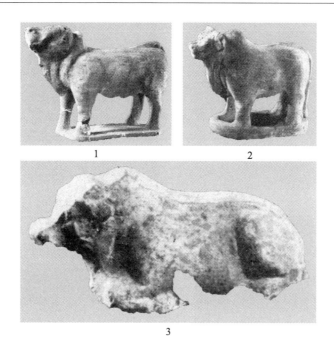

图1-15　陕西西安西郊唐墓出土陶峰牛俑

1. M590 出土　2. M558 出土　3. M593 出土

身份的乐舞俑等，报告认为其年代在唐代初年，墓主人的身份为五品或者五品以下的官吏。这一推测与笔者上文总结的出土峰牛俑墓的墓主级别在刺史或者刺史以上级别基本相吻合。由此看来，湖南地区出土峰牛俑的墓葬受到北方中原地区丧葬习俗的影响很大，这种影响特别是在等级较高的墓葬中表现得较为明显。

目前所见的唐代峰牛俑中，主要以陶质为主，三彩峰牛俑除了前述王雄诞之夫人墓中所出者之外，在法国吉美美术馆收藏 1 件，高 26 厘米[①]（图 1-17）。还有一些为泥质，但比较罕见。如在新疆吐鲁番阿斯塔那 187 号唐墓之中，曾经发现 1 件白色黑花的泥质峰牛俑（图 1-18），长 22、高 17.5 厘米，背部高高隆起，特征明显，形象生动[②]。

除上述考古发现的峰牛俑之外，在一些唐代墓葬壁画中也有峰牛形象。如唐麟德二年（665 年）李震（李勣之子）墓墓道西壁壁画中绘制一幅牛车出行图[③]（图 1-19-1），其中拉车的牛项部隆起，双角弯曲，垂皮发达，而且从色彩的对比可以清晰地看出，牛轭明显置于峰牛项部隆起的前部，显然是一幅珍贵的峰牛拉车图。唐太宗昭陵

---

① 〔日〕座右宝刊行会　後藤茂樹：《世界陶磁全集》11《隋·唐》，小学馆，1976 年，图版 196。

② 新疆维吾尔自治区文物局：《丝路瑰宝——新疆馆藏文物精品图录》，新疆人民出版社，2011年，第 111 页。

③ 张鸿修：《中国唐墓壁画集》，岭南美术出版社，1995 年，第 40 页，图 23。

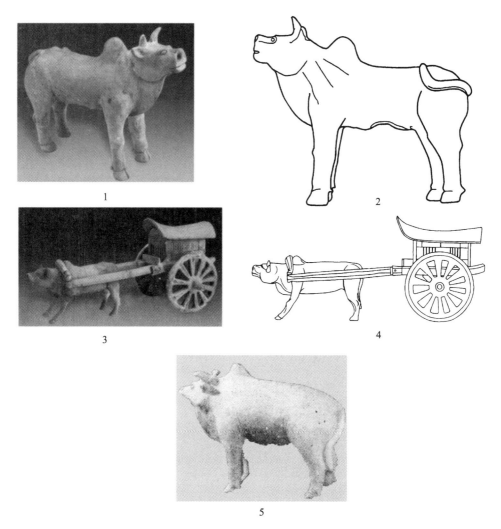

图1-16　湖南唐墓出土陶峰牛俑及峰牛拉车陶俑

1—4. 岳阳桃花山唐墓（M4）出土陶峰牛俑及陶峰牛拉车俑　5. 牛角塘唐墓出土陶峰牛俑

图1-17　法国巴黎吉美美术馆藏三彩峰牛俑

图1-18　新疆吐鲁番阿斯塔那187号唐墓出土泥质峰牛俑

1   2

图1-19 唐墓壁画中的峰牛拉车图
1. 唐李震墓壁画中的牛车图   2. 唐阿史那忠墓壁画中的牛车图

陪葬墓之一的唐上元二年（675年）阿史那忠墓壁画中也有一幅牛车出行图[①]（图1-19-2），其中拉车之牛的特征与李震墓壁画中所见者完全一致，显然也是一幅珍贵的峰牛拉车图，甚至有人推断这两幅牛车出行图系一人所绘[②]。李震本人生前任梓州刺史（下州，正四品下），死后赠使持节都督幽州诸军事（从三品）、幽州刺史（上州，从三品）、定国公（从一品）[③]。又从阿史那忠生前任右骁卫大将军（正三品），死后被赠镇军大将军（从二品）、荆州大都督（从二品）、上柱国（正二品）、薛国公（从一品）等来看，他们与上述随葬峰牛俑的唐金乡县主等一致，都属于当时的上层社会，这更进一步为随葬峰牛俑及绘制峰牛形象壁画的墓葬的等级研究，提供了重要的证据。又结合前文的论述，东魏、北齐时期随葬峰牛俑的墓主人身份也表现出贵族化这一特点，说明以陶峰牛俑作为随葬品的墓葬等级较高，这从一个侧面反映出峰牛这一外来物种，为当时的上层社会所喜爱，也体现了"丝绸之路"不仅有奢侈品贸易，更产生了对外来物种及其形象的崇尚，而率先享受者或者领风气之先者往往是当时的上层社会，这一点不因时间的推移而有所改变。

唐代的峰牛形象除上述峰牛俑及壁画中所见者之外，也见于装饰十二生肖的墓志侧面。其中唐太宗昭陵陪葬墓出土的墓志上所雕刻者数量较多而且雕刻得形象逼真。如其中的开府仪同三司（从一品）鄂国公（正二品）尉迟敬德墓志（图1-20-1、2）、幽州都督（从二品）邢国公（正二品）王君愕墓志（图1-20-3、4）、骠骑大将军（从

---

① 陕西省文物管理委员会、礼泉县昭陵文管所：《唐阿史那忠墓发掘简报》，《考古》1977年第2期；陕西历史博物馆、昭陵博物馆：《昭陵文物精华》，陕西人民美术出版社，1991年，第31页。

② 张鸿修：《中国唐墓壁画集》，岭南美术出版社，1995年，第38页；昭陵博物馆：《昭陵墓志纹饰图案》，文物出版社，2015年，第233页。

③ 昭陵博物馆：《昭陵墓志纹饰图案》，文物出版社，2015年，第233页。

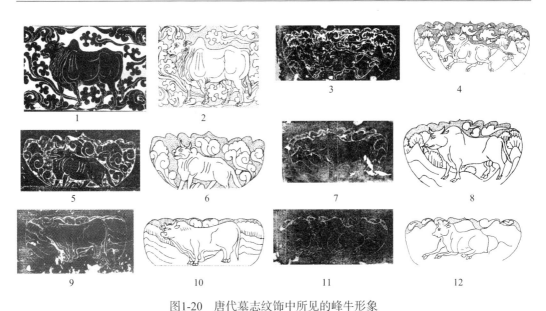

图1-20　唐代墓志纹饰中所见的峰牛形象
1、2. 尉迟敬德墓志　3、4. 王君愕墓志　5、6. 程知节墓志　7、8. 李思摩墓志　9、10. 唐俭墓志
11、12. 统毗伽可贺敦延陁墓志

一品）益州大都督（正三品）上柱国（正二品）卢国公（正二品）程知节墓志（图
1-20-5、6）、右武卫大将军（正三品）赠兵部尚书（正三品）李思摩墓志（图 1-20-7、
8）、开府仪同三司（从一品）特进户部尚书（正二品）上柱国（正二品）莒国公（正
二品）唐俭墓志（图 1-20-9、10）、统毗伽可贺敦延陁墓志等（图 1-20-11、12）[①]，其中
以尉迟敬德墓志上的峰牛形象最为逼真，项部高凸如驼峰，显然完全是按照峰牛的形
象雕刻而成的。隋大兴、唐长安的高阳原发现的隋唐墓出土墓志装饰的十二生肖纹饰
中，也有以峰牛作为其中的"丑牛"生肖者，但与昭陵陪葬墓出土墓志上的纹饰相比
较，显然要低一等，如其中的蔺二洛妻张弘墓志（图 1-21-1）、韦慎名妻刘约墓志（图
1-21-2）、阴弘道墓志（图 1-21-3）[②] 等。从唐太宗昭陵陪葬墓中出土的墓志来看，其志
主均为三品以上的大员和开国功臣，在这些人物的墓志上装饰峰牛形象看来不是偶然
的，而是有意为之，而且多集中在唐代初年至唐高宗时期。这种做法与太宗昭陵北门
仗马——昭陵六骏均以突厥语音译命名有着异曲同工之妙，都是东西方文化交流的象
征。从这些墓志纹饰来看，其上所装饰的峰牛也反映了当时上层社会对外来的奇珍异
宝充满了向往，这一点也与唐代墓葬壁画中绘制大量外来金银器形象的意义是一致的。

---

① 昭陵博物馆：《昭陵墓志纹饰图案》，文物出版社，2015 年，第 59、61、67、69、91、94、
109、114 页。

② 陕西省考古研究院：《长安高阳原新出土隋唐墓志》，文物出版社，2016 年，第 52、53、60、
61、168、169 页。

图1-21　唐代墓志纹饰中所见的峰牛形象

1. 蔺二洛妻张弘墓志　2. 韦慎名妻刘约墓志　3. 阴弘道墓志

如唐房陵大长公主墓壁画中绘制数幅侍者手持罗马式高足杯、分瓣的萨珊式器物、胡瓶等金银器的形象①（图1-22）。也就是说，如果将这些因素综合在一起，可以反映出当时"丝绸之路"上的贸易品是以奢侈品为主的事实。

图1-22　陕西富平唐房陵大长公主墓壁画中人物图像

尽管考古发掘的有关唐代峰牛俑的资料还比较少，而且主要集中在盛唐时期，汉晋时期的文献中明确记载贡献峰牛者也只有为数不多的几次，但文献中关于出产峰牛

---

① 安峥地:《唐房陵大长公主墓清理简报》,《文博》1990年第1期;中国墓室壁画全集编辑委员会:《中国墓室壁画全集》第二卷《隋唐五代》,河北教育出版社,2011年,图版五二、五五,第24、26页。

的罽宾等国来朝贡或朝献的记载却不少，在这些朝贡或朝献中，有些明言朝贡或朝献了什么方物，有些则无[①]，而那些没有明言朝贡或朝献了什么方物的记载，其中是否包含有峰牛，虽然已经不得而知，但由于"丝绸之路"上物物交换的复杂性，使得笔者也不能将其予以彻底否定。这些记载可以作为曾经有数量不少的峰牛传入中国的一个旁证，或者说一个历史背景。

三、峰牛在古印度等地的地位

值得注意的是，峰牛也见于南亚古印度（包括今印度、巴基斯坦、孟加拉、尼泊尔等）、斯里兰卡等地，但中国古代文献却对这一点少有记载。在印度河文明铜石并用时代的陶器上已经出现了装饰峰牛的现象，如巴基斯坦考古博物馆局收藏的1件出土于那乌沙罗（Nausharo）、年代在公元前2600年的陶罐，高46、腹径35厘米，其腹部绘制站立的峰牛形象[②]（图1-23）。除了这件装饰在完整器物的腹部的峰牛形象之外，其他印度河文明铜石并用时代的陶器上也有很多类似装饰，如巴基斯坦克里文化的陶器（图1-24）、巴基斯坦克艾塔文化的陶器（图1-25）等，都可以看到装饰的峰牛形象[③]。在巴基斯坦考古博物馆局收藏的1件铜石并用时代的滑石印章上也有峰牛形象，印章呈方形，边长3.3厘米[④]（图1-26）。在印度河文明的铜石并用时代还有为数不少的陶峰牛塑像，如巴基斯坦出土的1件铜石并用时代的陶峰牛塑像，长5.3厘米[⑤]（图1-27）。另外，在印度河文明铜石并用时代至铁器时代的岩画中也可以看到峰牛形象，如印度马特拉斯克布噶尔岩画中就有1幅

图1-23　巴基斯坦考古博物馆局藏陶罐

---

① （宋）王钦若等：《册府元龟》，中华书局，1960年，第11376—11425页。

② 〔日〕肥塚隆、宫治昭：《世界美術大全集・東洋編》第13卷《インド》（1），小学館，2000年，第325页，插图235。

③ 〔日〕水野清一：《世界考古学大系》8《南アジア》，平凡社，1961年，第34、37页，插图46、47、53。

④ 〔日〕肥塚隆、宫治昭：《世界美術大全集・東洋編》第13卷《インド》（1），小学館，2000年，第326页，插图237。

⑤ 〔日〕水野清一：《世界考古学大系》8《南アジア》，平凡社，1961年，图版36。

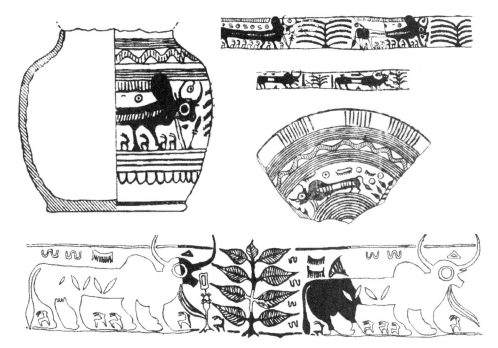

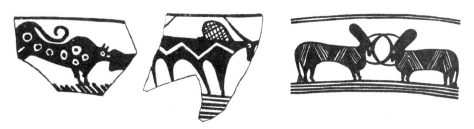

图1-24　巴基斯坦克里文化的陶器纹饰

图1-25　巴基斯坦克艾塔文化的陶器纹饰

图1-26　巴基斯坦考古博物馆局藏滑石印章　　图1-27　巴基斯坦出土铜石并用时代的陶峰牛塑像

图1-28　印度马特拉斯克布噶尔岩画中的峰牛形象

峰牛图像[1]（图1-28）。

在古印度，到了佛教盛行的时代，佛教雕刻中也常见峰牛形象，但多作为佛陀释迦牟尼的象征。如在印度瓦拉纳西的萨尔那特考古博物馆收藏的1个公元前3世纪的阿育王柱的柱头侧面，分别浮雕大象、峰牛、奔马和狮子（图1-29）[2]，分别象征佛陀释迦牟尼乘六牙象投胎、牛年出生、逾城出家、悟道成佛。有些阿育王石柱的柱头则直接圆雕站立的峰牛形象，如印度拉姆普尔瓦发现的公元前3世纪的阿育王柱柱头，其上部站立一个圆雕的峰牛[3]（图1-30）。与前述萨尔那特博物馆收藏的阿育王石柱柱头的狮子一样，这件阿育王柱的柱头上的峰牛也应该象征佛法或者佛陀释迦牟尼。另外，在一些雕刻上还可以看到峰牛身躯鱼尾的动物形象，印度巴尔哈特公元前2世纪的雕刻中就有峰牛身躯尾呈鱼尾形的动物形象[4]（图1-31），与摩羯的形象接近。公元前的马图拉（秣菟罗、马土腊）雕刻也可以看到峰牛的雕刻图像[5]（图1-32）。在2—3世纪的犍陀罗造像中也有峰牛的形象，如巴基斯坦斯瓦特博物馆和白沙瓦博物馆收藏的树下观耕图中，就有正在拉犁耕作的峰牛形象[6]（图1-33）。与此同时，在印度笈多后期的阿旃陀石窟壁画中也绘有峰牛形象（图1-34-1、2），有的也呈峰牛身躯云气状鱼尾形[7]（图1-34-3），显然它们都是具有一定象征意义的，或象征佛陀，或象征某个神祇[8]。

对于这些阿育王石柱柱头上雕刻的狮子、马形象，玄奘曾经有过记载。尽管未见

---

[1]　〔日〕水野清一：《世界考古学大系》8《南アジア》，平凡社，1961年，图版73。

[2]　笔者于2016年12月拍摄于印度瓦拉纳西的萨尔那特考古博物馆。

[3]　〔日〕逸見梅栄：《古典印度文样》，東京美術，1976年，第63页，图124。

[4]　〔日〕逸見梅栄：《古典印度文样》，東京美術，1976年，第65页，图129。

[5]　〔日〕逸見梅栄：《古典印度文样》，東京美術，1976年，第64页，图127。

[6]　〔巴基斯坦〕穆罕默德·瓦利乌拉·汗著，陆水林译，张超音摄影：《犍陀罗——来自巴基斯坦的佛教文明》，五洲传播出版社，2009年，第116页，图8-30、8-31。

[7]　〔日〕逸見梅栄：《古典印度文样》，東京美術，1976年，第64页，图125、126、128。

[8]　关于现代印度的峰牛崇拜，王炽文曾有短文介绍，参见氏著《印度的峰牛及牛崇拜》，《杂技与魔术》1996年第2期。

图1-29　印度萨尔那特考古博物馆藏阿育王石柱柱头及其侧面

有关阿育王石柱柱头雕刻峰牛的记载，但从玄奘著作中数次提到阿育王石柱这一点来看，曾经西游印度的高僧玄奘对阿育王石柱是非常了解的。如《大唐西域记》卷六"劫比罗伐窣堵国"中"二古佛本生处"条记载："城东南窣堵波，有彼如来遗身舍利。前建石柱，高三十余尺，上刻师子之像，傍记寂灭之事，无忧王建焉。迦罗迦村驮佛城东北行三十余里，至故大城，……前建石柱，高二十余尺，上刻师子之像，傍记寂灭之事，无忧王建也"①。同书同卷"腊伐尼林及释迦诞生传说"条记载："四天

① （唐）玄奘、辩机原著，季羡林等校注：《大唐西域记校注》（下），中华书局，2000年，第514、515页。

图1-31　印度巴尔哈特公元前2世纪的雕刻

图1-30　印度拉姆普尔瓦出土阿育王石柱柱头　　　图1-32　印度马图拉公元前的峰牛雕刻

1

2

图1-33　巴基斯坦犍陀罗造像中的树下观耕雕刻
1. 斯瓦特博物馆藏　2. 白沙瓦博物馆藏（图像下部）

图1-34　印度笈多后期阿旃陀石窟壁画中的峰牛及峰牛身躯云气状尾部的动物

王捧太子窣堵波侧不远，有大石柱，上作马像，无忧王之所建也"[1]。玄奘著作中记载的这些阿育王石柱，后来多被发现（或仅存柱身，或仅存柱头）。虽然玄奘在其著作中并未明言峰牛之事，但以上资料也算是蛛丝马迹，反映了玄奘对于用峰牛作为柱头或柱头侧面的装饰以象征佛法或者佛陀释迦牟尼是清楚的，他很可能也将这一信息传播到了国内。另外，以玄奘曾在印度长时间地生活来看，他也不可能看不到在印度普遍生存的峰牛。从李贤注《后汉书》云"封牛，其领上肉隆起若封然，因以名之，即今之峰牛"这一点来看，在唐王朝境内传播的有关峰牛的信息中，除了外来的实物贡献及历史的传承之外，玄奘等高僧带回并传播的信息也是有可能的。

同时，雄性峰牛也是印度教所崇拜的神物，因为它是湿婆神的坐骑，它与象征湿婆神的男根——林迦一样，往往作为单独的形象被供奉在印度教神庙中，供人们礼拜，这时的峰牛身上则往往装饰以小铃铛组成的花环。如在印度阿玛拉瓦蒂一座印度教神庙遗址（Amaresmara Temple）出土的装饰华丽的石雕峰牛（图1-35）[2]，其年代在2世纪。在现代的印度教艺术作品中，湿婆及峰牛形象也制作得栩栩如生，毫不逊色于古代的艺术品，如印度喜马偕尔邦制作于20世纪60年代，并被诺顿西蒙博物馆（Noron Siom Museum）收藏的一组印度教铜像中，有站立的湿婆及其妻子帕尔瓦蒂，峰

图1-35　印度阿玛拉瓦蒂博物馆藏石雕峰牛

---

[1]　（唐）玄奘、辩机原著，季羡林等校注：《大唐西域记校注》（下），中华书局，2000年，第525页。

[2]　日本大正大学文学部加岛胜教授拍摄并提供图片。

图1-36　印度喜马偕尔邦现代印度教艺术品

图1-37　尼泊尔加德满都街道上印度教庙宇前的峰牛雕刻

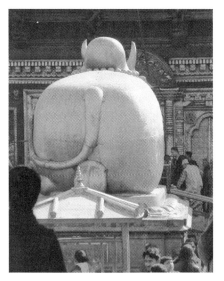

图1-38　尼泊尔帕斯帕提那神庙
供奉的峰牛

牛在他们的身后呈回望状①（图1-36）。在尼泊尔加德满都的街道上常见（其中的大多数具有较久远的历史）大型或者小型的印度教神庙，前面往往圆雕卧着的雄性峰牛（图1-37）②。在大型的印度教神庙中则供奉卧着的峰牛形象，如位于尼泊尔加德满都的尼泊尔最大的印度教神庙帕斯帕提那神庙（Pashupatinath Temple）的庭院中供奉有一尊蹲卧着的鎏金雄性峰牛，其头向神庙之内，臀部朝向门，露出硕大的睾丸，以象征着旺盛的繁殖和生命力（图1-38）③。同样，在斯里兰卡的印度教神庙中，蹲卧状的峰牛雕像也是比比皆是。由此可见，峰牛在南亚一带有着崇高的地位，往往被作为佛陀或者湿婆神的象征。

同样，在斯里兰卡流行印度教的地区，也有大量的石雕峰牛的形象。同时，在一些器物上也装饰峰牛。如斯里兰卡国立博物馆收藏的公元前1世纪至公元3世纪的货币上装饰的峰牛形象④（图1-39）。

---

① Pratapaditya Pal, *Asian Art at the Norton Simon Museum*, Volume 2, Art from the Himalayas and China, Yale University Press, 2003, p.63, fig.33-35。

② 笔者于2016年12月拍摄于尼泊尔首都加德满都巴格马蒂河（Bagmati River）火葬场旁边的印度教神庙前。

③ 笔者于2016年12月拍摄于尼泊尔首都加德满都帕斯帕提那神庙。非印度教徒一般不得进入庙宇之内，因此笔者只能站在门外较远处用镜头拉近这尊卧着的雄性峰牛，将其拍摄了下来。

④ 笔者拍摄于斯里兰卡国立博物馆。

图1-39　斯里兰卡国立博物馆藏货币

四、南宋程大昌对峰牛的解释所反映的问题

南宋程大昌在其《演繁露》卷二"㸰椟"条云："《尔雅》：'㸰牛，犐牛也。'此兽抵触，百兽无敢当者。故金吾仗刻㸰牛于椟首，以碧油囊笼之。《荆楚岁时记》所说亦与《尔雅》同。今金吾仗以㸰椟为第一队，则是㸰椟云者，刻犐牛于椟首也"[1]。从程大昌的记载来看，他将峰牛理解为一种猛兽了，但程大昌之前的文献中往往将其与其他种类的牛如水牛等并列，多将"峰牛"归为"畜类"，其中《尔雅》就是一例。有的类书虽然也将"峰牛"归到兽类，如《艺文类聚》就是这样，但这一结果是因其分类方法不同造成的，而不是专门将峰牛作为"兽"来看待，主要是因为该类书的分类中无"畜"类。在程大昌之前的文献中，一般仅强调峰牛项部隆起如驼峰这一特征和其善行走的能力，并未言其是一种猛兽。从前文所引《辞海》对峰牛的解释来看，其性情还是极其温驯的。种种情况表明，程大昌之所以将峰牛作为猛兽来看待，主要是当时人可能已经不大了解峰牛了，从而衍生出其为猛兽这一看法，并将其作为金吾仗所执之椟的椟头。从程大昌的解释来看，是因为峰牛属于猛兽而刻其形象于椟首，但结合前文所述古印度和尼泊尔等对峰牛崇拜这一点，特别是从阿育王石柱柱头及侧面出现作为佛陀释迦牟尼象征之一的峰牛形象来看，金吾仗所执椟的椟首刻峰牛形象，在佛教已经普遍流行并世俗化的宋代，似乎包含有祈求佛法护佑这一层意思在里面，而这一信息的来源，似乎可以追溯到玄奘等去印度求法的高僧，可能就是他们传播了这一重要的信息，并对后世产生了影响。如果再次按照前引《辞海》所解释的峰牛"性极温驯"推断，则以峰牛为椟头，似乎还包含有服从、听命、驯服等意思，更与"猛兽"无涉了。

五、峰牛俑——骆驼俑、胡人俑之外又一"丝绸之路"的象征符号

从目前已出版、发表的唐代的考古发掘报告和简报、各类图录，以及各类论著来

<hr />

[1]　（宋）程大昌撰，许沛藻、刘宇整理：《演繁露》（上），《全宋笔记》第四编第八册，大象出版社，2008年，第167页。

看，涉及文献记载的峰牛者有之，但罕有将文献与实物对应起来论述者，文献和实物之间缺乏一个相互衔接的桥梁，不能深入研究，最终的表现是对这种项部隆起如驼峰的"峰牛"俑关注不够，仅把它们作为普通的牛俑来对待了。既然这种项部隆起的峰牛被视为普通的牛，也就无法对其所反映的文化交流信息进行深究。经过笔者初步辨析之后，唐代的峰牛俑也应该作为一个文化交流的符号，与骆驼俑、胡人俑等同样看待，尽管目前考古发现的峰牛类俑或者图像，相较于骆驼俑、胡人俑数量还比较少，但仍不失为中外文化交流的象征，更是"丝绸之路"的又一个缩影。但有一点也是不可忽视的，在春秋晚期至西汉时期的云南地区已经开始饲养峰牛；晋郭璞注《尔雅》之时，也注意到了在交州、合浦、徐闻也有"犎牛"，这样一来也就不排除中原地区的峰牛俑是以来自这些地区的峰牛为原型的可能性。这时就应该具体问题具体分析，特别是出土这类俑或者图像的墓主人的身份及经历就显得非常重要。

　　峰牛作为"丝绸之路"的象征符号，不仅在古代中国有所表现，而且在西亚也是这样。如在著名的伊朗阿契美尼德王朝时期的波斯波利斯城址宫殿大厅东侧壁面上浮雕有国王朝贡行列像，其年代在公元前 6 世纪末至公元前 5 世纪中叶，其中有一行列被认为是来自巴克特里亚的国王朝贡行列像，在这一行列中就浮雕有项部隆起如驼峰的峰牛形象[①]（图 1-40）。而巴克特里亚一带也曾发现这类峰牛形象，如出土于巴克特里亚（阿富汗北部或者土库曼斯坦南部）的一件琥珀金杯的口沿，装饰卧着的峰牛形象，其年代在公元前三千纪末期至公元前两千纪初期[②]（图 1-41-1）；日本 MIHO MUSEUM 收藏 1 件公元前 5 世纪至公元前 4 世纪的巴克特里亚银镀金峰牛像（图 1-41-2）[③]。波斯波利斯城址宫殿上的峰牛雕刻，说明它在当时是巴克特里亚对阿契美尼德王朝的重要贡品之一。虽然一般将其称之为朝贡，但在古代的国与国的关系中，朝贡也是文化交流的重要形式之一。1960 年在伊朗西北部、里海南岸的吉兰州发现了一批墓葬，这些墓葬被认为是公元前 1200 年至公元前 1000 年的王侯墓地，在其中出土了大量的贵金属制品、青铜器、动物及人形陶器等，而其中出土的数量较多的峰牛形陶器非常引人注目，这类峰牛形陶器一般在表现峰牛项部的肉瘤时往往比较夸张，非常

　　① 〔日〕田边胜美、松岛英子：《世界美术大全集・东洋编》第 16 卷《西アジア》，小学馆，2000 年，第 249 页，图版 218；〔法〕ロマン・ギルシュマン著，〔日〕冈谷公二訳：《古代イランの美術》（Ⅰ），新潮社，1966 年，第 175 页，图版 219；〔日〕吉村作治：《NEWTON アーキオ》第 11 卷《大帝国ペルシア》，株式会社ニュートンプレス，1999 年，第 119 页。

　　② 〔日〕MIHO MUSEUM：《MIHO MUSEUM 南馆图录》，日本写真印刷株式会社，1997 年，第 327 页，插图 2。

　　③ 〔日〕MIHO MUSEUM：《古代バクトリア遗宝》，日本写真印刷株式会社，2002 年，第 77 页，图版 58。

图1-40　伊朗波斯波利斯宫殿大厅东侧壁面浮雕的朝贡行列中的峰牛形象

1　　　　　　　　　　　　　　　　　　2

图1-41　巴克特里亚的峰牛形象

1. 日本个人藏出土于巴克特里亚的琥珀金制杯　2. 日本 MIHO MUSEUM 藏巴克特里亚的银镀金峰牛像

高凸[①]。目前不仅伊朗德黑兰考古博物馆等有收藏，如其中的 1 件高 18.8 厘米[②]（图 1-42-1）。而且在伊朗之外的世界各地博物馆及私人手中也有收藏。如日本东京大学伊拉克·伊朗遗迹调查团曾经发现 1 件出土于伊朗吉兰州的峰牛陶器[③]（图 1-42-2）；日本东京的个人手中收藏 1 件出土于伊朗吉兰州的峰牛形陶器，器身装饰圆圈状纹饰，高 20 厘米[④]（图 1-42-3）；法国巴黎卢浮宫也收藏 1 件出土于伊朗吉兰州马利科的峰牛形陶器，高 24 厘米[⑤]（图 1-42-4）。日本平山郁夫丝绸之路美术馆收藏有数件，拙著所列举

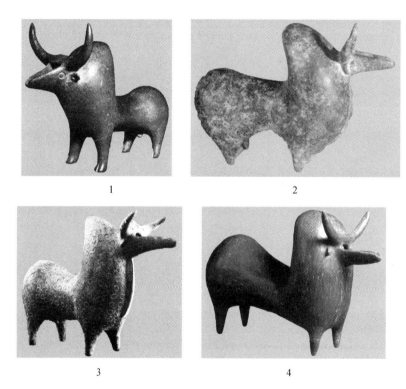

1　　　　　　　　　　　　2

3　　　　　　　　　　　　4

图1-42　伊朗吉兰州出土峰牛形陶器
1. 伊朗德黑兰考古博物馆藏　2. 日本东京大学伊拉克·伊朗遗迹调查团发掘
3. 日本东京个人藏　4. 法国巴黎卢浮宫藏

---

① 〔日〕平山郁夫シルクロード美術館、古代オリエント博物館：《栄光のペルシア》，株式会社山川出版社，2010 年，第 26 頁。

② 〔日〕深井晋司、田辺勝美：《ペルシア美術》，吉川弘文館，1985 年，第 38 頁，挿図 16。

③ 〔日〕東京大学イラク・イラン遺跡調査団、京都国立博物館、京都新聞社：《オリエント千年展》，大塚巧藝社，1967 年，第 43 頁。

④ 〔日〕深井晋司、田辺勝美：《ペルシア美術》，吉川弘文館，1985 年，黒白図版 3；〔日〕田辺勝美、松島英子：《世界美術大全集·東洋編》第 16 巻《西アジア》，小学館，2000 年，第 236頁，挿図 223。

⑤ 〔法〕《卢浮宫指南》（中文版），国家博物馆中心出版社、卢浮宫出版社，2005 年，第 40页，图版 39。

的 3 件中的 2 件为红陶，分别高 28（图 1-43-1）、18 厘米（图 1-43-2），另 1 件为黑陶，高 19.4 厘米[1]（图 1-43-3）。伊朗阿姆拉什也曾出土过一些年代在公元前 9 世纪至公元前 8 世纪原史时代的峰牛形陶器和铜器[2]（图 1-44）。在伊朗的 Ziviye 发现的 1 件彩绘陶罐的腹部装饰有峰牛形象（图 1-45），峰牛呈行走状，图像略显抽象，在颈部略偏后的地方有一个较小的凸起，其年代在公元前 8 世纪左右，现藏于美国纽约大都会美术馆[3]。在法国巴黎卢浮宫收藏有 1 件阿契美尼德时期的圆筒印章上有颈部隆起的峰牛形象[4]（图 1-46-1），这件圆筒印章上的图像表明，在伊朗阿契美尼德时期峰牛也被作为耕牛

1　　　　　　　　2　　　　　　　　3

图1-43　日本平山郁夫丝绸之路美术馆藏峰牛形陶器

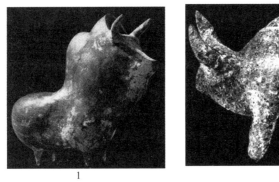

1　　　　　　　　　　　2

图1-44　伊朗阿姆拉什出土峰牛形器物
1. 陶器　2. 青铜器

---

① 〔日〕平山郁夫シルクロード美術館、古代オリエント博物館：《栄光のペルシア》，株式会社山川出版社，2010 年，第 26 頁。

② 〔法〕ロマン・ギルシュマン著，〔日〕岡谷公二訳：《古代イランの美術》（Ⅰ），新潮社，1966 年，第 32、35 頁，挿図 33、40。

③ 〔日〕田辺勝美、松島英子：《世界美術大全集・東洋編》第 16 巻《西アジア》，小学館，2000 年，第 232 頁，挿図 214。

④ 〔日〕田辺勝美、松島英子：《世界美術大全集・東洋編》第 16 巻《西アジア》，小学館，2000 年，第 187 頁，挿図 159。

图1-45　美国纽约大都会美术馆藏伊朗
出土彩绘陶罐

1

2

图1-46　阿契美尼德时期的圆筒印章及印影
1. 法国巴黎卢浮宫收藏　2.《アッシリア》一书收录

图1-47　美国纽约大都会美术馆藏
峰牛形银来通

使用，这也说明当地较为普遍地使用峰牛。在一些阿契美尼德时期的圆筒印章上还可以看到悠然自得地行走的峰牛形象[①]（图 1-46-2）。此外，在美国纽约大都会美术馆收藏有 1 件银峰牛形来通，年代被认为在公元前 17 世纪至公元前 15 世纪，高 18 厘米（图 1-47）。虽然这件器物出土地点不明，但人们多认为其属于西亚一带的产品[②]。日本东京国立博物馆收藏 1 件圆形鎏金银盘，盘内底装饰一个徽章式图案，其中有一头站立的峰牛，盘内壁则装饰一周希腊化色彩浓郁的波浪状卷草纹，在其口沿外侧錾刻有中古波斯文，其年代大约在公元前

①〔法〕アンドレ・バロ著，〔日〕小野山節、中山公男訳：《アッシリア》，新潮社，1965 年，第 208 頁，挿図 258。

②〔日〕田辺勝美、松島英子：《世界美術大全集・東洋編》第 16 卷《西アジア》，小学館，2000 年，第 163 頁，挿図 148。

1世纪，属于当时统治伊朗高原的波斯王族所有[1]（图1-48）。在叙利亚马里王宫遗址发现的年代在公元前18世纪古巴比伦时期的壁画王权神授图中，绘制有一头红色峰牛（图1-49），该壁画现收藏于法国巴黎卢浮宫[2]，将峰牛绘制在王权神授图中，反映了峰牛在当时这一地区的重要性和特殊的意义。发现于叙利亚，现藏日本奈良天理大学附属天理参考馆的年代在400年的基督教马赛克装饰图案中，也有站立的峰牛形象[3]（图1-50）。

图1-48　日本东京国立博物馆藏波斯鎏金银盘

图1-49　法国巴黎卢浮宫藏叙利亚马里王宫壁画　　　图1-50　日本奈良天理大学附属天理参考馆藏
　　　　　　　（局部）　　　　　　　　　　　　　　　　　叙利亚出土马赛克峰牛形象

---

① 笔者拍摄于日本东京国立博物馆，描述内容来自该博物馆的说明文字。

② 〔日〕田边胜美、松岛英子：《世界美術大全集·東洋編》第16卷《西アジア》，小学館，2000年，第66頁，图版51。

③ 〔日〕天理大学附属天理参考館：《教祖百年祭記念——天理大学附属天理参考館図録》，天理時報社，1986年，第198頁，图版548，第381頁。

以上西亚及中亚发现的年代较早的与峰牛相关的图像、器物等，表明在西亚和中亚都曾经有峰牛生存。峰牛也作为一种贡品曾在朝贡或者贸易中起到过重要的作用，充当过"丝绸之路"的象征符号。甚至有人认为瘤牛（峰牛）是从南亚次大陆扩张到整个西亚的[①]，如果真是这样，那么峰牛作为一种文化交流的象征符号就显得更加鲜明了。

六、结 语

综上所述，中原地区的峰牛俑有以来自广州、交州、合浦、徐闻的峰牛为原型的可能性，可以视其为南北方地区之间的交流，也可以视其为"海上丝绸之路"在国内的延伸。至于从云南地区朝贡的峰牛，应该与身毒（印度）道有着密切关系。身毒（印度）道也被人们称为"南方丝绸之路"，这条道路由四川经过云南，过伊洛瓦底江，至缅甸北部的猛拱，再渡亲敦江到达印度的英帕尔，然后沿恒河流域转入印度西北，至伊朗高原[②]。从这一条通道来看，峰牛传入云南的源头就不仅仅是张增祺所云的来自西北及中亚游牧民族，古印度也是一个非常重要的源头，尽管俞方洁不赞同峰牛可能自北方或自蜀身毒道输入的观点，并鲜明地提出了一条新的传播之路[③]。但笔者曾对河西一带魏晋十六国至北朝时期图像资料中的峰牛形象进行辨认与论述，似乎可以证明峰牛自西亚、中亚经河西一带传入北方中原地区是完全可能的，下面列举具体的例证。

首先来看看最新的考古发现。据亚心网报道，"天山道科考队"在新疆新源县阿勒玛勒青铜时代（距今约 3500 年）环壕聚落遗址发现青铜高足环牛祭盘。这个祭盘上有16 只栩栩如生、形状各异的瘤牛（峰牛），中间三根柱子是祭火用的灯柱，用来插火把或者火棍，这也是早期拜火教的圣火坛。圆形祭盘总高 31 厘米，盘径 28 厘米，圆盘内深 1.5 厘米，高圈足底径 22.6、顶径 5.3 厘米，通高 22 厘米[④]（图 1-51）。这件装饰峰牛的高圈足祭盘，说明在距今 3500 年前峰牛已经传播至新疆一带，而新源又是草原丝绸之路通道的一个组成部分，似乎说明草原丝绸之路在峰牛的传播过程中也曾经起过重要作用。同时，这一发现也支持张增祺所认为的西北和中亚游牧民族在峰牛传播

① 《印面上的萨珊之一——瘤牛的扩张》，无眼者的博客，2012 年 12 月 8 日，http://blog.sina.com.cn/u/1164677854。

② 中国青铜器全集编辑委员会：《中国青铜器全集》14《滇·昆明》，文物出版社，1993 年，第 36 页。

③ 俞方洁：《滇文化瘤牛形象研究》，《艺术研究》2016 年第 3 期。

④ http://news.iyaxin.com/content/2016-08/08/content_10110841.htm，《"天山道科考 Day6"——新源县阿勒玛勒青铜时代环壕聚落遗址发现青铜高足环牛祭盘》（文 / 特派记者闫小芳，图 / 特派记者龚彦晨）。

过程中的重要性，也更加证明了峰牛自西亚、中亚（含今新疆一带）经河西一带传入北方中原地区的观点。同时，另一条晚期的佛教题材的绘画材料也不可忽视，在新疆拜城克孜尔石窟第207窟6—7世纪的"蛤闻法升天缘"壁画中，在牧牛人的身后绘制有两头卧着的峰牛，其项部分别有向后伸展的如驼峰的凸起[①]（图1-52）。克孜尔壁画中绘制的峰牛形象，验证了前文所引《太平寰宇记》卷一百八十一《四夷传》"龟兹"条记载的"土多稻、粟、菽、麦、饶铜、铁、卤砂、盐绿、雌黄、胡粉、安西香、良马、犎牛"[②]。这也为深入了解峰牛自西向东的传播状况，提供了重要的佐证资料。前述在吐鲁番阿斯塔那唐代M187中出土的1件彩绘泥峰牛俑[③]也充分证明了新疆曾经是峰牛向东传播过程中的一个重要地区。

图1-51　新疆新源县阿勒马勒发现的青铜高足环牛祭盘（整体与局部）

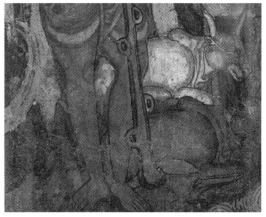

图1-52　新疆克孜尔石窟第207窟"蛤闻法升天缘"壁画

接着笔者从河西走廊的西端开始，按照逐次向东的各类发现来论述有关峰牛形象及其相关问题。在甘肃敦煌莫高窟第249窟窟顶西披所绘制的一幅狩猎图出现的极似

---

①　新疆龟兹石窟研究所：《中国新疆壁画·龟兹》，新疆美术摄影出版社，2008年，第136页，图版一二〇。

②　（宋）乐史撰，王文楚等点校：《太平寰宇记》，中华书局，2007年，第3464页。

③　新疆维吾尔自治区文物局：《丝路瑰宝——新疆馆藏文物精品图录》，新疆人民出版社，2011年，第111页。

峰牛的野牛形象① 非常耐人寻味，其中一头的背部被绘画者以红色加重绘制，使其项部呈凸起状（图1-53），而另一部分画面右下方的另一头牛头部及项部的表现方式（图1-54），则酷似前文所提到的伊朗吉兰州出土的峰牛形陶器，其夸张的形象表现，简直就是伊朗吉兰州出土峰牛形陶器的翻版，表现为颈部下凹，呈"U"形，从而使得项部尤其高凸如驼峰，显然表现的是一头峰牛形象。莫高窟西魏时期壁画中这些项部或

图1-53　甘肃敦煌莫高窟第249窟西披狩猎图（局部）

图1-54　甘肃敦煌莫高窟第249窟西披狩猎图（局部）

① 敦煌文物研究所：《中国石窟·敦煌莫高窟》（一），文物出版社、株式会社平凡社，1982年，图版103、107。

背部隆起且被描绘成狩猎对象的野牛形象，或者说至少带有峰牛韵味的野牛形象，绝
不是绘画者任意而为，应该是有所本的，显然应该是以来自中亚、西亚路过敦煌的峰
牛，或者以敦煌为目的地的峰牛为原型绘制而成的，而敦煌莫高窟恰好位于河西走廊
的最西端，是通往中亚、西亚的"丝绸之路"要冲，也就是说峰牛自传统的陆上丝绸
之路传入北方中原地区是完全有可能的。由于敦煌当地人可能对峰牛是野生的还是驯
养的不甚熟悉，所以将其作为狩猎对象的野牛形象了。如果这一点还尚嫌不足的话，
那么在甘肃酒泉西沟魏晋壁画墓中发现的两幅彩绘砖画[①]，就显得非常重要了，其中一
幅原来称为"宰羊彩绘砖画"（图1-55-1），但其中将被宰杀的动物有较长的尾巴及上弯
呈"Y"形较大的双角，与同一地区彩绘砖画上羊的形象完全不同，反而与同一地区彩

1

2

图1-55　甘肃酒泉西沟魏晋壁画墓中出土彩绘砖画

①　酒泉市博物馆：《酒泉文物精华》，中国青年出版社，1998年，第87页图版上、第92页图
版下。

绘砖画上牛的形象相同。又从有关汉代画像石上的杀牛图来看，一般杀牛时采用捶击的办法，如山东邹城市师范学校附近出土的"杂技、庖厨画像石"中的"椎牛图"①，酒泉西沟魏晋壁画墓中的彩绘砖画与之非常相似，所以，这幅彩绘砖画所表现的应该是一幅"椎牛图"。这幅椎牛图中即将被宰杀的牛项部有一个瘤状物，显然是一头峰牛的形象。西沟魏晋壁画墓中出土的另外一幅"牛车彩绘砖画"（图 1-55-2）则更加鲜明，牵引牛车的牛项部有一个明显的驼峰状凸起，毫无疑问其为峰牛形象。在酒泉丁家闸十六国壁画墓的前室南壁顶部壁画的右下方绘制有山岳及幕庐人物图，在人物前方绘制一头通体黑色的牛，幕庐中的人物很惊奇地张望着这头通体黑色、张口、露出鲜红色舌头、抬蹄、昂首、扬尾的牛，其项部有凸起并向后下垂的黑色驼峰状物，而且其肉瘤的表现方式与前文所列举的古印度峰牛相似，显然是一幅典型的峰牛图像②（图 1-56）。从丁家闸十六国壁画墓将峰牛绘制于山岳之间来看，显然是将其作为野牛来看待了，这也与前文所述敦煌莫高窟第 249 窟西披壁画的峰牛意味相一致。此外，在甘肃嘉峪关市魏晋 1 号壁画墓中出土的"牧畜图"彩绘砖画上绘制的一幅非常逼真的牧畜图像③（图 1-57）值得注意，画面中大部分为羊，但在其右侧则绘制两头牛，一黑一白，其中黑牛项部呈略凸的弧形，从视觉效果上尚看不出其有如驼峰，应该是一头普通的牛，但白牛项部则明显凸起如驼峰，显然彩绘砖画上绘制的这头白牛是一头峰牛，而且其颜色也与峰牛以白色或灰白色为主相吻合。而且上述魏晋至西魏时期的峰牛形象，在时代上也与河北赞皇东魏李希宗墓出土峰牛俑、西安市临潼区博物馆所收藏的北周陶牛车及峰牛俑、山西太原北齐东安王娄睿墓所出峰牛俑相呼应。如果将这些峰牛俑和图像资料结合起来看，就不难发现，峰牛自西亚、中亚经河西一带传入北方中原地区的路径不仅存在，而且是畅通无阻的。

图1-56　甘肃酒泉丁家闸十六国时期壁画墓中的前室
南壁顶部壁画（局部）

---

① 中国画像石全集编辑委员会：《中国画像石全集》2《山东画像石》，山东美术出版社、四川美术出版社，2000 年，图版九二，第 31 页。

② 甘肃省文物考古研究所：《酒泉十六国墓壁画》，文物出版社，1989 年，第 13 页插图一八，图版前室"南顶"。

③ 甘肃省博物馆：《甘肃省博物馆文物精品图集》，三秦出版社，2006 年，第 176 页图版上。

图1-57　甘肃嘉峪关市魏晋1号壁画墓中出土"牧畜图"彩绘砖画

从酒泉西沟魏晋墓[①]（图 1-58）和丁家闸十六国墓[②]（图 1-59）、嘉峪关魏晋 1 号墓[③]等的彩绘砖画及壁画来看，项部凸起如驼峰的峰牛形象仅占极少部分，绝大部分用于耕种、拉车或放牧的牛的形象颈部均较为平坦或略呈弧形。这似乎从另外一个角度反映了当时当地的峰牛是稀有的外来物种，绘画者将其作为一种稀罕之物表现出来了，丁家闸十六国墓壁画幕庐中的人物奇怪地或者惊讶地张望那头黑色峰牛的形象和表情，已经将其阐释得淋漓尽致。从这些彩绘砖画或壁画上的峰牛形象来看，在河西一带，峰牛也用作拉车的畜力，与其他牛羊一起作为放牧的对象，椎牛图则表明其用于肉食。与此同时，由于其珍奇这一特点，峰牛也被看作是一种"野兽"，并作为狩猎对象。这些发现于河西一带有关峰牛的丰富的图像资料，已经充分证明作为"丝绸之路"要冲的河西一带是峰牛自中亚、西亚向北方中原地区传播的必经之路。与此同时，在河西一带的彩绘砖画或壁画中出现的一些牛的形象也值得注意，它们的项部略高，其高度略介于普通牛及峰牛之间，笔者怀疑这种形象的牛是峰牛与当地的土牛杂交后的新品种，当然，关于这一点也仅是笔者的推测而已，还需要其他资料来证明。

根据前人的著作，特别是唐人杜佑在其所著《通典》"边防·西戎"部分不厌其烦地论述峰牛这一点来看，表明唐代的人们更多地将眼光瞄向了西域的峰牛，并对这种域外的方物仍然充满着好奇，以至于曾任安西大都护的王果在其母亲的墓葬中一口气

---

① 酒泉市博物馆：《酒泉文物精华》，中国青年出版社，1998 年，第 78 页图版下、第 79 页图版上、第 84 页图版上。

② 甘肃省文物考古研究所：《酒泉十六国墓壁画》，文物出版社，1989 年，图版前室"东壁"；酒泉市博物馆：《酒泉文物精华》，中国青年出版社，1998 年，第 106 页图版。

③ 甘肃省博物馆：《甘肃省博物馆文物精品图集》，三秦出版社，2006 年，第 174、175 页图版。

图1-58　甘肃酒泉西沟魏晋壁画墓出土彩绘砖画

图1-59　甘肃酒泉丁家闸十六国壁画墓中的耕、耙及牧牛图

随葬了8件陶峰牛俑，并以此表示对其死去母亲的孝心和哀悼，也以此来纪念他本人曾任安西大都护的荣光。又从东汉时期疏勒曾经献"封牛"这一史实来看，前文对峰牛俑作为骆驼俑、胡人俑之外又一中外文化交流的象征，更是"丝绸之路"的又一个缩影的评价是恰当的，峰牛俑也是当之无愧的。从唐代峰牛俑的发现地点来看，洛阳和长安发现的材料数量多、制作精美，似乎反映了峰牛这一来自西域、东南、西南的"新生事物"均向这两个文化中心汇聚，这也充分体现了作为政治、经济、文化中心的向心力。

　　不过，在行文即将结束之时，还有一句多余的话在这里说说。笔者在翻阅《辞海》时非常惊讶地发现，在1979年版《辞海》中对"牛车"进行解释时绘制了一幅牛车插图，插图绘制的竟然是一幅峰牛拉车图 [1]（图1-60），这显然是由于没有考虑到中国古代牛车的牵引者普遍为一般的牛而不是峰牛。所幸的是，在第六版彩图本《辞海》中这一插图未再被采用。

　　总而言之，唐代洛阳和长安地区出土的峰牛俑及其见于墓葬壁画、墓志纹饰上的峰牛形象，向西则与西域乃至于中亚、西亚相关联，这是一条传统的连接欧亚大陆

---

[1]　辞海编辑委员会：《辞海》（1979年版缩印本），上海辞书出版社，1980年，第1442页。

图1-60　《辞海》（1979年版缩印本）插图中的牛车图

的"丝绸之路"；向西南则与今云南地区关系密切，这一方向则是学界所称的"南方丝
绸之路"；向南则与岭南地区相关联，这一方向则是"海上丝绸之路"。在这三条"丝
绸之路"上，人员来来往往，文明与民族互动，文化相互碰撞，贸易物品琳琅满目，
而现在以在长安和洛阳的发现为主的唐代峰牛俑、壁画及墓志纹饰上峰牛形象的原
型——峰牛，也曾出现在"丝绸之路"之上，并最终积淀成一个文化交流符号。

第二章　两则故事的比较
——古代波斯与中国文化交流的探索

中外文化交流不仅能够从考古发掘的实物得到证明，而且文献中的有关记载也屡见不鲜。值得注意的是，不论是考古发现，还是相关的文献记载，均以物的交流和人的往来为主，某种程度而言都是直接的交流。但有一些文化交流现象，却隐藏在一些故事中。例如，在一些看来似乎属于中国传统的故事中，就隐藏着外来文化的影子，这种情况可视之为精神文化层面的交流。鲁迅先生在《中国小说史略》就曾指出："魏晋以来，渐译释典，天竺故事亦流传世间，文人喜其颖异，于有意或无意中用之，遂蜕化为国有"[1]。这里所要比较的两则故事即是如此。

一、故 事 抄 录

笔者在阅读相关典籍及授课过程中，发现了两则脉络相似，但其他方面既相似也有所不同的两则故事，现将其抄录于下，以便进行比较。

第一则故事：据唐段成式《酉阳杂俎》前集卷十四记载："吐火罗国缚底野城，古波斯王乌瑟多习之所筑也。王初筑此城，高二三尺即坏。叹曰：'吾应无道，天令筑此城不成矣。'有小女名那息，见父忧恚，问曰：'王有邻敌乎？'王曰：'吾是波斯国王，领千余国。今至吐火罗国中，欲筑此城，垂功万代。既不遂心，所以忧耳。'女曰：'愿王无忧，明旦，令匠视我所履之迹筑之，即立。'王异之。至明，女起，步西北，自截右手小指，遗血成踪。匠随血筑之，逐日转踪匝，女遂化为海神。其海神至今犹在堡子下，澄清如镜，周五百余步"[2]。该故事也见于中华书局1961年版《太平广记》卷第三百七十四《灵异》"波斯王女"条，也出自《酉阳杂俎》，但词句上略有差异，其文云："吐火罗国缚底野城，古波斯王乌瑟多习之所筑也。王初筑此城，即坏。叹曰：'吾今无道，天令筑此城不成矣。'有小女名那息，见父忧恚，问曰：'王有邻敌乎？'王曰：'吾是波斯国王，领千余国。今至吐火罗中，欲筑此城，垂功万代。既不遂心，所以忧耳。'女曰：'愿王无忧，明旦令匠视我所履之迹筑之，即立。'王异之。

① 鲁迅撰，郭豫适导读：《中国小说史略》，上海古籍出版社，1998年，第30页。
② （唐）段成式撰，曹中孚校点：《酉阳杂俎》，《唐五代笔记小说大观》（上），上海古籍出版社，2000年，第656页。

至明，女起步西北，自截右手小指，遗血成踪。匠随血筑之，城不复坏，女遂化为海神。其海至今犹在堡下，水澄清如镜，周五百余步"①。《酉阳杂俎》的作者段成式，约生于唐德宗贞元十九年（803年）或稍后，于唐懿宗咸通四年（863年）六月卒②。

第二则故事：据《太平广记》卷第三百七十四《灵异》"汾州女子"条云："隋末筑汾州城，惟西南隅不合，朝成夕败，如此数四焉。城中一童女，年十二三。告其家人云：'非吾入筑，城终无合理。'家人莫信，邻里哂之。此后筑城，败如初。童女曰：'吾今日死，死后瓮盛吾，埋于筑处。'言讫而终。如其言瘗之，瘗讫，即板筑，城不复毁（出《广古今五行记》)"③。关于《广古今五行记》，据《新唐书》卷五十九《艺文三》记载"窦维鋈《广古今五行记》三十卷"④，《宋史》卷二百六《艺文志五》记载："窦维鋈《广古今五行记》三十卷"⑤。窦维鋈，生卒不详，但确定为唐代人。据《太平广记》卷一百四十三《征应九》引自《广古今五行记》的"吕崇粹"条云："唐开元中，谏议大夫吕崇粹，东平人，美秀魁梧，薄有词彩。宅在京永崇坊。于家忽见数个小儿脚胫，自膝下自踝已上，流血淋沥，如新截来。旬日，粹遇疾而卒"⑥。这条资料所记的内容为唐开元年间谏议大夫吕崇粹之事，未见开元以后的记事。从这一点来看，窦维鋈的生存年代约在唐玄宗开元前后，也即盛唐时期人。

二、故事内容比较

（一）背景的比较

在上述两则故事中，故事的背景都是筑城，不过地点不同。第一则筑城故事发生在吐火罗，第二则筑城故事发生在隋末的汾州。第一则故事在叙说筑城时，"高二三尺即坏"；第二则故事在叙说筑城时，"惟西南隅不合，朝成夕败"。总之，虽然地点和时间上不同，但都出现了筑城失败的情况，这是其共同点。并以此为出发点，引出故事的后半部分。

（二）筑城由失败到成功的比较

在第一则故事中，筑城的主持者是古波斯王乌瑟多习，在其筑城不成的情况下，

---

①　（宋）李昉等：《太平广记》，中华书局，1961年，第2971页。

②　鲁迅撰，郭豫适导读：《中国小说史略》，上海古籍出版社，1998年，第60页；（唐）段成式撰，曹中孚校点：《酉阳杂俎》，《唐五代笔记小说大观》（上），上海古籍出版社，2000年，第551页。

③　（宋）李昉等：《太平广记》，中华书局，1961年，第2970、2971页。

④　（宋）欧阳修、宋祁：《新唐书》，中华书局，1975年，第1558页。

⑤　（元）脱脱等：《宋史》，中华书局，1985年，第5243页。

⑥　（宋）李昉等：《太平广记》，中华书局，1961年，第1027、1028页。

其小女儿那息出场了，询问了其父王烦恼的原因，为了解除其父王的烦恼，她"至明，女起，步西北，自截右手小指，遗血成踪。匠随血筑之，逐日转踪匝"，使得城墙最后得以筑成。

在第二则故事中，作者将时间放在了隋末，故事的背景则变成了筑汾州城。筑城的主持者虽然不明确，但也是在筑城不成的情况下，出现了一位十二三岁的少女，并提出在她死后将其瓮棺而葬，筑于城墙中，最后使得城墙的构筑得以成功。但据《元和郡县图志》卷十三记载："隋大业三年废汾州，还后于隰城县置西河郡，皇明初改为浩州，武德三年又改浩州为汾州"①。可见隋末并无筑汾州城之事，也就是说，第二则故事是一个纯粹虚构的文学故事而已，所以，也就不可能出现具体的筑城者，只能点出筑城之事。从另外一个角度讲，第二则故事既然在历史上没有发生过，似乎可以反证该故事脱胎于第一则，作者根据自己的创作需要而随意地将其放在了隋末。

两则故事都是在筑城不能成功的情况下，少女出现，并以牺牲自己的生命为代价，最终解决了筑城中城墙不断倒塌的问题。所不同的是，前者以波斯王的小女儿称呼，之所以写成小女儿，旨在言其年少也。后者则直接写成了十二三岁，更加具体化。

（三）少女命运的比较

第一则故事中的波斯王小女那息，为了帮助父王筑城成功，"自截右手小指，遗血成踪。匠随血筑之，逐日转踪匝"。筑城成功之后，"（王）女遂化为海神，其海神至今犹在堡子下，澄清如镜，周五百余步"。其结果充满神话般的美妙。据笔者推测，应该是王女血流尽而亡，实际上充当了筑城的牺牲。不过文人以虚写的手法，以自己丰富的想象力，将其结果美化成了一则神话般美丽的故事。

第二则故事的结果显然缺乏想象力，作者采用了写实的手法，以少女死后采用瓮棺，然后夯筑于城墙中，从而使得筑城成功。这一结果显然是与中国历史上的文献记载有密切关系。在夯筑城墙之时以人为祭祀，在中国自新石器时代以来就有了，如在陕西神木石峁新石器时代晚期的石筑城墙门道之下发现了用于祭祀的人的颅骨②。在商代筑城时，也有以人作为祭祀的现象。在魏晋南北朝时期，虽然有关这方面的记载极罕见，但仍然存在。例如大夏的赫连勃勃筑统万城时，负责修筑统万城的将作大匠叱干阿利，"残忍刻暴，乃蒸土筑城，锥入一寸，即杀作者而并筑之"③。这虽然不属于祭祀，但历史的影子仍残留其中。如此看来，写第二则故事的作者，对于第一则故事中的波斯王小女化为海神之事没有接受，而是将古代以人作为祭祀筑于城墙中的事情融

---

①（唐）李吉甫撰，贺次君校：《元和郡县图志》，中华书局，2008年，第377页。

② 王炜林等：《2012年神木石峁遗址考古工作主要收获》，《中国文物报》2012年12月21日。

③（唐）房玄龄等：《晋书》，中华书局，1974年，第3205页。

入到了自己的故事之中，是对第一则故事的改写。同时，收录第二则故事的作品名字就是《广古今五行记》，而且将背景放在隋末这一战乱不堪之时，一是对隋末残暴的讽刺，拿隋炀帝说事，为唐时人所惯用；二则满足了其作品的定位。虽然第二则故事中的少女命运与第一则不同，但吸收了第一则故事的成分则是显然的，同时也可以看到中国古代筑城过程中的祭祀现象或传说的影响。

另外，如果上述推测不错，那么，单就这两则故事的内容比较，可知波斯王筑城的故事至迟在窦维鋈生活的唐玄宗开元年间前后即已传入中国，并被当时的文人窦维鋈所吸收借鉴。再进一步来看，段成式所著《酉阳杂俎》的每类记事都是以年代的先后顺序进行编排，波斯王筑城的故事置于有关十六国时期的燕、南燕以及北齐、东晋的记事之前。现将《酉阳杂俎》中列于波斯王筑城故事之后年代明确的十六国至东晋时期的故事，按原文的排列顺序略摘于下以为证：

"虎窟山，相传燕建平中，济南太守胡谐，于此山窟得白虎，因名焉"①。

"平原县西十里旧有杜林，南燕太上时末，有邵敬伯者，家于长白山"②。

"虞道施，义熙中乘车山行，忽有一人，乌衣，径上车言寄载。头上有光，口目皆赤，面被毛，行十里方去。临别语施曰：'我是驱除大将军，感尔相容。'因留赠银环一双"③。

"晋隆安中，吴兴有人年可二十，自号圣公，姓谢，死已百年。忽诣陈氏宅言：'是己旧宅，可见还，不尔饶汝。'一夕，火发荡尽，因有鸟毛插地，绕宅周匝数重。百姓乃起庙"④。

依据以上所列条目内容可以看出，段成式本人认为这则波斯筑城故事传入中国的时间不晚于东晋十六国时期，却对唐代文人产生了重要影响。又根据有关文献记载，可知段成式饱览秘籍，通古博今。据《新唐书》卷八十九《段志玄传附段成式传》记载，段成式，字柯古，齐州临淄人，宰相段文昌之子，"推荫为校书郎，博学强记，多奇篇秘籍"，"擢累尚书郎，为吉州刺史，终太常少卿"⑤。出身书香门第的段成式，不仅早有文名，而且家中藏书丰富，入仕后又得以饱览秘阁书籍，所以，多见常人所

①　（唐）段成式撰，曹中孚校点：《酉阳杂俎》，《唐五代笔记小说大观》（上），上海古籍出版社，2000年，第658页。

②　（唐）段成式撰，曹中孚校点：《酉阳杂俎》，《唐五代笔记小说大观》（上），上海古籍出版社，2000年，第658页。

③　（唐）段成式撰，曹中孚校点：《酉阳杂俎》，《唐五代笔记小说大观》（上），上海古籍出版社，2000年，第659页。

④　（唐）段成式撰，曹中孚校点：《酉阳杂俎》，《唐五代笔记小说大观》（上），上海古籍出版社，2000年，第659页。

⑤　（宋）欧阳修、宋祁：《新唐书》，中华书局，1975年，第3764页。

不能见者。而《西阳杂组》一书则贯通古今，并多涉域外之事，属于类书性质，正如鲁迅先生所言："《西阳杂组》二十卷凡三十篇，今俱在，并有《续集》十卷：卷一篇，或录秘书，或叙异事，仙佛人鬼以至动物，弥不毕载，以类相聚，有如类书，虽源或出于张华《博物志》，而在唐时，则犹之独创之作矣。每篇各有题目，亦殊隐僻，如纪道术者曰《壶史》，钞释典者曰《贝编》，述丧葬者曰《尸窀》，志怪异者曰《诺皋记》，而抉择记叙，亦多古艳颖异。足副其目也"①。今人也以《西阳杂组》之篇章校勘唐以前之古籍，如周祖谟的《洛阳伽蓝记校释》②即是也。至此，可以确定，窦维鋈《广古今五行记》中所录"汾州女子"条中的故事内容吸收借鉴了传入中国的波斯筑城故事。

三、两则故事反映的波斯与唐王朝的文化交流

通过对上述两则故事的比较，可知两者的脉络不仅相似，而且联系紧密，这一点是毫无疑问的。这反映了在波斯境内流传的故事至迟在十六国时期已传入中国，而在唐代产生了重要影响，并被中国文人所借鉴，从而出现了以隋末汾州为背景的筑城故事。但同时也不可忽略本土文化的继承性。如果将见于《搜神记》中另外两则筑城故事，与上述"汾州女子"条所云的故事进行比较，就更能反映其在继承传统因素的同时，也吸收借鉴波斯文化的事实，而且可以使继承、吸收与借鉴的发展演变脉络变得更为清晰。

《搜神记》卷十三"龟化城"条云："秦惠王二十七年，使张仪筑成都城，屡颓。忽有大龟浮于江，至东子城东南隅而毙。仅以问巫，巫曰：'依龟筑之。便就。故名"龟化城"'"③。这是关于筑城失败遇神异现象最早的记载。

《搜神记》卷十三"马邑城"条云："秦时，筑城于武州塞内，以备胡。城将成而崩者数焉。有马驰走，周旋反复，父老异之。因依马迹以筑城，城乃不崩。遂名'马邑'。其古城今在朔州"④。

"龟化城"条亦云筑城屡崩塌，最后在灵龟的暗示下，改变了筑城位置，最后得以

---

① 鲁迅撰，郭豫适导读：《中国小说史略》，上海古籍出版社，1998年，第60页；（唐）段成式撰，曹中孚校点：《西阳杂俎》，《唐五代笔记小说大观》（上），上海古籍出版社，2000年，第551页。

② （魏）杨衒之撰，周祖谟校释：《洛阳伽蓝记校释》，中华书局，2010年。

③ （晋）干宝撰，曹光甫校点：《搜神记》，《汉魏六朝笔记小说大观》，上海古籍出版社，1999年，第377页。

④ （晋）干宝撰，曹光甫校点：《搜神记》，《汉魏六朝笔记小说大观》，上海古籍出版社，1999年，第377、378页。

成功筑城。"马邑城"条则在前一故事的基础上，将马奔跑的路线作为筑城墙的位置，后来的"汾州女子"条的筑城故事已经与之非常接近，应该是对"马邑城"故事有所继承。但"龟化城"与"马邑城"的筑城故事都以动物为主人公，这是与"汾州女子"筑城故事不同之处，而这一不同也从另外一个方面证明了"汾州女子"筑城故事在继承本土文化的同时，更吸收借鉴了来自波斯的故事。

前述汾州筑城和波斯王筑城的故事，虽然在时间、地点、人物、结果上有所差异，但故事在脉络上却惊人地相似，这种相似性不是偶然的，它有深刻的历史背景。从考古发现的实物来看，自魏晋南北朝以来，萨珊朝波斯的玻璃器、银币、丝织品、金银器等在中国屡见不鲜，而这些考古发现的实物资料更能真实客观地反映当时波斯文化对中国的影响。

考古发现魏晋时期的萨珊朝波斯玻璃器主要有：湖北鄂城西晋墓出土 1 件圜底玻璃碗[1]；北京西晋华芳墓出土 1 件乳钉玻璃碗[2]；江苏南京仙鹤观东晋墓（M6）出土 1 件玻璃碗[3]；广州市下狮塘带岗晋墓出土玻璃残片[4]；安徽当涂东晋墓出土玻璃残片[5]；广东肇庆坪石岗东晋墓出土 1 件玻璃碗[6]；山西大同南郊第 107 号墓出土 1 件玻璃碗[7]；江苏句容春城南朝宋墓中出土 1 件玻璃碗[8]；宁夏固原北周李贤墓出土 1 件玻璃碗[9]；陕西咸阳北周王士良墓出土 1 件玻璃碗[10]；江苏南京富贵山东晋 M2 出土 1 件玻璃碗[11]。

考古发现的魏晋时期萨珊朝银币较多。北方地区发现的萨珊朝波斯银币主要集中

[1]　安家瑶：《北周李贤墓出土的玻璃碗——萨珊玻璃器的发现与研究》，《考古》1986 年第 2 期。

[2]　北京市文物工作队：《北京西郊西晋王浚妻华芳墓清理简报》，《文物》1965 年第 12 期；安家瑶：《北周李贤墓出土的玻璃碗——萨珊玻璃器的发现与研究》，《考古》1986 年第 2 期。

[3]　南京市博物馆：《江苏南京仙鹤观东晋墓》，《文物》2001 年第 3 期。

[4]　广州市文物管理委员会：《广州市下狮塘带岗晋墓发掘简报》，《考古》1996 年第 1 期。

[5]　李军、罗海明：《安徽当涂东晋墓发掘简报——兼论出土的玻璃碗残片类别和来源》，《东南文化》2006 年第 2 期。

[6]　广东省文物考古研究所等：《广东肇庆市坪石岗东晋墓》，《广东文物考古三十年》，暨南大学出版社，2009 年。

[7]　山西大学历史文化学院、山西省考古研究所、大同市博物馆：《大同南郊北魏墓群》，科学出版社，2006 年，第 229—231 页；彩版一一，2。

[8]　〔日〕大广：《中国☆美の十字路展》，東京印書館，2005 年，第 137 页。

[9]　宁夏回族自治区博物馆、宁夏固原博物馆：《宁夏固原北周李贤夫妇墓发掘简报》，《文物》1985 年第 11 期。

[10]　負安志：《中国北周珍贵文物——北周、初唐、盛唐、中晚唐考古发掘报告系列之一》，陕西人民美术出版社，1992 年，第 122 页，图版三七三。

[11]　南京市博物馆、南京市玄武区文化馆：《江苏南京市富贵山六朝墓地发掘简报》，《考古》1998 年第 8 期。

在"丝绸之路"沿线的城址或墓葬。如在新疆吐鲁番高昌古城遗址出土 20 枚，其中沙普尔二世时期 10 枚、阿尔达希二世时期 7 枚、沙普尔三世时期 3 枚[①]。新疆吐鲁番木纳尔高昌至唐西州早期时期的墓葬出土了 4 枚[②]。河北定县北魏塔基石函中出土了 41 枚萨珊朝波斯银币[③]，属于耶斯提泽德二世时期（438—457 年）4 枚，卑路斯时期 37 枚[④]。其中 1 枚耶斯提泽德二世的银币边缘压印一行嚈哒文字，所以有些银币可能是经由嚈哒而流通到中国，反映了当时波斯、嚈哒和中国三者之间的关系[⑤]。宁夏彭阳海子塬北魏墓出土 2 枚卑路斯时期的银币，出土时位于尸骨双手的位置，系被死者手握[⑥]。南方地区的南朝窖藏、墓葬等也出土了一些萨珊朝波斯银币，反映了当时海上丝绸之路的繁荣。如广东遂溪县南朝窖藏中出土约 20 枚，其铸造年代大约在沙普尔三世至卑路斯（383—484 年）之间[⑦]。广东英德南齐墓出土 3 枚，均为卑路斯时期铸造[⑧]。广东曲江南华寺南朝墓中出土了 9 枚被剪过的萨珊朝银币[⑨]。

　　萨珊朝波斯纺织的波斯锦也在魏晋时期墓葬中有所发现，其中的猪头纹锦较有代表性。猪头作为装饰纹样主要见于萨珊朝波斯的纺织、金银器等艺术品。这种波斯锦在新疆吐鲁番高昌至唐西州时期的墓葬中也有出土，如新疆吐鲁番阿斯塔那 325 号唐显庆六年墓中出土猪头纹锦[⑩]，阿斯塔那 138 号唐墓出土 1 件猪头纹锦覆面[⑪]。

　　考古发现的萨珊朝波斯代表性的金银器有 2 件。1 件狩猎纹银盘发现于 1981 年出土于山西大同小站村花圪塔台北魏封和突墓（504 年）[⑫]。这件波斯银盘引起了学界的广泛关注[⑬]，盘内壁捶揲出贵人手持长矛在生长着芦苇的沼泽地中狩猎野猪的画面，部分花纹鎏金。据马雍考证，这件银盘先由波斯传至龟兹或焉耆，北魏平定龟兹后，收入

---

①　夏鼐：《综述中国出土的波斯萨珊朝银币》，《考古学报》1974 年第 1 期。

②　吐鲁番地区文物局：《新疆吐鲁番地区木纳尔墓地的发掘》，《考古》2006 年第 12 期。

③　河北省文化局文物工作队：《河北定县出土北魏石函》，《考古》1966 年第 5 期。

④　夏鼐：《河北定县塔基舍利函中波斯萨珊朝银币》，《考古》1966 年第 5 期。

⑤　孙机：《固原北魏漆棺画》，《中国圣火——中国古文物与东西文化交流中的若干问题》，辽宁教育出版社，1996 年，第 130 页。

⑥　宁夏文物考古研究所、彭阳县文物管理所：《彭阳海子塬墓地发掘报告》，上海古籍出版社，2013 年，第 10、11 页。

⑦　遂溪县博物馆：《广东遂溪县发现南朝窖藏金银器》，《考古》1986 年第 3 期。

⑧　广东省文物管理委员会等：《广东英德、连阳南齐和隋唐古墓的发掘》，《考古》1961 年第 3 期。

⑨　广东省文物管理委员会：《广东曲江东晋、南朝墓简报》，《考古》1959 年第 9 期。

⑩　夏鼐：《新疆发现的古代丝织品——绮、锦和刺绣》，《考古学报》1963 年第 1 期。

⑪　《丝绸之路——大西北遗珍》编辑委员会：《丝绸之路——大西北遗珍》，文物出版社，2010 年，第 161 页。

⑫　大同市博物馆 马玉基：《大同市小站村花圪塔台北魏墓清理简报》，《文物》1983 年第 8 期。

⑬　夏鼐：《北魏封和突墓出土萨珊银盘考》，《文物》1983 年第 8 期。

内府，后来赏赐给封和突，盘上的人物是萨珊朝第四代君主巴赫拉姆一世（273～276年在位）[1]。另 1 件银碗发现于 1990 年，出土于新疆焉耆七个星乡老城村窖藏，其圈足上錾刻有铭文，经西姆斯—威廉姆斯（N. Sims-Williams）释读为中古波斯文，意为"125 德拉马克"[2]。说明这件器物也是萨珊朝波斯产品。

魏晋时期的上层社会对于西方（包括波斯）各类物品的喜爱或者说着迷的情形，还可从《洛阳伽蓝记》卷四有关河间王元琛的记载中得到说明："琛在秦州，多无政绩，遣使向西域求名马，远至波斯国。得千里马，号曰'追风赤骥'。次有七百里者十余匹，皆有名字。以银为槽，金为环锁，诸王服其豪富"。"琛常会宗室，陈诸宝器，金瓶银瓮百余口，瓯檠盘盒称是。自余酒器，有水晶钵、玛瑙琉璃碗、赤玉卮数十枚。作工奇妙，中土所无，皆从西域而来"[3]。文献记载与上述考古发现是相吻合的，这充分反映了中国与波斯物质交流的密切程度。

萨珊朝波斯灭亡后，更有大量波斯人移居中国而不归，如西安发现的唐苏谅妻马氏墓志中所记载的苏谅就是这样一个人物[4]。

上述考古发现的资料真实而直观地反映了当时的中国与萨珊朝波斯确实存在广泛交流，从实物角度支撑了这里所比较的两则筑城故事之间存在影响的可能。两则故事的相似性说明魏晋至唐代在与波斯交往的过程中，中国不仅仅只接受其物质、技术，同时也吸收波斯国内流传的故事，且被中国文人所注意并加以借鉴，而这则筑城故事仅是其中的一个而已。在《太平广记》这部类书中，将上述两则故事编辑在一起，这一点是非常耐人寻味的。据上所述，"汾州女子"条故事中的筑城之事并不存在，这就更进一步说明了故事的作者以中国的隋末为背景改写了这则波斯故事，在借鉴的同时又进行了虚构。正如鲁迅先生以佛教故事为例所评论的那样："魏晋以来，渐译释典，天竺故事亦流传世间，文人喜其颖异，于有意或无意中用之，遂蜕化为国有"[5]。

四、结　语

从以上对两则故事的比较来看，波斯的筑城故事至迟在十六国时期已经传入中国，并被唐代的文人所借鉴。可知当时的文化交流不仅仅在频繁的人员往来及物质、技术

　　① 马雍：《北魏封和突墓及其所出的波斯银盘》，《文物》1983 年第 8 期。

　　② 林梅村：《中国境内出土带铭文的波斯和中亚银器》，《文物》1997 年第 9 期。

　　③ （魏）杨衒之撰，周祖谟校释：《洛阳伽蓝记校释》，中华书局，2010 年，第 149、150 页。

　　④ 陕西省文物管理委员会：《西安发现晚唐祆教徒的汉、婆罗钵文合璧墓志》，《考古》1964 年第 9 期；作铭：《唐苏谅妻马氏墓志跋》，《考古》1964 年第 9 期；〔日〕伊藤义教：《西安出土汉、婆合璧墓志婆文语言学的试释》，《考古学报》1964 年第 2 期。

　　⑤ 鲁迅撰，郭豫适导读：《中国小说史略》，上海古籍出版社，1998 年，第 30 页。

交流这一层面，而且精神文化层面的关系也非常密切。唐代的筑城故事虽然不是以波斯故事原汁原味的面目出现，但脉络的相似性，已经明确告诉人们其取法于波斯故事，是东西方两个大国之间精神文化层面交流的一个鲜活例证。在某种程度上而言，这也反映了唐王朝对待外来文化的态度和胸怀——吸收、借鉴、融合，从而使之汇入中华文明的洪流之中。同时，还应该注意的是，这种看不见的精神文化层面的交流往往淹没于汗牛充栋的史籍之中，需要人们去认真辨别、关注。

第三章 狮子、须弥山、覆钵塔与香炉的完美结合
——一个古印度创意的传播

　　唐墓中出土的香炉数量众多，但其中5件制作精美且形制特殊的蜡石（滑石）狮子形香炉，颇引人注目。它们不仅是一般意义的熏香用具，同时也是非常精美的工艺美术品，具有一定的象征意义。这5件香炉中的2件出土于河南偃师杏园晚唐墓M1921中[①]，形制完全相同，其中M1921：18保存完好，盖为中空的蹲狮，中部缠绕三龙，下部炉体部分呈覆钵形，底部呈方形。在覆钵形炉体四面的中央各有山岳状装饰，在四角也各有一个山岳状装饰，合计八个。香炉通高24厘米（图3-1-1、2），M1921：4盖已残（图3-1-3、4）。陕西西安晚唐时期的曹氏墓出土1件，保存基本完好，盖部为一中空的蹲狮，下部炉体呈覆钵形，底部呈方形，在四角各有一个山岳状装饰，通高12.8厘米[②]（图3-1-5）。陕西西安雁塔区第三印染厂出土1件，盖部为中空的蹲狮，炉体上部呈覆钵状，下部呈方形，四角各饰一山岳状纹，通高12.8厘米[③]（图3-1-6）。与前四件相类似的狮子香炉在台湾佛光山也收藏1件，盖部为一中空的蹲狮，下部炉体呈覆钵形，炉体表面雕刻六朵硕大的仰莲瓣，莲瓣之间装饰花萼，炉体口沿外侧雕刻有波浪状花蕊，通高16.5厘米[④]（图3-1-7）。唐代怎样称呼这种香炉呢？福建博物院收藏的鎏金铜狮子香炉的铭文云："弟子盐铁出使巡官主福建院事检校尚书礼部郎中赐紫金鱼袋王延翰奉为大王及国大人铸造师子香炉一口舍入保福院永充供养天祐四年（907年）九月四日题"[⑤]。可知这种有狮子纽或以狮子作为炉盖的香炉，唐人称之为"狮子香炉"。

　　这几件器物的造型基本一致，上部均有一头蹲狮，前两者下部为一龙围绕的山岳状炉体，曹氏墓所出者虽然无龙缠绕，但炉腹也呈山岳状。特别值得注意的是，曹氏墓还出土了小佛像，为判断这类香炉的性质提供了重要旁证，它们应该是与敬佛相关的

[①] 中国社会科学院考古研究所：《偃师杏园唐墓》，科学出版社，2001年，第226页，彩版12，图版44。

[②] 王自力：《西安唐代曹氏墓及出土的狮形香熏》，《文物》2002年第12期。

[③] 西安市文物保护考古所：《西安文物精华·玉器》，世界图书出版公司，2004年，第126页。

[④] 星云大师总监修：《世界佛教美术图说大全集》18《工艺》，佛光山宗委会印行，2013年，第118页。

[⑤] 黎毓馨主编：《吴越胜览——唐宋之间的东南乐国》，中国书店，2011年，第73页。

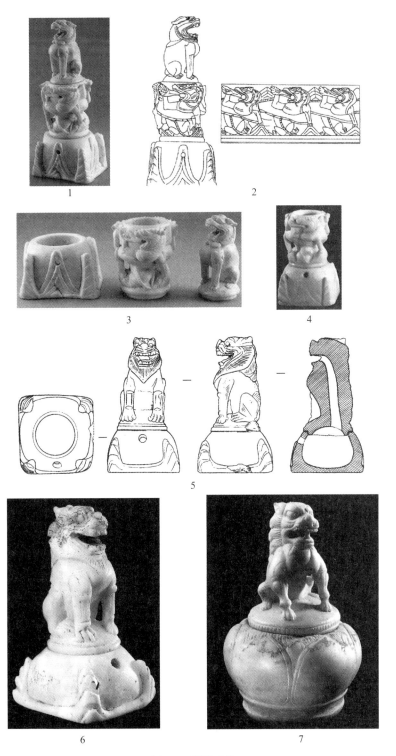

图3-1 狮子香炉

1、2. 河南偃师杏园唐墓出土（M1921：18） 3、4. 河南偃师杏园唐墓出土（M1921：4）

5. 陕西西安唐曹氏墓出土 6. 陕西西安第三印染厂出土 7. 台湾佛光山藏

香炉。佛光山收藏的蹲狮下方是莲蕾。这种将狮子、龙、山岳等融为一体的香炉，其制作也颇费了一番匠心，达到了敬佛与造型艺术的完美统一。这些香炉不仅造型精美，还应该包含有更深层次的宗教含义以及象征意义，同时也与印度文化、中国传统文化有着密切联系。为论述方便，在此将这种造型的香炉统称为狮子香炉，下面着重对这5件香炉在造型上所包含的宗教含义、影响，以及与印度文化、中国传统文化的关系进行论证，不足之处，尚祈指正。

一、造型及宗教含义的分析

首先，上述5件香炉上部狮子盖的造型具有明显的象征意义和浓郁的宗教氛围。众所周知，在各类佛教造像和壁画中，狮子一般以护法身份出现。但狮子还有另一层含义，即佛教认为释迦牟尼是人中狮子。据《大智度论》卷七记载："佛为人中师子，佛所坐处，若床若地，皆名师子座。譬如今者国王坐处，亦名师子座。复次王呼健人，亦名人师子。人称国王，亦名人师子。又如师子，四足兽中，独步无畏，能伏一切。佛亦如是，于九十六道中，一切降服无畏故，名人师子"[①]。所以，香炉上的狮子笔者以为有两重含义，一是以护法狮子象征佛的所在之处，同时也直接指佛。

其次，香炉周围的山岳状装饰象征须弥山，这可以从文献和实物中得到佐证。如《历代名画记》卷三记载，唐代东都洛阳敬爱寺有"大金铜香炉"，"后更加木座及须弥山浮趺等"[②]。单体佛教造像和石窟寺中也有这类形状的须弥山造型，如山西大同云冈石窟第10窟前室北壁门拱上部浮雕须弥山，山上树木茂盛，山腰部分双龙缠绕，两侧分别浮雕阿修罗天和鸠摩罗天[③]（图3-2）。四川博物院收藏的3号南朝造像碑上浮雕须弥山，其山腰部分呈束腰状，其上缠绕一条五头龙[④]（图3-3）。甘肃敦煌莫高窟属于隋代的第302窟（图3-4）、第303窟（图3-5），其中心柱平面为方形，中心柱下部为塔柱，塔柱上部呈倒山形，直通窟顶，下部有四龙环绕，以象征须弥山[⑤]。在甘肃敦煌莫高窟晚唐时期的壁画中，还出现了与中国传统文化相融合的须弥山样式，如敦煌莫高窟晚

---

① （后秦）鸠摩罗什译：《大智度论》，《大正藏》第25册，No.1509，第111页。拙著所引《大正藏》佛教典籍资料，均来自台湾中华电子佛典协会（CBETA）电子版《大正藏》。

② （唐）张彦远著，秦仲文、黄苗子点校，启功参校：《历代名画记》，人民美术出版社，1963年，第69页。

③ 云冈石窟研究院：《云冈石窟》，文物出版社，2008年，第70、71页。

④ 四川博物院、成都文物考古研究所、四川大学博物馆：《四川出土南朝佛教造像》，中华书局，2013年，第110—114页。

⑤ 敦煌研究院：《敦煌石窟艺术全集》21《石窟建筑卷》，同济大学出版社，2016年，第88、89页。

图3-2　山西大同云冈石窟第10窟前室北壁门拱上部浮雕的须弥山

图3-3　四川博物院藏3号南朝造像碑上浮雕的须弥山

图3-4　甘肃敦煌莫高窟隋代第302窟及中心柱

图3-5　甘肃敦煌莫高窟隋代第303窟中心柱

唐第14窟北壁所绘制的须弥山[1]（图3-6），在须弥山的下部绘制出若干同心圆表示大海，在山腰部绘制两条人首蛇身缠绕交尾的龙，龙首还绘制出八个龙头或者蛇头，以象征龙王。这种多头龙王的形象在古印度的佛教雕刻中常见，一种是多头蛇身（眼镜蛇）的龙王，如公元前2世纪末印度桑奇第2塔栏楯上浮雕的龙王[2]（图3-7）；另外一种龙王作人形，在其头部雕刻出龙头，如印度北方邦马图拉出土的2世纪二龙灌水中

图3-6　甘肃敦煌莫高窟第14窟北壁须弥山图

图3-7　印度桑奇第2塔栏楯上浮雕的龙王

---

①　敦煌研究院：《敦煌石窟艺术全集》24《民俗画卷》，同济大学出版社，2016年，第221页，图版197。

②　〔日〕肥塚隆、宫治昭：《世界美术大全集·東洋編》第13卷《インド》(1)，小学館，2000年，第64页，图版42、43。

的龙王形象①（图3-8）。但上半身呈人身，下半身呈蛇身的龙则不是印度的传统，似乎受了传统的伏羲女娲形象的影响，加上其身旁分别绘制的日月图像，日中绘三足乌，月中绘桂树和捣药玉兔，这完全是中国传统的样式。可见，须弥山及其附属图案中包含了丰富的中国传统因素。甘肃敦煌莫高窟晚唐第9窟北壁绘制的须弥山图像②（图3-9）也是如此。其中石窟寺及单体造像中的这种须弥山造型比较直观，其审美效果也很明显。其样式对于后世也产生了重要影响，如江苏苏州瑞光寺塔发现的北宋大中祥符四年（1101年）真珠舍利宝幢，其下部即铸造成带坐的须弥山形，其上装饰各种宝物、菩萨、天王等，并以一条九头金龙缠绕在须弥山的山腰部位③（图3-10）。更为有趣的是，日本奈良明日香村也发现了7世纪的须弥山石（图3-11），不过它是景观用的喷水设施④。可见，在不同的传播地人们都根据自己的审美情趣来创造适合于本土的须弥山艺术形象。

图3-8　印度北方邦马图拉出土二龙灌水造像　　图3-9　甘肃敦煌莫高窟第9窟北壁须弥山图

---

① 〔日〕肥塚隆、宫治昭：《世界美术大全集·東洋編》第13卷《インド》（1），小学館，2000年，第114頁，图版82。

② 敦煌研究院：《敦煌石窟艺术全集》24《民俗画卷》，同济大学出版社，2016年，第220页，图版196。

③ 苏州博物馆：《虎丘云岩寺 瑞光寺塔文物》，文物出版社，2000年，第79—147页。

④ 〔日〕奈良文化財研究所、飛鳥資料館：《飛鳥資料館案内》，奈良文化財研究所，2014年，第24页。文中图片系本人在参观飞鸟资料馆时拍摄。

图3-10　江苏苏州瑞光寺塔出土真珠舍利宝幢

受佛教的影响，墓葬中也常见莲花帐座，更有一些帐座将龙和山岳结合在一起，上雕莲花，明显是吸收了龙缠绕须弥山的造型意匠。如在山西大同北魏太和八年（484年）司马金龙墓发现的石雕帐座（图3-12）即是如此，其艺术造型的渊源显然来自佛教中龙与须弥山的关系[①]。

第三，其中的两件在炉体周围围绕一条龙。龙象征围绕佛的龙王，是佛教中的八部护法之一。释迦牟尼出生之时，即有九龙或二龙灌水，在须弥山四周住有龙王。如《长阿含经·世记经战斗品》云："难陀龙王、跋难陀龙王，以身缠绕须弥山七匝，震动山谷……以尾打大海水，海水波涌，至须弥山顶"[②]。据《大楼炭经·龙鸟品》记载，须弥山北边的大海底北有鸡头和鸡龙王宫，宫北有大树，名曰句梨睒。在树的四方，有卵生、水生、胎生、化生等四种金翅鸟宫。此四种金翅鸟，入海水中吃四种同样方式生的龙[③]。河南洛阳龙门石窟太和二十二年（498年）比丘慧成为其亡父始平公所开龛、

---

①　中国陵墓雕塑全集编辑委员会：《中国陵墓雕塑全集》4《魏晋南北朝》，陕西人民美术出版社，2007年，第61、62页，图版50、51，图版说明第25、26页。

②　《长阿含经》，《大正藏》第1册，No.0001，第143页。

③　《大楼炭经》，《大正藏》第1册，No.0023，第288页。

图3-11　日本奈良明日香村出土
须弥山石

图3-12　山西大同北魏太和八年（484年）
司马金龙墓出土石雕帐座

景明四年（503年）孙秋生等人所开龛、魏灵藏所开龛等，在龛下方均雕刻有双龙缠绕于博山式香炉圈足之上的图像[①]。陕西西安碑林博物馆等收藏的北魏时期造像碑上也常见双龙缠绕博山式香炉中部的表现形式，如其中的北魏熙平二年（571年）邑子六十人造像碑[②]（图3-13）。山西隰县七里脚千佛洞第1窟（北魏时期）前壁窟门上方浮雕有双龙和博山式香炉[③]（图3-14），陕西铜川耀州区药王山北周武成元年（599年）绛阿鲁造像碑碑阳中部雕刻有双龙缠绕圈足的博山式香炉[④]（图3-15）。隋代之时，在博山式香炉圈足中部装饰盘绕状的龙也屡见不鲜，如在陕西西安长安区隋丰宁公主墓出土了1件龙缠绕于圈足中部的博山式香炉，通高36.3厘米[⑤]（图3-16）。此外，在日本也收藏有

---

①　王洁：《北魏孝文帝与龙门石窟古阳洞的雕造》，《考古与文物》2003年第1期。

②　赵力光主编：《长安佛韵——西安碑林佛教造像艺术》，陕西师范大学出版社，2010年，第9—11页；赵力光：《历史沧桑九百年：图说西安碑林（珍藏版——古代建筑·石刻艺术）》，西北大学出版社，2017年，第166—170页。

③　郑庆春、王进：《山西隰县七里脚千佛洞石窟调查》，《文物》1998年第9期。

④　张燕：《陕西药王山碑刻艺术总集》卷三《北周造像碑》，上海辞书出版社，2013年，第257—274页，图370。

⑤　《考古与文物》2000年第4期封面图片及扉页说明文字。

图3-13　陕西西安碑林博物馆藏北魏熙平二年（571年）邑子六十人造像碑（局部）

图3-14　山西隰县七里脚千佛洞第1窟（北魏时期）前壁窟门上方图像

图3-15　陕西铜川耀州区药王山北周武成元年（599年）绛阿鲁造像碑局部

此类香炉，如《隋唐の美術》中著录 1 件隋代釉陶博山式香炉，高 28.4 厘米，其圈足中部也有龙缠绕 [1]（图 3-17）；大和文华馆收藏有 1 件带承盘的博山式香炉，高 38 厘米，其圈足中部有龙缠绕 [2]（图 3-18）。日本收藏的此类香炉在造型上与前述隋丰宁公主墓出土者相似，年代也应在隋代。与之相似者在洛阳博物馆也收藏 1 件，仅炉盖部分略有残缺 [3]。同类造型的铜香炉在唐懿德太子墓中也发现 1 件，表面鎏金，通高 8.5 厘米，支撑炉体的中柱盘绕两条龙 [4]（图 3-19）。这种圈足部位缠绕龙的香炉也影响到了入华粟特人所信仰的祆教，如陕西西安大唐西市博物馆收藏的隋安备墓石椁上所装饰的祆教图像中 [5]，在两个祭司的中央浮雕有一个香炉状的火坛，火坛上方是燃烧的火焰，火坛下方双龙缠绕，整体形象犹如一个圈足部位缠绕双龙的博山式香炉（图 3-20）。这显然是吸收了前述同时期的圈足部位缠绕有双龙的博山式香炉的造型因素。安备墓石椁上

图3-16　陕西西安长安区隋丰宁公主墓
出土香炉

图3-17　《隋唐の美術》著录的隋代香炉

---

① 〔日〕大阪市立美術館：《隋唐の美術》，平凡社，1978 年，图版 11，第 286 頁。

② 〔日〕座右宝刊行会 後藤茂樹：《世界陶磁全集》11《隋·唐》，小学館，1976 年，图版 11。

③ 笔者参观洛阳博物馆时拍摄。

④ 陕西省考古研究院、乾陵博物馆：《唐懿德太子墓发掘报告》，科学出版社，2016 年，第 366 頁；图版八〇，1。

⑤ 笔者拍摄于西安博物院。

的火坛呈博山式并缠绕双龙，与北周时期粟特
人墓葬出土的石榻屏风上的祭坛形制不同，如
陕西西安北周安伽墓门额中央浮雕有以三匹骆
驼承载的火坛，祭坛与骆驼之间是束腰的仰覆
莲座，骆驼站立于下部边沿浮雕莲瓣的圆形莲
座之上 [1]（图 3-21）。陕西西安北周史君墓石椁上
浮雕两个火坛，火坛下部均呈束腰的方形须弥
座式 [2]（图 3-22）。安备墓石椁上的火坛样式，及
其与北周时期的同类图像所表现出的差异，正
说明工匠在雕刻作为祆教象征的火坛时，明显
地吸收了传统文化因素，而安伽墓门额火坛图
案中也出现了作为佛像象征物的莲花，这都可
以看作是入华粟特人逐渐接受当地文化因素影
响的证据，似乎由此可以看出他们的华化，是
一个渐变的过程。

图3-18　日本大和文华馆藏香炉

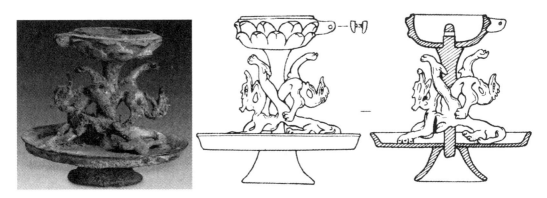

图3-19　唐懿德太子墓出土鎏金铜香炉

　　与双龙缠绕圈足的香炉相类似，还有盘龙石灯，如西安碑林博物馆收藏的陕西乾
县西湖村石牛寺双龙柱石灯 [3]（图 3-23）。还有一些仅存灯柱的石灯，如西安博物院收藏
的出土于西市遗址的盘龙石灯柱 [4]（图 3-24）。其装饰艺术还传播到了日本，如日本京都

　　① 陕西省考古研究所：《西安北周安伽墓》，文物出版社，2003 年，图版一五。
　　② 西安市文物保护考古研究院：《北周史君墓》，文物出版社，2014 年，第 97 页。
　　③ 西安碑林博物馆：《西安碑林博物馆》，陕西人民出版社，2000 年，第 142 页。
　　④〔日〕福冈市博物馆：《福冈市博物館·陕西历史博物馆友好馆提携 5 周年纪念——遥かなる
長安金銀器と建筑装饰展——唐朝文化の輝きを求めて》，福冈市博物馆，1996 年，第 40 页。

图3-20　陕西西安大唐西市博物馆藏隋安备墓石椁局部

图3-21　陕西西安北周安伽墓门额浮雕图案（局部）

安祥寺遗址出土的 9 世纪的盘龙石柱（图 3-25），被认为是日本学习唐代的石灯雕刻而成，甚至有人认为是由唐王朝输出到日本的[①]。这些石灯柱的象征意义也与上述香炉接

[①] 〔日〕福冈市博物馆：《福冈市博物馆·陕西历史博物馆友好馆提携 5 周年記念——遥かなる長安金銀器と建筑装饰展——唐朝文化の輝きを求めて》，福冈市博物馆，1996 年，第 41 页；〔日〕小野勝年：《世界美術全集》第 15 卷《中国（4）隋·唐》，角川書店，1961 年，第 176 页，图版 61。

图3-22　陕西西安北周史君墓石椁上的祆教祭司和祭坛（石椁正视左侧）

图3-23　陕西乾县西湖村石牛寺　　图3-24　陕西西安博物院藏　　图3-25　日本京都安祥寺遗址出土
　　　　双龙柱石灯　　　　　　　　　西市遗址出土盘龙石灯柱　　　　　　盘龙石柱

近，也与龙和须弥山有关。由于这些石灯柱都是佛教供养品，因此，它们与下面涉及的美国堪萨斯州纳尔逊美术馆藏石塔上的盘龙柱象征意义是一致的。

与前述5件狮子香炉造型类似者，在墓葬以外的遗迹中还有很多发现。如陕西铜

图3-26　陕西铜川唐代
黄堡窑遗址出土狮形香炉

川唐代黄堡窑遗址发现 2 件三彩狮子香炉，其中 1 件通高 37、狮子高 21.3 厘米[1]（图 3-26）。黄堡窑五代遗址中也有发现，如其中的 1 件青瓷香炉（原报告称为香薰）盖为蹲狮，中空，炉身呈圆形，深腹，底部已残，腹外部贴塑一周双层莲瓣纹[2]（图 3-27）。虽然这些香炉腹部没有山岳、龙等装饰，但其将狮子置于盖部的做法与前述 5 件狮子香炉是一致的，在造型艺术上可以视为同源。与之类似者福建博物院也收藏 1 件，为鎏金铜狮子香炉，头盔式盖，盖上有蹲狮，高 40.1 厘米，其上錾刻铭文"天祐四年（907年）九月四日题"[3]（图 3-28）。

　　第四，佛光山藏狮子香炉的炉体下部呈莲蕾形，上部为蹲狮，这自然象征着佛坐于莲花之上，这不论是审美效果和象征意义都比较明了，在此不再赘述。不过，值得一提的是瑞典卡尔·凯波氏收藏的 1 件 9—10 世纪的白瓷狮子香炉（图 3-29），与佛光山藏狮子香炉在造型的设计思想上较为接近，盖上为以爪撮绣球的蹲狮，腹部贴塑莲花

图3-27　陕西铜川五代黄堡窑遗址出土狮子香炉

①　陕西考古研究所：《唐代黄堡窑址》（上），文物出版社，1992 年，第 454 页。
②　陕西省考古研究所：《五代黄堡窑址》，文物出版社，1997 年，第 139 页。
③　黎毓馨主编：《吴越胜览——唐宋之间的东南乐国》，中国书店，2011 年，第 73 页。

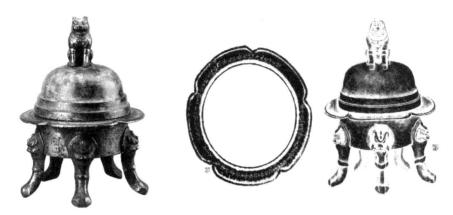

图3-28　福建博物院藏鎏金铜狮子香炉

瓣，圈足为宽大的喇叭形[1]，其象征意义也很明显。

　　第五，上述 5 件香炉的炉体部分呈覆钵形，也不是偶然的，或者说其形制呈覆钵形是有其渊源和象征意义的，这种形状很容易让人联想起古印度的覆钵式塔。从狮子、须弥山、缠绕须弥山的龙等诸多的佛教因素来看，炉体呈覆钵形来自于覆钵式塔，似乎应该是可以成立的。覆钵式塔有两种形制，一种是印度本土现存的覆钵塔，塔身部分完全呈宽大的覆钵形，其下部为方形基座，视觉效果上看起来比较低矮，如公元前 3 世纪至公元前 1 世纪的桑奇第 1 塔[2]（图 3-30）、阿玛拉瓦蒂覆钵塔[3]（图 3-31）等有名的覆钵塔。另一种是形体较高，覆钵部分呈圆筒状的犍陀罗式覆钵塔，如巴基斯坦白沙瓦大学博物馆收藏的 2 件覆钵塔形舍利容器[4]（图 3-32）。两者相比较而言，上述蜡石香炉炉体的覆钵形更接近于印度本土的覆钵塔。

图3-29　瑞典卡尔·凯波氏藏
白瓷狮子香炉

　　① Bo Gyllensvärd, *Chinese Gold, Silver and Prorecelain: The Kempe Collection*, New York Graphic Society Ltd., 1971, p.97, fig.90; 冉万里：《略论隋唐时期的香炉》，《西部考古》（第九辑），科学出版社，2015 年，第 125、126 页。

　　②〔日〕肥塚隆、宫治昭：《世界美術大全集·東洋編》第 13 卷《インド》（1），小学館，2000年，第 65 頁，插圖 49。

　　③〔日〕肥塚隆、宫治昭：《世界美術大全集·東洋編》第 13 卷《インド》（1），小学館，2000年，第 158 頁，插圖 107。

　　④ 笔者于 2019 年 2 月拍摄于巴基斯坦白沙瓦大学博物馆。

图3-30　印度桑奇第1塔

图3-31　印度阿玛拉瓦蒂覆钵塔复原图

　　从上述香炉的例证可以看出，从北魏时期开始，双龙缠绕于博山式香炉腹部的创意已经出现，并一直延续到唐代。到了唐代，佛教造像中又出现了盘龙柱和蹲踞狮子相结合的造像，如美国堪萨斯州尼尔逊美术馆收藏的1件盛唐时期的石塔龛柱即为柱上盘龙缠绕，柱头上蹲狮子[①]（图3-33）。在此基础上，唐代工匠更进一步，创造出

①〔日〕小野勝年：《世界美術全集》第15卷《中国（4）隋·唐》，角川書店，1961年，图版4，第219頁。

图3-32　巴基斯坦白沙瓦大学博物馆藏覆钵塔形舍利容器

了象征须弥山的山岳、缠绕山岳的龙、以狮子作为香炉盖的全新造型。至此，具有象征意义的新型香炉出现了，其大体的演变过程是清晰的。笔者对这种狮子香炉象征意义的具体解释就是：以盖部的狮子象征佛，以香炉腹部的山岳形装饰或以龙缠绕的山岳状装饰象征佛教所认为的世界中心须弥山，再加上供养佛舍利的覆钵塔因素，这类香炉不仅具有实用价值，更是充满宗教文化意蕴的艺术品，从而达到了宗教和艺术、审美的高度统一。

从考古发现和文献记载来看，唐人对器物造型艺术的追求不仅非常讲究，而且在追求新样式上从来就没有停止过，在唐代的器物中出现了各种将外来器物造型中国化的崭新器形，如来通形器物、八曲及四曲长杯、

图3-33　美国堪萨斯州尼尔逊美术馆藏盛唐石塔（局部）

图3-34　陕西西安博物院藏唐三彩狮子

皮囊式壶，以及模仿胡瓶造型制作的各种带把壶、高足杯等，不一而足。唐代香炉中，还出现了在装饰上达到穷奢极欲程度者，其典型代表就是安乐公主为昭成佛寺制造的百宝香炉。据《朝野佥载》卷三记载："洛州昭成佛寺有安乐公主造百宝香炉，高三尺，开四门，绛桥勾栏，花草、飞禽、走兽，诸天妓乐、麒麟、鸾凤、白鹤、飞仙，丝来线去，鬼出神入，隐起钑镂，窈窕便娟。真珠、玛瑙、琉璃、琥珀、玻璃、珊瑚、砗磲、琬琰，一切宝贝，用钱三万。府库之物，尽于是矣"[1]。因此，出现上述造型优美而且包含宗教含义的香炉，就不足为奇了。

此外，还有一些器物也具有与上述狮子香炉同样的象征意义。如陕西西安博物院收藏的出土于西安东郊的唐代三彩狮子，狮子前爪抱一个顶部为摩尼宝珠状的八棱幢，高25厘米[2]（图3-34）。这也是将狮子与一般意义上雕刻《佛顶尊胜陀罗尼经》的经幢相结合，狮子既是护法者也是佛的象征者，而顶部为摩尼宝珠的经幢则是佛法的象征，这样一来就将佛与佛法结合在一起。还有一些非常珍贵的绘画资料，其所表现的意蕴更是丰富。如法国吉美美术馆收藏的1件甘肃敦煌莫高窟藏经洞出土的麻布着色绘画，被称为"凤凰狮子图"或者"香炉狮子凤凰图"[3]（图3-35）。画面的上方是相对而立、共衔花草的一对凤凰，画面下方中央是带有两个香宝子的三足莲花香炉，在香炉的两侧是一对相对蹲踞的狮子。画面中虽然没有出现佛像，但一眼看去，观众脑海里会自然而然地将其与佛教、佛像紧密地联系起来。这幅麻布着色的绘画，更是将中国传统文化中的凤凰与佛教中的香炉、狮子结合在了一起。虽然画面中的狮子和香炉是分离的，但视觉效果使它们在人的脑海里不由得结合在一起，给人极深的印象。

值得注意的是，浙江杭州雷峰塔塔基地宫出土的五代时期鎏金铜坐佛像[4]（图3-36），莲座下方铸造出一条直立的龙，虽然没有出现山岳，但这条龙象征的就是

①　（唐）张鷟撰，恒鹤校点：《朝野佥载》，《唐五代笔记小说大观》（上），上海古籍出版社，2000年，第41页。

②　西安博物院：《西安博物院》，世界图书出版公司，2007年，第252页。

③　敦煌研究院：《敦煌石窟艺术全集》赠阅卷《藏经洞珍品卷》，同济大学出版社，2016年，第91页，图版97。

④　浙江省博物馆：《浙江省博物馆典藏大系——东土佛光》，浙江古籍出版社，2008年，第15、16页。

图3-35　甘肃敦煌莫高窟藏经洞出土香炉狮子凤凰麻布画

须弥山，而上面即为坐于莲花座上的佛。这尊造像的造型从一个侧面证明了笔者前面推测的狮子香炉的象征意义。

二、唐代狮子香炉的余韵

上述唐代狮子香炉的造型，对中国后世及东亚地区（主要指日本和朝鲜半岛）的影响很大。从造型上看，宋元明时期的狮子香炉在总体上与唐代的狮子香炉相类似，但也有一些重要变化。笔者根据目前所见的实物资料将这些重要变化概括如下。

（1）盖部的狮子不再以凶猛的姿态出现，而是一种狮子狗形象，而且有的还在其爪下铸造出绣球。正如梁思成所说："中国六朝石兽之为波斯石狮之子孙，殆无疑义。所未晓者，则其传流之路径及程序耳。至此以后，狮子之在中国，遂自渐成一派，与其他各国不同，其形制日新月异。盖在古代中国，狮子之难得见无异麟凤，虽偶进贡自西南夷，然不能为中土人人所见，故不得不随理想而制作，及至明清而狮子乃变成狰狞之大巴狗，其变化之程序

图3-36　浙江杭州雷峰塔塔基地宫出土鎏金铜坐佛像

步步可考"①。可以看出，狮子的形象明显地从写实走向写意，或者以身边熟悉的动物为原型，反映出其逐渐从凶猛、庄严走向人间化即世俗化的一面。

（2）香炉腹部及足部的形态由山岳状或龙缠绕的山岳状，变成了鼎形或鬲形。这种腹部呈鼎形或鬲形的香炉的出现，是受宋代复古潮流影响的结果，是宋代出现的一种新因素②，这种因素一直延续至宋以后的其他各个时代。如辽宁沈阳新民辽滨塔塔宫中出土的铜香炉，三足鼎形，炉身为仰莲形，盖部为蹲狮③（图3-37-1）；石家庄后太保元代史氏墓群出土的铜狮子香炉盖④（图3-37-2）；上海松江李塔明代塔基地宫中出土1件（原报告称为银鼎，误，从其出土于舍利容器的正前方来看，其应为供养舍利的香炉），其上有一蹲狮（图3-37-3）⑤；山东招远明墓出土的鎏金铜香炉，原简报称为鼎，根据其组合方式和造型来看，这应该是明代较为流行的香炉，其盖部有蹲狮戏绣球⑥（图3-37-4）；郑州博物馆收藏有1件河南尉氏县出土的"大明宣德"款的龙耳狮纽铜香炉，炉体呈鼎形，上部蹲踞一狮子⑦；甘肃张家川回族自治县文化馆收藏的狮子形香炉，年款为"大明宣德年制"，其上还铸有阿拉伯文字，作者推测其为清代的仿制品⑧（图3-37-5）。

（3）更值得注意的是，在宋元明时期还出现了将整个香炉的造型铸造为狮子形的情况，这是直接将狮子象征佛了。如四川铜梁明张叔珮夫妇墓中出土的狮子香炉⑨（图3-37-6）。

（4）不仅香炉，一些日常生活中所用的瓷器盖也受到唐代这一创意的影响。如辽宁朝阳北塔天宫出土的辽代狮纽白瓷瓶（图3-37-7）和狮子白瓷器盖⑩（图3-37-8）。

唐代开始出现的这种狮子香炉还影响到朝鲜半岛和日本。如韩国庆州雁鸭池遗址（8世纪）出土的1件滑石香炉盖，其上部为狮子，惜炉体部分无存⑪（图3-37-9）。雁鸭池遗址出土的滑石香炉不仅在造型上与前述5件唐代狮子香炉相一致，而且在材质上也惊人的相似，从而可以看出两者之间文化联系的紧密。又如日本京都大德寺的1件狮子形香

① 梁思成：《中国雕塑史》，百花文艺出版社，1997年，第52页。
② 冉万里：《宋代香炉略论》，《法门寺博物馆论丛》（第三辑），三秦出版社，2011年，第276页。
③ 沈阳市文物考古研究所：《沈阳新民辽滨塔塔宫清理简报》，《文物》2006年第4期。
④ 河北省文物研究所：《石家庄市后太保元代史氏墓群发掘简报》，《文物》1996年第9期。
⑤ 上海市文物管理委员会：《上海松江李塔明代地宫清理简报》，《文物》1999年第2期。
⑥ 烟台地区博物馆：《山东招远明墓出土遗物》，《文物》1992年第2期。
⑦ 郑州博物馆：《郑州博物馆文物精华》，中州古籍出版社，2009年，第68、69页。
⑧ 崔峻峰：《介绍几件阿拉伯文铜炉》，《文物》1986年第2期。
⑨ 叶作富：《四川铜梁明张叔珮夫妇墓》，《文物》1989年第7期。
⑩ 朝阳北塔考古勘察队：《辽宁朝阳北塔天宫地宫清理简报》，《文物》1992年第7期。
⑪ 〔日〕東京国立博物館、中日新聞社：《韓国古代文化展——新羅千年の美》，美術デザインセンター，1983年，図版109；〔韩〕韩国国立中央博物馆：《特别展 统一新罗》（韩语），韩国国立中央博物馆，2003年，图版139。

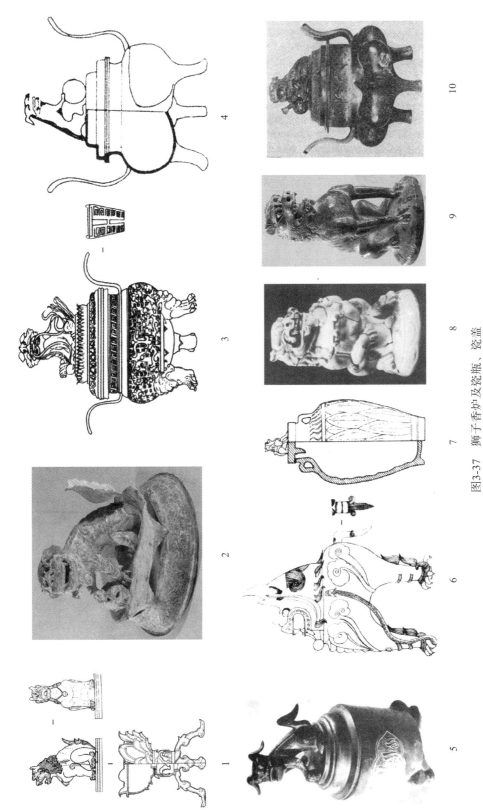

图3-37　狮子香炉及瓷瓶、瓷盖

1. 辽宁沈阳新民辽滨塔塔宫出土　2. 河北石家庄后太保元代史氏墓出土　3. 上海松江李塔明代塔基地宫出土　4. 山东招远明墓出土　5. 甘肃张家川回族自治县文化馆藏
6. 四川铜梁明张叔珮夫妇墓出土　7、8. 辽宁朝阳北塔天宫出土辽代白瓷瓶、白瓷盖　9. 韩国庆州雁鸭池遗址出土　10. 日本京都大德寺藏

炉（图3-37-10），其盖之内面以朱漆写有"南禅寺方丈侍药寿玉文安三年丙寅正月日"[①]，在形制上与前述山东招远出土的明代香炉非常相似，可以看出两者之间的渊源关系。

在晚期的一些香炉中，中国传统文化的元素也加入到了香炉造型之上，如前文鼎形香炉和凤凰纹的出现，这是来自于印度的文化元素与中国传统文化元素更进一步融合的体现。除了上述列举的香炉，还有山西博物院收藏的元明时期的黄绿釉琉璃莲蓬蹲狮香炉[②]（图3-38），炉体呈鼎形，三足，腹部饰二龙与牡丹，盖呈上为莲蓬、下为莲叶、中部束腰的莲蓬荷叶形，上蹲一只前爪把持绶带的狮子。这件香炉完全可以看作是唐代狮子香炉的余韵，其造型通过莲蓬的衬托和绚丽多彩的琉璃的渲染，佛教的象征意义表现得更为强烈。同时，这件香炉不仅造型为鼎形，更重要的是，将龙缠绕于香炉的腹部，虽然省略了须弥山的造型，但同样体现了它与唐代滑石香炉的一脉相承性。另外，北京出土的1件镂空琉璃香炉[③]（图3-39），更是制作精致，不仅香炉呈鼎

图3-38　山西博物院藏黄绿釉琉璃莲蓬蹲狮香炉　　　　图3-39　北京出土镂空琉璃香炉

① 〔日〕石田茂作监修：《新版仏教考古学讲座》第5卷《仏具》，雄山阁，1976年，第66页。

② 山西博物院：《山西博物院珍粹》，山西人民出版社，2005年，第170页。

③ 《新中国出土文物》，外文出版社，1972年，图版195。

形，而且腹部装饰飞凤纹，炉盖制作成传统的博山式，但却将龙塑于其中，那么炉盖的博山似乎就成了龙缠绕须弥山的象征了。由此可见，这种来自印度的创意，自唐代开始一直为中国工匠所关注，也为大众所喜爱。这充分反映了文化传播过程是有选择性的，同时也在不断地融合，通过不断地融合，又创造出更加富有特色的器物来。

三、创意的源头——印度

关于狮子香炉设计思想的源头，笔者以为与印度的阿育王石柱有关。印度的阿育王石柱一般为圆柱形，最有特点的是其上部为狮子、牛等在印度被认为是神圣的动物，下部为钟形莲瓣，而狮子则为"释迦族的佛陀"的象征[①]（图3-40-1、2）。在佛像没有诞生之前，遇到要表现佛陀形象之处，一般用塔、法轮、菩提树乃至于狮子等作为象征。上述狮子香炉在盖部装饰狮子的这一创意，应该是取法于印度阿育王石柱柱头狮子的造型。这种造型的石柱在中国最早见于南朝陵墓石刻中的望柱，如江苏南京南朝梁萧绩墓、萧景墓前的石望柱[②]（图3-40-3），同时又影响到陕西三原唐高祖献陵前的望柱[③]（图3-40-4）。其传播和发展脉络大体是：印度阿育王石柱→江苏南京南朝陵墓石刻中的望柱→陕西三原唐高祖献陵前望柱→陕西铜川唐代黄堡窑址、河南偃师、陕

图3-40　石柱

1、2. 印度阿育王石柱　3. 江苏南京南朝梁萧景墓前石望柱　4. 陕西三原唐高祖献陵前石望柱

[①]　〔日〕逸見梅栄：《古典印度文様》，東京美術，1976年，第38、39頁，図75、76。

[②]　中国陵墓雕塑全集编辑委员会：《中国陵墓雕塑全集》4《魏晋南北朝》，陕西人民美术出版社，2007年，第41、52页，图版33、43，图版说明第17、22页。

[③]　笔者于2012年于陕西三原唐高祖献陵拍摄。

西西安晚唐时期唐墓中的狮子香炉。所以，唐墓中出土及传世的这5件狮子香炉的造型，应该是对印度文化的吸收和借鉴的结果。但不可忽视的是，香炉腹部以山岳或龙缠绕的山岳状象征须弥山这种创意，在北魏时期已经出现，应该是中国工匠在对佛经充分理解的基础上创造出来的。这种造型的香炉的出现，一方面是印度阿育王石柱的创意传播的结果，这些传播者应该包括西游印度的中国使者、高僧以及来华的印度高僧等；另一方面也是中国工匠们对于佛教有着深刻理解，并且能够将佛教经典的内容以生动的艺术形象表现出来的结果。

四、结　　语

总之，唐代墓葬中出土及传世的这5件狮子香炉，在造型上取法于印度和传统的创意，达到了佛教与造型艺术的高度统一。这样的创新在某种程度上而言，既是唐代国力强盛的象征，唯强盛才会具有吸收外来文化的包容气度和能力，同时又体现了唐代艺术家的创造力。也可以将其看作是唐代文化在吸收外来文化因素并结合传统因素基础上，创造出新的艺术造型的一个范例。这也从造型艺术和审美的角度阐释了文化交流的重要性及其模式特点，即交流——吸收——消化——创新，而这种创新的最终表现形式虽然具有浓郁的佛教氛围，但其民族性的元素（如龙的形状——定型化的中国龙、山岳的表现方式——汉代博山炉上的山岳样式、似玉的滑石——对玉的崇拜等等）也完美地展现了出来。

第四章　山水形胜
——阿旃陀石窟与麟游慈善寺石窟寺地形选择的比较

　　《慈善寺与麟溪桥》是西北大学考古专业与日本赴陕西佛教遗迹考察团、麟游县博物馆在对位于陕西麟游县的慈善寺与麟溪桥的窟龛进行调查后，出版的窟龛调查研究报告。笔者近来在翻阅该窟龛调查研究报告的过程中，发现了一个在报告中并未引起注意的非常有趣的现象，这就是慈善寺石窟所在的地形特点。据报告描述："慈善寺石窟及摩崖造像龛分布在麟游县城东约 5 千米处漆水河'几'字形（拙著称之为'U'形）洄湾的西面和南面崖壁面上，共有石窟 3 座，造像龛 10 个"[①]（图 4-1）。漆水河在这个"U"形洄湾处分为三股，除中央的一条南北向河道外，其余靠近崖壁的两条河道大体上也呈"U"形。"U"形的三面是海拔为 1000 余米的山崖。这种选择将窟龛开凿在"U"形崖壁上的做法，让人不免联想起印度的阿旃陀石窟，笔者想在这里探讨一下慈善寺窟龛在地形的选择上与阿旃陀石窟的关系，或者说慈善寺石窟在地形的选择上受印度阿旃陀石窟影响的可能性。

　　阿旃陀石窟位于印度马哈拉施特拉邦奥兰加巴德文达雅山的悬崖峭壁上，石窟距离山谷底部 76 米，石窟沿着该山延伸了约 550 米，前后期总计开凿了 29 个石窟，其中早期开凿的石窟不多，多数属于后期即 5—6 世纪左右。沿着文达雅山流淌的瓦格拉河（Waghora River）在阿旃陀石窟开凿处形成一个呈"U"形的河湾[②]（图 4-2）。这与前文所述的麟游慈善寺窟龛开凿处的地形极为相似。

　　陕西麟游慈善寺石窟在开凿石窟的地形选择上，出现与印度阿旃陀石窟相似的一面，绝不是偶然的。大而言之，中国古代开凿石窟寺本身就是受了印度石窟寺的影响，石窟的形制和造像也是以印度的为样本，那么，在地形的选择上受其影响当在情理之中。这是从大的历史背景来看待这一问题，具体到麟游慈善寺窟龛而言，在此处大规模开凿窟龛特别是其中最为精美的造像集中在高宗时期，而这一时期也正是玄奘、王

---

　　① 西北大学考古专业、日本赴陕西佛教遗迹考察团、麟游县博物馆：《慈善寺与麟溪桥——佛教造像窟龛调查研究报告》，科学出版社，2002 年，第 3 页。以下关于慈善寺石窟的资料均出自该报告。

　　② 〔日〕肥塚隆、宫治昭：《世界美术大全集·東洋編》第 13 卷《インド》(1)，小学馆，2000 年，第 263 页，插图 173；国家文物局：《佛教石窟考古概要》，文物出版社，1993 年，第 195、196 页；（唐）玄奘、辩机原著，季羡林校注：《大唐西域记校注》（下），中华书局，2000 年，第 896 页。

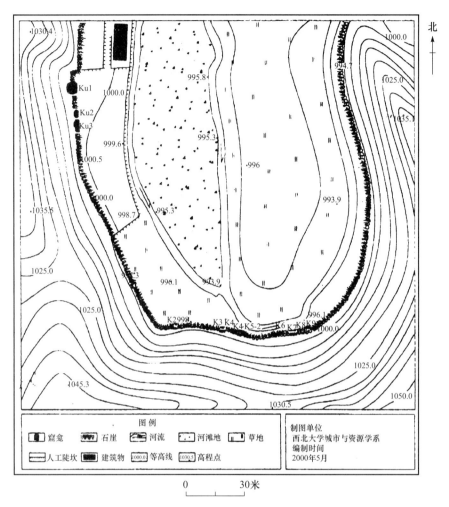

图4-1　陕西麟游慈善寺石窟地形图

玄策等人从印度归来之时。而且根据《大唐西域记》卷十一"摩诃刺侘国"记载，玄奘曾经到访过阿旃陀石窟，并在"阿折罗伽蓝及石窟"条对石窟进行了描述："国东境有大山，叠岭连嶂，重峦绝巘。爰有伽蓝，基于幽谷，高堂邃宇，疏崖枕峰；重阁层台，背岩面壑，阿折罗（唐言所行）阿罗汉所建"[1]。玄奘所记的摩诃刺侘国被认为是阿旃陀石窟所在的马哈拉施特拉邦，而"阿折罗伽蓝及石窟"可能是今阿旃陀石窟[2]。这说明中国僧人对阿旃陀石窟是了解的，至少玄奘或者王玄策等这些到过印度的僧侣或者使者是这样的。也就是说，阿旃陀石窟的地形特点影响到中国，是完全有可能的。

---

① （唐）玄奘、辩机原著，季羡林校注：《大唐西域记校注》（下），中华书局，2000 年，第895 页。

② （唐）玄奘、辩机原著，季羡林校注：《大唐西域记校注》（下），中华书局，2000 年，第894、896 页。

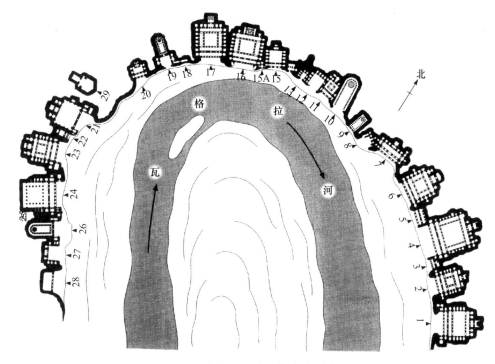

图4-2　印度阿旃陀石窟总平面图

　　首先来看看慈善寺窟龛开凿地的情况。与慈善寺窟龛不远，即是隋仁寿宫（唐九
成宫、万年宫）的所在地。慈善寺窟龛造像因仁寿宫（唐九成宫、万年宫）的存在而
与皇室有着密切联系。据《广弘明集》卷十七记载："皇帝以仁寿元年六月十三日，御
仁寿宫之仁寿殿，本降生之日也。岁岁于此日深心永念，修营福善追报父母之恩。故
迎诸大德沙门与论至道，将于海内诸州选高爽清静三十处，各起舍利塔"，"仁寿二年
（602年）六月八日，诸州送舍利沙门、使还宫所（指仁寿元年颁舍利于诸州的沙门、
使者归至仁寿宫）见旨相问慰劳讫，令九日赴慈善寺为庆光斋。僧众至寺，赞诵旋绕
行香欲食，空里微零复雨银屑天花，舍人崔君德令盛奉献"①。又据窟龛的调查者云，这
里的窟龛造像属于皇家造像。不论是文献记载，还是实际调查的情况，都表明慈善寺
窟龛与皇室有着密切关系。更应该注意的是，仁寿宫也是隋文帝在仁寿元年（601年）
颁舍利于诸州的出发地，其在佛教史上的地位可见一斑。

　　特别应该注意的是，仁寿元年隋文帝下令在全国修建舍利塔时，也强调了修建
舍利塔的地形和环境。据《广弘明集》卷十七引"隋国立舍利塔诏"云："朕归依三
宝，重兴圣教，思与四海之内一切人民俱发菩提，共修福业，使当今、现在、爰及
来世，永作善因，同登妙果。宜请沙门三十人谙解法相兼堪倡导者，各将侍者二人

---

① （唐）道宣：《广弘明集》,《大正藏》第52册，No. 2103，第213、220页。

并散官各一人，薰陆香一百二十斤，马五匹分道送舍利。往前件诸州起塔，其未注寺者，就有山水寺所，起塔依前山。旧无寺者，于当州内清静寺处建立其塔"①。在诏书中，隋文帝特别强调"就有山水寺所，起塔依前山"、"清静寺处"，再加上前文所引的"高爽清静"，都说明隋文帝下令修建舍利塔时对地形和场所有着特殊的要求。据《广弘明集》卷十七记载："皇帝昔在潜龙，有婆罗门沙门来诣宅，出舍利一裹曰：'檀越好心，故留与供养'"②。可知隋文帝所得舍利来自于一个婆罗门，对于舍利的供养方式和安置场所，其中自然也包含婆罗门的指点。也就是说，将慈善寺修建在这种呈"U"形的地形之中，可能也包含有婆罗门的意思，而《广弘明集》卷十七中所云的"婆罗门"应该是指来自印度的僧侣，那么，他将印度安置舍利塔时对地形的要求传达给隋文帝也在情理之中。所以，隋代开凿的龛（慈善寺第1号龛）位于慈善寺之地，而没有开凿在距离其不远而且壁面规整的仁寿宫附近的麟溪桥一带，这与隋文帝在诸州修建舍利塔对地形的选择表现出一致性。至此，笔者推测慈善寺窟龛开凿时选择地形一开始是受了印度的影响，具体而言就是受了阿旃陀石窟对地形选择的影响。

其次来看慈善寺窟龛中一些造像的特点。在慈善寺窟龛造像中，比较引人注目的是2号窟，其主尊衣着厚重，带有明显的犍陀罗地区佛教造像的因素，这一点在报告中已经论及。另外，2号窟中左壁造像龛中主尊两侧的左右胁侍菩萨身躯呈"S"形。菩萨面部丰满，束较低平的发髻，发髻前饰宝珠，缕状头发披于双肩，颈部饰项圈。上半身祖裸，斜披络腋，下身着贴体裙装，腰部系腰衣。臂饰钏，一手下垂，持莲花、桃形摩尼宝珠等；一手上举，持摩尼宝珠、钵等。跣足，踩踏于圆形台座之上③（图4-3-1、2）。这两尊胁侍菩萨像上身祖裸，下半身所着裙却无任何纹饰，仅能从裙腰和裙摆的下部边缘得知其身着裙，正好与宿白所说的"其佛衣更以无任何衣纹褶襞为特征，仅在领口、袖口和衣服下摆刻出曲边，以象征衣饰的存在"④ 这一特征相接近，说明慈善寺2号窟左壁大龛左右胁侍菩萨裙装的雕刻样式应该是受了笈多时期萨尔那特佛教造像的影响。研究者们都已经注意到慈善寺2号窟左壁大龛中左右胁侍菩萨立像与印度新德里博物馆收藏的出土于印度萨尔那特的两尊6世纪像龛中的菩萨像非常

①　（唐）道宣：《广弘明集》，《大正藏》第52册，No. 2103，第213页。

②　（唐）道宣：《广弘明集》，《大正藏》第52册，No. 2103，第213页。

③　西北大学考古专业、日本赴陕西佛教遗迹考察团、麟游县博物馆：《慈善寺与麟溪桥——佛教造像窟龛调查研究报告》，科学出版社，2002年，彩版八；王子云：《陕西古代石刻选》（1），陕西人民美术出版社，1985年，图版88—90。

④　宿白：《保利艺术博物馆收藏的北齐佛像》，《保利藏珍》编委会：《保利藏珍——石刻佛教造像精品选》，岭南美术出版社，2000年，第26—29页。

图4-3　菩萨造像对比

1、2. 陕西麟游慈善寺 2 号窟左壁大龛两侧胁侍菩萨　　3、4. 印度新德里博物馆藏菩萨龛像

相似[①]（图 4-3-3、4），这反映了两者之间存在密切联系。麟游慈善寺 2 号窟左侧大龛两侧的胁侍菩萨像，不仅造型、衣着与印度新德里博物馆藏两尊菩萨像相似，而且菩萨像身后左侧或者右侧壁面浮雕一枝向上伸展带荷叶的长茎莲花，也与印度新德里博物馆藏萨尔那特出土的菩萨像左侧高浮雕一枝向上伸展的长茎莲花的做法相似，只是新德里博物馆藏菩萨像龛中的菩萨左手握着莲茎上部。从两者的特征比较来看，慈善寺 2 号窟左壁大龛的左右胁侍菩萨简直就是印度新德里博物馆藏两尊像龛中菩萨像的翻版。据调查者研究，慈善寺 2 号窟完工于唐高宗永徽四年（653 年），而这恰好是玄奘及王玄策等人从印度带回各类佛像样本的时期，慈善寺 2 号窟左壁大龛的左右胁侍菩萨与萨尔那特出土的两尊 6 世纪的菩萨造像非常相似，可能与这一历史背景有着密切联系。

从文献记载来看，玄奘归国之时不仅带回了佛经，也带回了印度佛像。据《大唐西域记·记赞》记载："金佛像一躯，通光座高尺有六寸，拟摩揭陀国前正觉山龙窟影像；金佛像一躯，通光座高三尺三寸，拟婆罗疤斯国鹿野苑初转法轮像；刻檀佛像一躯，通光座高尺有五寸，拟憍赏弥国出爱王思慕如来刻檀写真像；刻檀佛像一躯，通光座高二尺九寸，拟劫比他国如来自天宫降履宝阶像；银佛像一躯，通光座

① 〔日〕東京国立博物館、NHK、NHK プロモーション：《日本·インド国交樹立 50 周年記念——インド·マトゥラ彫刻展》，便利堂，2002 年，第 60 页，图版 40；〔日〕朝日新聞社文化企画局大阪企画部：《西遊記のシルクロード〈三蔵法師の道〉図録》，朝日新聞社，1999 年，第 92 页，图版 47。关于 2 号窟左壁大龛的两尊胁侍菩萨像，王建新也有论述，参见氏著《试论佛教造像的长安模式与盛唐风格》，《慈善寺与麟溪桥——佛教造像窟龛调查研究报告》，科学出版社，2002 年，第 141—152 页。

高四尺，拟摩揭陀国鹫峰山说《法花（华）》等经像；金佛像一躯，通光座高三尺五寸，拟那揭罗曷国伏毒龙所留影像；刻檀佛像一躯，通光座高尺有三寸，拟吠舍厘国巡城行化像"[①]。玄奘归国时带回的佛像最初安置在长安城的弘福寺，后来又安置在大慈恩寺。它们应当对当时长安及其周围地区的佛教造像产生了重要影响，起到了范本的作用。另外，王玄策归国时也带回了佛教造像的范本。据《历代名画记》卷三记载，东都洛阳敬爱寺的弥勒菩萨像，不仅以王玄策在印度所图菩萨像为样本雕塑而成，而且王玄策本人还亲自指挥了弥勒像的雕塑[②]。玄奘、王玄策还从印度带回了佛足迹的图样，并在玉华宫（寺）、普光寺中进行了雕刻，在当时也产生了广泛影响[③]，日本奈良药师寺中奈良时代的佛足迹石就是以王玄策带回的佛足迹图样为蓝本雕刻而成的[④]。另外，在洛阳龙门石窟宾阳南洞西壁左下角曾发现一方王玄策造像题记，其内容为："王玄策□□□□□□下及法界（众生）敬造（弥勒）像一铺麟德二年九月五日"[⑤]。

从时间上来看，玄奘和王玄策主要活跃于太宗贞观末期和高宗初年，与慈善寺主要窟龛的开凿时间是吻合的。既然慈善寺在造像样式上受了印度造像的影响，那么，将主要的石窟1、2窟开凿在呈"U"形地形的慈善寺所在地，显然也有对地形的考量。也就是说，玄奘、王玄策等人在带回佛像的同时，也将印度开凿石窟时对地形选择的思想带了回来，而慈善寺主要的窟龛在唐代早期开凿在这一呈"U"字形的地形之处，表面上看是对隋代凿龛的延续，但事实似乎并非如此简单，也并非出自偶然，是其地形的特殊性引起了人们的关注。在这处较好的壁面大部分被利用之后，才开始在距仁寿宫（九成宫、万年宫）更近的麟溪桥附近继续开凿小龛，但麟溪桥的龛像明显地衰落了，这与仁寿宫（九成宫、万年宫）的衰落有着密切关系，关于这一点可以参考调查报告相关章节的论述。

为了更进一步说明慈善寺窟龛所在地形的重要性，不得不说同在麟游县城附近的麟溪桥龛像。从与仁寿宫（九成宫、万年宫）的距离来看，慈善寺窟龛较远，而麟溪

---

① （唐）玄奘、辩机原著，季羡林等校注：《大唐西域记校注》（下），中华书局，2000年，第1041页。

② （唐）张彦远著，秦仲文、黄苗子点校，启功参校：《历代名画记》，人民美术出版社，1963年，第67页。

③ 铜川市考古研究所：《漆沮遗珍——铜川市考古研究所藏文物精品》，三秦出版社，2015年，第198、199页；李静杰：《佛足迹图像的传播与信仰》（上），《故宫博物院院刊》2011年第4期；李静杰：《佛足迹图像的传播与信仰》（下），《故宫博物院院刊》2011年第5期。

④ 〔日〕常盤大定、関野貞：《中国文化史跡》第九卷《陝西》，法藏館，1976年，第45页；〔日〕大橋一章：《日本の古寺美術》4《薬師寺》，保育社，1986年，第211—226頁。

⑤ 李玉昆：《龙门石窟新发现王玄策造像题记》，《文物》1976年第11期。

桥则较近，同时在麟溪桥附近也有面积不小的壁面规整的崖壁，同样适合于开窟造像。但从这两处窟龛的造像来看，慈善寺窟龛多建于高宗时期前后，而麟溪桥窟龛的年代则晚于前者。之所以出现这种情况，笔者以为也是慈善寺窟龛所在的地形起了决定因素。在慈善寺窟龛所在处适合于开凿窟龛的壁面得到充分利用，再无法更进一步开凿之后，才不得不移至麟溪桥一带。由此看来，慈善寺窟龛所在地的地形特点，确确实实吸引了开窟造像者的眼光。那么，在慈善寺指挥开凿这些具有犍陀罗因素和萨尔那特造像因素的佛像、胁侍菩萨像的人是谁呢？从出使过印度，又在长安和洛阳多次亲自参与指挥造像这一点来看，王玄策可能参与其中。当然了，这只是笔者的一个大胆地推测，尚需直接的资料来证明。

作为旁证，还有两条史料值得重视。《魏书》卷六《显祖献文帝》云："（皇兴）四年（470 年）十有二月甲辰，幸鹿野苑、石窟寺"[1]。《魏书》卷一百一十四《释老志》记载："高祖（孝文帝）践位，显祖移御北苑崇光宫，览习玄籍。建鹿野佛图于苑中之西山，去崇光宫右十里，岩房禅堂，禅僧居其中焉"[2]。这两段记载说明，北魏献文帝之时修建了鹿野苑石窟寺，尽管有学者认为"北魏时期起鹿野苑原与佛教并无关系"[3]，但鹿野苑这一名称显然来自印度。孝文帝之时又在"北苑"修建过"鹿野佛图"，而于苑中修建的"鹿野佛图"则被认为是模仿波罗奈国鹿野苑佛初转法轮像[4]。经调查论证，鹿野苑石窟寺位于山西大同市西北小石寺村附近的山沟石崖上，共计有 11 个石窟[5]。从北魏时期开凿鹿野苑石窟寺并用"鹿野苑"来命名这一点来看，当时除造像本身之外，印度的地名也成为开凿石窟造像时的模仿对象之一，那么，在地形的选择上受其影响也就不是什么奇怪的现象。

以上所列举的相关事例，都证明慈善寺窟龛的所在地应该是有意识的选择。又从慈善寺窟龛中仅有一座隋代佛龛来看，隋代在此开凿窟龛或许带有一定的偶然性，但唐代继续在此开窟则显然是对其地形有了特殊的认识，看中的就是其与阿旃陀石窟在地形上的相似性。也许高宗年间在慈善寺所在地开凿窟龛之时，存在对其地形考察后赞叹不已者，但只有当时到印度的玄奘、王玄策等这样的人物才具备这一资格。

在以往的研究中，人们更多地关注印度与中国佛教造像之间的关系，而对于相互

---

①　（北齐）魏收：《魏书》，中华书局，1974 年，第 130 页。

②　（北齐）魏收：《魏书》，中华书局，1974 年，第 3038 页。

③　李治国、刘建军：《北魏平城鹿野苑石窟调查记》，《中国石窟·云冈石窟》（一），文物出版社、株式会社平凡社，1991 年，第 214 页。

④　李治国、刘建军：《北魏平城鹿野苑石窟调查记》，《中国石窟·云冈石窟》（一），文物出版社、株式会社平凡社，1991 年，第 214 页。

⑤　李治国、刘建军：《北魏平城鹿野苑石窟调查记》，《中国石窟·云冈石窟》（一），文物出版社、株式会社平凡社，1991 年，第 212—215 页。

之间在地形选择的影响探讨略显不足，这一章仅是一篇读书札记，所涉及的问题也仅仅是一处石窟寺地形的选择与阿旃陀石窟地形之间的关系，尽管如此，但似乎也不能将两者在地形选择上的相似性视为偶然。还有一点也不可忽视，那就是隋文帝在修建舍利塔时反复强调有山有水、清净高爽，其中也包含有中国古代的风水思想在内①。

---

① 〔日〕長岡龍作：《仏像——祈りと風景》，株式会社敬文舎，2014 年，第 29—42 頁。

第五章　头光与背光上的放射状线条
——一个外来因素的东传

2015 年，笔者在韩国国立中央博物馆参观时，看到美国纽约大都会美术馆收藏的 1 尊鎏金铜佛像，在佛座侧面錾刻有纪年铭文，其内容为："正光二年（521 年）四月朔日□为父母敬造弥勒像一躯，虔心供养"[1]（图 5-1）。正光是北魏孝明帝年号，说明这尊造像是孝明帝正光二年的作品，而与展览同期出版的展览图录未将其中的"正"字释读出来。这尊造像引起笔者注意之处不仅在于其年代，更是因为其头光上装饰的放射线状凸棱，这类头光及背光在新疆一带发现的佛教造像上有不少发现，这件鎏金佛

图5-1　美国纽约大都会美术馆藏北魏正光二年（521年）鎏金铜佛像

①　National Museum of Korea, Masterpieces of Early Buddist Sculpture, 100BCE—700CE, National Museum of Korea, 2015, p.85, fig.31。

像为其他具有类似头光或背光的造像提供了重要的年代参考标准。如果追溯其源流，这种将头光边缘雕刻成放射线状凸棱的佛教造像最早出现于犍陀罗斯瓦特地区，然后对其以东的龟兹、焉耆、高昌乃至于内地都产生了重要影响。拙著以这尊正光二年造像为出发点，对这类造像在我国的传播状况以及对日本的影响进行初步探讨。

一、犍陀罗地区放射线状凸棱头光造像举例

将头光边缘雕刻成放射线状凸棱的佛教造像出现于巴基斯坦斯瓦特地区的犍陀罗造像中，被学术界认为是这一地区独特的造像特征。虽然具有这种头光的佛像在犍陀罗地区并不是主流，但其重要性仍却是不可忽视的，它曾经对我国新疆地区及内地的佛教造像及壁画中的佛、菩萨等形象产生了较大影响。目前笔者收集到的资料主要有以下一些。

在巴基斯坦德尔出土的 1 尊 3—4 世纪的结跏趺坐佛像，上唇有髭须，其头光边缘雕刻成较短的放射线状凸棱，就是比较典型的斯瓦特地区造像特征[①]（图 5-2-1）。在日本松冈美术馆收藏的 1 尊相传出土于巴基斯坦斯瓦特的结跏趺坐佛像，其头后有较小的圆形头光，头光边缘雕刻放射线状凸棱[②]（图 5-2-2）。

在巴基斯坦斯瓦特地区发现的其他一些犍陀罗菩萨造像中，也有头光雕刻成放射线状凸棱者。如日本平山郁夫丝绸之路美术馆收藏的 2 尊年代在 4—6 世纪的菩萨坐像[③]（图 5-2-3、4），这 2 尊菩萨像的头光较小，形状呈圆形，边缘部分被雕刻成放射线凸棱状。

二、对新疆地区及内地佛教造像、壁画的影响

与巴基斯坦斯瓦特地区出土的犍陀罗造像特征相近的佛教造像或壁画的头光或背光，在新疆地区有不少发现。这些发现充分证明了一个较为重要的问题：在佛教及其造像的传播过程中，斯瓦特地区的佛教艺术造型样式确实影响到了新疆地区，并经由这一地区传播至中国内地。现以佛教造像和壁画两种艺术表现形式主要沿着天山南麓自西向东的路线分别介绍如下。

---

① 〔日〕樋口隆康、桑山正进、宫治昭、田边胜美：《パキスタン・ガンダーラ美術展図録》，日本放送協会，1984 年，第 39 页，图版 I-19，第 156 页说明文字。

② 〔日〕松冈美术馆：《館蔵古代東洋彫刻》，大塚巧芸社，1994 年，第 37 页，图版 8，说明文字见第 103 页。

③ 〔日〕财团法人平山郁夫シルクロード美術館：《ガンダーラ——仏像のふるさと》，大塚巧芸社，2009 年，第 32、33 页，图版 22、23，说明文字参见第 124 页。

图5-2　巴基斯坦斯瓦特出土犍陀罗造像

1. 巴基斯坦德尔出土　2. 日本松冈美术馆藏　3、4. 日本平山郁夫丝绸之路美术馆藏

（一）头光或背光装饰放射线状凸棱的佛教造像

新疆巴楚县脱乌拉塔格佛寺遗址出土的石膏伎乐天人像头光边缘呈放射线状凸棱，其右侧残存的主尊头光边缘也与之相同（图 5-3-1），同一地点出土的执金刚像头光边缘也呈放射线状凸棱①（图 5-3-2），从莲花瓣的样式来看大约属于唐代，其年代约在

---

①　霍旭初、祁小山：《丝绸之路·新疆佛教艺术》，新疆大学出版社，2006 年，第 23 页，图版⑦、⑧；新疆维吾尔自治区文物局：《新疆佛寺遗址》（上册），科学出版社，2015 年，第 182 页图版上部左。

1　　　　　　　　　2　　　　　　　　　3

图5-3　新疆出土佛教塑像

1. 新疆巴楚县脱乌拉塔格佛寺遗址出土伎乐天人像　2. 新疆巴楚县脱乌拉塔格佛寺遗址出土执金刚像

3. 新疆图木舒克托库孜萨来佛寺遗址出土木雕坐佛像

7世纪左右。新疆图木舒克托库孜萨来佛寺遗址出土、现藏法国吉美美术馆的1件木雕坐佛像头光和背光均雕刻成放射线状凸棱[①]（图5-3-3）。

新疆库车都尔杜尔阿库尔遗址出土、现藏法国吉美美术馆的1件木雕像龛中有1尊高浮雕结跏趺坐佛像，其头光圆形，内匝为莲瓣纹，中匝为连珠纹，外匝为放射线状凸棱[②]（图5-4-1）。另1件都尔杜尔阿库尔出土的木雕燃灯佛授记题材的像龛中，燃灯佛的身光部分雕刻成放射线凸棱状[③]（图5-4-2）。新疆库车出土的1尊婆罗门像头光边缘雕塑成放射线状凸棱[④]（图5-4-3）。

新疆焉耆七个星佛寺遗址出土、现藏于英国伦敦大英博物馆的1件木雕燃灯佛题材的像龛上部和中部的燃灯佛上半身、下半身均袒裸，身着短裤，头光呈圆形，边缘雕刻成放射线状凸棱[⑤]（图5-5-1），其头光及边缘雕刻的放射线状凸棱的样式仍然保持着斯瓦特地区犍陀罗造像的特征。另外，在新疆焉耆七个星佛寺遗址出土、现藏大英博物馆的砖菩萨头像的头光周围也装饰有放射线状凸棱，只是其呈放射线的部分显得

① 〔日〕東京国立博物館：《シルクロード大美術展》，読売新聞社，1996年，第123页，图版128。

② 〔日〕東京国立博物館：《シルクロード大美術展》，読売新聞社，1996年，第94页，图版94。

③ 〔日〕東京国立博物館：《シルクロード大美術展》，読売新聞社，1996年，第133页，图版140。

④ 霍旭初、祁小山：《丝绸之路·新疆佛教艺术》，新疆大学出版社，2006年，第101页，图版⑧。

⑤ 〔日〕長沢俊和、NHK取材班：《NHK大英博物館（5）——中央アジア·東西文明の十字路》，日本放送出版協会，1991年，第106页，图版88。

图5-4　新疆库车出土佛教造像

1、2. 都尔杜尔阿库尔遗址出土木雕佛像　3. 婆罗门像

较短^①（图 5-5-2 ）。

　　新疆吐鲁番高昌故城出土、现藏美国纽约大都会美术馆的 1 件木雕佛立像头光和背光均呈放射线凸棱状^②（图 5-5-4 ），给人光芒四射之感。在唐代的佛教造像中，也偶见将头光镂空成放射线状者，虽然与上述雕刻有所不同，但其装饰效果却是一致的，如日本泉屋博古馆收藏的 1 件鎏金铜菩萨立像即是如此^③（图 5-5-3 ）。

　　甘肃敦煌莫高窟出土、现藏法国吉美美术馆的 1 尊木质菩萨立像的头光也雕刻有较宽的放射线状凸棱^④（图 5-6-1 ）。甘肃敦煌莫高窟北区出土 1 件唐代的泥质立佛像龛（B142：2），通高 9 厘米，像高 6.4 厘米。立佛像的头光和背光均呈高凸状，其边缘被雕塑成放射线状凸棱^⑤（图 5-6-2 ）。

　　① 〔日〕長沢俊和、NHK 取材班：《NHK 大英博物館（5）——中央アジア・東西文明の十字路》，日本放送出版協会，1991 年，第 75 頁，図版 50。
　　② 〔日〕東京国立博物館：《シルクロード大美術展》，読売新聞社，1996 年，第 95 頁，図版 95。
　　③ 〔日〕龍谷大学龍谷ミュージアム、読売新聞社：《特別展〈仏教の来た道——シルクロード探検の旅〉》，野崎印刷紙業株式会社，2012 年，第 88 頁，図版 73。
　　④ 〔日〕東京国立博物館：《シルクロード大美術展》，読売新聞社，1996 年，第 94 頁，図版 96。
　　⑤ 笔者 2017 年 5 月 5 日参观敦煌莫高窟时拍摄并记录。

图5-5　佛教造像
1. 新疆焉耆七个星佛寺遗址出土木雕佛像　2. 新疆焉耆七个星佛寺遗址出土砖菩萨头像
3. 日本泉屋博古馆藏鎏金铜菩萨像　4. 新疆吐鲁番高昌故城出土木雕佛像

　　除上述天山南麓及吐鲁番高昌故城、敦煌莫高窟等地的发现之外，同类材料在塔克拉玛干沙漠南缘的佛教遗迹中也有发现，但相对于天山南麓的发现而言，数量相对较少。如发现于新疆和田地区、现藏韩国国立中央博物馆的石膏塑像，其头光边缘呈放射线凸

1　　　　　　　　　　　　　　　　　　2

图5-6　甘肃敦煌莫高窟出土佛教造像

1. 法国吉美美术馆藏木雕菩萨立像　2. 北区（B142）出土泥质立佛像龛

棱状，背光整体则雕塑成放射线凸棱状[1]（图5-7-2）。出土于和田地区、现藏于印度新德里国立博物馆的 1 尊木雕佛像右侧菩萨立像头光边缘雕刻成放射线凸棱状[2]（图5-7-1）。

　　上述头光或背光雕刻成放射线状凸棱的佛教造像在古龟兹地区即以今库车为中心的地区发现最多，其次是龟兹以东的焉耆和高昌地区。虽然和田地区也有一定的发现，但与天山南麓"丝绸之路"的发现相比较，数量较少且特征不甚突出，说明这一地区受斯瓦特地区的影响较弱。

---

　　①　〔韩〕韩国国立中央博物馆：《中央アジアの美术》，学生社，1989 年，第 59 页，图版48右。

　　②　〔日〕田边胜美、前田耕作：《世界美术大全集·東洋編》第 15 卷《中央アジア》，小学馆，1999 年，第 241 页，图版 245。

2

1

图5-7 新疆出土佛教造像
1. 印度新德里国立博物馆藏木雕佛像
2. 韩国国立中央博物馆藏石膏塑像

（二）壁画中头光或背光装饰放射线状纹饰的佛教图像

在新疆地区的石窟寺壁画中，佛像或其他形象的头光或背光也有饰放射线状纹饰的，虽然其表现方式是平面的，但其效果通过色彩的渲染，也具有类似雕刻或者铸造的视觉效果，或者说它是平面化了的放射线凸棱。如在新疆克孜尔石窟壁画中，佛像的背光、日天及月天的背光，乃至于飞天、天王的冠饰等许多绘制成放射线状，而且这类壁画的所占比例不小。如第205窟6—7世纪的"阿阇世王灵梦入浴"图中，大臣行雨手中所持的白描四相佛传的鹿野苑初转法轮佛像头光和背光边缘即绘制成放射线状①

① 新疆龟兹石窟研究所：《中国新疆壁画·龟兹》，新疆美术摄影出版社，2008年，第84页，图版七三；霍旭初主编：《曹永军龟兹壁画临摹集》，新疆人民出版社，2004年，第41—45页。

（图 5-8-1、2）。第 69 窟主室左壁后端 6—7 世纪的"燃灯佛授记本生"中，燃灯佛的头光和背光均绘制成放射线状，而且这些放射线上原来均贴金，后来被刮去[①]（图 5-8-3）。第 1 窟后室顶部 7 世纪的飞天冠饰周边呈放射线状[②]（图 5-8-4）。第 1 窟后室券顶下部 7 世纪的举哀四力士冠饰周边绘制成放射线状[③]（图 5-8-5）。收藏于德国柏林国立亚洲艺术馆的 2 幅 7 世纪克孜尔石窟的日天背光也被绘制成放射线状[④]（图 5-8-6、7）。

　　在新疆库木吐喇石窟壁画中，日天、鬼王的背光等都呈放射线状。如第 23 窟主室券顶中脊天象图中 5—6 世纪的日天背光呈放射线状[⑤]（图 5-9-1）；第 46 窟主室券顶中脊天象图中的日天背光呈放射线状[⑥]（图 5-9-2）；第 79 窟主室右壁约 9 世纪以后的地狱变中鬼王的背光呈放射线状[⑦]（图 5-9-3）。另外，在新疆森木赛姆石窟第 48 窟主室券顶中脊 6—7 世纪的月天周围呈放射线状[⑧]（图 5-9-4）。

　　尽管克孜尔石窟、库木吐喇石窟、森木赛姆石窟壁画中头光或背光的放射线表现形式是平面的，但与前文所列举的佛教造像浅浮雕的放射线状凸棱有异曲同工之妙。如果将新疆地区的发现与犍陀罗地区的同类造像进行对比，头光和背光等装饰放射线状纹饰的造像在犍陀罗斯瓦特地区仅见于佛像、菩萨像等的头光，而新疆地区则将其扩大至背光，造像的身份也扩大到如天人、弟子等各类造像，而不再局限于佛像、菩萨像，这显然是对犍陀罗造像进行继承的同时又有所发展的表现。而这一改变也与佛经的记载相吻合。《大智度论》卷七《初品中·佛土愿释论第十三》记载："问曰：佛何

　　① 新疆龟兹石窟研究所：《中国新疆壁画·龟兹》，新疆美术摄影出版社，2008 年，第 108、109 页，图版九四。

　　② 新疆龟兹石窟研究所：《中国新疆壁画·龟兹》，新疆美术摄影出版社，2008 年，第 103—105 页，图版九〇—图版九二。

　　③ 新疆龟兹石窟研究所：《中国新疆壁画·龟兹》，新疆美术摄影出版社，2008 年，第 106、107 页，图版九三。

　　④〔日〕東京国立博物館：《シルクロード大美術展》，読売新聞社，1996 年，第 163 頁，图版 170；〔日〕東京国立博物館、京都国立博物館、朝日新聞社：《西域美術展——ドイツ・トルファン探検隊》，便利堂，1991 年，第 127 頁，图版 75。

　　⑤ 新疆龟兹石窟研究所：《中国新疆壁画·龟兹》，新疆美术摄影出版社，2008 年，第 224、225 页，图版一九八；新疆维吾尔自治区文物管理委员会、库车县文物保管所、北京大学考古系：《中国石窟·库木吐喇石窟》，文物出版社、株式会社平凡社，1992 年，图版 23。

　　⑥ 新疆维吾尔自治区文物管理委员会、库车县文物保管所、北京大学考古系：《中国石窟·库木吐喇石窟》，文物出版社、株式会社平凡社，1992 年，图版 115。

　　⑦ 新疆龟兹石窟研究所：《中国新疆壁画·龟兹》，新疆美术摄影出版社，2008 年，第 251 页，图版二二五。

　　⑧ 新疆龟兹石窟研究所：《中国新疆壁画·龟兹》，新疆美术摄影出版社，2008 年，第 302、303 页，图版二七四。

图5-8　新疆克孜尔石窟壁画

1、2. 第205窟"阿阇世王灵梦入浴"图局部　3. 第69窟主室左壁后端"燃灯佛授记本生"局部　4. 第1窟
后室顶部飞天　5. 第1窟后室券顶下部举哀力士像头部　6、7. 德国柏林国立亚洲艺术馆藏日天图像

图5-9　新疆库木吐喇石窟、森木赛姆石窟壁画

1. 库木吐喇石窟第 23 窟主室券顶中脊日天图像　2. 库木吐喇石窟第 46 窟主室券顶中脊日天图像

3. 库木吐喇石窟第 79 窟主室右壁地狱变壁画鬼王图像　4. 森木赛姆石窟第 48 窟主室券顶中脊月天图像

以故先放身光。答曰：上笑因缘中已答，今当更说。有人见佛无量身放大光明，心信清净恭敬故，知非常人。复次佛欲现智慧，光明神相故，先出身光，众生知佛身光既现，智慧光明亦应当出。复次一切众生常着欲乐，五欲中第一者色，见此妙光心必爱着，舍本所乐令其心渐离欲，然后为说智慧。问曰：其余天人亦能放光，佛放光明有

何等异。答曰：诸天人虽能放光有限有量，日月所照唯四天下，佛放光明满三千大千世界。三千大千世界中出，遍至下方，余人光明唯能令人欢喜而已。佛放光明能令一切闻法得度，以是为异。问曰：如一身中，头为最上，何以故先从足下放光。答曰：身得住处皆由于足，复次一身中虽头贵而足贱，佛不自贵光不为利养，以是故于贱处放光。复次诸龙大蛇鬼神从口中出光，毒害前物。若佛口放光明众生怖畏，是何大光，复恐被害，是故从足下放光。问曰：足下六百万亿光明，乃至肉髻是皆可数，三千大千世界尚不可满，何况十方。答曰：此身光是诸光之本，从本枝流无量无数，譬如迦罗求罗虫，其身微细得风转大，乃至能吞食一切，光明亦如是，得可度众生转增无限"[1]。因此，造像不能不造佛光，而佛光又分为背光和头光。对于背光和头光的表现形式则因地域和时代不同而有所变化，造像的头光和背光被雕刻或绘制成放射线状，就是其具体的一种表现形式，而这种形式表现出明显的地域性特征，是探讨当时佛教造像交流和互相影响的重要佐证之一。

前述北魏正光时期佛像为此类造像的年代提供了一个断代标尺。如果考虑到这种雕刻风格是从西向东逐渐传播的话，那么上述新疆地区发现的这类造像其年代不会晚于 6 世纪初，处于犍陀罗地区造像与北魏正光时期之间。

总而言之，目前新疆地区发现这类材料的地点主要分布于塔里木盆地北沿（丝绸之路中道），自西向东依次为巴楚、图木舒克、库车、焉耆、高昌，说明这种发源于斯瓦特的造像风格，主要沿着这一条路线逐渐东传至内地，目前所知年代最早者是 6 世纪初，年代较晚者是 7 世纪左右，那么在其以西发现的造像应该不晚于内地年代较明确者，年代也应该在 6—7 世纪这一范围之内。从上述新疆地区的分布状况来看，这些地区与巴基斯坦犍陀罗斯瓦特地区的造像关系更为密切。

三、对日本的影响

将佛教造像的头光及背光上雕刻成放射状凸棱的表现方法，不仅影响了新疆地区及中国内地，同时又经由中国内地对日本早期的佛教造像也产生了影响，如日本奈良法轮寺飞鸟至奈良时代（7 世纪）木雕药师佛造像，其头光的内区中匝雕刻成放射线状凸棱[2]（图 5-10-1）。奈良法隆寺金堂安置的 7 世纪药师佛像、四天王像（图 5-10-2），607 年铸造的药师佛像（图 5-10-3），623 年铸造释迦三尊像的主尊等的头光（图 5-10-4），其内区中匝或外匝均铸成或雕刻成放射线状凸棱[3]。奈良药师寺 7 世纪末至 8 世纪

---

① 《大智度论》，《大正藏》第 25 册，No.1509，第 113 页。

② 〔日〕奈良国立博物馆：《日本仏教美術の源流》，天理时报社，1978 年，第 29 页，图版 27。

③ 〔日〕福山敏男：《世界美術全集》第 2 卷《日本（2）飛鳥・白鳳》，角川书店，1961 年，彩色图版 2、3，黑白图版 1—3、8、10、11。

图5-10 日本的佛教造像

1. 奈良法轮寺木雕药师佛像 2. 奈良法隆寺木雕天王像 3. 奈良法隆寺药师佛像 4. 奈良法隆寺释迦三尊像
主尊 5. 奈良药师寺药师佛像 6. 奈良法隆寺百济观音像

初的药师佛像及两侧的日光、月光菩萨头光等，7世纪时期药师佛像的圆形头光内区中
匝铸成放射线状凸棱①（图 5-10-5）。这些造像的年代主要集中在飞鸟至奈良时代，以 7
世纪为主，个别的可晚至 8 世纪初。

　　奈良法隆寺金堂中保存的年代在 7 世纪的木雕百济观音像头光采用绘雕结合的方

---

①〔日〕福山敏男：《世界美術全集》第 2 卷《日本（2）飛鳥·白鳳》，角川書店，1961 年，
黑白图版 40。

法，内匣绘制成放射线状凸棱[①]（图 5-10-6）。由此可见，日本早期的在头光上雕刻放射线状凸棱的佛教造像是受了来自朝鲜半岛的百济的影响。这种头光及背光呈放射线状凸棱的表现方法在东亚的基本传播路线表现为：中国大陆→朝鲜半岛的百济→日本。这样一来，来自犍陀罗斯瓦特地区这种头光的装饰方法，其在中亚及东亚的传播路线就极其明确了。

四、结　语

总而言之，头光较小而且边缘雕刻成放射线状凸棱的造像样式，最早见于巴基斯坦斯瓦特地区的犍陀罗造像，然后沿着塔里木盆地北沿（天山南麓、丝绸之路中道）逐渐自西向东传播，这是一条主要的传播路线。目前所见到这类造像在塔里木盆地南沿（丝绸之路南道）发现数量较少，而且主要集中在于阗地区，在于阗以东的沿途地区尚罕见，这种现象反映了塔里木盆地南沿可能不是其主要的传播路线。将头光或背光雕刻或铸造成放射线状凸棱的佛教造像样式又由中国大陆经百济或者直接由中国大陆传播至日本，从而勾勒出一条犍陀罗佛教造像因素东传的路线图。

---

① 〔日〕福山敏男：《世界美术全集》第 2 卷《日本（2）飞鸟·白凤》，角川书店，1961 年，彩色图版 1。

第六章　龟兹印章与外来文化

现今的新疆库车古属龟兹国，从地理位置来看，龟兹位于塔里木盆地北沿、天山南麓，是"丝绸之路"上的重镇。在龟兹国境内，分布着众多的佛教寺院遗址和石窟，其中克孜尔石窟、库木吐喇石窟和克孜尔尕哈石窟保存的精美壁画可以与敦煌莫高窟壁画相媲美，是西域佛教美术的杰出代表。在库车曾经发现了数量不少的各类精美文物，其中出土于龟兹故城皮朗墩遗址的 1 枚铜印章 [①]（图 6-1）因其印面纹饰中包含有丰富的东西文化交流的信息而格外引人注目。其形制呈椭圆形，长径 7.5、短径 6 厘米，印面以一头大象为中心，在其背上有盘腿而坐持弓射箭的狩猎人物，大象的身后为立姿的狮子形象，大象鼻端顶有一个双耳插花的德瓶，在大象的头上部还有一位持钩的驯象人物。这枚印章的印面虽然包含东西方文化交流的各种信息，但在以往的各类论著却没有对其进行具体的解读。笔者通过将其与有关图像资料进行对比，认为这枚铜印章的印面纹饰包含的文化因素是非常丰富的，可以说融古印度文化、波斯文化以及西域本土文化于一体，是当时丝绸之路上东西方文明交往的缩影。

图6-1　新疆库车龟兹故城皮朗墩遗址出土铜印章

一、大象鼻端顶瓶花　印度文化龟兹发芽

铜印章印面上的大象鼻子上端，顶有一个双耳瓶，瓶内插有盛开的花朵。这种纹饰在有关论著中被冠以各种名称，如"供花供果纹饰"、"宝瓶"、"瓶莲"、"净瓶莲草"、"宝瓶插花"、"盆兰花纹"等，不一而足。实际上，这种瓶中生花或插花的纹饰应该称之为"德瓶"、"吉祥瓶"、"善瓶"、"贤瓶"等，日本学界多以"满瓶"、"贤瓶"

---

①　新疆维吾尔自治区文物管理局等：《新疆文物古迹大观》，新疆美术摄影出版社，1999 年，第 211 页。

称之，笔者曾进行过论述[①]，此处以文献中的"德瓶"一词称之。

《大智度论》卷十三云："有人常供养天，其人贫穷，一心供养满十二岁，求索富贵。天愍此人，自现其身而问之曰：'汝求何等？'答言：'我求富贵，欲令心之所愿，一切皆得！'天与一器，名曰德瓶，而语之言：'所须之物，从此瓶出。'其人得已，应意所欲，无所不得。得如意已，具作好舍，象马、车乘、七宝具足，供给宾客，事事无乏。客问之言：'汝先贫穷，今日何由得如此富？'答言：'我得天瓶，瓶能出此种种众物，故富如是。'客言：'出瓶见示，并所出物！'即为出瓶，瓶中引出种种众物。其人憍泆，立瓶上舞，瓶即破坏，一切众物亦一时灭"[②]。《释氏要览》卷中"毁破德缾"条云："（德缾）又名吉祥缾。《智度论》云，譬如有人患贫，供养诸天求富，满十二年。天愍其志，赐与一缾，告曰：'此名德瓶，凡有所须，皆自瓶出。'其人久贫乍富，人皆怪问，遂出缾示人，见种种物，从缾涌出"[③]。

德瓶纹饰在古印度的佛塔栏楯之上经常有所雕刻，如桑奇、马图拉、阿玛拉瓦蒂等地的佛教艺术及其他雕刻中，均可以见到数量不少的各种样式的德瓶纹饰[④]（图6-2）。这种德瓶纹饰不仅见于龟兹出土的铜印章，在新疆的其他地区也有发现，如尉犁营盘15号墓出土的棺木[⑤]（图6-3）、民丰尼雅遗址出土的木质家具[⑥]（图6-4）、丹丹乌里克佛寺遗址壁画[⑦]（图6-5）以及吐鲁番阿斯塔那北朝墓M101出土的盘绦狩猎纹织锦[⑧]（图6-6）等。这些材料中，花的载体以各式瓶、罐为主。与此同时，印度的德瓶纹饰还通过新疆一带及海上丝绸之路等路线传入内地，在长江流域及黄河流域的魏晋南北朝至隋唐时期墓葬的画像砖、石窟寺壁画及雕刻、棺床等都有所发现，如湖北襄阳贾家冲南朝墓画像砖[⑨]（图6-7）、湖北武汉东湖岳家嘴隋墓画像砖[⑩]（图6-8）、河南洛阳龙门石

---

① 冉万里：《丝路豹斑——不起眼的交流，不经意的发现》，科学出版社，2016年，第1—39页。

② 《大智度论》，《大正藏》第25册，No.1509，第154页。

③ （宋）道诚：《释氏要览》，《大正藏》第54册，No.2127，第281页。

④ 〔日〕逸見梅栄：《古典印度文樣》，東京美術，1976年，第133、135—137頁，図338—340、346、348、351。

⑤ 新疆文物考古研究所：《尉犁县营盘15号墓发掘简报》，《新疆文物》1998年第2期；新疆文物考古研究所：《新疆尉犁县营盘墓地15号墓发掘简报》，《文物》1999年第1期。

⑥ 〔日〕田辺勝美、前田耕作：《世界美術大全集・東洋編》第15卷《中央アジア》，小学館，1999年，第238頁，図版239。

⑦ 中国新疆文物考古研究所、日本佛教大学尼雅遗址学术研究机构：《丹丹乌里克遗址——中日共同考察研究报告》，文物出版社，2009年，第39、40页。

⑧ 新疆维吾尔自治区博物馆：《中国博物馆丛书》第9卷《新疆维吾尔自治区博物馆》，文物出版社、株式会社讲谈社，1991年，图版48，第181页。

⑨ 襄樊市文物管理处：《襄阳贾家冲画像砖墓》，《江汉考古》1986年第1期。

⑩ 武汉市文物管理处：《武汉市东湖岳家嘴隋墓发掘简报》，《考古》1983年第9期。

图6-2　古印度德瓶纹样

图6-3　新疆尉犁营盘15号墓棺木侧面纹饰

图6-4　新疆民丰尼雅遗址出土木质家具

窟皇甫公洞北壁 [①]（图 6-9）、甘肃天水拉梢寺 1 号窟北周时期壁画 [②]（图 6-10）以及山西

---

　　① 龙门文物保管所、北京大学考古系：《中国石窟·龙门石窟》（一），文物出版社、株式会社平凡社，1991 年，图版 194。

　　② 甘肃省文物考古研究所、麦积山石窟艺术研究所、水帘洞石窟保护研究所：《水帘洞石窟群》，科学出版社，2009 年，彩版一四，2。

图6-5　丹丹乌里克佛寺遗址壁画

图6-6　新疆吐鲁番阿斯塔那M101出土盘绦狩猎纹织锦

图6-7　湖北襄阳贾家冲南朝墓画像砖　　　　图6-8　湖北武汉东湖岳家嘴隋墓画像砖

图6-9　河南洛阳龙门石窟皇甫公洞北壁雕刻　　　图6-10　甘肃天水拉梢寺1号窟壁画

大同北魏 M112 石棺床的正面床足[①]（图 6-11）等。至于其具体的传播路线，笔者曾经有过论述[②]，在此不再赘述。

　　此外，龟兹一带虽然不产大象，但受印度佛教文化的影响，当时龟兹人对大象

[①]　山西大学历史文化学院、山西省考古研究所、大同市博物馆：《大同南郊北魏墓群》，科学出版社，2006 年，第 350、351 页之间插页，图一四七 B。

[②]　具体关于德瓶纹饰的传入与演变，可以参见拙著《丝路豹斑——不起眼的交流，不经意的发现》，科学出版社，2016 年，第 1—39 页。

已经达到耳熟能详、指手可绘的程度，如在新疆克孜尔石窟、库木吐喇等石窟的壁画中都可以看到大象的形象，而且主要见于八王分舍利题材的壁画，大象多为国王的骑乘，如新疆库木吐喇石窟第23窟八王分舍利壁画中的国王形象（图6-12），有的著作称其为"武士"[①]。所以，龟兹的艺术家们在绘制壁画或其他器物的装饰时，将大象作为国王的坐骑，显然也在情理之中，这毫无疑问是佛教影响的结果，其源头自然是大象之国佛教之源的印度。另外，玄奘《大唐西域记》卷一"屈支国（即龟兹国）"条云："（屈支国）文字取则印度，粗有改变"[②]。这段文字告诉我们，龟兹不仅自印度传入了佛教，甚至连文字也取法于印度，可见龟兹国的文化受印度文化影响之深。

图6-11　山西大同北魏M112石棺床床足雕刻　　图6-12　新疆库木吐喇石窟第23窟八王分舍利壁画局部

　　库车皮朗墩遗址出土的这枚印章印面上的大象头上部，有持钩的驯象者形象，其形象也可以在印度的象牙雕刻找到源头，如在阿富汗贝格拉姆城址发现的1世纪的印度象牙雕刻上有持钩驯象人[③]（图6-13）。

---

　　① 霍旭初、祁小山：《丝绸之路·新疆佛教艺术》，新疆大学出版社，2006年，第50页。

　　② 〔唐〕玄奘、辩机原著，季羡林等校注：《大唐西域记校注》（上），中华书局，2000年，第54页。

　　③ 〔日〕龍谷大学龍谷ミュージアム：《特別展 平山郁夫 悠久のシルクロード》，野崎印刷紙業株式会社，2013年，第134頁，図版133。

图6-13　阿富汗贝格拉姆城址出土印度象牙雕

　　特别应该注意的是，库车出土的铜印章印面上大象鼻端的德瓶，带双耳，束颈，鼓腹，平底，这种形制的陶器是新疆地区唐代遗址或者墓葬中常见的器物，这也为判断这枚铜印章的年代提供了重要的参考，可以初步断定这枚印章的年代大体而言属于唐代，具体而言以 8—10 世纪的可能性较大。

二、回身射猎国王姿　人立狮子自波斯

　　印章上的大象背部盘腿而坐的人物形象身躯侧向一面，头向后，持弓射向身后的一头立姿的老虎或者狮子。这种狩猎题材在波斯银盘或石刻上常见，如在世界各地的博物馆或者美术馆收藏的波斯银盘中，有大量的表现波斯王狩猎场景的题材，在这些狩猎纹银盘中，国王一般骑于马上，回身持弓射向身后立姿的狮子或豹子等猛兽，以显示波斯国王的神勇。如日本出光美术馆[①]（图 6-14）、日本天理参考馆[②]（图 6-15）、俄罗斯艾尔米塔什博物馆[③]（图 6-16）、伊朗德黑兰伊朗·巴斯坦博物馆[④]（图 6-17）等均有收藏。唐代金银器上也有不少的回身射猎图案，如陕西西安何家村窖藏出土的狩猎纹

　　① 〔日〕読売新聞社：《大東洋美術展》，大塚巧芸社，1977 年，第 62 頁，図版 136。
　　② 〔日〕天理大学附属天理参考館：《天理参考館 資料を語る》，天理時報社，1996 年，第 183 頁。
　　③ 〔日〕東京国立博物館、大阪市立美術館、朝日新聞社：《シルクロードの遺宝——古代·中世の東西文化交流》，日本経済新聞社，1985 年，図版 74。
　　④ 〔日〕田辺勝美、松島英子：《世界美術大全集·東洋編》第 16 巻《西アジア》，小学館，2000 年，第 310 頁，図版 279。

图6-14　日本出光美术馆藏波斯银盘

图6-15　日本天理参考馆藏波斯银盘

图6-16　俄罗斯艾尔米塔什博物馆藏波斯银盘　　图6-17　伊朗德黑兰伊朗·巴斯坦博物馆藏波斯银盘

银高足杯[①]（图6-18）、陕西西安沙坡村窖藏出土的狩猎乔木纹银高足杯[②]（图6-19）等。这种回身射猎的姿态一般被西方学者称为"安息射姿"，传到了中国中原地区，这种说法似乎有点绝对化。如果历史地看待这一问题，就会发现，在汉魏时期的画像石、画像砖以及墓葬壁画、日用器物等所饰狩猎纹饰中都可以看到回身射猎者的姿态，只能说它们之间的相似性反映了两者之间存在密切的关系，在文化的互动交流过程中曾经

---

　　① 陕西历史博物馆、北京大学考古文博学院、北京大学震旦古代文明研究中心：《花舞大唐春——何家村遗宝精粹》，文物出版社，2003年，第60、61页。
　　② 韩伟：《海内外唐代金银器萃编》，三秦出版社，1989年，第1页，器物线图37。

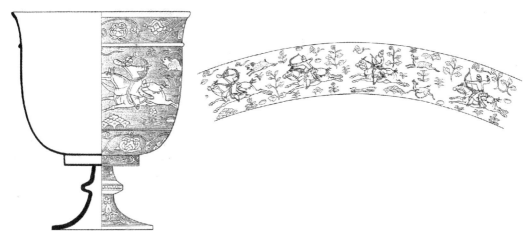

图6-18　陕西西安何家村窖藏出土狩猎纹银高足杯

图6-19　陕西西安沙坡村窖藏出土狩猎乔木纹银高足杯

互相影响。至于中国中原地区见于各类装饰的回身射猎姿态还应该从传统因素与外来文化两方面去考虑，不能笼而统之地称为"安息射姿"[1]。话说回来，库车出土印章印面上的狮子，在古代龟兹一带也是没有生存的，但印面纹饰却能准确地表现狮子的姿态，这与波斯狩猎纹银盘上的狮子形象是一致的，由此可知，印面上的狮子形象所受的影响，应当来自于更遥远的西亚波斯文化。这种将狮子等猛兽以立姿表现的创意也见于唐代的狩猎纹铜镜之上，如河南偃师杏园 8 世纪前半叶盛唐墓 M502 出土的狩猎纹铜镜中就装饰呈立姿的怪兽[2]（图 6-20），虽然所表现的已经不是狮、豹之类的猛兽，但其创意显然与上述波斯银盘上的狩猎纹有密切关系。

　　从考古发现及传世的藏品来看，这种以人物（有的是王、王妃及大臣的胸像或者全身像）、骑马狩猎图像、宴飨图像、动物形象、族徽等作为印面的印章流行于遥远的

①　冉万里：《唐代金银器文様の考古学的研究》，（日本）雄山閣，2007 年，第 99—147 頁。

②　中国社会科学院考古研究所：《偃师杏园唐墓》，科学出版社，2001 年，第 74 页。

图6-20　河南偃师杏园M502出土铜镜

波斯及中亚，如日本平山郁夫丝绸之路美术馆收藏的各类人物、动物及家族徽章等作为印面的波斯印章[①]（图6-21）；在《古代イランの美術》（II）一书中收录有一批宝石印章，均为凹面刻，其题材非常丰富，有国王、王妃、大臣的胸像及全身像（图6-22），也有骑马狩猎图像（图6-23）、宴飨图像（图6-24）等[②]。除库车发现的这枚，这种样式的印章还见于新疆一带的佛寺遗址及城址、墓葬等，如吐鲁番高昌故城出土的1枚琥珀色玛瑙人物印章，高2厘米，印面浮雕人物形象[③]（图6-25）。巴楚脱库孜萨来遗址也曾经出土1枚琥珀色玛瑙人物印章，印面雕刻行进的人物形象，其手中捧一物，上部呈环状，下部呈纵三角形[④]（图6-26）。这枚玛瑙人物印章印面上的人物手中所捧之物，与伊朗纳克西·伊·鲁斯塔姆萨珊时期（3世纪）反映阿尔达希尔一世续任场景的摩崖

图6-21　日本平山郁夫丝绸之路美术馆藏波斯印章

---

① 〔日〕平山郁夫シルクロード美術館、古代オリエント博物館：《栄光のペルシア》，株式会社山川出版社，2010年，第86页。

② 〔法〕ロマン・ギルシュマン著，〔日〕岡谷公二訳：《古代イランの美術》（II），新潮社，1966年，第240—246页。

③ 新疆维吾尔自治区文物事业管理局等：《新疆文物古迹大观》，新疆美术摄影出版社，1999年，第133页。

④ 新疆维吾尔自治区地方志编纂委员会等：《新疆通志》第八十一卷《文物志》，新疆人民出版社，2007年，彩页第27页，图版122。

图 6-22　《古代イランの美術》（Ⅱ）收录波斯印章

图 6-23　《古代イランの美術》（Ⅱ）收录波斯印章

图 6-24　《古代イランの美術》（Ⅱ）收录波斯印章

图6-25　新疆吐鲁番高昌故城出土　　　　　图6-26　新疆巴楚脱库孜萨来遗址出土
　　　　　　人物宝石印章　　　　　　　　　　　　　　人物宝石印章

石刻中的祆教之神马兹达·阿胡拉手中所持的冠带一致[①]（图 6-27）。说明巴楚出土印章的印面雕刻的可能是一个神的形象，它所要表现的是王权神授的题材，人物形象可能是祆教之神马兹达·阿胡拉。巴楚古属疏勒，在古疏勒地区不仅发现了大量佛教遗迹，也有少量的祆教遗迹[②]。这说明古疏勒国不仅崇信佛教，而且信仰祆教，与文献记载的"俗事（祠）祆神"[③]吻合，也验证了荣新江"丝绸之路上的古代王国，往往对各种宗教

---

① 〔法〕ロマン·ギルシュマン著，〔日〕冈谷公二訳：《古代イランの美術》（Ⅱ），新潮社，1966 年，第 132、133 頁。

② 新疆维吾尔自治区地方志编纂委员会等：《新疆通志》第八十一卷《文物志》，新疆人民出版社，2007 年，第 20、21 页。

③ （后晋）刘昫等：《旧唐书》，中华书局，1975 年，第 5305 页；（宋）欧阳修、宋祁：《新唐书》，中华书局，1975 年，第 6233 页。

和文化采取兼容并蓄的态度"[①] 的推断。从这 2 枚琥珀色玛瑙印章的材质、上面的人物形象等可以看出，它们比库车出土的铜印章更接近于波斯，很有可能是输入品。与此同时，这种样式的印章在魏晋至隋唐时期自西亚的波斯、中亚还沿着丝绸之路传入中原及北方地区，如宁夏固原唐史诃耽夫妇墓出土 1 枚蓝色圆形宝石印章，直径 1.6 厘米，印面雕刻卧狮，其周围雕刻文字[②]（图 6-28），与《古代イランの美術》（Ⅱ）收录的宝石印章相似而又不同，不同之处表现为在印面的狮子身后增加了有 3 个石榴状叶片的树木纹饰，罗丰认为其是生命树[③]，这种将动物与生命树相结合的图案，在中亚粟特银器等器物上常见，加之其出土于粟特人墓葬，该器物应该来自中亚粟特地区。

图6-27　伊朗纳克西·伊·鲁斯塔姆萨珊时期王权
神授摩崖石刻

图6-28　宁夏固原唐史诃耽夫妇墓出土
蓝色宝石印章

值得注意的是，中原北方地区丝绸之路沿线的墓葬还发现数枚金戒指，在戒面上镶嵌具有装饰和印章两种功能的宝石[④]，如河北赞皇东魏李希宗墓中出土 1 枚金戒指，重 11.5 克，其上镶嵌蓝灰色青金石，上刻鹿纹，周围绕连珠纹[⑤]。宁夏固原北周李贤夫妇合葬墓出土 1 枚金戒指，戒指呈环状，戒面正中镶嵌平面呈圆形的蓝灰色青金石，圆形石面上阴雕一人双手举弧状物，弧圈两端各垂一个囊状物。戒指最大外径 2.4、内径

---

①　荣新江：《佛像还是祆神？——从于阗看丝路宗教的混同形态》，氏著：《丝绸之路与东西方文化交流》，北京大学出版社，2015 年，第 327 页。

②　宁夏回族自治区固原博物馆：《固原南郊隋唐墓地》，文物出版社，1996 年，第 59、60、240—247 页。

③　宁夏回族自治区固原博物馆：《固原南郊隋唐墓地》，文物出版社，1996 年，第 240—247 页。

④　学术界一般认为这种戒指形印章起源于地中海沿岸地区，由希腊人将其发扬光大，并传播至西亚、中亚地区。

⑤　石家庄地区革委会文化局文物发掘组：《河北赞皇东魏李希宗墓》，《考古》1977 年第 6 期。

1.75、青金石戒面直径 0.8 厘米[①]。山西太原北齐徐显秀墓出土 1 枚镶嵌碧玺的金戒指，其上所刻人物形象与希腊神话中的人物有关，被认为是希腊文化因素东传至中亚，与粟特艺术结合后，又继续东传的结果[②]。内蒙古呼和浩特土默特左旗毕克齐镇发现 2 枚金戒指，其上饰黑色或蓝色青金石，黑色青金石上刻有人物形象，头蓄长发，上肢前伸，背上似背物，呈行进状[③]。还需要说明的是，这种样式的印章虽然与中原地区流行的各类带纽印章在形制、印面上有较大差异，但在新疆一带的遗址或墓葬中却往往与中原式各类带纽印章共存，这充分反映了新疆地区的古代文化呈现出东西方文化交汇的特征。

三、盘腿而坐西域风　国王风采示天下

与狩猎纹银盘上的波斯国王狩猎时叉开双腿骑乘于马上的姿态不同，前述库车出土印章上的狩猎者于大象背部盘腿而坐，下垂的双腿呈交叉状，颇有交脚菩萨的风采。这种坐姿的国王形象，在新疆一带所知的石窟寺壁画题材中也较为常见，而且以八王分舍利题材为主。新疆吉木萨尔西大寺发现的高昌回鹘时期八王分舍利壁画中，国王即盘腿交脚坐于装饰华丽的大象之上，国王头后有圆形头光，其前后有骑马簇拥的武士[④]（图 6-29）。前文所述新疆库木吐喇石窟第 23 窟的八王分舍利壁画中，也有盘腿交脚坐

图6-29　新疆吉木萨尔西大寺高昌回鹘时期八王分舍利壁画（局部）

---

① 宁夏回族自治区博物馆等：《宁夏固原北周李贤夫妇墓发掘简报》，《文物》1985 年第 11 期。

② 太原市文物考古研究所：《太原北齐徐显秀墓发掘简报》，《文物》2003 年第 10 期；张庆捷、常一民：《北齐徐显秀墓出土的嵌蓝宝石金戒指》，《文物》2003 年第 10 期。

③ 内蒙古文物工作队、内蒙古博物馆：《呼和浩特市附近出土的外国货币》，《考古》1975 年第 6 期。

④ 中国社会科学院考古研究所新疆工作队：《新疆吉木萨尔高昌回鹘佛寺遗址》，《考古》1983 年第 7 期。

于大象之上的国王形象，其头后也有圆形头光。如果将其与吉木萨尔西大寺壁画中的国王形象相比较，就会发现两者不论是大象的装饰还是人物的坐姿等都基本一致，而且坐于大象之上的人物均有头光，不同之处表现为库木吐喇石窟第 23 窟壁画中国王手中持幡。根据这些图像资料来看，这种盘腿交脚坐于装饰华丽的大象之上、头后有圆形头光的人物，应当就是国王。笔者据此初步推测，库车发现的印章印面表现的人物就是当时龟兹国王的形象，其所表现的题材是龟兹王狩猎图，而其文化渊源则分别来自于印度和波斯。但国王盘腿交脚而坐的姿态，与新疆地区的佛教寺院壁画及石窟壁画中盘腿交脚而坐的国王形象相一致，这应该看作是龟兹地区的因素。

关于龟兹国国王的形象，文献记载大体类同，国王与普通人不同，龟兹国民均剪发，而国王不剪发，以锦蒙项，身着锦袍锦带，坐金狮子床[①]。又从古龟兹弥勒信仰较为流行，而且将弥勒形象多绘制成交脚的形象来看，人们在表现龟兹国王形象之时，可能参照了弥勒的坐姿。同时，又从文献记载的国王坐金狮子床这一点来看，其坐具也与佛教中的狮子座有着密切联系。将两者结合起来看，似乎可以推测龟兹国国王的坐姿与弥勒形象有着密切关系，甚至可进一步推测，龟兹国国王似乎成了现实世界的弥勒，这当然仅是笔者的推测而已。除了这枚印章上的龟兹国王形象，在龟兹壁画中也可以看到作为供养人的龟兹国王形象，如德国柏林国立亚洲艺术博物馆藏克孜尔石窟第 205 窟主室前壁 7 世纪的龟兹王托提卡及王后像[②]（图 6-30），这可能是目前所知的最为清晰的龟兹国王像，但与前文所论述的不同，克孜尔第 205 窟中的龟兹王像是以供养人身份出现的。

图6-30　德国柏林国立亚洲艺术博物馆藏克孜尔石窟第205窟主室前壁龟兹王托提卡及王后像壁画

① （后晋）刘昫等：《旧唐书》，中华书局，1975 年，第 5303 页。

② 新疆龟兹石窟研究所：《中国新疆壁画·龟兹》，新疆摄影艺术出版社，2008 年，第 83 页，图版七二。

四、结　语

综上所述，出土于龟兹故城皮朗墩遗址的这枚小小的铜印章，因其出土地点位于丝绸之路的重镇——古龟兹的都城，其个体虽小，但却承载了诸多的文化交流的信息。这枚铜印章本身及印面的整体构图受了波斯文化的影响，其中又包含有印度文化及本土文化因素。这枚印章可以反映出，当时的龟兹作为一个西域大国，在东西方文化交流中的地位和作用，也可以看出这里曾是东西方文化交流的一个重要的中转站。同时，将国王形象装饰于印章的印面之上，可以推测其为龟兹国王本人所用，相当于中原地区皇帝的"玺印"。季羡林曾说："世界上历史悠久、地域广阔、自成体系、影响深远的文化体系只有四个：中国、印度、希腊、伊斯兰。而这四个文化体系汇流的地方只有一个，这就是中国的敦煌和新疆地区"[①]。季先生之语高屋建瓴，而这枚出土于新疆库车龟兹故都皮朗墩遗址、聚集了众多文化因素的铜印章，似乎验证了季先生的黄钟大吕之音。

---

① 季羡林主编：《敦煌学大辞典》，上海辞书出版社，1998 年，第 19、20 页。

第七章　摩羯纹饰相关问题的思考

　　摩羯是印度神话传说中的一种动物，在古印度的各类建筑上常常作为一种装饰题材出现，尤其在与佛教相关的建筑上常见。这种起源于古印度的动物形象也影响到了中国。岑蕊首先辨认出了装饰在隋唐时期的一些石棺椁及金银器上的摩竭（羯）形象，并对摩羯的起源、中亚文献中记载的摩羯以及与中国的异同、隋至宋摩羯纹的特点、摩羯纹传入路线等问题进行了初步研究[1]，这是中国学者研究摩羯纹饰及造型的开篇之作，为认识摩羯纹及深入研究这类题材奠定了基础。孙机在研究辽代的摩羯灯时，也对摩羯纹饰及造型的演变提出了自己的看法，其论述高度概括，高屋建瓴。他指出，印度和中亚的摩羯本无翅膀，唐代的作品上起初也没有；中晚唐时期，在金银器上锤镍出的摩羯被添上了翅膀[2]。后来，孙机在介绍广西出土的1件鎏金摩羯时又一次强调了其观点，并进一步指出："摩羯的造型起自印度，为鱼、象、鳄三者的混合形象，隋代传入我国，中晚唐时期添加了翅膀，辽、宋时双翼逐渐加大而鼻子上卷的程度渐小"[3]。在一些辞典性质的书籍对摩羯纹也有较为详细的描述，如《中国古陶瓷图典》云："摩羯本是印度神话传说中的河水之精、生命之本，公元4世纪末传入中国。经隋唐，摩羯形象融入龙首的特征。宋代瓷器上的摩羯纹多见于耀州窑瓷器。往往在青瓷碗的内壁刻划头上长角，鼻子长而上卷，鱼体鱼尾的鱼形摩羯，或在碗心的莲池中盘旋，或在碗壁的碧波中对游。摩羯纹有作主题纹饰出现，亦有作辅助纹饰与水波、莲花、荷叶等组成带状纹，衬托婴戏主题纹饰。辽代三彩陶器中尚见摩羯形壶。宋以后摩羯纹不再流行"[4]。这段文字从瓷器纹饰的角度出发，对摩羯纹及摩羯造型的发展演变进行了高度概括。近年来，也有学者认为中国的摩羯造型最早见于东晋顾恺之的《洛神赋图》："摩羯造型起源于古代印度人对海洋大鱼的神化，一般认为由佛教东传而进入中国。最早的造型见于东晋顾恺之的《洛神赋图》，后来逐渐成为金银器或瓷器上的

---

　　① 岑蕊：《摩竭纹考略》，《文物》1983年第10期。

　　② 孙机：《摩羯灯——兼谈与其相关的问题》，《文物》1986年第12期。

　　③ 《中国文物精华》编辑委员会：《中国文物精华》，文物出版社，1997年，第232页，图版98。

　　④ 《中国古陶瓷图典》编辑委员会：《中国古陶瓷图典》，文物出版社，1998年，第243页。

重要装饰"①。除上述代表性的论著之外，还有一些论著也涉及摩羯纹饰及造型，但笔者阅读之后，觉得它们除增加了一些新材料之外，其核心内容基本上是对上述观点的因循与延续，限于篇幅，在此不一一列举，读者可以通过相关手段检索。

从目前国内发现的相关遗物和图像资料来看，摩羯纹饰及造型极为丰富，而且其自身还有一个发展演变的过程。岑蕊早已指出："从隋至宋，摩羯纹在我国日趋华化"②。尽管国内学界对摩羯的认识已经达到了相当的高度，但随着考古发现的材料不断增多，对其中一些细节及其关联问题的探究尚有可能和必要。拙著所要论述的是笔者在阅读相关资料的过程中产生的一些不成熟的想法，错误之处在所难免，敬祈指正。

一、古印度摩羯形象的类型

关于摩羯，如果将前辈学者的论述综合起来看，可以得出这么一个印象：摩羯是印度神话传说中的一种长鼻利齿、鱼身鱼尾的动物，其形象一般为鳄首、象耳、鱼身鱼尾，有足者呈爪足状或象足状。梵语称之为 makara，汉语有多种译法，诸如摩竭、摩羯、磨竭、磨蝎、么迦罗鱼等，在佛教典籍中以"摩竭"一词较为常见，下面列举一些较为重要的佛教典籍中对于摩羯（摩竭）的解释。

《华严经探玄记》卷二十记载："摩伽罗鱼者，此云极大之鱼，谓是巨鳖鱼也"③。

《一切经音义》卷二十记载："摩伽罗鱼，亦云摩竭鱼，正言么迦罗鱼，此云鲸鱼也"④。同书卷二十三记载："摩竭鱼，此云大体也，谓即此方巨鳖鱼。其两目如日，张口如涧谷，吞舟，光出濆流如潮若欲，水如壑高下如山，大者可长二百里也"⑤。同书卷四十一记载："摩竭者，梵语也。海中大鱼，吞啖一切诸水族类及吞船舶者是也"⑥。

《法苑珠林》卷十记载："如《四分律》说，摩竭大鱼身长，或三百由旬、四百由旬，乃至极大者，长七百由旬，故《阿含经》云，眼如日月，鼻如大山，口如赤谷"⑦。

《翻译名义集》卷二云："摩竭，或摩伽罗，此云鲸鱼。雄曰鲸，雌曰鲵。大者长十余里。《大论》云：'五百贾客，入海采宝，值摩竭鱼王开口，船去甚疾。船师问楼上人，何所见耶？答曰：见三日及大白山，水流奔趣如入大坑。船师云：三日者，一是实日，二是鱼目，白山是鱼齿，水奔是入鱼口，我曹死矣。时船中人，各称所事，

① 国家文物局主编：《海上丝绸之路》，文物出版社，2014年，第79页。
② 岑蕊：《摩竭纹考略》，《文物》1983年第10期。
③ 魏国西寺沙门法藏述：《华严经探玄记》，《大正藏》第35册，No.1733，第487页。
④ （唐）慧琳：《一切经音义》，《大正藏》第54册，No. 2128，第433页。
⑤ （唐）慧琳：《一切经音义》，《大正藏》第54册，No. 2128，第456页。
⑥ （唐）慧琳：《一切经音义》，《大正藏》第54册，No. 2128，第577页。
⑦ （唐）道世：《法苑珠林》，《大正藏》第53册，No. 2122，第317页。

都无所验。中有优婆塞，语众人言：吾等当共称佛名字，佛为无上救苦厄者，众人一心共称南无佛，是鱼先世，曾受五戒，得宿命智，闻佛名字，即自悔责。鱼便合口，众人命存。'庄子云，吞舟之鱼，失水，则蝼蚁而能制之"①。

　　摩羯不仅在古印度神话中被认为河水之精、生命之本，也被认为是毗沙门天的九宝之一，还是水天、恒河女神②（图7-1-1）的坐骑，或者是夜叉女③（图7-1-2、3）、夜叉④（图7-1-4）的骑乘，有时也见于欲天所持幢的顶端⑤，在图像中一般以女神、夜叉、夜叉女的双足踩踏于摩羯上方或者倚靠的方式出现，当然也有骑乘于摩羯之上者。关于古印度图像资料中摩羯的构图方式，日本学者逸见梅荣将其分为三种情况：一是呈

图7-1　恒河女神、夜叉女、夜叉与摩羯
1. 恒河女神与摩羯　2、3. 夜叉女与摩羯　4. 夜叉与摩羯

---

①　（宋）法云：《翻译名义集》，《大正藏》第54册，No.2131，第1091页。
②　〔日〕逸见梅荣：《古典印度文样》，東京美術，1976年，第22頁，图28。
③　〔日〕逸见梅荣：《古典印度文样》，東京美術，1976年，第28頁，图42、43。
④　〔日〕逸见梅荣：《古典印度文样》，東京美術，1976年，第26頁，图36。
⑤　〔日〕逸见梅荣：《古典印度文様》，東京美術，1976年，第220頁。

口吐波浪的莲茎状，二是口吐珍珠与花鬘状，三是口吐夜叉状①。

　　在有关摩羯的国内论著中，虽屡有文字描述古印度的摩羯，但笔者稍感遗憾的是，这些论著多未给出较为详细的古印度摩羯的图像资料，有的虽然也给出了一些图像，但都是为了配合其论著所述内容而取其一枝一叶，不够全面。这样的结果，往往使读者读起来不仅感到突兀，而且也只有同意其看法的份了，有时还会使人产生"古印度摩羯是这样的吗？"之类的疑问。鉴于此，笔者把自己收集的一些有关摩羯的图像资料在这里进行分类介绍，目的是通过与古印度摩羯的图像资料对比，更清楚地认识中国古代摩羯纹饰及造型的特点。由于语言和其他客观条件的限制，笔者目前所掌握的相关图像主要来源于日文资料。这些图像资料，读者可以之为依据做出自己的判断，而不受制于论著作者的观点，这样可使对摩羯纹饰及造型的研究更加深入。笔者根据自己收集的资料，初步将古印度的摩羯纹饰及造型分为八个类型。

　　A 型　鳄鱼首，上下颌较长，有的鼻端略翻卷，或者鼻端有"丫"字形饰，四足，鱼身鱼尾。耳朵较大，犹如象耳。例如佛陀伽耶公元前 3 世纪雕刻上的摩羯与夜叉图像中的摩羯②（图 7-2-1—3、5）。马图拉（马土腊）公元前的雕刻上的摩羯形象鼻端有一对呈"丫"字形的装饰③（图 7-2-4）。据逸见梅荣的研究，这类摩羯形象的年代较早④，属于早期类型。

　　B 型　鳄鱼首，上下颌较长，有的鼻端有"丫"字形饰，有的"丫"字形饰已变成长须状。双足，鱼身鱼尾，有的尾部呈卷涡状尖尾。有的耳朵较大，犹如象耳，有的呈分叉的略向下倾斜的"丫"字形。例如佛陀伽耶公元前 3 世纪雕刻上的摩羯与夜叉图像中的摩羯形象⑤（图 7-3-1、2）。又如巴尔胡特公元前 2 世纪雕刻上的摩羯形象⑥（图 7-3-3、4），马图拉公元前雕刻上的摩羯形象⑦（图 7-3-5、6），马图拉贵霜时期雕刻上的摩羯形象⑧（图 7-3-7、8）。

　　C 型　鳄鱼首，鼻子略上卷，鼻端的"丫"字形饰消失，无足，鱼身鱼尾。在古印度的摩羯形象中，这类摩羯形象较常见，而且往往雕刻成口吐波浪状花鬘的形象，或两两相对，或两两相背身躯相交，或单独出现，时代上以贵霜时期为主。例如阿玛拉瓦蒂贵霜时期佛塔雕刻中的摩羯形象⑨（图 7-4）。

①　〔日〕逸见梅荣：《古典印度文樣》，東京美術，1976 年，第 220、221 页。

②　〔日〕逸见梅荣：《古典印度文樣》，東京美術，1976 年，第 81、112 页，图 179、180、286。

③　〔日〕逸见梅荣：《古典印度文樣》，東京美術，1976 年，第 82 页，图 186。

④　〔日〕逸见梅荣：《古典印度文樣》，東京美術，1976 年，第 220、221 页。

⑤　〔日〕逸见梅荣：《古典印度文樣》，東京美術，1976 年，第 81 页，图 181、182。

⑥　〔日〕逸见梅荣：《古典印度文樣》，東京美術，1976 年，第 82 页，图 183、184。

⑦　〔日〕逸见梅荣：《古典印度文樣》，東京美術，1976 年，第 81 页，图 181、182。

⑧　〔日〕逸见梅荣：《古典印度文樣》，東京美術，1976 年，第 83、84 页，图 190、192。

⑨　〔日〕逸见梅荣：《古典印度文樣》，東京美術，1976 年，第 140、141 页，图 361—367。

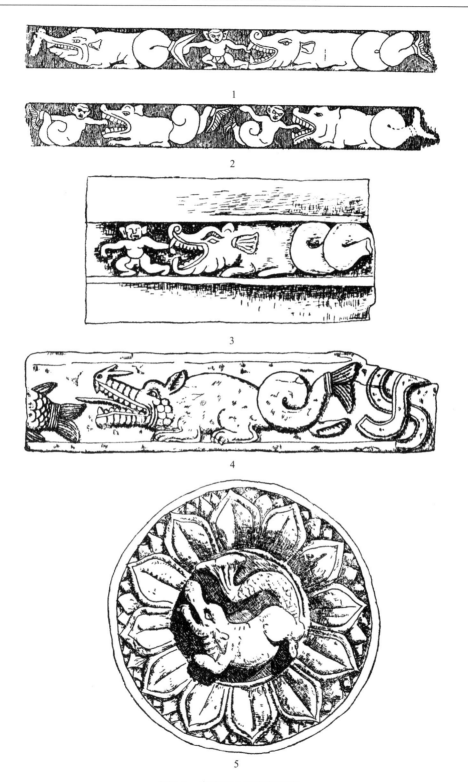

图7-2　印度的A型摩羯形象

1—3、5. 佛陀伽耶公元前3世纪雕刻上的摩羯　4. 马图拉公元前雕刻上的摩羯

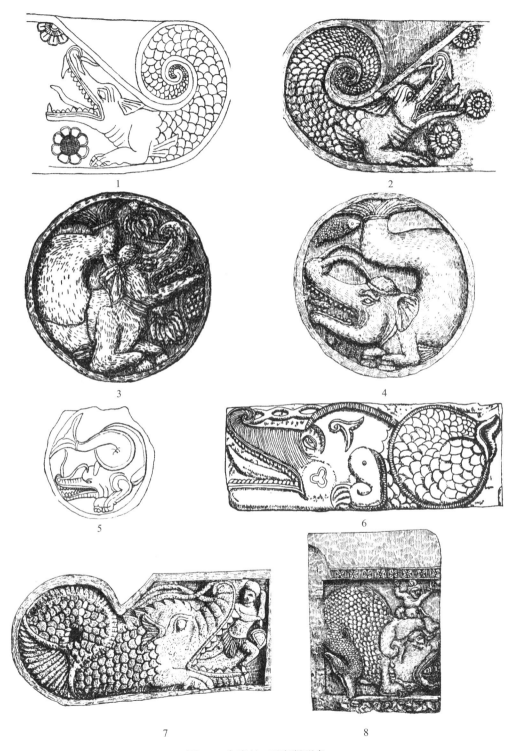

图7-3　印度的B型摩羯形象

1、2. 佛陀伽耶公元前3世纪雕刻上的摩羯　　3、4. 巴尔胡特公元前2世纪雕刻上的摩羯　　5、6. 公元前马图拉
雕刻上的摩羯　　7、8. 马图拉贵霜时期雕刻上的摩羯

图7-4　印度阿玛拉瓦蒂贵霜时期佛塔雕刻中的摩羯

　　D 型　整体呈鳄鱼形，有双耳，卷鼻，张口，露出利齿，尾巴尖突。例如马图拉贵霜时期诸众供养雕刻上的供养者及摩羯[①]（图 7-5）。

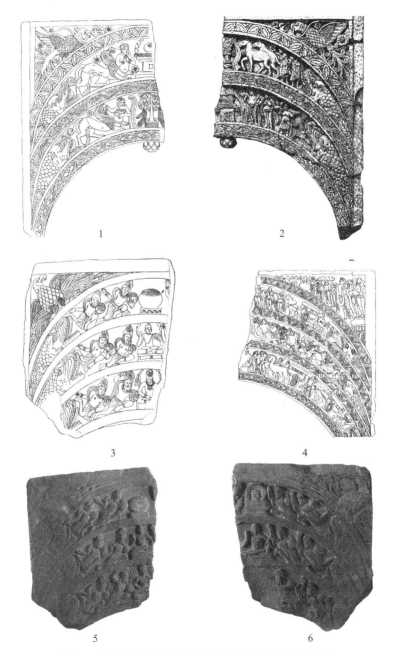

图7-5　印度马图拉贵霜时期雕刻上的诸众供养及摩羯

　　① 〔日〕逸見梅栄：《古典印度文様》，東京美術，1976 年，第 186—189 頁，図 509—512；〔日〕朝日新聞社文化企画局大阪企画部：《西遊記のシルクロード〈三蔵法師の道〉図録》，朝日新聞社，1999 年，第 130 頁，図版 81。

E 型　口部宽大，犹如狮子张口，口中布满牙齿，鱼身鱼尾。例如拜思纳噶尔（音译）约公元前 2 世纪柱头上雕刻上的摩羯[①]（图 7-6）。

F 型　鼻端为上翘的象鼻状，口吐象鼻状长舌，张口露齿，颈部有鬣状饰，双爪足，身躯的后半部呈云气状。例如印度马哈拉施特拉邦坎赫里石窟第 90 窟 6 世纪后半叶的摩羯与龙王雕刻中的摩羯形象[②]（图 7-7）。

G 型　象首，长鼻上卷，口中有尖利的牙齿。身躯为鱼身鱼尾，双象足。身躯饰鱼鳍，颈部有鱼鳍状耳。如马图拉 2 世纪雕刻上的摩羯[③]（图 7-8），桑奇第 1 塔东门上雕刻的口吐波浪状莲花花鬘的摩羯形象[④]（图 7-9）。

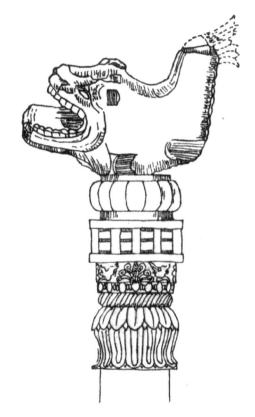

图7-6　印度拜思纳噶尔约公元前2世纪
柱头上雕刻的摩羯

图7-7　印度马哈拉施特拉邦坎赫里
石窟第90窟中的摩羯

① 〔日〕逸见梅荣：《古典印度文様》，東京美術，1976 年，第 82 頁，図 185。

② 〔日〕肥塚隆、宮治昭：《世界美術大全集・東洋編》第 13 卷《インド》(1)，小学館，2000年，第 268 頁，挿図 180、181。

③ 〔日〕東京国立博物館、NHK、NHK プロモーション：《日本・インド国交樹立 50 周年記念——インド・マトゥラ彫刻展》，便利堂，2002 年，第 38 頁，図版 22。

④ 〔日〕宮治昭：《涅槃と弥勒の図像学——インドから中央アジアへ》，吉川弘文館，1992年，図版 5。

图7-8　印度马图拉2世纪雕刻上的摩羯

图7-9　印度桑奇第1塔东门上雕刻的摩羯

H 型　兽首，鼻端略上卷，张口露齿，颈部有鬃状饰，双爪足，头上方及身躯部分已呈卷云气状纹饰。例如萨尔那特 6 世纪雕刻上的摩羯与夜叉图像[①]（图 7-10）。

1

2

图7-10　印度萨尔那特6世纪雕刻上的摩羯与夜叉图像
1. 整体　2. 局部

以上对古印度摩羯的分类介绍，仅以笔者自己所收集到的资料为依据，由于一些客观原因，有一定的局限性，肯定不够全面，尚需在以后的研究中进一步补充。

二、相关问题探讨

（一）关于"摩竭"与"摩羯"

关于"摩竭"一词是如何变为"摩羯"的，夏鼐曾在探讨黄道十二宫传入中国的时代问题时提及这一问题。他指出："黄道十二宫至迟隋代已经传入我国，是随着佛经的翻译由印度传来的。其中摩羯宫是印度梵文 Makara 的音译。第一音节译磨或摩（二者是隋唐古音 muâ）。第二音节译竭或蝎或羯（三者为隋唐古音 ghât），最初并没有定。后来由于图形是羊身鱼尾的怪兽，便采用从羊的羯字；也许与佛经中梵文 Karma

---

① 〔日〕朝日新闻社文化企画局大阪企画部：《西遊記のシルクロード〈三蔵法師の道〉図録》，朝日新闻社，1999 年，第 89 頁，图版 45。

图7-11　《七曜攘灾决》中的十二宫等

译作'羯磨'（意译为'作业'或'办事'）有关，把同一音节的汉字音译加以划一"[①]。后来，杨伯达撰写了《摩羯、摩竭辨》，并主张在不同的情况下使用不同的名称：在涉及黄道十二宫时使用"摩羯"；在与佛教相关的情况下使用"摩竭"[②]。其主张是有一定道理的，很值得研究者们重视。关于"摩羯"一词出现的较早例证，在唐代西天竺国婆罗门僧金俱吒撰集的《七曜攘灾决》卷中所附的图像中将"摩羯宫"写作"磨羯宫"[③]（图7-11），这是"摩竭"变为"摩羯"的较早的佛教经典的例证。

　　但值得注意的是，在宋代及其以前的摩羯图像中，罕见羊首或者角呈羊角形的摩羯图像，而在河北宣化辽壁画墓后室顶部所绘制的黄道十二宫图像中可以看到龙首、"羊"角、鱼身、带双羽翼的摩羯图像，如宣化 M1（图 7-12-1）、M2、M5（图 7-12-2）后室顶部摩羯宫中的摩羯形象[④]，其角的形状基本一致，仅有粗细之区别。其中 M1 的年代为辽天庆六年（1116 年），M2 与 M5 的年代均在辽天庆七年（1117 年）。沿着夏鼐的思路，结合辽代墓室壁画中的图像资料，"摩竭"普遍改写为"摩羯"的时代似乎可以确定在 12 世纪初期的宋辽时期。又从目前的图像资料来看，这种"羊"角形摩羯图像主要见于辽王朝统治之下宣化地区的墓葬壁画，应该考虑这里可能是正式将"摩竭"统一改写成"摩羯"的地区，至少这一地区的影响是不可忽视的。河北宣化地区的辽墓虽然时代上属于辽代，但却是汉族的聚居区，当时这里的居民将汉字中的"竭"统一成了更接近摩羯形象的"羯"，也在情理之中。这也只是笔者根据图像资料中的摩羯形象进行的推测。辽代黄道十二宫图像的传入不只有中原地区这一条途径，应该还有别的路径，可能是草原丝绸之路，可以作为重要证据的是，近年来辽墓中出土了数量可观的伊斯兰玻璃器。

　　① 　夏鼐：《从宣化辽墓的星图论二十八宿和黄道十二宫》，《夏鼐文集》（中），社会科学文献出版社，2000 年，第 391—419 页。

　　② 　杨伯达：《摩羯、摩竭辨》，《故宫博物院院刊》2001 年第 6 期。

　　③ 　西天竺国婆罗门僧金俱吒撰集：《七曜攘灾决》，《大正藏》第 21 册，No.1308，第 451 页。

　　④ 　河北省文物研究所：《宣化辽壁画墓——1974～1993 年考古发掘报告》，文物出版社，2001 年，第 212、213、257、258、276、277 页；图版一一八，3；图版一四〇，6。

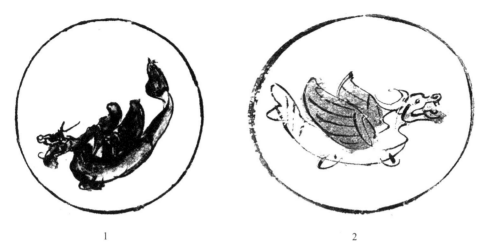

1　　　　　　　　　　　　　　2

图7-12　河北宣化辽墓壁画黄道十二宫图像中的摩羯宫
1. M1 后室顶部　2. M5 后室顶部

　　另外，还有两个黄道十二宫的例子可以作为反证，其摩羯宫中的摩羯形象，均为龙首双翼、鱼身鱼尾形，而未见弯曲的"丫"字形"羊"角出现。它们分别是江苏苏州博物馆收藏的 1 件出土于瑞光寺塔的梵文《大随求陀罗尼》经咒，系北宋景德二年（1005 年）印刷，该经咒将二十八宿和黄道十二宫印刷于同一张经咒之上，其中摩羯宫之内的摩羯呈张口、展双翼的鱼身鱼尾状[①]（图 7-13-1、2）。这种摩羯应该是继承了唐代中晚期的摩羯形象。敦煌莫高窟第 61 窟西夏时期黄道十二宫图中绘制的摩羯形象也为带双翼的龙首鱼身形[②]（图 7-13-3）。这两个黄道十二宫图像中的摩羯形象与上述宣化辽墓壁画的摩羯宫图中的摩羯形象完全不同，特别是其头部无角，说明在这两个地区，以图像为依据将"摩竭"改为"摩羯"的可能性较小。

　　（二）海神王与摩羯

　　河南巩县（现巩义市）石窟寺第 4 窟中心柱西面基座上浮雕有海神王像，其怀中抱持鼻子上卷、张口、露出尖利牙齿的大尾鱼[③]（图 7-14-1），常青在其论文中已经指出海神王怀中所抱持者为摩羯[④]。如果将这个海鱼形象与第 4 窟中心柱北面基座（图 7-14-2）、

　　①　苏州博物馆：《苏州博物馆藏虎丘云岩寺塔　瑞光寺塔文物》，文物出版社，2006 年，第 156—158 页。
　　②　岑蕊：《摩竭纹考略》，《文物》1983 年第 10 期；夏鼐：《从宣化辽墓的星图论二十八宿和黄道十二宫》，《考古学报》1976 年第 2 期。
　　③　河南省文物研究所：《中国石窟·巩县石窟寺》，文物出版社、株式会社平凡社，1989 年，图版 171、175。
　　④　常青：《北朝石窟神王雕刻述略》，《考古》1994 年第 12 期。

1

2

3

图7-13 黄道十二宫图像中的摩羯宫图像

1、2. 江苏苏州瑞光寺塔出土梵文《大随求陀罗尼》经咒及局部 3. 敦煌莫高窟第61窟西夏时期黄道十二宫

图像中的摩羯形象

1

2

图7-14 河南巩县石窟寺第4窟雕刻

1. 中心柱西面基座上的海神王 2. 中心柱北面基座上的河神王

东壁壁脚浮雕的河神王怀中所抱持的鱼[①]相比较，可以看出它们的区别是很明显的，河神王所抱持者为人们熟悉的鲤鱼，远没有海神王所抱持的大尾鱼那么凶猛，而且后者卷鼻，露出尖利的牙齿，与后来的摩羯形象非常相似。

洛阳出土的北魏造像座上的海神王肩扛摩羯[②]，东魏武定元年（543 年）骆子宽造像座上的河神王所抱持者为鲤鱼[③]，河南安阳大留圣窟的河神王肩部也扛鲤鱼[④]。由此可见，北朝时期的工匠们在雕刻海神王与河神王时，对其抱持或肩扛的动物进行了刻意的区别，他们将摩羯的形象与海神王结合起来，这一点也与佛教经典中的摩羯属于海兽相吻合。

从北朝时期的海神王怀抱或肩扛摩羯来看，摩羯形象最初可能曾与海神王形象一起传入中国，只是后来的人们将其与人形的海神王分离了。

（三）连珠圈内的摩羯头像的文化渊源

在对摩羯形象的研究中，岑蕊最早辨认出陕西三原双盛村隋李和墓石棺上装饰的带连珠圈的摩羯头像[⑤]，其特点是仅露出其头部而不露出其身躯。笔者以为这是受波斯文化及希腊化影响的结果，而不是古印度的传统。连珠圈是来自波斯的因素，不仅影响到中亚，而且在新疆一带和中原地区曾广泛流行，在各类遗迹与遗物上常见，如石窟寺壁画、丝织品、石刻等。关于丝织品上的连珠圈，有学者进行过详细论述，还讨论了连珠圈的流布情况[⑥]，此不赘述。希腊化的影响主要表现在连珠圈内仅露出摩羯头部的装饰方法。这种装饰方法在南北朝时期受希腊化影响的器物上已经出现，如山西大同北魏平城遗址的窖藏和墓葬中出土的一些希腊化特征明显的巴克特里亚制作的鎏金银器、铜器等，都装饰有徽章式的人物胸像[⑦]。在前文对古印度摩羯纹饰及造型的分类中，可知古印度虽然也用类似"徽章式图案"的构图方式表现摩羯，但其外围往往装饰有莲花瓣，或者虽然也呈圆形的徽章式图案，但却将摩羯形象完全呈现，而不是

---

① 河南省文物研究所：《中国石窟·巩县石窟寺》，文物出版社、株式会社平凡社，1989 年，图版 153、176。

② 冉万里：《略论洛阳出土佛教造像座的装饰题材》，《考古与文物》2015 年第 5 期。

③ 金申：《中国历代纪年佛像图典》，文物出版社，1994 年，第 232—235 页；常青：《北朝石窟神王雕刻述略》，《考古》1994 年第 12 期。

④ 常青：《北朝石窟神王雕刻述略》，《考古》1994 年第 12 期。

⑤ 岑蕊：《摩竭纹考略》，《文物》1983 年第 10 期。

⑥ 薄小莹：《吐鲁番地区发现的联珠纹织物》，《纪念北京大学考古专业三十周年论文集——1952—1982》，文物出版社，1990 年，第 311—340 页。

⑦ 山西省考古研究所、大同市博物馆：《大同南郊北魏墓群发掘简报》，《文物》1992 年第 8 期；山西大学历史文化学院、山西省考古研究所、大同市博物馆：《大同南郊北魏墓群》，科学出版社，2006 年，彩版一一，1；彩版一二，1。

仅露出头部（见图 7-2-5、7-3-3—5），这一点与受希腊化影响的"徽章式图案"明显不同。总之，国内发现的这种在连珠圈内表现摩羯头部形象的方式，显然融合了西亚波斯以及受希腊化影响的中亚一带的文化因素，形成了较为独特的摩羯装饰样式。

（四）"塞穆鲁兽"与摩羯

在陕西耀县（现耀州区）柳林背阴村唐代窖藏出土的 1 件银碗盖装饰一只四足长尾的海兽，其头部犹如狮子，鼻上卷，头部有角，张口露齿，大尾，周围为山岳状水波纹。其张开的口部，作欲吞噬其前方火焰状摩尼宝珠状[①]（图 7-15-1）。简报称其为狮子绣球图案，后来孙机论证其为塞穆鲁兽，并在文中敏锐地指出："但在我国似乎仅此一例，它好像只是作为普通海兽出现的，未受到特殊对待"[②]。但笔者将其与古印度的摩羯形象进行对比后，发现其与古印度的摩羯形象更接近，特别是与前述 A 型摩羯形象接近，所以，笔者推测其应为摩羯。同时，其追逐火焰状摩尼宝珠的构图，不仅与前述

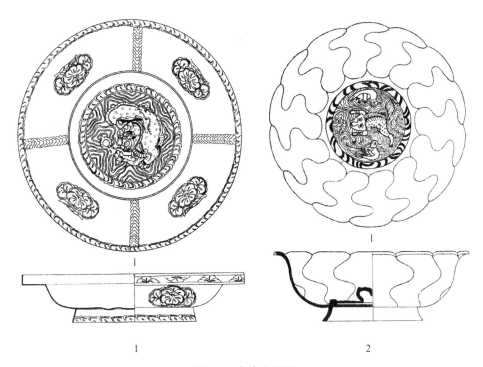

1　　　　　　　　　　　　　　　2

图7-15　唐代金银器

1. 陕西耀县柳林背阴村窖藏出土银碗盖　2. 陕西西安何家村窖藏出土海兽云瓣纹银碗

---

① 陕西省博物馆：《陕西省耀县柳林背阴村出土一批唐代银器》，《文物》1966 年第 1 期；镇江市博物馆、陕西省博物馆：《唐代金银器》，文物出版社，1985 年，图版 175。

② 孙机：《中国圣火——中国古文物与东西文化交流中的若干问题》，辽宁教育出版社，1996 年，第 152、153 页。

古印度摩羯口吐珍珠的题材一致，而且更常见于唐代金银器的装饰图案，摩羯或单独追逐摩尼宝珠，或双双共同追逐摩尼宝珠①。将摩羯与摩尼宝珠、水波纹组合的构图方式，特别是其中的摩尼宝珠，与佛教密切相关。相反，这种构图方式与塞穆鲁兽的构图大相异趣，后者不仅不以水波纹作为衬托，更无与佛教密切相关的摩尼宝珠图像②。综合各种因素考虑，笔者认为陕西耀县柳林背阴村窖藏出土银碗盖上装饰的四足兽似乎应为摩羯。

（五）四足兽与摩羯

在唐代金银器的装饰图案中，还有另外一种兽形摩羯，也呈四足长尾状，特别是有三角形头部和身躯，如西安何家村窖藏出土的1件海兽云瓣纹银碗，其内底装饰水波纹、鸳鸯及四足、长尾、三角形头的海兽③（图7-15-2）。海兽头部及身躯上的小圆圈装饰，与阿富汗贝格拉姆出土器物上摩羯头部及身躯之上的小圆圈装饰④极为相似，所以，笔者推测其为摩羯，不过这种摩羯形象应该是受了中亚摩羯形象的影响。当然，也不排除其为鲵这一可能性。

（六）唐长安城西明寺遗址出土的"玻璃鱼"与摩羯

唐长安城西明寺遗址曾经出土1件被称为"玻璃鱼"的器物，长4.9、厚0.15厘米⑤（图7-16-2）。但该"玻璃鱼"的鼻子略上卷，口部大张，鳃部呈羽翼状，似鬣，鱼鳍较小，鱼身鱼尾。其样式与唐代常见的鱼纹大相径庭，如李勉进奉的双鱼银盘内底装饰的鱼纹⑥，反而与拙著论述的摩羯较为接近，所以，通过与相关图像比较，笔者赞同其为摩羯的说法。

值得注意的是，这种样式的摩羯在唐代绝非孤例，类似的发现还有数件。陕西扶风法门寺塔基地宫出土调达子上装饰摩羯纹，其周围为水波纹，鳃部的鬣呈羽翼状，

---

①　韩伟：《海内外唐代金银器萃编》，三秦出版社，1989年。该著作将收录的唐代金银器以线图形式表现，其中与摩羯和摩尼宝珠有关的金银器数量不少，可以参考。

②　孙机：《中国圣火——中国古文物与东西文化交流中的若干问题》，辽宁教育出版社，1996年。参见该著作第171页图一二中两件胡瓶上装饰的塞穆鲁兽纹。

③　镇江市博物馆、陕西省博物馆：《唐代金银器》，文物出版社，1985年，图版48、49。

④　岑蕊：《摩竭纹考略》，《文物》1983年第10期。参见该文所附中亚器物上的摩羯纹插图。

⑤　〔日〕奈良县立橿原考古学研究所附属博物馆：《遣唐使が見た中国文化——中国社会科学院考古研究所最新の精華》，明日新印刷株式会社，1995年，图版79。在该展览图录中介绍该器物时，介绍者也认为是摩羯的可能性较大。后来出版的《青龙寺与西明寺》（文物出版社，2015年）报告中，也认为"似为佛教艺术中的摩羯"，参见该报告的第211页。

⑥　镇江市博物馆、陕西省博物馆：《唐代金银器》，文物出版社，1985年，图版133—136。

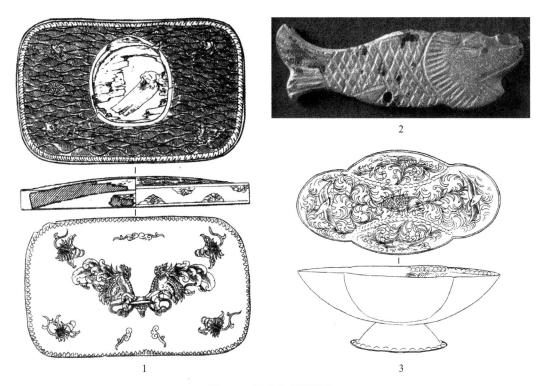

图7-16　唐代的摩羯形象

1. 陕西扶风法门寺塔基地宫出土摩羯纹调达子　2. 唐长安城西明寺遗址出土玻璃摩羯　3. 卡尔·凯波藏摩羯纹海棠形高足银长杯

鱼身鱼尾[①]（图 7-16-1）。浙江长兴下莘桥唐代窖藏出土银长杯内底装饰一对摩羯纹，其中一个摩羯鳃部的鬣呈羽翼状[②]。卡尔·凯波收藏有 1 件摩羯纹海棠形高足银长杯，其内底也装饰有鳃部有鬣的摩羯纹[③]（图 7-16-3）。这种在摩羯颈部装饰鬣的现象也见于前述古印度的 F 型、G 型摩羯。出土于扶风法门寺塔基地宫的调达子，其年代在 9 世纪后半叶，以之为参照，可知这种鱼首鱼身鱼尾、颈部带鬣的摩羯形象其年代在晚唐时期，即 9 世纪后半叶至 10 世纪初。

（七）长沙窑瓷器上的摩羯纹饰及其时代

长沙窑瓷器上装饰的摩羯纹饰，在唐代摩羯纹饰中属于比较有特点者，其形象一般为鼻子上卷，张口露齿，鱼身鱼尾，有的背鳍发达而高耸，呈锯齿状，有的则比较平齐。例如，考古发现的长沙窑烧造的盆（图 7-17-1）、釉下褐绿彩摩羯纹壶（图 7-17-

① 陕西省考古研究院等：《法门寺考古发掘报告》（上），文物出版社，2007 年，第 127—129 页。

② 镇江市博物馆、陕西省博物馆：《唐代金银器》，文物出版社，1985 年，图版 262、263。

③ 韩伟：《海内外唐代金银器萃编》，三秦出版社，1989 年，第 20 页，器物线图 90。

2）、摩羯纹壶（图 7-17-3）等[1]，它们所装饰的摩羯形象基本一致，均张口露齿，卷鼻，背鳍发达高耸。

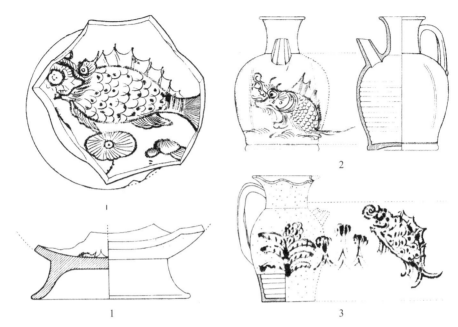

图7-17　湖南长沙窑遗址出土装饰摩羯纹的瓷盆与壶
1. 盆　2、3. 壶

民间收藏的一些长沙窑瓷器上也装饰有摩羯纹，如其中 1 件褐绿彩摩羯壶腹部装饰摩羯纹，张口露齿，卷鼻，背鳍发达高耸，呈锯齿状（图 7-18-1）；另 1 件褐绿彩吐珠摩羯纹壶，其腹部装饰的摩羯纹背鳍发达，但不如前者高耸如锯齿，显得较为平齐[2]（图 7-18-2）。

在印尼勿里洞岛海域打捞的"黑石号"沉船中也发现了大量长沙窑瓷器，从已公布的资料来看，其中 5 件瓷碗内底装饰有摩羯纹饰[3]（图 7-19），其样式与长沙窑遗址出土瓷器上所装饰的摩羯形象完全一致。

与上述长沙窑瓷器上装饰的摩羯纹饰比较接近者，在其他地区也有发现，其中较为重要者有 2 件。1 件为摩羯六曲葵瓣形银盘，出土于内蒙古昭乌达盟喀喇沁旗哈达沟

① 湖南省文物考古研究所、湖南省博物馆、长沙市文物工作队：《长沙窑》，紫禁城出版社，1996 年，第 64、168、203 页，彩版 7、8。

② 李效伟：《长沙窑——大唐文化辉煌之焦点》，湖南美术出版社，2003 年，第 28、29 页，图版 48、50。

③ *Shipwrecked: Tang Treasures and Monsoon Winds*, 2010, fig.14, 105, 展品第 90、92、193 号, p.22, 152-153, 238, 246. 该书共收录装饰摩羯纹的长沙窑瓷碗 5 件，除 fig.14 为个人收藏外，其余均出自"黑石号"沉船。

图7-18　民间收藏的长沙窑瓷壶

1. 褐绿彩摩羯纹壶　　2. 褐绿彩吐珠摩羯纹壶

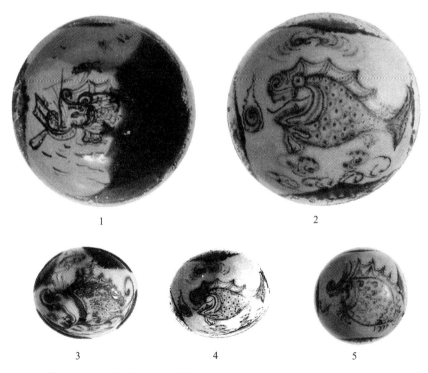

图7-19　印尼勿里洞岛海域打捞的"黑石号"沉船出水长沙窑瓷碗

门窖藏，其内底装饰一对鼻子上卷的鱼形摩羯（图 7-20-1）。与之一同出土的 1 件银盘
上錾刻以下文字："朝议大夫使持节宣州诸军事守宣州刺史兼御史中丞充宣歙池等州都

团练观察处置采石军等使彭城县开国男赐紫金鱼袋臣刘赞进"[①]。经考证,刘赞进奉这件器物的年代在唐德宗贞元三年（787 年）八月至贞元十二年（796 年）二月之间[②]。另1件为瓷碗,出土于河南偃师杏园唐墓 M5036,其内底装饰长鼻上卷的摩羯纹样,背鳍较长,呈张口喷水状[③]（图 7-20-2）。从 M5036 出土的墓志来看,其年代在唐代宗大历十三年（778 年）。这两件年代可考的器物约在 8 世纪后半叶,从而可推知长沙窑瓷器上所装饰的这种摩羯纹年代也在 8 世纪后半叶,也即中唐时期,其上限似可至"安史之乱"之际。这与长沙窑发掘者所推断的长沙窑兴起于"安史之乱"之际,盛于晚唐而衰于五代的认识是基本吻合的[④],从而为长沙窑的始兴年代提供了一个重要旁证。

图7-20　唐代银盘及瓷碗上的摩羯文

1. 内蒙古昭乌达盟喀喇沁旗哈达沟门窖藏出土摩羯六曲葵瓣形银盘　2. 河南偃师杏园唐墓
（M5036）出土瓷碗

（八）新疆莎车喀群墓地2号墓彩棺上的"龙首比丘"图像

新疆莎车喀群墓地 2 号墓曾经出土 1 件彩绘木棺,在木棺后挡板彩绘一幅图案,

---

① 喀喇沁旗文化馆:《辽宁昭盟喀喇沁旗发现唐代鎏金银器》,《考古》1977 年第 5 期;镇江市博物馆、陕西省博物馆:《唐代金银器》,文物出版社,1985 年,图版 148;韩伟:《海内外唐代金银器萃编》,三秦出版社,1989 年,第 88 页,器物线图 182;内蒙古自治区博物馆、香港大学美术馆:《道出物外——中国北方草原丝绸之路》,香港大学美术馆,2007 年,第 54、55 页,图版 3。

② 卢兆荫:《从考古发现看唐代的金银"进奉"之风》,《考古》1983 年第 2 期。

③ 中国社会科学院考古研究所河南二队:《河南偃师市杏园村唐墓的发掘》,《考古》1996 年第12 期;中国社会科学院考古研究所:《偃师杏园唐墓》,科学出版社,2001 年,第 125 页。

④ 湖南省文物考古研究所、湖南省博物馆、长沙市文物工作队:《长沙窑》,紫禁城出版社,1996 年,第 230 页。

这幅图案在以往的各类介绍中被认为是"龙首比丘图"[①]（图 7-21-1）。笔者结合前文对摩羯纹饰及造型的论述，认为这是一幅"摩羯比丘图"。

根据前文的认识，可以看出彩棺上的所谓"龙首"，与萨尔那特 6 世纪雕刻上的摩羯头部特征基本一致[②]（见图 7-10），均呈张口吞噬状。其中萨尔那特雕刻的摩羯呈口吞夜叉状，而莎车喀群墓地 2 号墓彩棺上则变成了摩羯口吞比丘状，但两者所装饰的摩羯颈部均有卷云纹状的鬣，而且极为相似。因此，笔者推断莎车喀群墓地 2 号墓出土彩棺上的所谓"龙首"实为摩羯之首。其张口要吞噬的比丘呈坐姿，身着袒右式袈裟，似乎在给其说法。从古印度的摩羯往往与夜叉装饰在一起，而且其构图方式多呈口吞夜叉状这一点来看，莎车喀群墓地 2 号墓出土彩棺上"摩羯与比丘"的构图方式，应该是受到了古印度的影响。古印度的这种构图方式，不仅见于前文所介绍者，在阿富汗贝格拉姆窖藏出土的古印度 1—2 世纪的象牙雕上也可以见到，露出半身爪足的双摩羯呈张口吞夜叉状[③]（图 7-21-2）。

1　　　　　　　　　　2

图7-21　彩棺图案与夜叉像
1. 新疆莎车喀群墓地 2 号墓出土彩棺图案　2. 阿富汗贝格拉姆出土印度象牙雕刻

（九）内蒙古土默特左旗水磨沟兽面金冠饰上的"鳄鱼"

在内蒙古呼和浩特市土默特左旗水磨沟曾经出土 1 件兽面金冠饰（图 7-22），其上

①　祁小山、王博：《丝绸之路·新疆古代文化》，新疆人民出版社，2008 年，第 84 页。

②　〔日〕朝日新聞社文化企画局大阪企画部：《西遊記のシルクロード〈三蔵法師の道〉図録》，朝日新聞社，1999 年，第 89 頁，図版 45。

③　〔日〕龍谷大学龍谷ミュージアム：《特別展 平山郁夫 悠久のシルクロード》，野崎印刷紙業株式会社，2013 年，第 134 頁，図版 133。

装饰两个四足动物形象,因其与鳄鱼相似,在以往的介绍中多称其为"鳄鱼"[1]。但笔者通过仔细观察这两个被称为"鳄鱼"的动物形象,发现其中一个的头后有两个牛耳状耳朵,另一个头部似乎还有角。

图7-22　内蒙古呼和浩特市土默特左旗水磨沟出土兽面金冠饰

众所周知,鳄鱼无双耳及角,水磨沟出土兽面金冠饰上装饰的这两个带有双耳或角的动物形象,虽然与鳄鱼相类似,但笔者以为不能随意地称为"鳄鱼"。兽面金冠饰上所装饰的四足动物,在细节上,特别是很明显的牛耳状双耳的存在,与鳄鱼存在很大差异,但整体又与鳄鱼相似。这种相似与差异共存的现象,证明它们是以鳄鱼为基础抽象出来的动物形象,但抽象出来的动物形象以什么名称称呼合适呢? 笔者以为它们可能就是"摩羯"。从其形象特征来看,与前文所述古印度的 D 型摩羯较为一致,而且其两两相对的构图方式,也与 C 型摩羯相同。至此,可以初步判明,土默特左旗出土的这件兽面金冠饰上的两个四足动物不应该是"鳄鱼",而应为"摩羯"。

结合与之一同出土的银高足杯,以及内蒙古敖汉旗李家营子出土的银胡瓶[2]等来看,这一地带属于人们常说的"草原丝绸之路"沿线,而往来或者活跃于这条连接东西方大通道上的人们——以粟特人为主体——将这件摩羯金冠饰带到了这里。由此进而推测,其来源地似乎是受佛教文化影响的中亚地区。

（十）西安宝庆寺造像的摩羯形象与几件唐代金银器的年代

日本东京国立博物馆收藏有一批来自西安宝庆寺的佛教造像龛,其年代在武则天长安时期（701—704 年）,其中有 2 件造像龛上浮雕摩羯图像[3]（图 7-23、7-24）。虽

---

① 内蒙古自治区博物馆、香港大学美术馆:《道出物外——中国北方草原丝绸之路》,香港大学美术馆,2007 年,第 50、51 页,图版 1。

② 敖汉旗文化馆:《敖汉旗李家营子出土的金银器》,《考古》1978 年第 2 期。

③ 照片由笔者于 2016 年 3 月 14 日参观日本东京国立博物馆时拍摄,其年代也是依据展品下方的说明。

1　　　　　　　　　　　　　　　　　　2

图7-23　日本东京国立博物馆藏西安宝庆寺造像龛

然这两件造像龛上的摩羯仅雕刻出头部，但其特点却是非常鲜明的：鼻子较长，犹如象鼻，头上有角，耳朵呈牛耳形。由此推测此类摩羯图像流行于8世纪初，这为同类摩羯纹饰或造型的断代提供了重要的参照对象。

　　在已知的唐代金银器中，有4件器物上装饰的摩羯纹饰与宝庆寺造像龛上的摩羯图像基本一致，可以初步判断这4件金银器的年代也应在8世纪初，这一推断结果，比以往所认为的在8世纪前半叶稍微提前了一些，或者至少可以说其上限时间在8世纪初。

　　西安何家村窖藏出土的1件仕女狩猎纹八瓣银杯内底装饰长鼻象首式摩羯，仅露出头部①（图7-25-1）。与之不论器物形制还是纹饰都完全一致者，在西安市未央区大明宫乡马旗寨也曾出土1件（图7-25-2），只是后者的圈足已残。形制与纹饰完全一致，说明它们是同一批工匠制造的同一批器物②。

　　日本神户白鹤美术馆收藏1件摩羯鸳鸯纹莲瓣银碗，其内底装饰摩羯纹，摩羯仅露出头部③（图7-25-3）。

---

　　①　韩伟：《海内外唐代金银器萃编》，三秦出版社，1989年，第29页，器物线图94；陕西省历史博物馆、北京大学考古文博学院、北京大学震旦古代文明研究中心：《花舞大唐春——何家村遗宝精粹》，文物出版社，2003年，第72页。

　　②　王长启：《西安市出土唐代金银器及装饰艺术特点》，《文博》1992年第3期；西安市文物保护考古所：《西安文物精华·金银器》，世界图书出版公司，2012年，第61页，图版64。

　　③　韩伟：《海内外唐代金银器萃编》，三秦出版社，1989年，第44页，器物线图116。

1

2

3

图7-24　日本东京国立博物馆藏西安宝庆寺造像龛

图7-25　唐代金银器

1. 陕西西安何家村窖藏出土仕女狩猎纹八瓣银杯　2. 陕西西安大明宫乡马旗寨出土仕女狩猎纹八瓣银杯
3. 日本神户白鹤美术馆藏摩羯鸳鸯纹莲瓣银碗　4. 美国堪萨斯纳尔逊美术馆藏银碗

美国堪萨斯纳尔逊美术馆收藏 1 件唐代银碗，其内底装饰有五个摩羯，均仅露出头部，长鼻上卷，颈部竖立类似鬃毛的装饰 [①]（图 7-25-4）。

---

① 韩伟：《海内外唐代金银器萃编》，三秦出版社，1989 年，第 42 页，器物线图 113；〔日〕小野胜年：《世界美术全集》第 15 卷《中国（4）隋·唐》，角川书店，1961 年，图版 87。

（十一）"池中之物"与"杯中风波"

在唐代金银器中，碗、杯、盆等内底装饰摩羯者较为常见，而且往往与鸳鸯、荷花、荷叶以及长须鲇鱼、鲤鱼等组成一幅生动活泼的"荷池图"。荷池图以凶猛独特的摩羯为主体，这不仅没有使其失去"鱼王"的身份，而且还与其周围的鸳鸯、鲇鱼、鲤鱼等融洽地"鱼翔浅底"，和谐相处。这种将来自古印度的摩羯与唐代具有象征意义的鲤鱼、鸳鸯等融洽地装饰在一起的构图，不仅是唐代工匠独特设计思想和审美观的反映，更是中外文化相融共存的生动例子。大而言之，则是唐代文化包容性的反映。这种将海中之物移植到人工莲池之内的设计思想，不仅是唐代工匠的一个创造，而且使古印度神话传说中的海兽——摩羯变成了"池中之物"，其掀起的波浪，自然也成为"杯中风波"，这一现象确实饶有趣味。又从其与中国传统的鸳鸯、鲤鱼等象征吉祥的图案装饰在一起来看，唐人的内心世界将这种源自古印度的凶猛动物看作是吉祥的化身了，至少是吸取了其"河水之精，生命之本"这一方面的因素，而排除了其恶的一面，并巧妙地与中国传统的吉祥纹饰融合在一起。既然摩羯是随着佛教传入中国的，而且在佛教中充当着重要角色，那么笔者不妨大胆推测现在所知的装饰于杯、碗等器物内底的"荷池图案"，是否也是往生西方净土世界的化生池的象征呢？笔者以为其既有模拟自然池塘的一面，也有其抽象的一面，而其抽象的一面可能正是笔者所推测的那样，或者至少也是受了佛教影响。

（十二）辽耶律羽之墓出土银碗上的双爪摩羯纹饰

辽耶律羽之墓出土 1 件银碗，其内底錾刻摩羯纹，摩羯张口吐舌，露出利齿，鼻上端有两个象牙式的尖角，鱼身鱼尾，身躯前部带有两个爪足，整体犹如鱼形猛兽[①]（图 7-26）。辽代这样的摩羯样式仅见于此件银碗。虽然介绍者称其为"摩羯"，但却没有对其进行论证，更没有举出可资对比的图像资料。

耶律羽之墓出土银碗所装饰的摩羯造型样式更接近于前文所论述的陕西耀县柳林背阴村唐代窖藏出土银碗盖上所

图7-26　辽耶律羽之墓出土鎏金银碗

---

① 盖之庸：《探寻逝去的王朝——辽耶律羽之墓》，内蒙古大学出版社，2004 年，第 68 页。

錾刻的"摩羯纹"，主要差异表现在前者为双爪足，后者为四爪足。同时，耶律羽之墓出土银碗所装饰的摩羯也与前述古印度 B 型摩羯形象接近。所以，从图像的近似性这一点，可以初步推测其为摩羯。辽代这样的双爪鱼形摩羯似乎也是辽代工匠的创造精神的反映。

三、结　　语

从目前所见的各类发掘报告以及相关论著来看，国内对摩羯纹饰的认识有一个过程。在 1983 年以前的文章中，多被称为"飞鱼"、"鱼化龙"等。在 1985 年文物出版社出版的《唐代金银器》一书中介绍金银器时，将原来对摩羯纹饰的不同称呼统一为"摩竭纹"，这是一个了不起的进步。追根溯源，应该是 1983 年岑蕊《摩竭纹考略》一文发表后，引起了学界普遍关注，人们开始重新认识这种来自古印度神话中的"动物"。

当然，也有学者有不同看法，如卢兆荫认为："（江苏丹徒）丁卯桥银盆中的'鱼化龙'纹，已有双翼，和摩竭水兽似有较大区别。所以，这两件银器的龙首鱼纹也可能是汉晋以来大鱼化龙传说的反映"[1]。其主要依据是《辛氏三秦记》。据《艺文类聚》卷九十六"龙"条引《辛氏三秦记》云："河津一名龙门，大鱼集龙门下数千，不得上，上者为龙，不上者（句有脱文），故云曝鳃龙门"[2]。笔者以为，这种不同——摩羯带双翼——应该是摩羯纹样式自身发展演变的结果，而不能简单地认为是本土文化在纹饰上的反映。如果说摩羯带羽翼是受传统文化影响的结果，那也不是来自"鱼化龙"这一传说，可能与《山海经》中有关"龙鱼"的记载关系更为密切。《山海经·海外西经》记载："龙鱼陵居在其北，状如狸（鲤）。一曰鰕。即有神圣乘此以行九野。一曰鳖鱼，在天野北，其为鱼也如鲤"[3]。《艺文类聚》卷九十六"龙"条引郭璞《赞》云："龙鱼一角，似鲤居陵；俟时而出，神灵攸乘；飞惊九域，乘云上升"[4]。既然龙鱼能飞，在用图像表示时，要么衬以云气纹表示其腾云飞翔，要么给其加上羽翼。但值得注意的是，丁卯桥银盆内底装饰的摩羯纹虽然加上了独角与羽翼，但却与水波、鲤鱼、鲶鱼、莲荷等构成一幅"荷池图"[5]（图 7-27），并且双摩羯分别追逐摩尼宝珠，特别是

---

　　① 卢兆荫：《试论唐代的金花银盘》，《中国考古学研究——夏鼐先生考古五十年纪念论文集》，文物出版社，1986 年，第 300 页。

　　② （唐）欧阳询撰，汪绍楹校：《艺文类聚》（下），上海古籍出版社，1999 年，第 1663 页。

　　③ 周明初校注：《山海经》，浙江古籍出版社，2000 年，第 159 页。

　　④ （唐）欧阳询撰，汪绍楹校：《艺文类聚》（下），上海古籍出版社，1999 年，第 1663 页。

　　⑤ 镇江市博物馆、陕西省博物馆：《唐代金银器》，文物出版社，1985 年，图版 226、227；韩伟：《海内外唐代金银器萃编》，三秦出版社，1989 年，第 146 页，器物线图 285。

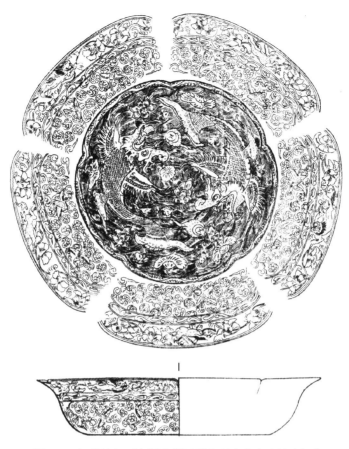

图7-27　江苏镇江丁卯桥窖藏辽耶律羽之墓出土鎏金银盆

其中的摩尼宝珠、莲荷等都是典型的佛教因素，而水波也与其"河水之精"、"鲸鱼"、"海兽"等的身份是吻合的，所以，它们仍然属于摩羯，而不是"鱼化龙"。

　　各种文化现象的出现不可能是孤立的，它们之间总会有千丝万缕的联系，正是在中国传统文化中有"龙鱼"、"鱼化龙"这样的传说作为文化基础，一个与之内涵相似的外来形象弥补了其形象缺憾，很快便被吸收并广泛地运用到能够反映民族审美的装饰纹样及器物造型中。这也可能是东西方文化交流中的一个最根本的基础。就目前的各类资料来看，中国历史上全盘照搬某种文化的现象几乎是不见的，多多少少得有一个本土的基础作为支撑，而摩羯作为一种外来的文化现象也表现出了这一特点，"龙鱼"、"鱼化龙"等的传说即是其基础，如果没有这个基础，或者说外来文化与本土文化冲突的话，往往很难流传下去。

第八章　舍利容器与舍利信仰

第一节　古印度舍利容器集锦及初步研究

这里所说的古代印度主要包括现在的印度、巴基斯坦、孟加拉以及阿富汗东南部等地[①]。目前所知的古印度舍利容器，从其质地而言，有陶、滑石、水晶、冻石[②]、片岩[③]等，这类质地的容器一般作为外重容器使用。也有金、银、铜、玻璃等质地的舍利容器，这类质地的容器中除个别的用作外重容器之外，其余大部分都用作安置舍利的内重容器。古印度舍利容器中还有象牙等较为特殊的质地。从其形制来看，舍利容器主要有覆钵塔形、球形罐状、扁平盒状、圆筒状等，它们是古代印度舍利容器的主流。此外，还有一些动物形舍利容器，如禽鸟形等。关于印度的舍利瘗埋及其安置法，国外学者多有关注，如日本学者高田修曾专门撰文探讨古印度的佛塔及佛舍利的安置问题[④]。而国内学者对古印度的舍利容器及与之相关的古印度舍利瘗埋问题研究尚较薄弱，甚至连介绍性的论著也都属于稀罕之物，大多数情况下只是在文章或者著作中偶尔引用一下或者有所提及，缺乏完整的资料信息。鉴于此，笔者觉得有必要对自己收集到的有关古印度舍利容器材料进行介绍。这里所介绍的这些古印度舍利容器材料，是笔者在研究中国古代舍利瘗埋制度的过程中收集到的，它们对笔者认识中国古代的舍利容器及舍利瘗埋制度曾经起过重要作用。不过需要说明的是，由于这些古印度舍利容器往往以组合的形式出现，如果完全按照类型来介绍，就会将其拆分得支离破碎。为了保持资料的完整性，笔者在论述过程中以最外重的容器为基本线索进行分类，然后介绍其整体情况。这里所介绍的相关资料的来源，主要是日本和韩国，特别是日本出

---

① 国家文物局：《佛教石窟考古概要》，文物出版社，1993年，第168页，图2-1-1。

② 冻石，简称冻，是指用于雕刻艺术品和印章的材料。如"寿山石"、"昌化石"、"青田石"等，都属于冻石。参见《辞海》（1979年版缩印本），上海辞书出版社，1980年，第366页。

③ 片岩（schist）是具有片状构造的变质岩，是区域变质作用的产物，主要由片状或柱状矿物如云母、绿泥石、角闪石、绢云母石等组成；也会有石英和其他各种变质矿物，如石榴子石、十字石和蓝晶石等。结构一般为鳞片变晶结构、纤维变晶结构和斑状变晶结构。根据成分的不同，可以分为云母片岩、角闪片岩、绿泥片岩、滑石片岩等。参见第六版彩图本《辞海》，上海辞书出版社，2009年，第1733页。

④ 〔日〕高田修：《インドの佛塔と舍利安置法》，《仏教芸術》第11号，1951年。

版的一些展览图录，在介绍过程中以详细的注释（包括著作者、书名、出版社、出版年月、页码和图版号）说明其出处，其中不列出插图所在页码和图版号者，表示该著作也曾引用过与本节相关的资料，但因其图版模糊等原因，并未作为拙著的主要参考文献。这不仅是为了尊重原作者的知识产权，同时也便于读者进行检索，笔者在此只是起到一个编译和整理的作用。在收录这些资料的图录和相关著作中，并不是所有的舍利容器都有较为详细的说明文字，其中有些是笔者根据其形制和展示出的图片描述其特征的，有些则是将笔者参观时的简单记录和观察到的结果与相关资料相结合进行描述的，所以，错误之处在所难免，尚祈指正。

一、覆钵塔形舍利容器

关于以小型窣堵波安置舍利，在玄奘《大唐西域记》卷二"那揭罗曷国"条云："（醯罗城）城东南三十余里，至醯罗城。周四五里，竖峻险固，花林池沼，光鲜澄镜。城中居人，淳质正信。复有重阁，画栋丹楹。第二阁中有七宝小窣堵波，置如来顶骨。骨周一尺二寸，发孔分明，其色黄白，盛以宝函，置窣堵波中。欲知善恶相者，香末和泥，以印顶骨，随其福感，其文焕然。又有七宝小窣堵波，以贮如来髑髅骨，状若荷叶，色同顶骨，亦以宝函缄络而置。又有七宝小窣堵波，贮如来眼睛，睛大如奈，光明清彻，暾映中外，又以七宝函缄封而置"[①]。玄奘所说的作为安置舍利的"七宝小窣堵波"，也即拙著所说的覆钵塔形舍利容器。从古印度的佛塔形制来看，这种覆钵塔形舍利容器的形制就是对大型覆钵塔的模仿，或者说是微缩了的大型覆钵塔，这样，其瘗埋形式即形成了"塔中有塔"的结构。

（一）英国伦敦大英博物馆藏冻石覆钵塔形舍利容器

英国伦敦大英博物馆收藏的冻石覆钵塔形舍利容器出土于印度旁遮普马尼克亚拉，高 21.5 厘米。以冻石轮旋而成，台基呈束腰圆形，塔身为一个整体，并且与其下部的圆形台基以子母口相套合。上部为覆钵，下部呈圆筒形，其上装饰凸棱。覆钵顶部有平头和四层伞盖。台基和塔身下部中空，用以安置内重舍利容器。在覆钵塔形舍利容器之内安置有 1 件鼓腹形水晶舍利容器，高 5 厘米，口部和底部较平，腹部略外鼓，口部有一个莲蕾形纽，腹部中央部分有一个圆筒形孔穴，其中出土以金箔包裹的骨片、戒指、货币、串珠等。这组舍利容器的年代在 1 世纪[②]（图 8-1）。

---

① （唐）玄奘、辩机原著，季羡林等校注：《大唐西域记校注》（上），中华书局，2000 年，第 228 页。

② 〔日〕京都国立博物館、東武美術館、朝日新聞社：《〈大英博物館所蔵 インドの仏像とヒンドゥーの神々展〉図録》，大塚巧芸社，1994 年，第 134、135 頁，図版 72、73，説明文字参見第 171 頁。

1   2

图8-1   英国伦敦大英博物馆藏印度旁遮普马尼克亚拉出土舍利容器

1. 整体   2. 打开后

（二）日本平山郁夫丝绸之路美术馆藏覆钵塔形舍利容器

日本平山郁夫丝绸之路美术馆收藏1件覆钵塔形舍利容器，该器原藏于日本丝绸之路研究所（神奈川），以片岩轮制而成。高17.5厘米（一说17.2厘米），年代在2—3世纪。台基呈束腰圆形，台基中心有一个圆形孔穴，其内有珍珠等。塔身分为两部分，上半部分为覆钵，下半部分呈圆筒形，在其上部浮雕有栏楯装饰，呈圆筒状的塔身部分之内有圆形孔穴，以安置舍利及其供养品。圆筒状塔身与覆钵之间以子母口扣合。覆钵顶部为平头和伞盖[①]（图 8-2-1、4）。

（三）日本神奈川县个人收藏覆钵塔形舍利容器

日本神奈川县个人收藏1件覆钵塔形舍利容器，高28.5厘米，年代在2—3世纪[②]

① 〔日〕朝日新闻社文化企画局大阪企画部：《西遊記のシルクロード—〈三蔵法師の道〉図録》，朝日新闻社，1999年，第79頁，图版35；〔日〕财团法人平山郁夫シルクロード美術館：《ガンダーラ——仏像のふるさと》，大塚巧芸社，2009年，第67頁，图版62，说明文字参见第129頁。

② 〔日〕奈良国立博物館：《日本仏教美術の源流》，天理時報社，1978年，第161頁，黑白图版8；〔日〕奈良国立博物館：《特別展 ブッダ釈尊——その生涯と造形》，日本写真印刷株式会社，1984年，第106頁，图版19。

图8-2　覆钵塔形舍利容器

1、4. 日本平山郁夫丝绸之路美术馆藏（整体与打开）　2. 日本神奈川县个人藏　3. 韩国南硕焕氏藏

（图 8-2-2）。该舍利容器除大小与上述日本平山郁夫丝绸之路美术馆收藏的覆钵塔形舍利容器有所不同之外，其余完全一致。

（四）韩国南硕焕氏收藏的覆钵塔形舍利容器

韩国南硕焕氏收藏的覆钵塔形舍利容器以片岩轮旋而成，高 15.5、直径 9 厘米，年代在 2—3 世纪，出土于印度。台基呈束腰圆形，塔身分为两部分，上半部分为覆钵，下半部分为圆筒形，其表面装饰栏楯。覆钵上方为平头，有三层伞盖[①]（图 8-2-3）。

①　Kyong world Cuture Expd 2000, A Search for the Light of East-silk Road and Korea Culture, 2000, p.112, fig.163.

图8-3　日本平山郁夫丝绸之路
美术馆藏舍利容器

（五）日本平山郁夫丝绸之路美术馆藏覆钵塔形舍利容器

日本平山郁夫丝绸之路美术馆收藏 1 件以黄金和玻璃制作而成的覆钵塔形舍利容器，高 6 厘米。台基呈方形，塔身分为两部分，上半部以玻璃制成，顶部呈略带弧度的覆钵形，在其下部有一个圆筒状的孔穴，用以安置舍利；下半部以黄金制成，呈较为扁平的圆筒形。覆钵顶部有平头和四层相轮，其年代在 2—3 世纪[①]（图 8-3）。

（六）日本个人收藏水晶覆钵塔形舍利容器

日本个人收藏 1 件水晶质覆钵塔形舍利容器，高 20.5 厘米，出土于犍陀罗地区，年代在 2—3 世纪。台基呈束腰圆形，覆钵分为两段，下段之内有圆形孔穴，用以安置舍利，其内有圆形平顶的金质舍利容器、骨片、水晶、圆环形器等，其中的圆形平顶金舍利容器可能是用来安置舍利的。覆钵的顶部有平头和五层相轮[②]（图 8-4-1、2）。

（七）英国伦敦维多利亚与阿尔伯特美术馆藏水晶覆钵塔形舍利容器

英国伦敦维多利亚与阿尔伯特美术馆收藏 1 件水晶覆钵塔形舍利容器，1852 年发现于印度中部的博帕尔州桑奇东南 6.5 英里的博旧布尔村第 2 塔玄室内红陶钟形外重舍利容器中。该覆钵塔形舍利容器的台基呈束腰圆形，塔身呈半球状的覆钵形，顶上部有相轮、伞盖和平头。在台基中央有直径 1.6 厘米的安置舍利的孔穴，其年代在公元前 3

---

① 〔日〕财团法人平山郁夫シルクロード美術館：《ガンダーラ——仏像のふるさと》，大塚巧芸社，2009 年，第 68 頁，图版 63，说明文字参见第 129 頁。

② 〔日〕田辺三郎助：《シルクロードと東アジアの仏教美術》，福井県立美術館，2010 年，第 3 頁，图版 1，说明文字参见第 302 頁。

图8-4　水晶覆钵塔形舍利容器

1、2. 日本个人藏（整体与局部）　3. 英国伦敦维多利亚与阿尔伯特美术馆藏　4. 日本个人收藏

世纪至 2 世纪 [①]（图 8-4-3）。

（八）日本个人收藏水晶覆钵塔形舍利容器

日本个人收藏 1 件水晶塔形舍利容器，出土于犍陀罗地区，高 9 厘米，年代在 2—

---

① 〔日〕奈良国立博物館：《特別展 ブッダ釈尊——その生涯と造形》，日本写真印刷株式会社，1984 年，第 106 頁，図版 18。

3世纪。台基呈低矮的扁平圆垫状，覆钵呈炮弹形，在覆钵底部有圆筒形孔穴以安置舍利。覆钵的顶部有平头，并在覆钵之上分别装饰5个独立的蘑菇形伞盖[①]（图8-4-4）。

（九）巴基斯坦塔克西拉卡拉万佛寺A1窣堵波舍利室出土覆钵塔形舍利容器

在巴基斯坦塔克西拉的卡拉万佛寺A1窣堵波的舍利室出土1件覆钵塔形舍利容器，现藏于巴基斯坦卡拉奇国立博物馆。其上贴有金箔，以片岩轮旋而成，在束腰圆形台基的上方有半球形覆钵，覆钵顶部有栏楯形的平头和相轮。高16厘米，年代在3世纪。在束腰圆形台基及覆钵之间为安置舍利的空间，在其中有1件片岩轮旋而成的球形舍利容器，直径4.7厘米，其上也贴有金箔。在球形舍利容器之内有1件呈圆筒形的黄金舍利容器，在黄金舍利容器之中出土有骨片（舍利）以及刻文铜板[②]（图8-5）。

图8-5　巴基斯坦塔克西拉卡拉万佛寺A1窣堵波出土覆钵塔形舍利容器
1. 贴金箔覆钵塔形舍利容器　2. 球形、圆筒形舍利容器及骨片（舍利）、刻文铜板

（十）巴基斯坦斯瓦特出土覆钵塔形舍利容器

巴基斯坦斯瓦特出土的覆钵塔形舍利容器以绿色片岩轮旋而成，高16、直径9厘

---

① 〔日〕田辺三郎助：《シルクロードと東アジアの仏教美術》，福井県立美術館，2010年，第4页，图版2，说明文字参见第302页。

② 〔日〕樋口隆康、桑山正進、宮治昭、田辺勝美：《パキスタン・ガンダーラ美術展図録》，日本放送協会，1984年，图版Ⅲ-1。

米，年代在 3—4 世纪，现藏巴基斯坦斯瓦特考古博物馆。覆钵塔形舍利容器的顶部有六层相轮，台基呈束腰圆形。塔身为两部分，上半部为覆钵部分，其表面线刻覆莲瓣纹，下半部呈束腰圆筒形，并在其偏上部分浮雕栏楯装饰。呈圆筒形的塔身下半部分中空，与其下部有圆形孔穴的台基以子母口扣合，孔穴部分安置舍利及其供养品[①]（图 8-6-1）。

（十一）巴基斯坦斯瓦特出土铜铸覆钵塔形舍利容器

这件铜铸造而成的覆钵塔形舍利容器相传出土于巴基斯坦斯瓦特，现藏巴基斯坦卡拉奇国立博物馆。年代在 5—7 世纪，高 39.4 厘米。台基为二层方形束腰须弥座式，其上为炮弹形覆钵，在覆钵的四面分别有圆拱形龛及坐于龛内的坐佛，坐佛偏袒右肩施禅定印。覆钵的上方表面有 8 个孔，孔内插有 8 个圆形铜棍，其顶端分别装饰灵鹫和花叶，而且相间排列[②]（图 8-6-2）。

1   2

图8-6 巴基斯坦斯瓦特出土覆钵塔形舍利容器
1. 斯瓦特考古博物馆藏 2. 卡拉奇国立博物馆藏

这些覆钵塔形舍利容器与佛教经典的记载基本吻合。小乘律典《根本说一切有部毗奈耶杂事》卷十八记载："可用砖两重作基，次安塔身，上安覆钵，随意高下。上置平头，高一二尺，方二三尺，准量大小。中竖轮竿，次著相轮，或一、二、三、四，

---

① 〔日〕奈良国立博物馆、（财）奈良・シルクロード博协会：《シルクロード大文明展——シルクロード・仏教伝来の道》，美术出版デザインセンター，1988 年，第 63 页，图版 35，说明文字参见第 183 页。

② 〔日〕樋口隆康、桑山正进、宫治昭、田边胜美：《パキスタン・ガンダーラ美术展図録》，日本放送协会，1984 年，图版Ⅲ-3。

及其十三，次安宝瓶"[①]。覆钵塔的台基由印度传统的圆形变为方形，并且成为贵霜时期及其以后的常见形式。据有的研究者推测，可能是由罗马的方形石棺演变而来[②]。

从考古发掘的古印度瘗埋舍利的塔基遗址来看，它们主要安置在覆钵塔的覆钵上部，如位于印度比哈尔邦首府巴特那东北 43 千米处的毗舍离佛塔，塔基中央有一个形制呈长方形的安置舍利的空间[③]（图 8-7）。而塔形舍利容器则分为两种情况：一是安置在覆钵塔形舍利容器的覆钵部分，二是安置在台座中央的空间。根据玄奘所著的《大唐西域记》有关舍利供养的详细记载来看，古印度除在窣堵波中安置舍利之外，还在精舍中供养舍利，而这些舍利并未完全封闭，而是可以随时供人瞻仰、礼拜的，否则，玄奘在其所著的《大唐西域记》中就不可能那么详细地描述他所见到的内外重舍利容器和其中安置的舍利。

图8-7　印度比哈尔邦巴特那毗舍离佛塔塔基遗址

二、罐形舍利容器

拙著所说的各类罐形舍利容器，可能就是中国学者所说的罂罈舍利容器，其腹部多呈球形或扁球形，以片石、冻石、滑石等轮旋制成，有的表面还雕刻有精美的仰覆莲瓣纹或其他动物纹饰。其形状与我们常见的罐类似，笔者将其称为"罐形舍利容器"。不过，值得注意的是，这些罐形舍利容器在形制上也有一些差异，这种差异既有地域性的因素，也有时代性的因素，它们之间的差异也使得对其进一步进行分类、分期等成为可能。

（一）印度巴特那博物馆藏罐形舍利容器

印度巴特那博物馆收藏 1 件滑石球状罐形舍利，高 5.2、直径 4.9 厘米（图 8-8），是 1958 年由印度考古学家阿尔特卡尔（A. S. Altekar）博士根据玄奘的《大唐西域记》中的有关记录，在印度比哈尔邦首府巴特那东北 43 千米的毗舍离的野地间一座佛塔残基偏南的舍利室内发现的，时代约在公元前 3 世纪的孔雀王朝阿育王时期。舍利容器整体呈球形，轮旋而成，盖部和腹部均呈半球状，两者以子母口扣合，盖顶部有一纽。

---

①　《根本说一切有部毗奈耶杂事》，《大正藏》第 24 册，No. 1451，第 291 页。

②　国家文物局：《佛教石窟考古概要》，文物出版社，1993 年，第 252 页。

③　〔日〕水野清一：《世界考古学大系》8《南アジア》，平凡社，1961 年，第 97 页，插图 157。

与之一同出土的还有少量土块状骨灰以及海贝1枚、玻璃珠2枚、金箔1片、货币等，这些应该就是佛舍利及其与七宝相当的供养品①。这件球状罐形舍利容器应该是目前所知年代最早的舍利容器之一。相传在佛陀涅槃后，佛舍利分给八个国家，而居住在毗舍离的梨车毗部族也分得了一份佛陀的舍利，并将其安置在毗舍离的这座佛塔中。该佛塔先后经过四次增筑，第一次增筑发生在公元前3世纪的阿育王时期，拙著介绍的这件罐形舍利容器就是在这次增筑时瘗埋进去的②。

图8-8　印度巴特那博物馆藏滑石球状罐形舍利容器

（二）日本龙谷大学博物馆藏罐形舍利容器

日本京都的龙谷大学博物馆收藏1件罐形舍利容器相传出自巴基斯坦斯瓦特，片岩质，轮旋而成。高6.4、最大径9厘米，年代约在公元前26年。整体呈扁球形，盖部与腹部以子母口扣合。盖顶部中央有低矮的纽，其上部雕刻莲花瓣纹。在盖面之上阴刻两圈佉卢文铭文，经释读，其内容为："阿布恰王·自在主布伊达米特拉的一个叫布拉赫娣雅的宫女，奉纳了舍利；32年，塔工事监督官撒马德拉·布阿那达·室利来那马达的弟子、测量工事监督官阿叔拉克西达雕刻"。关于其中的纪年，作为伊朗系的塞族王阿塞斯，大约是在公元前58年或者公元前57年登基，所以，铭文中的32年应该是公元前26年或者公元前25年③（图8-9）。

（三）印度新德里国立博物馆与加尔各答印度博物馆藏罐形舍利容器

这里着重介绍3件球状罐形舍利容器，现分别藏于印度新德里国立博物馆和加尔各答印度博物馆，它们均出土于印度北部靠近尼泊尔的毗普拉哈瓦塔基遗址，该地是释迦族的发源地，被认为可能是迦毗罗卫国首都所在地，而毗普拉哈瓦佛塔也是最早

---

① 〔日〕肥塚隆、宫治昭：《世界美術大全集·東洋編》第13卷《インド》（1），小学館，2000年，第338頁，插圖265；〔日〕水野清一：《世界考古学大系》8《南アジア》，平凡社，1961年，第98頁，插圖158；〔日〕石田茂作監修：《新版仏教考古学講座》第7卷《墳墓》，雄山閣，1975年。

② 〔日〕水野清一：《世界考古学大系》8《南アジア》，平凡社，1961年，第97頁。

③ 〔日〕龍谷大學、龍谷ミューージアム：《釈尊と親鸞·釈尊編》第4—6期出品解説，大塚巧芸社，2011年，第25頁，圖版73。

　　　　　　1　　　　　　　　　　　　　　2

图8-9　日本龙谷大学博物馆藏罐形舍利容器
1. 整体　2. 打开后

的佛塔之一。1898 年，英国人佩佩（William Claxton Peppe，亦译作佩普）在该遗址中央大窣堵坡覆钵顶下方约 5.4 米处发现一个长方形石室[①]，石室长 1.3、宽 0.8 米，在其中发现 5 件舍利容器。另外，在石室的上方还发现 1 件单独的内装水晶、金饰的冻石球状罐形舍利。在以上的舍利容器中发现了骨片、金饰、錾刻金箔、印章、宝石等共计 108 件遗物。其中 1 件罐形舍利容器现藏加尔各答印度博物馆，高 15、直径约 10 厘米，以冻石轮旋而成，盖部与腹部分别呈半球状，两者以子母口扣合后其整体呈球形，下部有圈足，顶部有覆钵塔式钮（图 8-10-1）。在其盖面上部阴刻一圈婆罗谜文字铭文，经释读，其内容为："This shrine for Relics of the Buudha, the August one, is that of the Sakayas, the brethen of the Distiguished one, is association with their sister and with their children and their wives"，意思为"这是释迦族的佛陀世尊的遗骨容器，是有名誉的兄弟与其姐妹、孩子、妻子们（奉祀）的"[②]。因为其中可能安置的就是释迦牟尼涅槃后，其族人所获得的那份舍利，所以非常引人注目[③]。同出的另 1 件舍利容器，就是著名的鱼形钮水晶舍利容器，高 12 厘米。盖部和腹部均呈半球形，以子母口扣合后，外观形如球状，上部有一个鱼形钮[④]（图 8-10-2）。1972 年，印度考古局在 1898 年佩佩发现舍利容器的下方约五六米处发现 1 件陶窣堵波（覆钵塔形舍利容器），其中安置有 2 件舍利容器，拙著在这里介绍者就是其中的一件，滑石质，高 9、腹径 7 厘米，盖呈半球

　①　这个石室在很多文章中被称为舍利棺，这种命名是不够确切的，应该是覆钵塔的塔心石室。

　②　关于这件刻铭的罐形舍利容器及其盖面上的刻铭、释读的英文等内容，在国内的网页上也可以查阅到，参见学佛网 http://big5.xuefo.net/nr/article14/143179.html。

　③　〔日〕肥塚隆、宫治昭：《世界美术大全集·東洋編》第 13 卷《インド》(1)，小学館，2000 年，第 342 页，插图 274；〔日〕奈良国立博物館：《特别展　ブッダ釈尊——その生涯と造形》，日本写真印刷株式会社，1984 年，说明文字参见第 300 页；〔日〕宫治昭：《インド美術史》，吉川弘文館，1981 年，第 15 页，插图 12a。

　④　〔日〕宫治昭：《インド美術史》，吉川弘文館，1981 年，第 15 页，插图 12b。

形，其上部有覆钵塔形纽，腹部也呈半球形，两者以子母口扣合后整体呈球形，下部
有圈足，发现时其中安置有已经炭化了的骨片（图8-10-3），其年代相当于公元前5至
公元前3世纪的孔雀王朝时期[①]。

图8-10　印度毗普拉哈瓦塔基遗址出土舍利容器
1. 刻铭罐形舍利容器　2. 鱼形纽舍利容器　3. 罐形舍利容器

（四）日本平山郁夫丝绸之路美术馆藏罐形舍利容器

日本平山郁夫丝绸之路美术馆收藏一组5件舍利容器（图8-11），其中外重容器
为球状罐形，高14、腹径12.2厘米，下部有圈足。在盖和身部表面浮雕四瓣花纹、莲
瓣纹、网格状纹等纹饰带。盖上部原有纽，已残。其内有4件分别以金或银制作的圆
筒形舍利盒，其中3件为平顶、平底，盖上之纽为伞盖状或者宝珠形；另1件舍利容
器的盖顶部为伞状尖顶，盖面上錾刻莲花瓣纹。这些舍利容器相互套合，形成五重结
构。一同出土的有相当于七宝的六角形金箔花和银箔花、水晶、珍珠等。其中的一片
长方形金箔片上錾刻佉卢文铭文，其内容为："奥梯国的王、纳巴的支配者、巴伊笈塔
塞纳王的儿子、库夫的宗主阿笈塔塞纳供养一切诸佛，供养过去、现在、未来所有的
独觉、世尊的弟子们以及父母，还供养一切应该供养者。这舍利是作为充满睿智的如
来、作为世尊、作为阿罗汉、作为等正觉的释迦族中灭却烦恼的释迦牟尼的舍利。他
在梯夫的城镇中尚未建佛塔之所修建了此佛塔，在其南半部分奉纳了释迦牟尼的舍利，

---

①〔日〕奈良国立博物馆：《特别展　ブッダ釈尊——その生涯と造形》，日本写真印刷株式会
社，1984年，第2頁彩版，第93頁，图版2，说明文字参见第300頁；〔日〕肥塚隆、宮治昭：《世
界美術大全集・東洋編》第13卷《インド》（1），小学館，2000年；〔日〕石田茂作監修：《新版仏
教考古学講座》第7卷《墳墓》，雄山閣，1975年。

图8-11　日本平山郁夫丝绸之路美术馆藏舍利容器一组
（两图为同一组器物，展示角度不同）

愿以此行为切断至今所有一切之苦，达到涅槃的境界。第 4 年、阿莎达月的 10 日"[①]。

（五）日本奈良国立博物馆藏罐形舍利

日本奈良国立博物馆藏有 1 件片岩罐形舍利，高 19.3、口径 22 厘米，时代在 2—3 世纪。相传出土于巴基斯坦白沙瓦附近，与犍陀罗地区出土的其他舍利容器相似，应该就是白沙瓦一带出土的。轮旋而成，整体呈扁球形，盖部与腹部以子母口相扣合，盖上部有伞盖形纽，平底。一同出土的还有金质舍利容器、银质舍利容器的盖部以及相当于七宝的玻璃珠、金花等，其中金舍利容器的个体较小，盖面呈弧形，盖部与腹部可以扣合，推测其原来应该置于失去盖部的银质舍利容器之内[②]（图 8-12）。

图8-12　日本奈良国立博物馆藏外重罐形舍利容器及内重容器

（六）日本东京国立博物馆藏罐形舍利容器

日本东京国立博物馆收藏有一组 3 件舍利容器（图 8-13），分别为石、银、金质，

①〔日〕财团法人平山郁夫シルクロード美術館：《ガンダーラ——仏像のふるさと》，大塚巧芸社，2009 年，第 72 頁，图版 67，说明文字参见第 129 頁；〔日〕奈良国立文化财研究所、飛鳥資料館：《仏舍利埋納》，《飛鳥資料館図録》第 21 册，（有）関西プロセス，1989 年，第 6 頁图版。

②〔日〕奈良国立博物館：《特別展　ブッダ釈尊——その生涯と造形》，日本写真印刷株式会社，1984 年，第 96 頁，图版 6，说明文字参见第 302 頁；〔日〕奈良国立博物館：《奈良国立博物館藏品図版目録・工芸篇・仏教工芸》，便利堂，1992 年，第 49 頁，图版 47。

相传出土于白沙瓦附近的佛塔基址。其中罐形外重容器整体呈球状，片岩质，高 10 厘米，轮旋而成。子母口，盖顶部纽之下浮雕一周覆莲瓣，盖部及腹部表面有轮旋形成的弦纹。顶部有伞盖状纽，平底。银舍利容器呈低矮的扁平圆筒状，平顶，盖顶部中央有低矮的圆饼形纽，直径 4.1 厘米。金舍利容器的直径 2.1 厘米，其形制与银舍利容器完全相同。这是一组较为典型的套合式舍利容器[①]。

图8-13　日本东京国立博物馆藏舍利容器

（七）日本平山郁夫丝绸之路美术馆藏罐形舍利容器

日本平山郁夫丝绸之路美术馆收藏有一组 3 件舍利容器（图 8-14），年代在 2—3 世纪，自外之内依次为石、银、金质，相传出土于犍陀罗地区。外重容器整体为略呈球状罐形，片岩质，高 9.8（一说 9.5）、径 7.4（一说 7.6）厘米。盖面和腹部表面分别浮雕覆莲瓣和仰莲瓣，在腹部中央位置以子母口扣合，下部有低矮的圈足。银容器呈扁平的圆形，高 0.9、径 3.8 厘米。金舍利容器的形制与银舍利容器完全相同，只是略小于银舍利容器，高 0.3、径 1.5 厘米，这样是为了便于它们套合。与上述舍利容器一同出土的还有金箔花、银箔花、银币 1 枚等，这些应当是相当于佛舍利的七宝庄严[②]。

---

① 〔日〕奈良国立博物館：《日本仏教美術の源流》，天理時報社，1978 年，第 157 頁，黑白图版 1；〔日〕松户市立博物館：《開館 5 周年記念特別展——シルクロードとガンダーラ》，大塚巧芸社，1997 年，第 22 頁，图版 35，文字说明参见 63 頁。

② 〔日〕奈良国立博物館：《日本仏教美術の源流》，天理時報社，1978 年，第 157 頁，黑白图版 2；〔日〕財団法人平山郁夫シルクロード美術館：《ガンダーラ——仏像のふるさと》，大塚巧芸社，2009 年，第 69 頁，图版 65，说明文字参见第 129 頁。

图8-14　日本平山郁夫丝绸之路美术馆藏舍利容器
（两图为同一组舍利容器，展示角度不同）

（八）英国伦敦维多利亚与阿尔伯特美术馆藏罐形舍利容器

英国伦敦维多利亚与阿尔伯特美术馆藏一组 4 件舍利容器，出土于印度中部博帕尔州位于桑奇西南的索纳利第 2 塔，1851 年由康宁汉姆（亦译作坎宁普）（Alexander Cunningham）发现。其中罐形外重容器为灰白色片岩，轮旋而成，呈扁球形，盖部与腹部以子母口扣合，盖上有伞盖形纽，底部带有略高的圈足，高 16.7、腹径 18.2 厘米。在盖面和腹部表面雕刻图像。盖部分成八个长方形区间，其内分别浮雕马、鹿、大象以及有翼狮子；腹部浮雕较细长的仰莲瓣（图 8-15-1）。该外重容器最初与其他 3 件容器都装有较多骨灰和白檀木碎片。尖顶莲蕾形舍利容器高 5.4、腹径 4.2、圈足径 3 厘米。以质地较硬的黑色片岩轮旋而成，子母口，盖部与腹部以子母口扣合后整体外观呈莲蕾形，下部有低矮的圈足。盖面和腹部表面线刻莲花瓣纹，在器身刻有婆罗谜文字的铭文，其内容为："圣者 ALABAGIRA 的遗骨"（图 8-15-2）。相轮纽形舍利容器高 7、腹径 5.6、足径 5.15 厘米。片岩质，轮旋而成，盖部与腹部均呈半球形，两者以子母口扣合后外观整体呈球形，盖上有四层相轮状纽。在盖面上有一圈阴刻而成的婆罗谜文铭文，其内容为："圣者 KODINIPUTASA 的继承者圣者 MAJHIMASA 的遗骨"（图 8-15-3）。水晶盒子形舍利容器高 3.1、腹径 4.72 厘米，整体呈扁平的球状，子母

图8-15　英国伦敦维多利亚与阿尔伯特美术馆藏舍利容器一组

1. 罐形外重容器　2. 尖顶莲蕾形舍利容器　3. 相轮纽形舍利容器　4. 水晶盒子形舍利容器及志铭

口，其内有 1 件以长方形片岩雕刻而成的志铭，长 1.95、宽 1、厚 0.3 厘米，在其两面刻有婆罗谜文字的铭文，其内容为："雪山地方的圣者 GOTIPUTASA 即法的继承者 DUDUBHSARA 的遗骨"[①]（图 8-15-4）。

（九）德国柏林国立亚洲艺术馆藏罐形舍利容器

德国柏林国立亚洲艺术馆收藏一组 4 件罐形舍利容器（图 8-16），其中外重舍利容器为罐形，高 13 厘米，片岩质，轮旋而成，盖部及腹部偏下的位置分别浮雕下垂的叶瓣和仰莲瓣。盖上部的纽分为上下两部分，上半部分呈宝珠状，下半部分呈束腰的"工"字形。其中置 3 件舍利容器，1 件为短颈小口，腹部呈球形；另 2 件均以黄金制作而成，腹部呈圆筒形，盖顶部有一宝珠形纽。从这 4 件舍利容器的大小与形制来看，原来应该为四重结构，除上述容器之外，其中还有水晶、玛瑙、珍珠等。该组舍利容器的年代约在 2—3 世纪[②]。

图8-16 德国柏林国立亚洲艺术馆藏舍利容器

三、扁平盒形舍利容器

片岩扁平盒形舍利容器出土于桑奇第 2 塔，出土时其内有 4 片火葬遗骨，年代在公元前 2 世纪。现藏英国伦敦维多利亚与阿尔伯特美术馆。舍利容器呈扁平的圆形，盖部与腹部以子母口相扣合，盖上部有伞盖形纽。高 4.1、腹径 6.6 厘米（图 8-17）。在盖面、盖内及腹表面阴刻婆罗谜文铭文。盖面文字为："作为全喜马拉雅地区之师的圣者 KASAPAGOTASA 的遗骨"，盖内铭文为："圣者 MAJHAIMASA 的遗骨"，腹部表面文字为："圣者 HARITIPUTASA 的遗骨"。在这三位圣者中，名字雕刻于盖面的 KASAPAGOTASA 以及盖内的 MAJHAIMASA 两位圣者，是阿育王十八年召开巴特那会议之后派出的传教师，他们与另外三名传教师曾前往喜马拉雅地区传播过佛教教义，从而非常著名。另外一位圣者 HARITIPUTASA 也应该参加了巴特那会议，并且也被

---

① 〔日〕奈良国立博物馆：《特别展 ブッダ釈尊——その生涯と造形》，日本写真印刷株式会社，1984 年，第 94 页，图版 4，文字说明参见第 301、302 页。

② National Museum of Korea, Masterpieces of Early Buddist Sculpture, 100BCE—700CE, National Museum of Korea, 2015, p.33, fig.3.

图8-17　英国伦敦维多利亚与阿尔伯特美术馆
桑奇第2塔出土的舍利容器

派遣去传播佛教教义。这一发现是原始佛教教义成立时期遗留下来的非常重要的实物资料[1]。桑奇第2塔位于第1塔的西面约300米处，覆钵部分较第1塔要小，台基直径14.3米。1851年，康宁汉姆将覆钵挖开，在其中发现一个舍利石室，内有4件舍利容器，舍利容器上刻有阿育王时期10位高僧的姓名。拙著介绍的这件扁平盒形舍利容器就是其中之一。现存覆钵塔是印度巽加王朝时期（公元前185年—前73年）修建的，其修建方式是在原塔外包砌石块，使原塔增大，周围有栏楯，栏楯四方有塔门，栏楯柱有简素的浮雕纹饰。在第3塔覆钵的石室发现了佛陀的两大弟子舍利弗与目犍连的舍利骨片和大量的珠子[2]。

四、圆筒状舍利容器

圆筒形舍利容器在古印度的舍利容器中发现的数量不少，是与覆钵塔形、罐形舍利容器同样重要的外重容器之一。同时，从前文的论述还可以看出，其中不少内重容器的形制也呈圆筒形。形制一般为腹部笔直、平顶或弧形顶，顶部有纽。如果是石质的话，其腹部有的雕刻几何形花纹、莲瓣纹等。金属质地的则铸出或者锤镍出天鹅、佛、天人、童子、花绳等，也有一部分金属质地的圆筒形舍利容器为素面。一般顶部及底部均凸出如檐，在腹部中央或略偏上处以子母口扣合。这类舍利容器的发现数量可以说与覆钵塔形、罐形舍利容器并驾齐驱，这说明圆筒形舍利容器在古印度舍利瘗埋过程中较为常用，而且内外重容器兼用。这种圆筒形舍利容器曾对中国古代舍利容器的形制产生过重要影响，如河北定州静志寺塔基地宫出土了4件圆筒形舍利容器[3]，其中2件为石质并且涂金，两者形制相同，盖顶部有宝珠形纽，腹部饰凸棱状纹饰，

① 〔日〕奈良国立博物館：《特別展 ブッダ釈尊——その生涯と造形》，日本写真印刷株式会社，1984年，第93页，图版3，说明文字参见第300、301页。

② 〔日〕奈良国立博物館：《特別展 ブッダ釈尊——その生涯と造形》，日本写真印刷株式会社，1984年，第93页，图版3，说明文字参见第300、301页；国家文物局：《佛教石窟考古概要》，文物出版社，1993年，第187页。

③ 浙江省博物馆、定州市博物馆：《心放俗外：定州静志 净众佛塔地宫文物》，中国书店，2014年，第46、47、124页。

内壁涂橘红色粉。其中 1 件高 8.9、底径 7.7 厘米（图 8-18-1、2）；另 1 件高 9.2、底径 8 厘米（图 8-18-3、4）。另 2 件为铜质，形制基本同于前两件，其中 1 件保存完整，口径 7.8、高 9.5 厘米（图 8-18-5），而另外 1 件纽部已残，残高 8、腹径 7.8 厘米。河北正定北白店村隋大业元年（605 年）塔基地宫出土 1 件圆筒形铜舍利容器（图 8-18-6），高 9.2、直径 6.2 厘米，宝珠形纽，腹部饰凸棱状纹饰，与静志寺塔基地宫出土者在形制和特征上相一致，而北白店村塔基地宫有大业元年（605 年）的纪年铭文[①]，据此也

图8-18　河北出土圆筒形舍利容器

1—5. 定州静志寺塔基地宫出土　6. 正定北白店村隋大业元年（605 年）塔基地宫出土

---

① 赵永平、王兰庆、陈银凤：《河北省正定县出土隋代舍利石函》,《文物》1995 年第 3 期。

可推测静志寺塔基地宫所出者的年代大约也在隋大业时期。与古印度的圆筒形舍利容器所不同者，就是上述隋代圆筒形舍利容器的腹部为一个整体，不像古印度的圆筒形舍利容器的盖部与腹部几乎各半，然后以子母口相扣合，这种不同应当视为古印度与中国古代的用器习惯不同而发生的改变，从而使舍利容器这一外来事物在形制上更符合中国的用器习惯。下面介绍几件古印度的圆筒形舍利容器，可以两相比照。

（一）日本平山郁夫丝绸之路美术馆藏圆筒形舍利容器

日本平山郁夫丝绸之路美术馆收藏一组 2 件舍利容器，其中外重容器为圆筒形（图 8-19-1、2），片岩质，高 11.8、直径 18 厘米（对这件筒形舍利容器尺寸的标注，不同的图录有所差异，如高 12.2 厘米、高 12.3 厘米、径 18.2 厘米等），轮旋而成，以子母口扣合，盖部及底部边缘凸出如檐，腹部有轮旋形成的弦纹，其年代在 1 世纪前半叶（也有 1—3 世纪、2—3 世纪、公元前 2 世纪等说）。相传出土于巴基斯坦白沙瓦附近。外容器盖面上阴刻婆罗谜文铭文，其内容为："司令官 Uttara 的妻子在至今为止尚未建立佛塔的 Bramanitsa 修建了此佛塔，敬奉过去及未来的一切佛陀、独觉者、正觉者及阿罗汉"。其中有金质球状罐形容器，其顶部有一中空的纽，盖上焊接覆莲瓣，腹部焊接荷叶，下部有低矮的圈足（图 8-19-3）。与之同出的有天然珍珠、金戒指、六瓣花形金箔片及银箔片、木片、玻璃珠等（图 8-19-4、5），应当是象征供养佛舍利的七宝[①]。

（二）日本平山郁夫丝绸之路美术馆藏圆筒形舍利容器

日本平山郁夫丝绸之路美术馆收藏有一组 3 件舍利容器（图 8-20），它们相互套合，形成三重组合方式，自外而内分别为石、银、金质，年代在 1 世纪初。其中的外重容器为灰色片岩质，呈上部略小下部略大的圆筒状，高 6、最大径 8.2 厘米。盖部略上鼓，表面有两道凸起的弦纹，顶部中央有圆饼形纽。在腹部中央有一周凸棱，而且以子母口扣合。在盖的下部侧面阴刻一圈佉卢文铭文，其内容为："阿巴恰的王布伊加亚米特拉的儿子尹度拉给巴尔鲁玛王子，在首巴第阿至今尚未建佛塔之所安置了舍利容器，供养一切佛陀"。其中银质圆筒形舍利容器的盖部无存。金舍利容器呈扁平圆形盒子状，平顶，盖顶部中央有一圆饼形纽[②]。

---

① 〔日〕奈良国立博物館：《特別展 ブッダ釈尊——その生涯と造形》，日本写真印刷株式会社，1984 年，第 95 頁，图版 5，说明文字参见第 302 頁；〔日〕財団法人平山郁夫シルクロード美術館：《ガンダーラ——仏像のふるさと》，大塚巧芸社，2009 年，第 70—71 頁，图版 66，说明文字参见第 129 頁。

② 〔日〕財団法人平山郁夫シルクロード美術館：《ガンダーラ——仏像のふるさと》，大塚巧芸社，2009 年，第 69 頁，图版 64，说明文字参见第 129 頁。

图8-19 日本平山郁夫丝绸之路美术馆藏舍利容器
1、2. 灰色片岩质外重容器 3. 金质内重容器 4、5. 供养品

图8-20　日本平山郁夫丝绸之路美术馆藏舍利容器

（三）英国伦敦大英博物馆藏圆筒形舍利容器

英国伦敦大英博物馆收藏的圆筒形舍利容器，19 世纪时由英国人玛逊在东印度公司的支持下，在阿富汗贾拉拉巴德的毗摩兰发掘出土，出土时被安置于 1 件冻石制作的舍利容器中，盖已无存。与之一同出土的还有水晶、钱币等，现均收藏于英国伦敦大英博物馆。该舍利容器为金质，以锤鍱技法制作而成，另外在其外侧的上下部镶嵌红宝石。高 6.7、径 6.6 厘米。在腹部一周锤鍱 8 个尖拱像龛，龛柱呈"H"形，其中有立佛像及礼拜佛的梵天、帝释天、菩萨等（图 8-21）。其年代在 2—3 世纪的贵霜时期 [①]（一说为 1—2 世纪，另一说为公元前 1 世纪）。

（四）巴基斯坦白沙瓦博物馆藏圆筒形舍利容器

巴基斯坦白沙瓦博物馆收藏的圆筒形铜舍利盒，是 1 件广为人知的舍利容器，即人们习惯上所称呼的"迦腻色迦王舍利盒"，高 20 厘米，铜质鎏金，年代在 2 世纪（图 8-22）。该圆筒形舍利容器于 1909 年由斯邦内博士（Dr. Spooner）在巴基斯坦白沙瓦东南的布路沙布罗城东南的 Shah-ji-ki-dheri 塔址发现，该塔址就是被东晋僧人法显、北魏时期宋云、唐代僧人玄奘所赞叹的"迦腻色迦王大窣堵波（也被称为雀离浮图、百丈浮图）"的遗址。盖部略鼓，其上铸造有三尊像，中尊为释迦牟尼说法像，结跏趺坐于瘦高的莲座之上，莲座下部为扁平覆莲瓣。佛像头后有圆形头光，边缘装饰尖突的连莲瓣纹，身披通肩大衣，大衣下摆覆盖于双腿之间，右手施说法印，左手握大衣一角。佛像的两侧为双手合十面向释迦牟尼佛像的梵天、帝释天，其特征相似，头后均有圆形头光，身披通肩或袒右式袈裟，跣足，踩踏于台座之上。覆钵上部即盖的下

① 〔日〕田辺勝美、前田耕作：《世界美術大全集・東洋編》第 15 卷《中央アジア》，小学館，1999 年，第 114 頁，插圖 145—149；国家文物局：《佛教石窟考古概要》，文物出版社，1993 年，第 253 頁。

图8-21　英国伦敦大英博物馆藏金质圆筒形舍利容器及其展开图

1   2

图8-22　巴基斯坦白沙瓦博物馆藏舍利容器

部侧面，铸有浮雕感强烈的六只同向环绕飞翔的天鹅。腹下部铸有同样的浮雕感强烈的肩抗波浪状花绳的七个裸体的童子像和一个天人像，在花绳下弧部分之上分别为结跏趺坐的坐佛像及供养天人，坐佛共计3尊，每尊坐佛的两侧各有两个供养天人。在花绳的上部及下部均錾刻有文字，其中有迦腻色迦的名字，此可证实古代印度确有迦腻色迦其人，而且在其上还錾刻有"纳受说一切有部众"字样，可见迦腻色迦还是一切有部佛教的护法之王[①]。

　　关于迦腻色迦王大窣堵波，《法显传》"弗楼沙国"条云："从犍陀卫国南行四日，到弗楼沙国。佛昔将诸弟子游行此国，语阿难云：'吾般泥洹后，当有国王名罽腻伽（即迦腻色迦王）于此处起塔。'后腻伽王出世，出行游观，时天帝释欲开发其意，化作牧牛小儿，当道起塔。王问言：'汝作何等？'答曰：'作佛塔。'王言：'大善。'于是王即于小儿塔上起塔，高四十余丈，众宝校饰。凡所经见塔庙，壮丽威严都无此比。传云：'阎浮提塔，唯此为上。'王作塔成已，小塔即自傍出大塔南，高三尺许"[②]。

---

　　① 〔日〕東武美術館、奈良国立博物館、名古屋市博物館、NHK、NHK プロモーション：《ブッダ展——大いなる旅路》，美術出版デザインセンター，1998 年，第 53、54 頁，図版 27；〔日〕田辺勝美、前田耕作：《世界美術大全集・東洋編》第 15 巻《中央アジア》，小学館，1999 年，第 115 頁，図版 150、151。

　　② 东晋沙门释法显撰，章巽校注：《法显传校注》，上海古籍出版社，1985 年，第 39 页。

　　玄奘在《大唐西域记》卷二"健驮逻国"条也有对迦腻色迦王窣堵波较为详细的记载，其中还叙述了迦腻色迦王由不信佛教而转向信仰佛教的过程："卑钵罗树南有窣堵波，迦腻色迦王之所建也。迦腻色迦王以如来涅槃之后第四百年，君临膺运，统赡部洲，不信罪福，轻毁佛法。畋游草泽，遇见白兔，王亲奔逐，至此忽灭。见有牧牛小竖于林树间作小窣堵波，其高三尺。王曰：'汝何所为？'牧竖对曰：'昔释迦佛圣智悬记，当有国王于此胜地建窣堵波，吾身舍利多聚其内。大王圣德宿殖，名符昔记，神功胜福，允属斯辰，故我今者先相警发。'说此语已，忽然不现。王闻是说，喜庆增怀，自负其名大圣先记，因发正信，深敬佛法。周小窣堵波，更建石窣堵波，欲以功力弥覆其上，随其数量，恒出三尺。若是增高，逾四百尺。基趾所峙，周一里半。层基五级，高一百五十尺。方乃得覆小窣堵波。王因喜庆，复于其上更起二十五层金铜相轮，即以如来舍利一斛而置其中。式修供养。营建才讫，见小窣堵波在大基东南隅下傍出其半，王心不平，便即掷弃，遂住窣堵波第二级下石基中半现，复于本处更出小窣堵波。王乃退而叹曰：'嗟夫，人事易迷，神功难掩，灵圣所扶，愤怒何及！'惭惧既已，谢咎而归。其二窣堵波今犹现在。有婴疾病欲祈康愈者，涂香散花，至诚归命，多蒙瘳差"[①]。

（五）英国伦敦大英博物馆藏圆筒形舍利容器

　　英国伦敦大英博物馆收藏有一组3件舍利容器（图8-23），均为圆筒形，1948年出土于巴基斯坦塔克西拉的马尼克亚拉。其中外重容器为铜质，顶部呈圆弧形，容器身部呈圆筒状，高22.9厘米。第二重容器为银质，顶部有塔柱形纽。第三重为金质，形制为平顶圆筒形。在这3件舍利容器中有金币、银币等[②]。

（六）巴基斯坦塔克西拉考古博物馆藏圆筒形舍利容器

　　巴基斯坦塔克西拉希尔卡布王宫遗

图8-23　英国伦敦大英博物馆藏舍利容器

① （唐）玄奘、辩机原著，季羡林等校注：《大唐西域记校注》（上），中华书局，2000年，第238、239页。

② National Museum of Korea, Masterpieces of Early Buddist Sculpture, 100BCE—700CE, National Museum of Korea, 2015, p.32, fig.2.

址出土一组 2 件圆筒形舍利容器，外重容器以片岩轮旋而成，高 10.5、径 8.5 厘米。纽呈伞状，盖部表面较为平坦，其上阴刻莲瓣纹，以子母口扣合，腹部笔直，侧面阴刻折线纹、网格状纹。盖部及底部均凸出，盖部边缘凸出如檐（图 8-24-1）。其内有 1 件金质圆筒形舍利容器，锤鍱而成，纽呈葫芦形宝珠状，盖的顶部较平，腹壁笔直。在金质圆筒形内重容器之中有以金箔包裹的舍利、珍珠等（图 8-24-2）。它们的年代被认为在 1 世纪[①]。无独有偶，在巴基斯坦斯瓦特曾经出土 1 尊手持舍利容器的人物雕像（图 8-24-3），其手中所持舍利容器即与这组圆筒形舍利容器基本一致，这尊雕像的年代在 1—2 世纪[②]。

（七）日本松户市立博物馆藏圆筒形舍利容器

日本松户市立博物馆收藏 1 件圆筒形舍利容器，片岩质，轮旋而成，高 5.5、径 10.5 厘米，年代在 3—4 世纪，出土于巴基斯坦犍陀罗地区。该舍利容器盖部和腹部有轮旋形成的弦纹，以子母口扣合，呈规整的圆筒形，也是目前所知的圆筒形舍利容器中形制最为规整者。其盖部及底部边缘凸出，盖部中央有一饼形纽[③]（图 8-25-1）。

（八）日本东京国立博物馆展出圆筒形舍利容器

日本东京国立博物馆展出 1 件圆筒形舍利容器，为加藤宏氏寄赠，出土于巴基斯坦，年代在 2—3 世纪的贵霜时期。铜质，盖部平坦，盖中央有一个扁球状纽，腹部上小卜大（图 8-25-2）。这件舍利容器未公布尺寸[④]。

五、其他形状的舍利容器

现藏英国伦敦大英博物馆的 1 件鹅形水晶舍利容器（图 8-26），出土于巴基斯坦塔克西拉，盖已无存，其外形逼真，并以流畅的阴刻线条雕刻出羽毛。通长 10、高 3.2 厘米，年代在 1 世纪。这是 1 件安置舍利的内重容器，外重容器不明，而且其中还有

---

①〔日〕奈良国立博物館、（財）奈良・シルクロード博協会：《シルクロード大文明展——シルクロード・仏教伝来の道》，美術出版デザインセンター，1988 年，第 62 頁，图版 34，说明文字参见第 183 頁。

②〔日〕奈良国立博物館、（財）奈良・シルクロード博協会：《シルクロード大文明展——シルクロード・仏教伝来の道》，美術出版デザインセンター，1988 年，第 64 頁，图版 36，说明文字参见第 183 頁。

③〔日〕松户市立博物館：《開館 5 周年記念特別展——シルクロードとガンダーラ》，大塚巧芸社，1997 年，第 22 頁，图版 34，文字说明参见第 62 頁。

④　这件舍利容器的有关图片和文字，系 2016 年 3 月 4 日笔者参观东京国立博物馆时拍摄并记录，其相关内容据展示牌上的说明文字。

图8-24　巴基斯坦塔克西拉考古博物馆藏舍利容器及持舍利容器人物雕像

1. 外重舍利容器　2. 内重舍利容器及舍利、供样品　3. 巴基斯坦斯瓦特出土人物雕像

图8-25　圆筒形舍利容器

1. 日本松户市立博物馆藏　2. 日本东京国立博物馆展出

图8-26　巴基斯坦塔克西拉出土水晶鹅形舍利容器

一片錾刻文字的金板，其内容为："为了供养两亲，而将佛舍利安置在鹅形舍利容器中"①。这种鹅形舍利容器在古印度的舍利容器属于比较罕见者，制作也比较精美。

六、结　语

通过上述以外重舍利容器为基本线索对古印度的舍利容器进行介绍，我们对古印度舍利容器的形制、组合方式、供养品的种类等有了一个基本的认识，特别是前引著作中多以清晰的彩色图片来展示这些舍利容器，为真实而客观地认识这些舍利容器提供了极大的方便，这不能不感谢著作编写者的良苦用心。下面就从三个主要方面——介绍古印度舍利容器的必要性与迫切性、占印度舍利容器与中国古代舍利容器之间的关系、从舍利容器的比较研究看中国古代人对待外来文化的态度——来谈谈笔者一些初步的思考和看法。

（一）介绍古印度舍利容器的必要性与迫切性

考古发现及传世的古印度舍利容器形制多种多样、丰富多彩。在以往，中国学者徐苹芳在论述唐宋时期的塔基时，有这么一段话："用石函铜函、金棺银椁的瘗埋制度是前所未有的，改变了印度用罂罈瘗埋的方式，而用中国式的棺椁，更符合中国的习惯"②。近来又有学者转述徐苹芳之语，其文云："从唐代高宗晚期开始，舍利瘗藏制度发生重大的变化，该时期的舍利瘗藏从传统的印度式罂坛瘗埋向中国式的棺椁瘗埋进行了转变"③。但笔者对其中的"罂罈"到底是什么样的器物，一直心存疑问，并做了很多想象而不得其解。我想可能还有许多人也同样对其样子不得要旨。带着这一疑问，

①　〔日〕京都国立博物館、東武美術館、朝日新聞社：《〈大英博物館所蔵　インドの仏像とヒンドウーの神々展〉図録》，大塚巧芸社，1994年，第135页，图版74，说明文字参见第171页。

②　中国社会科学院考古研究所：《新中国的考古发现与研究》，文物出版社，1984年，第614页。

③　李崚：《从地宫形制看嵩岳寺塔的建造年代》，《中国文物报》2014年8月15日。

笔者开始搜集有关古印度的舍利容器，但国内缺少或者说几乎没有这方面的论著，为了解决这一疑问，笔者只能借助于各种外文资料，尤以日文资料为主。在收集资料的过程中，笔者发现古印度的舍利容器不论是质地还是形制，都是多样的，出土或者传世的舍利容器也为数不少，而且欧、日、韩等国的博物馆或个人都有收藏。为了让国内学者对古印度的舍利容器有所了解，笔者着手对自己搜集到的有关古印度的舍利容器进行编译。笔者相信，通过对这些古印度舍利容器的介绍，不仅可以增加人们对于古印度舍利容器及其瘗埋制度的认识，也因为古印度舍利制度及其容器的形制对中国古代的舍利瘗埋制度及舍利容器都产生过重要影响，介绍古印度的舍利容器，对于深入研究和认识中国古代舍利瘗埋制度及舍利容器的自身特点都将有所帮助。

通过对古印度舍利容器的介绍和初步研究，可以看出以往将古印度的舍利容器以"罂罎"二字进行概括显得过于笼统，也不够全面和直观，而且容易产生歧义。实际上，古印度舍利容器的形制是丰富多彩的，其中以覆钵塔形、圆筒形、罐形等形制的舍利容器较为常见，而且还有扁平盒子形、禽鸟形等其他形制。现在看来，所谓"罂罎"，基本上与拙著所云的罐形舍利容器相当。有比较才有鉴别，通过将中国古代舍利容器的形制与古印度的舍利容器进行对比，也可以帮助我们深刻认识中国古代的舍利容器中的哪些因素是中国式的，哪些因素是古印度式的，从而真正了解中国古代舍利瘗埋及舍利容器的特点，并从这一个视角出发来认识佛教在中国传播过程中的变化。

（二）古印度舍利容器与中国古代舍利容器之间的关系

上述古印度舍利容器，仅是笔者所见的资料的一部分。这些数量众多的有关舍利容器的资料，也反映了舍利瘗埋在佛教活动中占据着重要地位，因为供养舍利即是供养佛本身，与开窟造像、绘制佛像等在宗教信仰的功能上是一致的。同时，还应该注意到，佛舍利在佛教向中国传播的过程中，经历了从作为宣传佛教的道具到作为信仰的舍利这样一个角色转换，所以，对佛舍利的瘗埋及其容器的研究，是佛教研究中不可或缺的重要的组成部分。通过对这些资料的介绍，从中也可以看出古印度与中国古代的舍利瘗埋制度及舍利容器之间存在的密切关系。笔者在编译上述资料时将着眼点放在古代印度和中国古代舍利容器之间的关系这一点上，旨在探讨古代印度和中国古代之间的文化交流这一问题，现从以下几个方面论述笔者思考的一些问题和一些不甚成熟的看法。

（1）中国古代在瘗埋舍利的过程中，往往将舍利容器以大小套合的方式来安置舍利，这种做法在古印度已经出现，显然，中国古代以套合方式安置舍利的方法应该是受其直接影响的结果。在以往的研究中，学者们多注重于中国古代丧葬制度中棺椁重数对套合式舍利容器的影响，而很少关注古印度舍利容器的套合方式。古印度以套合方式安置舍利，对舍利容器的重数也非常重视，以上介绍的舍利容器中就有三重、四重、五重等情况，就是重要的证据。可以说，中国古代舍利瘗埋中出现的多重结构的套合方式，其直接来源还应该是古印度，只是因其与中国古代丧葬制度中强调棺椁重数的思想相一致，外来因素与本土因素最终合二为一了，而不能简单地将其归结为是受了中国传统丧葬制度的影响。

（2）在中国古代的舍利容器中，方形盝顶函和棺椁的形制最具有中国特色，但其他形制的舍利容器在古印度的舍利容器中均能找到其影子，如塔形舍利容器、圆筒形舍利容器、罐形舍利容器等，中国古代的同类器显然是受其影响的结果，虽然其在中国古代出现的时间有差异，但都在接受其影响时在形制上有所改变。

（3）以金箔花、银箔花、珍珠、钱币等作为"七宝"供养舍利在古印度已经出现，其中的金箔花与银箔花多呈尖瓣状，也有圆弧形花瓣者，从其形状上看犹如盛开的荷花。与之在形制上最为接近者，是陕西西安隋开皇十四年（594年）清禅寺塔基地宫出土的3件以锤鍱、镶嵌、焊接等工艺制作而成的金花[①]（图8-27）。这3件金花中的1件为莲瓣形，其周边焊接连珠；另1件呈八瓣花形，其中有对应的八个花蕊，最外围焊接一周连珠；第3件为摩尼宝珠形，摩尼宝珠位于上部，呈尖长形，其两侧有两个向外翻卷的花叶，顶部边缘呈弧形，在其边缘焊接呈弧形排列的连珠。摩尼宝珠的下部为五个忍冬花瓣，其中镶嵌有蓝色宝石或者绿松石。这种以单独的金花作为供养品者，目前在中国古代的舍利瘗埋中罕见，而常见于古印度的舍利瘗埋，这反映了隋清禅寺的舍利瘗埋至少在以金花作为供养品这一点上，基本保持了古印度瘗埋舍利的做法，这是非常值得关注的地方。

图8-27　陕西西安隋清禅寺塔基地宫出土金花

（4）在舍利容器上錾刻题记，或者在其中放置錾刻有铭文的金板或其他质地的錾刻文字的载体，对中国古代舍利瘗埋过程中在舍利容器上雕刻铭文及其使用塔铭也产

---

①　郑洪春：《西安东郊隋舍利墓清理简报》，《考古与文物》1988年第1期；冉万里：《中国古代舍利瘗埋制度研究》，文物出版社，2013年，第35—37页。

生过深刻的影响，只是中国古代刻铭的表现形式为中国传统样式的碑刻、墓志等，行文也是中国传统的碑刻、志铭形式，也就是说刻铭不论从形式还是内容都中国化了。如徐苹芳在对陕西耀县隋仁寿四年（604年）神德寺塔基地宫出土的舍利塔下铭进行分析时，一针见血地指出：“摹仿墓志的款式，单刻‘舍利塔下铭’，将塔铭平嵌于石函内口上，犹如石函的内盖”①。

（5）在古印度的舍利容器中，外重舍利容器的质地以石质为主，中国古代大量使用石函、石棺椁等作为外重容器来安置舍利的做法，应当是受了来自于古印度的影响。与此同时，中国古代以石函、石棺椁等安置舍利，属于以石为葬，而在中国古代的某些时期以石为葬是被葬者崇高地位的象征，所以，以石函、石棺椁等安置舍利不仅象征着佛舍利的崇高地位，而且将中国传统文化中的特殊意义融合其中，同时也满足了佛教徒将佛舍利作为崇拜圣物的愿望或心理预期。从唐代的情况来看，当时是禁止以石为葬具的，如《通典》卷八十五记载：“大唐制，诸葬不得以石为棺椁及石室。其棺椁皆不得雕镂彩画，施户牖栏槛，棺内又不得有金宝珠玉”②。《唐六典》卷十八“司仪署”条也记载：“凡葬禁以石为棺椁者，其棺椁禁雕镂、綵画、施户牖栏槛者，棺内禁金宝珠玉而敛者”③。但唐代的舍利瘗埋中，却发现了为数不少的石棺椁，这显然是为了彰显佛舍利的神圣性。

（6）在古印度的舍利容器中，内重容器以铜、金、银等为主，中国古代瘗埋舍利使用的内重舍利容器与之相似，也以铜、金、银等为主。尽管两者在形制上存在差异，但两者在安置舍利时按照容器质地的不同顺序地摆放舍利容器这一点，却表现出极大的相似性。可以说中国古代的舍利容器在套合时以石、铜、银、金等质地为顺序的做法，是受了古印度安置舍利时以不同质地的容器依次为序的影响。

（7）中国古代在塔身修建“天宫”的做法，就是对古印度在覆钵塔的覆钵部分瘗埋舍利的模仿。又根据日本学者高田修的论文④，可知在古印度也有在覆钵塔基础及地面以下构筑石室瘗埋舍利的做法，只是相对于在覆钵塔的覆钵部分瘗埋的舍利而言数量较少而已。这也充分说明，中国古代在塔基之下直接瘗埋石函及舍利或构筑地宫瘗埋舍利的做法，也应该是源自于古印度。中国古代在瘗埋舍利时往往在塔基之下构筑出一个方形石室，应当是对古印度以石室瘗埋舍利容器这一做法的模仿和发展，这一点在隋代瘗埋舍利时表现得尤为明显。虽然古代印度与中国古代在构筑石室时有将其构筑于地面以上和地面以下的差异，但构筑石室安置舍利的思想却是一致的。特别值

---

①　中国社会科学院考古研究所：《新中国的考古发现与研究》，文物出版社，1984年，第614页。

②　（唐）杜佑撰，王文锦等点校：《通典》，中华书局，1988年，第2299页。

③　（唐）李林甫等，陈仲夫点校：《唐六典》，中华书局，1992年，第508页。

④　〔日〕高田修：《インドの佛塔と舍利安置法》，《仏教芸術》第11号，1951年。

得一提的是，自唐代开始的模仿墓葬形制，带宫道、甬道和地宫的塔基地宫，可以说是缩小了的墓葬，目前所知这类塔基地宫中年代最早者，是甘肃泾川大云寺武则天延载元年（694 年）瘗埋舍利时所修建的大云寺塔基地宫[①]。中国古代这种以墓葬形式瘗埋舍利的做法，是在舍利瘗埋的过程中逐渐与中国古代传统丧葬制度融合的结果，是中国式或者说是中国创新的舍利瘗埋方式。

（8）在拙著介绍的一些舍利容器中，有些在其中还残留有舍利，这些舍利多为烧骨片，这与目前中国发现的隋唐时期的舍利多为珠状、指状等有所不同。前者可能是真实的佛或者高僧的舍利，而后者则可能是佛教徒崇拜的圣物而已。唐代以后的舍利虽然呈现出多样性的特点，有各种形制和质地，但其性质也与隋唐时期一样，是佛教徒崇拜的圣物，与考古发现的古印度舍利骨片为主存在一定的差异。目前中国境内发现的舍利来主要以各类替代物为主，而这种舍利替代物的出现也是符合佛教经典的，如《如意宝珠转轮秘密现身成佛金轮咒王经》记载："若无舍利，以金、银、琉璃、水精、马脑、玻梨众宝等造作舍利。珠如上所用。行者无力者，即至大海边拾清净砂石即为舍利。亦用药草竹木根节造为舍利"[②]。

（9）以小型覆钵塔作为外容器安置舍利是古印度舍利瘗埋中的一个重要特征，这也对中国古代的舍利容器产生了深远的影响。但与古印度的塔形舍利容器相比较，中国古代塔形舍利容器的形制与之差异较大，在 10 世纪以后才出现了与古印度的覆钵塔形舍利容器基本类似者。虽然在早期的舍利瘗埋中，也出现了与古印度的覆钵塔形舍利容器相类似者，如河南安阳修定寺塔塔基出土的北齐天保五年（554 年）覆钵塔形舍利容器[③]（图 8-28），但其形制显然经过了改造，只是保持了古印度覆钵塔形舍利容器的某些元素而已，而且目前尚属孤例，这说明其并没有流行起来。比安阳修定寺塔出土者年代要晚的唐代及其以后的塔形舍利容器，则主要表现为中国式塔的样子，如陕西扶风法门寺塔基地宫出土的唐代铜质方形塔形舍利容器（图 8-29-1）、金质亭子式塔形舍利容器[④]（图 8-29-2），河北定州静志寺塔基地宫出土的唐代单层六角塔形舍利容器[⑤]（图 8-29-3）等。宋代的塔形舍利容器则多为仿木建筑结构，如河北定州静志寺塔出土的鎏金银质塔形舍利容器（图 8-29-4）及净众院塔基地宫出土的银质塔形舍利

---

① 甘肃省文物工作队：《甘肃省泾川县出土的唐代舍利石函》，《文物》1966 年第 3 期。

② 《如意宝珠转轮秘密现身成佛金轮咒王经》，《大正藏》第 19 册，No.0961，第 332 页。

③ 浙江省博物馆、定州市博物馆：《心放俗外：定州静志 净众佛塔地宫文物》，中国书店，2014 年，第 13 页。

④ 陕西省考古研究院等：《法门寺考古发掘报告》（上），文物出版社，2007 年，第 169、206 页。

⑤ 国家文物局主编：《中国文物精华大辞典·金银玉石卷》，上海辞书出版社、商务印书馆（香港），1996 年，第 128 页，金银器篇图版 120。

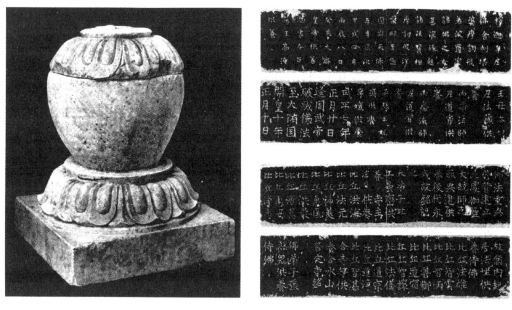

图8-28　河南安阳修定寺塔塔基出土北齐天保五年（554年）舍利容器

容器^①（图 8-29-5）等。

中国古代还有一些舍利容器呈覆钵塔形，如浙江瑞安慧光寺佛塔天宫出土的鎏金银覆钵塔形舍利容器^②（图 8-30-1）、陕西华县发现的宋代石质覆钵塔形舍利容器^③（图 8-30-2）等，但这些覆钵塔形舍利容器均为北宋时期，说明在隋唐以后的舍利瘗埋过程中，可能出现了一股"复古（古印度）潮流"，这也与晚期佛塔开始大量出现犍陀罗式窣堵波的情形相仿佛，正如孙机在研究中国早期高层佛塔造型之渊源时指出的那样："在我国，只有喇嘛塔最接近犍陀罗式窣堵波。它于元代才在内地流行，最早的一例是至元八年（1271年）所建北京妙应寺白塔。也就是说，在佛教传入中国一千余年之后，窣堵波的身影才真正从次大陆投射到我国东部地区"^④。覆钵塔形舍利容器及犍陀罗式窣堵波这两者在宋元时期开始出现，绝对不是偶然的，而是一种耐人寻味的"倒着来"（文化传播的一般规律表现为传入、吸收消化、融合，而塔形舍利容器却经历了

①　浙江省博物馆、定州市博物馆：《心放俗外：定州静志 净众佛塔地宫文物》，中国书店，2014 年，第 288—291 页；〔日〕出光美術館：《地下宮殿の遺宝——中国河北省定州北宋塔基出土文物展》，平凡社，1997 年，图版 6。

②　浙江省博物馆：《浙江瑞安北宋慧光寺塔出土文物》，《文物》1973 年第 1 期；国家文物局主编：《中国文物精华大辞典·金银玉石卷》，上海辞书出版社、商务印书馆（香港），1996 年，第 136 页，金银器篇图版 139。

③　孙仲光、张明杰：《华县馆藏宋舍利石函》，《文博》1998 年第 5 期。

④　孙机：《中国早期高层佛塔造型之渊源》，《中国圣火——中国古文物与东西文化交流中的若干问题》，辽宁教育出版社，1996 年，第 292 页。

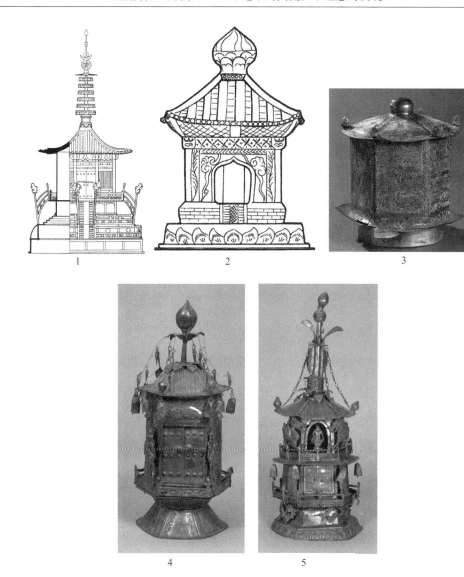

图8-29　塔形舍利容器

1、2. 陕西扶风法门寺塔基地宫出土唐代塔形舍利容器　3. 河北定州静志寺塔基地宫出土唐代塔形舍利容器
4. 河北定州静志寺塔基地宫出土塔形舍利容器　5. 河北定州净众院塔基地宫出土塔形舍利容器

从最初的改变到后来的模仿这样一个过程，所以，这里将其称为"倒着来"）的文化现象。某种程度上而言，由于中国古代文化过于成熟，在对待外来文化之时，既有其大度包容的一面，也在有的方面表现出很强的选择性，也即在接受的同时又对其进行全面的改造，使之更符合中国的习惯，而舍利瘗埋及其使用的舍利容器在一开始就被改变了，古印度的一些舍利容器的样式，特别是覆钵塔形舍利容器在 10 世纪以后才以基本接近于前者的样式出现在中国，这可以视为文化交流过程中的"倒着来"的代表事例之一。值得注意的是，在这一"倒着来"的文化现象中，与犍陀罗窣堵波式佛塔在

图8-30　覆钵塔形及罐形舍利容器

1. 浙江瑞安慧光寺佛塔天宫出土鎏金银覆钵塔形舍利容器　2. 陕西华县发现宋代石覆钵塔形舍利容器
3. 四川成都长顺中街 82 号塔基地宫出土银罐　4. 山东汶上宝相寺佛塔塔基地宫出土北宋水晶罐形舍利容器
5. 韩国国立中央博物馆藏陶纳骨器

中国的出现时间相比较，覆钵塔形舍利容器走在了前面。如果看看佛教传入中国的历史，就会发现，佛舍利在佛教传播过程中曾经充当了道具角色，佛教传播者以舍利的神奇（可以变换的色彩、捶打不碎的坚硬度等）来诱导人们对佛教产生好感，而在 10 世纪以后，新的外来因素特别是窣堵波式佛塔开始流行。舍利容器中的新样式覆钵形舍利容器在时间上要早于窣堵波式佛塔，与佛教传入之初以舍利为道具或者说先导相比较，这一次则是舍利容器充当了先锋。

（10）在中国古代的舍利瘗埋活动中，人们往往以各类水晶器作为供养品，年代较早者以陕西西安市东郊始建于开皇九年（589 年）、竣工于隋开皇十四年（594 年）的清禅寺塔基地宫出土的各类水晶器为代表，共计出土约 10 件水晶器物，一同出土的还有几件玉器[①]。年代较晚者以河北定州静志寺塔基地宫出土的各类水晶器如水晶孔雀、

[①]　郑洪春：《西安东郊隋舍利墓清理简报》，《考古与文物》1988 年第 1 期；冉万里：《中国古代舍利瘗埋制度研究》，文物出版社，2013 年，第 35—37 页。

水晶球、水晶鱼（摩羯？）等为代表[①]。众所周知，在中国古代人乃至于现代中国人的心目中，玉有着极其崇高的地位，而且人们赋予其特殊的文化含义，西周时期礼制中的"六瑞玉"、"宁为玉碎，不为瓦全"的信念等就是中国古代玉文化的反映。既然已经将其认为是最美好的东西供养给了佛舍利，那为什么还要以大量的水晶器作为供养品呢？且不论佛教文献记载如何，也不论其是否佛教所云的七宝之一，仅从古印度以水晶作为舍利容器及供养品这一事实来看，就可以明白这种做法是在古印度的影响下出现的，与古印度的佛教文化有着密切关系。

（11）值得注意的是，在中国古代的舍利容器中，也有一些与古印度球状罐形舍利容器、圆筒形舍利容器在外观上相似者在考古发掘中被发现，但其细节上却有差异。这种外观上的相似性及细节上的差异，反映了二者之间既有交流，也有改变。关于圆筒形舍利容器之间的差异前文已经涉及，这里着重论述一下球状罐形舍利容器。例如，四川成都长顺中街 82 号塔基地宫出土 1 件银罐，小口、细颈、球形腹、矮圈足，盖上有一宝珠形纽，通高 2.9、径 1.5 厘米[②]（图 8-30-3）。虽然其整体造型与印度的球状罐形舍利容器相似，但古印度的罐形舍利容器多以盖部与腹部以子母口相扣合，而成都出土的这件银罐却是细颈、小口、球腹，腹部是浑圆完整的。中国的舍利容器中虽然未见与古印度罐形舍利容器完全一致者，但隋唐时期的一些香宝子造型却与后者相似，而且以子母口相扣合，扣合后盖部与腹部成为球状，不同之处只是增加了高圈足和顶部的相轮[③]。但令人吃惊的是，韩国出土的一些与舍利相关的器物中，却有与古印度的罐形舍利容器在形制上基本一致者，如韩国国立中央博物馆收藏的 1 件统一新罗时代（7—8 世纪）的相轮纽陶纳骨器，口径 20.8、圈足径 13.5、高 28.2 厘米，其盖部顶端的纽为三层相轮式[④]（图 8-30-5）。虽然中国古代也有类似古印度的罐形舍利容器，但时代上晚于统一新罗时期的罐形纳骨器，如山东汶上宝相寺佛塔塔基地宫出土的北宋时期水晶罐形舍利容器[⑤]（图 8-30-4）。如果说统一新罗时期的这种罐形纳骨器造型不是从中国大陆传入朝鲜半岛的话，就应该是通过草原丝绸之路这条大动脉传播至朝鲜半岛的，这也从一个侧面反映了草原丝绸之路对佛教文化的传播也曾经起过重要的作用。与此同时，在古代日本的舍利瘗埋过程中，也使用了被日本学者称为塔碗形的舍利容

---

① 浙江省博物馆、定州市博物馆：《心放俗外：定州静志 净众佛塔地宫文物》，中国书店，2014 年，第 198、199、203 页。

② 李思雄、冯先诚、王黎明：《成都发现隋唐小型铜棺》，《考古与文物》1983 年第 3 期。

③ 冉万里：《略论隋唐时期的香炉》，《西部考古》（第 9 辑），科学出版社，2015 年，第 117—122 页。

④ 〔日〕奈良国立博物馆：《日本仏教美術の源流》，天理時報社，1978 年，第 164 页，图版 12。

⑤ 参见《考古中国：山东汶上黄金塔，佛塔地宫佛牙舍利的神秘面纱》，http://www.360doc.com/content/14/0514/16/11365331_377556188.shtml.

器，实际上就是拙著所介绍的古印度的球状罐形舍利容器，其盖顶部一般有宝珠形纽，盖部与腹部均呈半球形，以子母口相扣合，带圈足或圜底，一般以铜质为主。这类舍利容器在日本比较重要的发现有大阪府茨木市大字太田字上野的太田废寺塔心础石孔穴中出土的舍利容器（图8-31-1）、岐阜县各务源市苏原寺岛町山田寺塔心础石孔穴中的舍利容器（图8-31-2）、奈良法隆寺五重塔塔心础石孔穴中的舍利容器 [①]（图8-31-3）等。这种球状罐形舍利容器的发现，反映了古代日本与朝鲜半岛的舍利瘗埋之间存在密切关系。

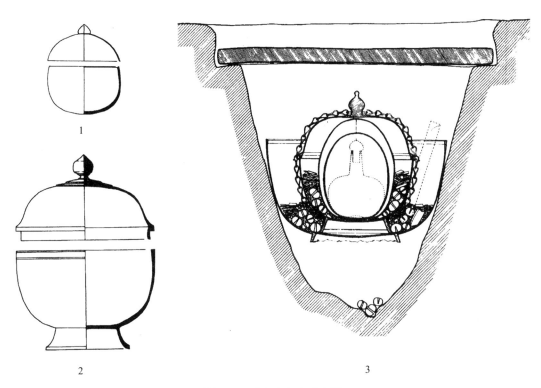

图8-31 日本出土舍利容器

1. 大阪府茨本市大字太田字上野的太田废寺塔心础石孔穴中出土舍利容器　2. 岐阜县各务源市苏原寺岛町山田寺塔心础石孔穴中的舍利容器　3. 奈良法隆寺五重塔塔心础石孔穴中的舍利容器

（三）从舍利容器的比较研究看中国古代对待外来文化的态度

通过以上论述，可以看出古印度的舍利容器质地、形制等方面都曾为中国古代的舍利容器所借鉴，或者受其影响。但中国古代的舍利容器在吸收古印度舍利容器的基础上，也不断地发展创造，推陈出新，并最终产生了中国独有的舍利容器，即将中国

① 〔日〕奈良国立文化财研究所、飛鳥資料館：《仏舎利埋納》，《飛鳥資料館図録》第21册，（有）関西プロセス，1989年，第30、31、34、35、38、39頁。

传统的盝顶形石函、铜函以及代表中国丧葬制度特点的金棺银椁等运用到舍利瘗埋中，同时还出现了仿墓葬形制的带宫道、甬道的塔基地宫，从而使得舍利瘗埋这一外来事物，不论是在瘗埋场所还是舍利容器、供养品等的使用上，都更符合中国的习惯和传统文化，这也可以看作是来自古印度的佛教文化与中国传统文化的结合。这种结合，不正是鲁迅在《文化偏至论》中所要追求的"外之既不后于世界之思潮，内之仍弗失固有之血脉，取今复古，别立新宗"[①]的境界吗？

舍利瘗埋作为佛教活动的一个重要组成部分，曾经在佛教传播过程中起过重要作用，对于中国乃至于东亚都曾产生过重要影响，通过对古印度舍利容器的研究，不仅可以认识古印度舍利容器与中国乃至于东亚的舍利容器之间的关系，从中也可以领略丝绸之路在中国古代文化的发展中所起的作用，更可以看出繁荣与发达的丝绸之路所带来的交流是多方面的，既有物质层面的交流，也有思想、文化、宗教、艺术、工艺技术等方面的深层次交流。在各种层面的交流中，有些外来文化（包括物质层面的和精神层面的）因种种原因昙花一现，有些外来文化则被加以改造而融入中国传统文化中，有些外来文化则表现为其中的某些元素或者因素被中国古代人所接受，也成为中国传统文化的一部分。这种不同文化之间的融合性，其特征如何，笔者在此借用广为流传的元代管道升的《我侬词》之意境做一比喻，其词云："你侬我侬，忒煞情多。情多处，热如火。把一块泥，捻一个你，塑一个我。将咱两个，一齐打碎，用水调和，再捻一个你，再塑一个我。我泥中有你，你泥中有我。与你生同一个衾，死同一个椁"[②]。管道升的《我侬词》中所表达的意境虽然是诉说夫妇之情，但其中的"将咱两个，一齐打碎，用水调和，再捻一个你，再塑一个我。我泥中有你，你泥中有我"，完全可以作为不同文化之间怎样相互融合的注脚，这一注脚不仅形象有趣、简单明了，而且能够使人产生深刻印象、回味无穷。

第二节　越南北宁省发现的隋交州龙编县 禅众寺舍利石函及塔铭

仁寿元年（601 年），隋文帝在全国三十州建舍利塔并瘗埋舍利，其中交州禅众寺是安置舍利的寺院之一。据《广弘明集》卷十七记载："交州于禅众寺起塔"[③]。关于禅众寺其他之事，见于文献者不多。2004 年，越南首都河内东北约 30 千米的北宁省顺成县春关村的村民在取土烧砖的过程中，发现了隋仁寿元年（601 年）瘗埋的舍利石函和

①　鲁迅：《文化偏至论》，《鲁迅全集》第 1 卷，人民文学出版社，2005 年，第 57 页。

②　关于这首词的作者及其流布等问题，参见方捷、陆学松：《〈我侬词〉的流布及其蕴含的原始母题》，《琼州学院学报》2014 年第 3 期。

③　（唐）道宣：《广弘明集》卷十七，《大正藏》第 52 册，No. 2103，第 216 页。

舍利塔铭。2012年8月，越南北宁省博物馆通过调查后得以确认，并将出土的舍利石函及舍利塔铭藏于越南北宁省博物馆，同时于2013年2月被认定为越南的国宝。越南北宁省顺成县春关村发现的舍利石函和舍利塔铭，是目前所知的唯一一处信息保存较完整的隋仁寿元年瘗埋舍利的资料，不仅为认识和研究隋仁寿元年（601年）在交州禅众寺起塔安置舍利提供了非常重要的实物资料，对于探讨隋仁寿年间舍利瘗埋制度的发展与演变及其他问题也有重要意义。笔者在调查之时，曾经发现舍利石函和舍利塔铭等的地方已经变成一个水池（图8-32），周围为村舍及耕地，村中尚存一座佛教寺院，寺院坐北向南，门略偏向西南方向，寺前门楼上方的题名为"春寺关"（当地人称之为"春关寺"）（图8-33），在该寺内的大殿屋脊上方又有汉字寺名"惠寺泽（当地人称"惠泽寺"）"（图8-34），说明惠泽寺与春关寺同为一寺，可能在不同时期名称有所不同。在春关寺的后院北墙之外即是舍利石函及舍利塔铭的发现地点。它们之间的关系

图8-32　越南隋仁寿元年交州禅众寺出土舍利容器地点现状

1　　　　　　　　　　　　　　　　　2

图8-33　越南交州禅众寺舍利石函等出土地点南侧的春关寺

1. 南—北　2. 北—南

图8-34　越南北宁省顺城县春关村春关寺内的大殿

说明，禅众寺舍利石函等发现之处一直有寺院存在，现在的春关寺前身（当然是较为遥远的前身）似乎应该是禅众寺。同时，笔者在调查之时，越南北宁省博物馆的工作人员介绍说，虽然现在发现地点成为水池，但在发现之时其地势略高于周围地区，并有毛竹生长。在舍利石函及舍利塔铭等发现之后，其发现地点被军队夷为平地，后来又开凿成水池。这也与文献记载的建塔瘗埋舍利的地形要求较为接近。据《广弘明集》卷十七记载，隋文帝于仁寿元年（601年）在三十州下塔供养舍利的诏书中，明确强调"其未注寺者，就有山水寺所，起塔依前山。旧无寺者，于当州内清净寺处建立其塔。所司造样送往当州"①。

　　交州禅众寺舍利石函及塔铭等发现引起中外学者的关注。最先对这一重要发现进行报道并研究的是日本学者河上麻由子，她在自己的研究中着重对铭文本身及其特点进行了考证②。之后，2014年2月14—17日，笔者与日本大正大学教授加岛胜、东北大学教授长冈龙作、泉武夫以及奈良县立橿原考古研究所研究员冈林孝作、东京国立博物馆主任研究官和田浩、龙谷大学博物馆大岛幸代女士一行专程赴越南北宁省顺成县春关村，对出土舍利石函及舍利塔铭的地点及周围的地形地貌、现存寺院的情况进行了实地考察，然后又赴越南北宁省博物馆对舍利石函和塔铭等（图8-35）进行了详细的调查和测量（图8-36）。2014年7月8日，日本早稻田大学就越南北宁省顺成县春关村出土的隋仁寿舍利塔铭举行了国际学术研讨会，日本学者对舍利函及塔铭的价值和意义进行了有益的探讨，越南学者则主要对隋代交州的政治形势等问题进行了探讨，并认为当时交州是隋代的"羁縻州"③。中国学者王承文也对越南春关村发现的舍利塔铭进行了考释，并论证了隋仁寿元年交州的政治形势④。笔者在自己实地调查以及

　　①　（唐）道宣：《广弘明集》卷十七，《大正藏》第52册，No.2103，第213页。

　　②　〔日〕河上麻由子：《ベトナムバクニン省出土仁寿舍利塔铭及びその石函について》,《東方学報》第88册，2013年12月。

　　③　日本大正大学文学部教授加岛胜见告，并惠赠了有关2014年7月18日在日本早稻田大学举办的"文明移動しての'仏教'からみた東アジアの差異と共生の研究"特别研究讨论会上发表的提纲等，其中包括加岛胜教授的《ベトナム・バクニン省所蔵の舍利塔下铭と石函—特に石函の形式特色を中心に—》，日本奈良女子大学河上麻由子的《仁寿舍利塔と〈広弘明集〉》，越南学者ファム・レ・フィの《新発見の仁寿元年の交州舍利塔铭について》。

　　④　王承文：《越南新出隋朝〈舍利塔铭〉及相关问题考释》，《学术研究》2014年第6期。该文所谓的塔碑及墓碑，实际上就是一合带盖的《舍利塔铭》，其样式与陕西耀县隋仁寿四年（604年）塔基地宫中出土的《舍利塔下铭》的样式一致。

图8-35　越南隋仁寿元年交州禅众寺舍利石函及塔铭

图8-36　越南隋仁寿元年交州禅众寺舍利石函及塔铭的调查与测量场景

上述学者研究的基础上，对其中的一些问题进行了思考，与上述研究者的一些出发点和看法也有不同之处。还应该注意的是，在目前对交州禅众寺舍利函及塔铭等问题的研究中，研究者多取其一枝一叶，读者所能获得的信息是不够完整的，需要对这批资料进行整理并予以全面公表。笔者根据这批资料拟着重探讨隋仁寿元年、仁寿二年及仁寿四年的舍利瘞埋制度的统一性及其发展演变问题，如舍利石函的形制、装饰与刻铭，塔铭的样式与内容，地宫的形制，舍利函、塔铭的安置方式，舍利容器的组合方式等。在文末还将对禅众寺所在地的交州龙编县在当时是否为越南学者所谓的"羁縻州"问题略有涉及。现将笔者参与调查的交州禅众寺舍利石函等的概况及对相关问题的思考简述如下。

一、交州禅众寺舍利石函及塔铭的概况与研究

与以往所知隋仁寿元年的舍利瘗埋以《舍利塔下铭》为主不同，交州禅众寺舍利石函及塔铭、地宫构件等是目前所知的唯一一处信息保存较为完好的仁寿元年（601年）的舍利瘗埋遗存，为了解仁寿元年的舍利瘗埋制度等问题提供了非常重要的实物证据。

（一）舍利函

在越南北宁省顺成县春关村发现的隋仁寿元年交州禅众寺舍利石函，形制上与以往发现的北魏、隋代的舍利石函相似，整体呈方形，盝顶。函盖厚 7.9、宽 45.5 厘米，函身宽 45.5、高 28 厘米，函身内口长 25.5、宽 22.7、最大深 19.2 厘米。函盖为平底，函身为平沿，未采用中国境内发现的其他隋代舍利石函以子母口扣合的做法（图 8-37、8-38）。其与以往发现的隋代舍利石函另一不同之处，是在盝顶函盖之上未见刻铭文。在以往考古发现的隋代仁寿二年和仁寿四年的舍利石函上一般雕刻有较为

图8-37　越南隋仁寿元年交州禅众寺舍利函

统一的铭文，如山东平阴洪范池塔基地宫出土的舍利石函[1]，正方形，盖为盝顶，边长83、高97厘米，盖面刻"大隋皇帝舍利宝塔"（图8-39）[2]。陕西耀县神德寺仁寿四年（604年）塔基地宫出土的舍利石函，正方形，盖为盝顶，边长1.03、高1.19米，盖面篆书"大隋皇帝舍利宝塔铭"[3]（图8-40）。越南北宁省顺成县春关寺发现的仁寿元年（601年）交州禅众寺舍利石函盖面上无"大隋皇帝舍利宝塔铭"或"大隋皇帝舍利宝塔"，可能是隋仁寿元

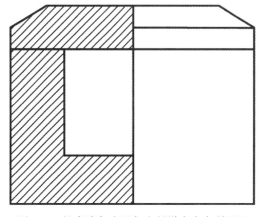

图8-38　越南隋仁寿元年交州禅众寺舍利石函
平、剖面示意图

年舍利石函的特征之一。而在函盖上雕刻铭文的做法主要见于仁寿二年及仁寿四年的舍利石函，可能是仁寿二年与仁寿四年的特征。由于目前仅见1件仁寿元年（601年）的舍利石函，笔者的推测尚需进一步的考古发掘来证明。而这一不同，笔者以为是由于舍利塔铭安置方式的变化引起的，下文将具体论证。

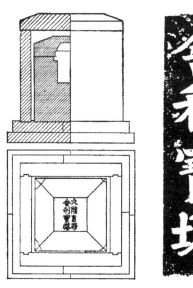

图8-39　山东平阴洪范池塔基地宫出土舍利石函及盖上铭文

---

① 有人推测山东平阴洪范池发现的舍利石函等是仁寿二年于济州崇梵寺瘗埋舍利时的遗物，笔者认为其分析和比对很有说服力，并对其推断的结果持赞同的态度，参见 http://hk.plm.org.cn/gnews/2009817/2009817143808.html.

② 邱玉鼎、杨书杰：《山东平阴发现大隋皇帝舍利宝塔石函》，《考古》1986年第4期。

③ 朱捷元、秦波：《陕西长安和耀县发现的波斯萨珊朝银币》，《考古》1974年第2期。

图8-40　陕西耀县神德寺塔基地宫出土
舍利石函盖面铭文

（二）舍利塔铭

舍利塔铭[①]阴刻于一块表面打磨光滑的近方形石上，四边素面无纹，石长45、宽46、厚9厘米。在其上有方形盝顶形盖，盖面虽有磨损，但仍然光滑（图8-41、8-42）。河上麻由子女士在其最初的论文及在日本早稻田大学的演讲资料中均称舍利塔铭盖部原来有文字雕刻，在出土过程中被挖掘机损坏了。但笔者在调查过程中与其他同行者进行了仔细观察，未见舍利塔铭的盖部有任何被损害的痕迹，只是盖面周边略有破损，所以，舍利塔铭的盖上原

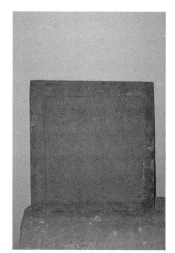

图8-41　越南隋仁寿元年交州禅众寺舍利塔铭

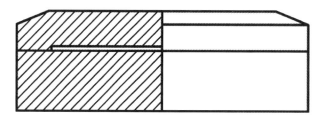

图8-42　越南隋仁寿元年交州禅众寺舍利塔铭及盖剖面示意图

---

① 本书在行文过程中，除引用原文时使用"舍利塔下铭"等之外，一律略称"舍利塔铭"。

来刻有文字的说法是有误的，不足凭信。在排除了机械损坏的可能性后，那盖面是否经过打磨呢？带着这个问题，笔者又用放大镜仔细观察了舍利塔铭的盖面，其他同行者也进行了同样的观察，并一致认为，盖面与侧面的岩石表面特征完全一致，也不存在打磨的可能性。所以，可以确认舍利塔铭盖面之上本来就未刻铭文。盖底四边凸起，中部内凹，凸起的四边正好与舍利塔铭四边的空白之处相接合，舍利塔铭的四边尚留有与盝顶方形盖相互接触形成的印痕。隋仁寿元年（601 年）的舍利塔铭在盝顶形盖面也有刻铭文者，见于山东青州市博物馆收藏的青州逢山县胜福寺舍利塔铭，在盝顶形盖的中央雕刻有"舍利塔下之铭"字样，其边长 83、厚 18 厘米[①]（图 8-43）。还值得注意的是，岐州凤泉寺舍利塔铭边长 63.5、厚 10 厘米，而其中部刻铭部分凸起，高出四周 1.5 厘米，长宽均为 33.7 厘米[②]，从上述 2 件仁寿元年的舍利塔铭均有盝顶形盖来看，岐州凤泉寺舍利塔铭原来也应该有相同形制的盖。

图8-43　山东青州逢山县胜福寺舍利塔下铭

1. 交州禅众寺舍利塔铭

　　舍利塔铭

　　维大隋仁寿元年岁次辛酉十月

　　辛亥朔乙丑

　　皇帝普为一切法界幽显生灵，谨于交州龙编县禅众寺，奉安舍利，敬造灵塔。愿

　　　太祖武元皇帝、元明皇太后、皇帝、皇后、皇太子、诸王子孙等，并内

① 杨君：《青州市博物馆藏隋仁寿元年〈舍利塔下铭〉》，《中国宗教》2010 年第 3 期。
② 罗西章：《凤泉寺隋舍利塔下铭》，《考古与文物》1985 年第 4 期。

外群官，爰及民庶，六道三涂，人非人等，生生世世，值佛闻法，永离苦空，同升妙果。

敕使大德慧雅法师，吏部羽骑尉姜徽送舍利于此起塔。

2. 中国境内传世或者考古发现的隋仁寿元年舍利塔铭

中国境内传世或者考古发现的隋仁寿元年（601 年）的舍利塔铭，是交州禅众寺舍利塔铭可资比较的对象，通过比较可以看出异同，从而对深入认识仁寿元年的舍利瘗埋有重要的参考价值。目前所知的中国境内传世或者考古发现的仁寿元年舍利塔铭有 5 件。

（1）岐州岐山县凤泉寺舍利塔下铭

维大隋仁寿元年岁次辛酉十月辛亥朔十五日乙丑，皇帝普为一切法界幽显生灵，谨于岐州岐山县凤泉寺奉安舍利，敬造灵塔。愿太祖武元皇帝、元明皇太后、皇帝、皇后、皇太子、诸王子孙等，并内外群官，爰及民庶，六道三涂，人非人等，生生世世，值佛闻法，永离苦因，同升妙果。舍利塔下铭（《金石续编》卷三）[①]。

（2）雍州周至县仙游寺舍利塔下铭

舍利塔下铭。维大隋仁寿元年岁次辛酉十月辛亥朔十五日乙丑，皇帝普为一切法界幽显生灵，谨于雍州周至县仙游寺奉安舍利，敬造灵塔。愿太祖武元皇帝、元明皇后、皇帝、皇后、皇太子、诸王子孙等，并内外群官，爰及民庶，六道三涂，人非人等，生生世世，值佛闻法，永离苦空，同升妙果[②]。

（3）青州逢山县胜福寺舍利塔下铭

舍利塔下铭。维大隋仁寿元年岁次辛酉十月辛亥朔十五日乙丑，皇帝普为一切法界幽显生灵，谨于青州逢山县胜福寺奉安舍利，敬造灵塔。愿太祖武元皇帝、元明皇后、皇帝、皇后、皇太子、诸王子孙等，并内外群官，爰及民庶，六道三涂，人非人等，生生世世，值佛闻法，永离苦空，同升妙果。敕使大德僧智能、侍者昙誊（辩）、侍者善才，敕使羽骑尉李德谌，长史邢祖俊、司马李信则、录事参军丘文安、司功参军李佶。孟弼书（《金石萃编》卷四十）。

---

① 罗西章：《凤泉寺隋舍利塔下铭》，《考古与文物》1985 年第 4 期。
② 刘呆运：《仙游寺法王塔的天宫地宫与舍利子》，《收藏家》2000 年第 7 期。

（4）同州武乡县大兴国寺舍利塔下铭

　　维大隋仁寿元年岁次辛酉十月辛亥朔十五日乙丑，皇帝普为一切法界幽显生灵，谨于同州武乡县大兴国寺奉安舍利，敬造灵塔。愿太祖武元皇帝、元明皇后、皇帝、皇后、皇太子、诸王子孙等，并内外群官，爰及民庶，六道三涂，人非人等，生生世世，值佛闻法，永离苦空，同升妙果（《金石萃编》卷四十）。

（5）京兆大兴县龙池寺舍利塔下铭

　　舍利塔记。维大隋仁寿元年岁次辛酉十月辛亥朔十五日乙丑，皇帝普为一切法象，幽显生灵，谨于京兆大兴县龙池寺奉安舍利，敬造灵塔。愿太祖武元皇帝、元明皇太后、皇帝、皇后、皇太子、诸王子孙等，并内外群官，爰及民庶，六道三涂，人非人等，生生世世，值佛闻法，永离苦因，同升妙果。舍利塔下铭，铭妙（《八琼室金石补正》卷二十六）。

　　从以上所列举的隋仁寿元年舍利塔铭来看，有的在塔铭之前题刻"舍利塔记"、"舍利塔下铭"，有的则铭文末题刻"舍利塔下铭"，而禅众寺的舍利塔铭则在塔铭之前题刻"舍利塔铭"，这只是题刻形式及名称上的差异，不是问题的根本所在。问题的根本是"舍利塔铭"、"舍利塔记"或"舍利塔下铭"的内容。通过比较可以看出，上述铭文的内容，除了具体的瘗埋地点及送舍利者不同之外，其余主要内容是完全一致的，这再次证明了隋仁寿元年瘗埋舍利之时采取了统一的制度。

　　唐道宣《广弘明集》卷十七记载：

　　朕归依三宝重兴圣教，思与四海之内一切人民俱发菩提共修福业，使当今现在爰及来世永作善因同登妙果。宜请沙门三十人谙解法相兼堪宣导者，各将侍者二人并散官各一人，薰陆香一百二十斤，马五匹分道送舍利，往前件诸州起塔。其未注寺者，就有山水寺所，起塔依前山。旧无寺者，于当州内清静寺处建立其塔。所司造样送往当州。僧多者三百六十人，其次二百四十人，其次一百二十人。若僧少者，尽见僧为朕、皇后、太子广、诸王子孙等及内外官人、一切民庶、幽显生灵。各七日行道并忏悔，起行道日打刹莫问同州异州，任人布施，钱限止十文已下，不得过十文，所施之钱以供营塔。若少不充役正丁及用库物率土诸州僧尼，普为舍利设斋，限十月十五日午时，同下入石函。总管刺史已下县尉已上，息军机停常务七日，专检校行道及打刹等事，务尽诚敬副朕意焉，主者施行。仁寿元年六月十三日内史令豫章王臣暕宣[1]。

---

① （唐）道宣：《广弘明集》卷十七，《大正藏》第52册，No.2103，第213页。

据《隋书·百官下》记载，开皇六年置武骑、屯骑、骁骑、游骑、飞骑、旅骑、云骑、羽骑八尉，"其品则正六品以下，从九品以上"，是官职较低的武散官[①]，大业三年（607 年）罢。又据《通典》卷三十四记载，隋置的骁骑尉、飞骑尉、云骑尉、武骑尉等均为武散官[②]。可见当时送舍利的官员为官阶都比较低的武散官。据前引文献可知，当时送舍利的队伍并不庞大，"宜请沙门三十人谙解法相兼堪宣导者，各将侍者二人并散官各一人，薰陆香一百二十斤，马五匹"。从这段文献可知，当时送舍利的队伍一般为四人一组，送舍利的大德一人，其侍者二人，散官一人，而禅众寺塔铭中的羽骑尉姜徽就是武散官。禅众寺塔铭中以"羽骑尉"与大德慧雅法师前往送舍利起塔，与文献记载完全吻合。未见侍者之名，应该是省略的缘故，如同州、雍州、岐州、京兆的仁寿元年舍利塔铭，把送舍利的大德及侍者、护送舍利的散官等人都全部省略掉了。

在目前所见的仁寿元年舍利塔铭中，以青州逢山县胜福寺舍利塔铭对送舍利者的记载最为详细。在该舍利塔铭的文末，记录有送舍利的大德智能及两位侍者、羽骑尉，此后的其他人员应该是舍利到青州后的参与者。结合禅众寺送舍利者，文献记载的隋仁寿元年（601 年）送舍利时，大德"各将侍者二人并散官各一人"前往，是确实的，而且护送舍利的散官就目前所见的资料来看，其身份应该都是武散官中的"羽骑尉"。

3. 交州禅众寺舍利塔铭的形制、装饰反映安置方式的变化

目前所知的仁寿元年的舍利塔铭以青州逢山县胜福寺舍利塔铭个体最大，其边长 83、厚 18 厘米[③]；岐州凤泉寺舍利塔铭边长 63.6、厚 13 厘米[④]。在仁寿元年的舍利塔铭中，禅众寺的舍利塔铭属于个体较小者。即使与放置在舍利石函之内的仁寿四年舍利塔铭相比较，其个体也是较小的，如陕西耀县神德寺塔基地宫出土的仁寿四年舍利塔铭边长 51.5、厚 10 厘米[⑤]。交州禅众寺发现了舍利石函、舍利塔铭等，为研究隋仁寿年间瘗埋舍利时塔铭安置方式的变化，提供了非常重要的实物资料，可以清晰地看出其发展演变情况。

（1）仁寿元年的舍利塔铭的安置方式

由于仁寿元年的舍利塔铭之上普遍存在盝顶形盖，所以在铭文的四周没有雕刻任何装饰，主要是因为盝顶形盖底部凸出的四个边要与铭文的四周相接触，所以，在铭文的四周没有必要装饰花纹。塔铭整体形制犹如一合墓志，所以，在塔基地宫中安置

---

① （唐）魏征等：《隋书》，中华书局，1973 年，第 792 页。
② （唐）杜佑撰，王文锦等点校：《通典》，中华书局，1992 年，第 945 页。
③ 杨君：《青州市博物馆藏隋仁寿元年〈舍利塔下铭〉》，《中国宗教》2010 年第 3 期。
④ 罗西章：《凤泉寺隋舍利塔下铭》，《考古与文物》1985 年第 4 期。
⑤ 朱捷元、秦波：《陕西长安和耀县发现的波斯萨珊朝银币》，《考古》1974 年第 2 期。

之时，塔铭与舍利石函是以并列的方式安置于塔基地宫之内。

（2）仁寿二年的舍利塔铭的安置方式

关于仁寿二年（602年）舍利塔铭的具体安置方式，虽然考古发现的实物之中未有可以明确为证者，但根据有关发现可以推测当时的大致情形。山东平阴洪范池镇发现的舍利石函非常有特点，在其内口上部凿出一个二层台，如果平阴洪范池镇发现的舍利石函的确是仁寿二年济州崇梵寺所瘗埋的话[①]，根据已知的仁寿元年、仁寿二年、仁寿四年的舍利塔铭，隋仁寿年间瘗埋舍利之时均置舍利塔铭，那么崇梵寺在瘗埋舍利的过程中也应该瘗埋有舍利塔铭。但笔者推断平阴洪范池镇发现的所谓外函就是塔基地宫[②]，因为从其空间来看再无安置舍利塔铭之处，所以，崇梵寺的舍利塔铭只能安置于石函内口上部所开凿的二层台上，这一点与下文要论述的陕西耀县神德寺仁寿四年舍利塔铭的安置方式是一致的。从目前所知的仁寿二年舍利塔铭来看，其四周均无纹饰，这一点是对仁寿元年舍利塔铭的继承，但其安置方式却发生了革命性的变化，舍利塔铭再也不是独立的、与舍利石函并列的安置方式了，从而使得塔基地宫显得更加紧凑，形成一个规整的四方体的瘗埋空间。与此同时，开始在舍利石函盝顶形盖上的中央部位题刻"大隋皇帝舍利宝塔"之铭，这是仁寿元年的禅众寺舍利石函上所不见的。从舍利塔铭的安置方式及其细部特征来看，仁寿二年的舍利塔铭具有明显的承上启下的过渡性特征。

（3）仁寿四年的舍利塔铭的安置方式

仁寿四年（604年）舍利塔铭的安置方式在继承仁寿二年舍利塔铭安置方式的同时，也有一定变化，主要表现在舍利塔铭的四周装饰上，如陕西耀县神德寺仁寿四年舍利塔铭的四周雕刻有精美的波浪状忍冬纹饰[③]（图8-44）。由于这时已将舍利塔铭安置在了舍利石函内口开凿的二层台上（图8-45），所以，在仁寿二年（602年）的基础上，进一步将舍利石函盖上的刻铭增加了一个"铭"字，变为："大隋皇帝舍利宝塔铭"，这使得舍利石函盖具有了双重功能，第一重功能是充当舍利石函之盖，但又因舍利石函的内口上部置有舍利塔铭，舍利石函盖同时也就具有了仁寿元年舍利塔铭盝顶形盖的功能。

（三）禅众寺的塔基地宫

在越南北宁省博物馆展出的舍利石函和舍利塔铭的下方，有一块长方形条石，长约113、宽约68、厚约22厘米。据说这块条石是与舍利石函与舍利塔铭一同出土的。

---

① http://hk.plm.org.cn/gnews/2009817/2009817143808.html。

② 冉万里：《中国古代舍利瘗埋制度研究》，文物出版社，2013年，第37、38页。

③ 朱捷元、秦波：《陕西长安和耀县发现的波斯萨珊朝银币》，《考古》1974年第2期。

图8-44　陕西耀县神德寺塔基地宫出土舍利塔下铭

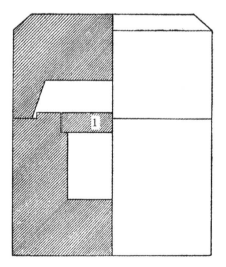

图8-45　陕西耀县神德寺塔基地宫出土
舍利石函及舍利塔下铭的安置方式
1. 舍利塔下铭

根据以往考古发现的隋仁寿舍利的瘗埋情况来看，笔者推测这块条石应该是当时安置舍利的塔基地宫的一部分。已知的陕西耀县神德寺仁寿四年在瘗埋舍利之时，以条石砌筑了约 1 米见方的竖穴式塔基地宫；山东平阴洪范池也曾经发现外函即竖穴式塔基地宫，其平面呈方形，边长 83、高 97 厘米[①]。目前考古发现的比较明确的隋仁寿时期的塔基地宫不但均以石砌筑，而且均为竖穴式，那么，当时禅众寺的塔基之下也应该以条石砌筑竖穴式塔基地宫。根据禅众寺遗址出土的这块条石的尺寸，可以推测其形制为长方形竖穴式，其形制不仅与山东平阴洪范池、仁寿四年神德寺等地发现的塔基地宫相类似，在空间大小上也与之较

① 邱玉鼎、杨书杰：《山东平阴发现大隋皇帝舍利宝塔石函》，《考古》1986 年第 4 期；冉万里：《中国古代舍利瘗埋制度研究》，文物出版社，2013 年。

为接近，都约为1米见方。只不过交州禅众寺的塔基地宫为长方形竖穴式，大小也应该与条石的尺寸相当。

关于仁寿元年舍利石函及舍利塔铭在地宫中的安置方式，由于舍利塔铭之上带有盝顶形盖，其形制与隋唐时期的墓志相似，这一点反映了隋仁寿元年的舍利瘗埋受到了当时丧葬思想的影响。同时，由于仁寿元年的舍利塔铭之上有盖，当然就不能像陕西耀县神德寺发现的舍利塔铭那样放置在石函中的二层台上[①]，而只能与舍利石函并列放置于塔基地宫之中的条石之上。青州逢山县胜福寺隋仁寿元年舍利塔铭也有盖，瘗埋之时也只能与舍利石函并列放置。交州禅众寺舍利石函及舍利塔铭的发现对了解仁寿元年舍利石函及舍利塔铭在地宫中的安置方式，以及推测青州逢山县胜福寺隋仁寿元年舍利石函与塔铭在塔基地宫中的安置方式，都有重要的参考价值。塔铭带盖的形制决定了它只能与舍利石函并列放置于塔基地宫之中，这应该可以看作是隋仁寿元年塔基地宫中舍利石函及舍利塔铭的安置方式。至于是否存在其他安置方式，尚有待于考古发掘来证明。

如前所述，在仁寿二年、仁寿四年的舍利瘗埋过程中，舍利塔铭不再带盖，而是直接将其置于舍利石函内部开凿的二层台上，这以陕西耀县神德寺塔基地宫出土的舍利石函及舍利塔铭的安置方式为代表[②]。所以，自仁寿二年开始，塔基地宫在形制上也就从长方形竖穴式变为方形竖穴式，地宫也变得更加紧凑而规整。

（四）禅众寺舍利容器的组合

唐道宣《广弘明集》卷十七《舍利感应记》记载："皇帝以仁寿元年六月十三日，御仁寿宫之仁寿殿，本降生之日也。岁岁于此日深心永念，修营福善追报父母之恩。故迎诸大德沙门与论至道，将于海内诸州选高爽清净三十处，各起舍利塔。皇帝于是亲以七宝箱奉三十舍利，自内而出置之于御座之案，与诸沙门烧香礼拜……乃取金瓶、琉璃各三十，以琉璃盛金瓶，置舍利于其内。熏陆香为泥，涂其盖而印之。三十州同刻十月十五日正午入于铜函、石函，一时起塔"[③]。这段记载反映了隋仁寿年间的舍利容器在种类及组合方式上已经形成了较完备的制度，由外及内依次为石函＋铜函＋琉璃（瓶）＋金瓶。根据这段文字以及以往考古发现的资料，交州禅众寺的舍利容器的组合方式也应该是石函＋铜函＋琉璃（瓶）＋金瓶。但由于其发现是偶然的，并不是考古发掘出土，遗物又是后来追回的，所以，笔者怀疑交州禅众寺遗址发现的舍利石函及塔铭之外尚有其他遗物如作为内函的铜函等未被追回而散落于民间了。当然了，也不

---

① 朱捷元、秦波：《陕西长安和耀县发现的波斯萨珊朝银币》，《考古》1974年第2期。
② 朱捷元、秦波：《陕西长安和耀县发现的波斯萨珊朝银币》，《考古》1974年第2期。
③ （唐）道宣：《广弘明集》卷十七，《大正藏》第52册，No.2103，第213页。

能完全排除交州禅众寺塔基地宫在历史上曾遭到盗掘的可能性。如果诚如笔者推测，那笔者参与调查的交州禅众寺舍利石函、塔铭等，仍然不是当初瘞埋时的全貌，这不能不说是一个遗憾。

（五）关于交州禅众寺所瘞埋的舍利

在对越南北宁省顺成县春关村出土的舍利石函及舍利塔铭的调查过程中，笔者得知石函之中原来有骨灰之类的东西，已经被发现者倒掉，这说明交州禅众寺在供养隋文帝所要供养并瘞埋的舍利之外，还以骨灰作为舍利的替代物瘞埋于舍利容器之中。这种现象也见于陕西耀县神德寺仁寿四年塔基地宫，其中出土的鎏金盝顶铜函内装有骨灰，喇叭形铜瓶之内也装有骨灰[1]。这也与佛经中所云的可以以其他物品作为佛舍利替代物的说法是相吻合的。关于舍利的替代物，唐不空所译《如意宝珠转轮秘密现身成佛金轮咒王经》云"若无舍利，以金、银、琉璃、水晶、马脑、玻梨众宝等造作舍利。珠如上所用。行者无力者，即至大海边拾清净砂石即为舍利。亦用药草、竹木根节造为舍利"[2]。

（六）关于隋仁寿元年瘞埋舍利时的瑞应现象

据《广弘明集》卷十七以及《法苑珠林》等佛教典籍记载，隋文帝仁寿元年瘞埋舍利之时，除禅众寺与瓜州崇教寺未有相关瑞应现象的记载之外，其他的二十八州均有瑞应现象的发生。根据文献记载可以将瑞应现象分为两类，一类主要为自然界发生的奇异现象，如天气的异常、干涸之地泉水涌出等；第二类为与人有关的奇异现象，如盲者忽然能视、病者不治自愈等[3]。文献中未对交州禅众寺与瓜州崇教寺的瑞应现象进行记载，可能是由于路途遥远等原因未能及时上报，所以出现了漏载现象[4]。还应该注意的是，在有关仁寿二年和仁寿四年瘞埋舍利的文献中，如《广弘明集》卷十七、《法苑珠林》卷四十等，不仅相关的瑞应现象大量漏载，甚至有些连瘞埋舍利的州县及寺院名也不甚了了，所建舍利塔的数量在文献中也有很大的出入。

（七）关于仁寿时期舍利瘞埋制度统一性问题的认识

河上麻由子认为隋仁寿元年隋文帝在全国修建佛塔瘞埋舍利的过程中，虽然颁布

---

① 朱捷元、秦波：《陕西长安和耀县发现的波斯萨珊朝银币》，《考古》1974 年第 2 期。

② 《如意宝珠转轮秘密现身成佛金轮咒王经》，《大正藏》第 19 册，No.0961，第 332 页。

③ 冉万里：《中国古代舍利瘞埋制度研究》，文物出版社，2013 年，第 75 页。

④ 关于文献未载交州禅众寺瘞埋舍利时出现瑞应现象的理由，可以参见王承文：《越南新出隋朝〈舍利塔铭〉及相关问题考释》，《学术研究》2014 年第 6 期。

了"官样"，但并没有得到彻底执行[①]。对于这一点，笔者认为是其对"统一性"内涵的认识上出现了偏差，河上麻由子女士在论述中过分强调了一些细节，特别是塔铭等的尺寸，而忽略了其基本特征即舍利石函、塔铭的基本内容（仅邓州大兴国寺舍利塔铭，内容及形制均与其他发现者不同）等的一致性。笔者在此对仁寿时期舍利瘗埋的共同特征进行简单的论述。首先，在地宫的形制上均采用了竖穴式塔基地宫；其次，舍利石函均采用了方形盝顶的样式；再次，塔铭的内容基本一致；最后，考古发现的隋仁寿时期瘗埋内函形制基本一致，均为盝顶方形。当然了，仁寿二年、仁寿四年的舍利瘗埋中也发生了一些变化，这种变化应该是在瘗埋舍利过程中对有关瘗埋方式进行的改进，但其基本特征仍然是一致的，其中仅塔铭的安放位置前后变化较大。严格地讲，这种变化只能说明在仁寿二年、仁寿四年舍利瘗埋时，对仁寿元年的瘗埋方式进行了若干改变而已，而不是没有彻底执行所谓的"官样"。这一点，樊波在其论文中指出，所谓"官样"仅指的是石函的基本外形和样式，而非具体的装饰和尺寸[②]。这也与研究中国古代墓葬制度时要注意的关键问题相类似，如应该注意墓葬形制、棺椁重数或者某种特殊质地棺椁的有无、随葬品的种类与组合方式等。说到底，这是一个与类型学相关的问题，即形制是第一位的，而尺寸是第二位的。如果把尺寸放到第一位，那就永远找不到同一类型的器物了，其结论也只能是什么事情都没有得到彻底的贯彻了。

二、关于交州及龙编县

交州禅众寺舍利石函和舍利塔铭等的发现，可以确认越南北宁省顺成县一带就是隋唐时期交州龙编县的所在地。

关于交州，《元和郡县图志》卷三十八《岭南道五》记载：

安南，〔交趾。上都护府。〕……今为安南都护府理所。管州十三：交州，爱州，骧州，峰州，陆州，演州（原注：已上朝贡），长州，郡州，谅州，武安州，唐林州，武定州，贡州（原注：已上附贡）。县三十九。羁縻州三十二。古越地也，秦始皇平百越，以为桂林、象郡，今州即秦象郡地也。赵佗王南越，地又属焉。元鼎六年平吕嘉，遂定越地，以为南海、苍

① 参见日本奈良女子大学河上麻由子的《仁寿舍利塔と〈広弘明集〉》，2014 年 7 月 18 日在日本早稻田大学举办的"文明移動しての'仏教'からみた東アジアの差異と共生の研究"特别研究讨论会上发表的提纲。

② 樊波：《隋仁寿舍利塔下铭及相关问题探讨》，《碑林集刊》（第十辑），陕西人民美术出版社，2004 年，第 263—277 页。

梧、郁林、合浦、交趾、九真、日南、珠崖、儋耳九郡，元封五年置刺史以
部之。名曰交趾者，交以南诸夷，其足大趾广，两足并立则交焉。汉本定为
交趾刺史，不称州，以别于十二州。建安八年，张津为刺史，士变为太守，
共表请立为州，自此始称交州焉。吴黄武五年，分交趾、日南、九真、合浦
四郡为交州，南海、郁林、苍梧三郡为广州，寻省广州，还并交州，以番禺
为交州理所，后又徙于交趾。晋太康中，徙理龙编。隋开皇十年，罢交趾郡
为玉州，仁寿四年置总管府，大业三年罢州，复为交趾郡。武德四年又改为
交州总管府，永徽二年改为安南都督府，至德二年改为镇南都护府，兼置节
度，大历三年罢节度置经略使，仍改镇南为安南都护府，贞元六年又加招讨
处置使。府境：东西五百一十六里。南北七百九十一里。八到：北至上都
六千四百四十五里，水路六千六百四十里。北至东都五千七百八十五里，水
路六千三百八十里。西北至峰州一百三十里。西南至爱州五百里，水行七百
里。东至大海水路约四百里。东北至陆州水行一百九里。西北至姚州水陆相
兼未有里[①]。

上述文字对交州的历史沿革、四至范围以及中国历代对其的统辖、与长安及洛阳
的里程等记述得非常清楚，唯独"隋开皇十年，罢交趾郡为玉州"的"玉州"，其他文
献略有不同。据考证，乐史云隋开皇十年（590 年）罢交趾郡为"交州"[②]。从交州禅众
寺舍利塔铭的内容来看，在仁寿元年（601 年），交趾仍名"交州"，此可证隋开皇十年
罢交趾郡后将其称为"交州"，而不是《元和郡县图志》卷三十八所云的"玉州"。这
一点也与下文所说的"大业三年罢州，复为交趾郡。武德四年又改为交州总管府"的
"又"字相吻合，说明武德四年（621 年）又将大业三年（607 年）的交趾郡改回了开
皇十年所改称的"交州"，其中的"又"字的使用至为重要。在《元和郡县图志》卷
三十八还有多处在叙述各县沿革时，提及一些县在隋开皇十年改属交州之事，如"宋
平县"，"隋开皇十年改属交州"[③]；"武平县"，"西南至府九十里。本扶严夷城地也，吴
归命侯建衡三年破扶严夷，置武平郡，隋开皇十年废郡立崇平县，属交州"[④]。此亦可证
隋开皇十年的确罢"交趾郡"为"交州"，而非"玉州"。当然了，越南北宁省顺成县
发现的交州禅众寺舍利石函及舍利塔铭，则是最为直接而且有力的证据。

关于龙编县，《元和郡县图志》卷三十八《岭南道五》记载："龙编县，本汉县，
属交趾郡。立县之始，蛟龙盘编于江津间，因以为瑞，而名县也。武德四年于此置龙

---

① （唐）李吉甫撰，贺次君点校：《元和郡县图志》，中华书局，1983 年，第 955—958 页。
② （唐）李吉甫撰，贺次君点校：《元和郡县图志》，中华书局，1983 年，第 972 页。
③ （唐）李吉甫撰，贺次君点校：《元和郡县图志》，中华书局，1983 年，第 957 页。
④ （唐）李吉甫撰，贺次君点校：《元和郡县图志》，中华书局，1983 年，第 957 页。

州，贞观元年州废，县属交州"①。交州禅众寺舍利塔铭的发现地点及舍利塔铭的内容，已经充分说明了越南北宁省顺成县一带属于隋代交州龙编县管辖的范围，而且隋王朝对其进行着行之有效的管辖，并非所谓的"羁縻州"②，这一点已经通过文献中与舍利塔铭的内容得到充分证明。隋文帝仁寿元年在全国三十州建塔安置舍利，交州禅众寺之外的其他二十九处均处于隋王朝行之有效的管辖范围，没有一处瘗埋在"羁縻州"，那么，交州禅众寺也应该与其他二十九处一样，都在隋王朝行之有效的管辖范围之内。况且在《元和郡县图志》中明确指出安南有"羁縻州三十二"，而交州则列于所管州之首，并不在"羁縻州"之列。至此，可以肯定地说，交州当时就是隋王朝领土的一个重要的不可分割的组成部分，龙编县自然也在其列，这也是隋仁寿元年能够顺利地在龙编县禅众寺瘗埋舍利的根本原因。

三、结　语

越南北宁省顺成县春关村发现的隋仁寿元年塔基地宫、舍利石函及舍利塔铭，是目前所知的唯一一处中国境外的隋文帝瘗埋舍利时的遗迹与遗物，它的发现不仅为研究隋仁寿元年舍利瘗埋提供了重要资料，而且对于一些历史地理问题的研究也非常重要。特别是舍利塔铭明确出现了交州龙编县禅众寺，证明了越南北宁省顺成县一带就是隋代交州龙编县的管辖范围，而不是其他学者认为的所谓"羁縻州"，当时的隋王朝对交州有着行之有效的管辖。

第三节　古代中韩舍利瘗埋的比较研究
——以南北朝至隋唐时期为中心

历史上中国与韩国有着密切的关系，这不仅表现在政治、经济上，在佛教信仰问题也是如此。众所周知，佛教通过北传路线传播至中国大陆，进而传播至朝鲜半岛，并从朝鲜半岛传播到日本。在东亚世界的佛教信仰问题上，中、韩、日三国之间有"剪不断，理还乱"的密切关系，而且都为佛教的流传做出了巨大的贡献，如汉文大藏经的刻印，不仅保存了佛教经典的完整性，也为佛教研究者提供了重要文献依据。其

---

① （唐）李吉甫撰，贺次君点校：《元和郡县图志》，中华书局，1983年，第958页。

② 越南学者认为仁寿元年之时，隋王朝并未统治这一地区，这一地区属于"羁縻州"的性质。参见ファム・レ・フィ于2014年7月18日在日本早稻田大学举办的"文明移動しての'仏教'からみた東アジアの差異と共生の研究"特别研究讨论会上演讲的文章，题目为《新発見の仁寿元年の交州舍利塔銘について》。

中对于中韩舍利瘗埋的对比研究，中国学者杨泓曾撰有专文 ①，虽然篇幅不大，但却开了中韩舍利瘗埋对比研究的先河，而且勾勒出了中国与韩国在舍利瘗埋关系方面的轮廓，是中韩舍利瘗埋制度对比研究的重要论文。这里在前人研究的基础上，对中韩在舍利瘗埋制度中的密切关系做进一步的论述。

一、文献中有关中韩舍利瘗埋关系的记载

高丽僧一然所著《三国遗事》卷三记载："国史云，真兴王大（太）清三年（549年）己巳，梁使沈湖送舍利若干粒。善德王代，贞观十七年癸卯，慈藏法师所将佛头骨、佛牙、佛舍利百粒，佛所著绯罗金点袈裟一领。其舍利分为三，一分在皇龙塔，一分在大和塔，一分并袈裟在通度寺戒坛，其余未详所在。" ②

唐代高僧道宣所著《广弘明集》卷十七记载，隋文帝仁寿元年（601年）瘗埋舍利之时，"高丽、百济、新罗三国使者将还，各请一舍利于本国起塔供养，诏并许之" ③。既然来自高丽、百济、新罗三国的使者能够向隋文帝各请一舍利，说明它们对隋文帝瘗埋舍利之事是非常了解和清楚的，在这些使节将舍利带回国之后进行瘗埋之时，制度上受隋代的影响也应该是无疑的。

不仅上述有关文献反映了中韩在舍利瘗埋上的关系，文献中也有一些新罗向唐王朝贡奉佛像等的记载。《册府元龟》卷九百七十二《外臣部·朝贡五》记载："（唐宪宗元和）五年十月，新罗王遣其子来献金银佛像及佛经幡等，上言为顺宗皇帝祈福并贡方物" ④。这条文献反映了唐与新罗的密切关系，特别是两国之间在佛教文化方面存在密切关系。

上述文献记载，说明在南朝梁、隋文帝、唐太宗贞观时期，中韩两国在舍利信仰和舍利瘗埋制度上已经发生了密切关系，一方面韩国最早瘗埋的舍利由中国梁朝的使节送来，而请送舍利也成为当时国与国之间交往的一件大事；二是韩国使节赴中国迎请舍利的史实，不仅在文献有所反映，而且考古发现的雕刻于舍利函上的图像资料也可以证明其存在，如陕西蓝田蔡拐村唐代法池寺塔基地宫出土的舍利石函上，有一幅分舍利图，其中就有头戴羽翼冠的人物形象 ⑤（图8-46）。在日本泉屋博古馆收藏的1件石函，其年代被认为是唐肃宗时期即8世纪中叶，其上所雕刻的八王分舍利的场景

---

① 杨泓：《中国古代和韩国古代的佛教舍利容器》，《考古》2009年第1期。

② 〔高丽〕僧一然撰，朝鲜史学会编：《三国遗事》，国书刊行会，1971年，第33页。

③ （唐）道宣：《广弘明集》，《大正藏》第52册，No.2103，第217页。

④ （北宋）王钦若：《册府元龟》，中华书局，1960年，第11417页。

⑤ 樊维岳、阮新正、冉素茹：《蓝田新出土舍利石函》，《文博》1991年第1期；樊维岳、阮新正、冉素茹：《蓝田出土盝顶舍利石函》，《考古与文物》1991年第2期。

图8-46　陕西蓝田蔡拐村唐法池寺塔基地宫出土舍利石函

中也有头戴羽翼冠的人物形象①（图 8-47-1）。在唐乾陵陪葬墓之一的章怀太子墓客使图中也有头戴羽翼冠的人物形象②（图 8-47-2）。在陕西扶风法门寺塔基地宫出土的鎏金四天王盝顶银函上，也錾刻有头戴羽翼冠的人物形象③（图 8-47-3）。关于这些头戴羽翼冠的人物，以往多认为是高丽人。这也可以从考古发现的资料中得到证明，如西安交通大学校园出土 2 件银盒④，据日本学者田中一美研究，它们应该是一组舍利容器，其出土地点在唐大历四年（767 年）修建的宝应寺范围之内，也就是说原简报所谓的窖藏应该是宝应寺中的一处塔基地宫遗址⑤，笔者赞同其观点。其中的 1 件被称为"都管七个国"银盒，圆形，高圈足。盖部锤鍱出六个凸瓣，六个凸瓣和中央部位装饰人物并錾刻国名，中央錾刻"昆仑王国"和"将来"字样，周围依次錾刻"乌蛮人"、"婆罗门国"、"土蕃国"、"疏勒国"、"高丽国"、"白拓□国"（图 8-47-4、5）。盖和身侧面分别錾刻十二生肖图案和花草纹，盖侧面的生肖为卯、辰、巳、午、未、寅，身侧面的生肖为子、丑、申、酉、戌、亥，与十二生肖对应的还有"子时半夜"等刻铭，而錾刻"高丽国"字样的旁边錾刻有一个头戴羽翼冠的人物，由此可见，这种錾刻在舍利容器上的头戴羽翼冠的人物可能是高丽人。笔者以为，虽然铭文中錾刻有"高丽国"字样，但似乎是泛指韩半岛，因为新罗人也有头戴羽翼冠的习俗。

① 〔日〕外山舛：《館蔵舎利容器について》（上），《泉屋博古館紀要》第八卷，1992 年。

② 乾陵博物馆、乾陵旅游开发有限公司：《中国乾陵文物精华》，陕西旅游出版社，图版 15、16；白云翔：《唐章怀太子墓壁画客使图中"日本使节"质疑》，《考古》1984 年第 12 期。

③ 陕西省考古研究院等：《法门寺考古发掘报告》（上），文物出版社，2007 年，第 151 页。

④ 张达宏、王长启：《西安市文管会收藏的几件珍贵文物》，《考古与文物》1984 年第 4 期。

⑤ 〔日〕田中一美：《都管七箇国盒の図像とその用途》，《仏教芸術》第 210 号，1993 年。

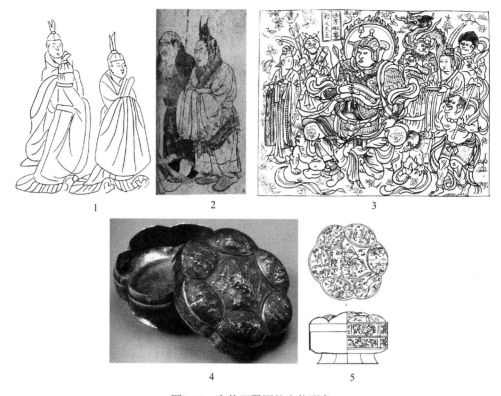

图8-47　头戴羽翼冠的人物形象

1. 日本泉屋博古馆藏石函线刻图像　2. 唐章怀太子墓壁画客使图局部　3. 陕西扶风法门寺塔基地宫出土鎏金
四天王盝顶银函局部纹饰　4、5. 西安交通大学校园出土银盒

以上的文献和考古发现的图像资料，充分反映了当时中韩两国在舍利瘗埋这一佛教活动中的密切关系。

二、瘗埋方式的比较

在中国的南北朝时期，舍利瘗埋已经成为重要的佛教供养形式。但从目前的考古发现来看，一直没有出现地宫这一形式，如考古发现的河北定州北魏华塔塔基遗址，舍利函就是夯筑在塔基之下而未见塔基地宫的修建，该塔基的修建年代在 481 年 [①]。一直到东魏北齐时期才开始出现地宫建筑，笔者以为河北邺城东魏北齐时期塔基之内发现的所谓砖函，是以六块方砖构筑而成，与以往考古发现的北魏时期的石函有所不同，应该是中国境内首次使用地宫瘗埋舍利 [②] （图 8-48-1）。隋仁寿年间的舍利瘗埋多采用

---

① 河北省文物局文物工作队：《河北定县出土北魏石函》，《考古》1966 年第 5 期。

② 中国社会科学院考古研究所、河北省文物研究所邺城考古队：《河北临漳县邺城遗址东魏北齐佛寺塔基的发现与发掘》，《考古》2003 年第 10 期；冉万里：《中国古代舍利瘗埋制度研究》，文物出版社，2013 年。

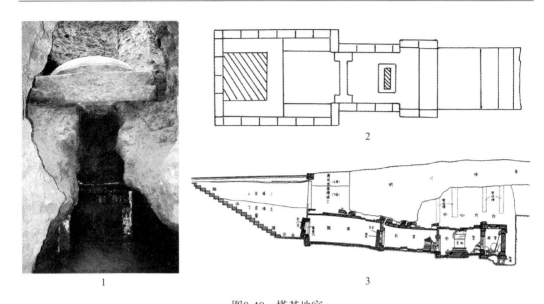

图8-48　塔基地宫

1. 河北临漳邺城遗址东魏北齐塔基地宫　2. 陕西西安临潼区唐庆山寺塔基地宫平面图

3. 陕西扶风法门寺塔基地宫剖面图

竖穴式塔基地宫，如陕西耀县神德寺仁寿四年修建的塔基地宫。到了唐代，除继承隋代的竖穴式塔基地宫之外，还出现了带斜坡踏道的仿当时墓葬形制的塔基地宫，如陕西西安临潼区唐庆山寺塔基地宫[①]（图 8-48-2）、陕西扶风法门寺塔基地宫[②]（图 8-48-3）等。

韩国的舍利瘗埋中未见塔基地宫，在塔基瘗埋舍利时一般采用塔心础石，在其中开凿安置舍利的方形孔穴，将舍利容器安置其中，直接瘗埋在塔下，这一点与北魏时期将舍利函直接夯筑在塔基之下相似，不同之处表现在未采用中国式的石函而已，关于这一点，杨泓在其论文中已经有所论述[③]。如韩国百济扶余陵山里古坟群寺址塔基发现的一侧开口的百济昌王铭石舍利龛，就是直接夯筑在塔基之下[④]（图8-49）；益山弥勒寺西塔塔基遗址发现的方形塔心础石的中央开凿有

图8-49　韩国百济扶余陵山里寺址龛形舍利容器

① 临潼县博物馆：《临潼唐庆山寺舍利塔基精室清理记》，《文博》1985 年第 5 期。

② 陕西省考古研究院等：《法门寺考古发掘报告》（上），文物出版社，2007 年，第 12 页。

③ 杨泓：《中国古代和韩国古代的佛教舍利容器》，《考古》2009 年第 1 期。

④ 〔韩〕国立扶餘博物馆：《国立扶餘博物馆》（日语版），（株）三和出版社，1998 年，第 74 页。

方形舍利孔穴[①]（图8-50）；扶余王兴寺遗址发现的塔心础石的中央开凿有长方形舍利孔穴[②]（图8-51）。

图8-50　韩国益山弥勒寺遗址西塔塔心础石

图8-51　韩国扶余王兴寺遗址塔心础石

虽然韩国的舍利瘗埋未见采用地宫的形式，但其采用天宫形式瘗埋舍利则与中国有相似之处。遗憾的是，中国早期的佛塔特别是隋唐及其以前的佛塔遗存至今的数量远比宋元明清时期要少，更多仅残留基址，这往往给人造成错觉，即中国隋唐及其以前的舍利主要瘗埋在塔基地宫中，实际情形不是这样的，至少唐代的许多舍利塔都采用在天宫安置舍利。这不仅见于文献记载，而且也有考古发掘的实例。

《大唐大慈恩寺三藏法师传》卷七记载："（永徽）三年（652年）春三月，法师欲于寺端门之阳造石浮图，安置西域所将经像，其意恐人代不常，经本散失，兼防

---

① 〔韩〕汉城百济博物馆：《汉城百济博物馆》（汉语版），汉城百济博物馆，2012年，第324页。

② 〔韩〕汉城百济博物馆：《汉城百济博物馆》（汉语版），汉城百济博物馆，2012年，第327页。

火难。浮图量高三十丈，拟显大国之崇基，为释迦之故迹，将欲营筑，附表闻奏。"唐高宗闻奏后，建议玄奘用砖，敕云"师所营塔功大，恐难卒成，宜用砖造。亦不愿师辛苦，今已敕大内、东宫、掖庭等七宫亡人衣物助师，足得成办。"玄奘接受了唐高宗的敕令之后，"于是用砖，仍改就西院。其塔基面各一百四十尺，仿西域制度，不循此旧式也。塔有五级，并相轮露盘，凡高一百八十尺。层层中心皆有舍利，或一千二千，凡一万余粒。上层以石为室"[1]。

　　从考古发现来看，在陕西周至仙游寺法王塔第二层北壁发现的唐代天宫，以砖砌筑而成，平面呈长方形，长0.42、宽0.26、高0.26米，其中出土了一组舍利容器[2]（图8-52）；陕西西安长安区天子峪国清禅寺附近的残舍利塔的第三层中间，有一砖砌的竖穴式天宫，其内放置装有骨灰（舍利）的白瓷钵及圆形金银盒3件、波斯银币7枚[3]（图8-53）。种种迹象表明，唐代有在地宫和天宫中分别瘗埋舍利的现象。韩国在石塔上部安置舍利的做法，与唐代在佛塔天宫安置舍利具有一定的相似性，反映了两者之间存在着密切关系。韩国比较明确的例子是在庆州市九黄洞狼山东麓皇福寺三层石塔的第二、三层之间，发现方形的安置舍利的石室，其上有盖，其中出土了一组舍利容器[4]（图8-54）。

图8-52　陕西周至仙游寺法王塔天宫舍利容器

　　① （唐）沙门慧立本、释彦悰笺：《大唐大慈恩寺三藏法师传》，《大正藏》第50册，No.2053，第260页。
　　② 王殿武：《浮屠之秘》，作家出版社，1999年。
　　③ 朱捷元、秦波：《陕西长安和耀县发现的波斯萨珊朝银币》，《考古》1974年第2期。
　　④ 〔日〕淺井和春：《皇福寺跡三層石塔發見の二体の金制仏像》，《仏教芸術》第188号，1990年1月；〔日〕奈良国立博物館：《特別展 ブッダ釈尊——その生涯と造形》，日本写真印刷株式会社，1984年，第100页，图版11。

图8-53　陕西西安长安区天子峪国清禅寺附近残舍利塔出土器物

三、舍利容器的组合方式

目前中国发现的舍利容器组合方式多采用套合式，也就是外重为石函，其他舍利容器依次套合，这是对印度舍利容器套合方式的模仿，但舍利容器的形制却与印度发生了较大的差异。就目前所知舍利容器的组合方式而言，韩国的舍利容器以三重组合比较常见，可以看作是韩国舍利容器的标准组合方式，其代表性的发现如下。

（1）弥勒寺遗址西塔出土舍利容器的组合为：鎏金铜壶＋金壶＋琉璃瓶＋舍利[1]（图8-55）。

（2）感恩寺西塔出土的舍利容器的组合为：铜函＋灵帐形铜舍利容器＋舍利瓶＋舍利[2]（图8-56）。感恩寺东塔的组合与西塔的组合相似。

（3）王兴寺遗址出土的舍利容器的组合为：舍利壶＋舍利壶＋舍利瓶＋舍利[3]（图8-57）。

---

① 〔韩〕全州国立博物馆：《益山》（韩语），全州国立博物馆，2013年，第137页。

② 〔韩〕全州国立博物馆：《益山》（韩语），全州国立博物馆，2013年，第138页。

③ 〔韩〕全州国立博物馆：《益山》（韩语），全州国立博物馆，2013年，第102页，图版93、94。

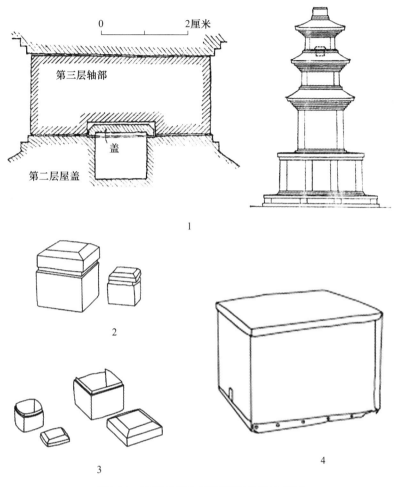

图8-54 韩国皇福寺石塔天宫及其舍利函
1. 石塔天宫 2—4. 舍利函

图8-55 韩国弥勒寺西塔出土百济时期舍利容器组合

图8-56　韩国感恩寺西塔出土舍利容器组合

图8-57　韩国王兴寺遗址出土舍利容器组合

（4）王宫里五层石塔出土舍利容器的组合为：铜函＋鎏金铜函＋琉璃瓶＋舍利[①]（图 8-58）。

图8-58　韩国王宫里五层石塔出土舍利容器组合

---

① 〔韩〕全州国立博物馆：《益山》（韩语），全州国立博物馆，2013 年，第 102 页。

（5）王宫里五层石塔出土舍利容器的组合为：铜函＋鎏金铜函＋经板 [①]（图8-59）。其中的经板，笔者认为是法舍利。

图8-59　韩国王宫里五层石塔出土经函

（6）松林寺舍利容器的组合为：灵帐形鎏金铜舍利容器＋琉璃碗＋琉璃瓶＋舍利 [②]（图8-60）。

1　　　　　　　　　2　　　　　　　　　3

图8-60　韩国松林寺出土舍利容器组合

[①]〔韩〕韩国国立中央博物馆：《特别展 统一新罗》（韩语），韩国国立中央博物馆，2003年，第224页，图版233。

[②]〔韩〕韩国国立中央博物馆：《特别展 统一新罗》（韩语），韩国国立中央博物馆，2003年，第220、221页，图版230。

与韩国的舍利容器组合相比较，中国的舍利容器都在三重以上，下面分别列举隋、盛唐、晚唐时期比较有代表性的文献及考古资料进行论述。《广弘明集》卷十七《舍利感应记》记载："皇帝以仁寿元年六月十三日，御仁寿宫之仁寿殿，本降生之日也。岁岁于此日深心永念，修营福善追报父母之恩。故迎诸大德沙门与论至道，将于海内诸州选高爽清净三十处，各起舍利塔。皇帝于是亲以七宝箱奉三十舍利，自内而出置之于御座之案，与诸沙门烧香礼拜……乃取金瓶、琉璃各三十，以琉璃盛金瓶，置舍利于其内。熏陆香为泥，涂其盖而印之。三十州同刻十月十五日正午入于铜函、石函，一时起塔"[1]。这段记载反映了隋仁寿年间的舍利容器组合已经形成了较完备的制度，由外及内依次为：石函＋铜函＋琉璃（瓶）＋金瓶，这种组合与考古发现基本吻合。

中国舍利容器的组合方式对于容器的重数非常强调，这一点可能是受了中国传统丧葬思想的影响。在中国传统的丧葬思想中，棺椁的多少与墓主人的地位高低有关，如周代之时，天子之棺椁九重，诸侯七重，大夫三重，士一重，其等级性非常明显，对后世产生了深远的影响。目前考古发现的唐代比较有代表性的舍利容器组合如下。

武则天延载元年（694 年）甘肃泾川大云寺塔基地宫的舍利容器组合：石函＋鎏金铜函＋银椁＋金棺＋琉璃瓶＋舍利[2]（图 8-61）。

唐玄宗开元二十九年（741 年）陕西西安临潼区唐庆山寺塔基地宫的组合：石宝帐＋鎏金银椁＋金棺＋琉璃瓶＋舍利[3]（图 8-62）。

陕西扶风法门寺塔基地宫出土的一组八重组合的舍利容器组合（其中檀香木函已朽）：檀香木函＋鎏金银函＋银函＋鎏金银函＋金函＋金函＋斌玞石函＋金塔＋佛指舍利[4]（图 8-63）。同塔基地宫出土的另外一组舍利容器的组合为：铁函＋檀香木函＋金函＋水晶椁＋玉棺＋佛指舍利[5]（图 8-64）。

① （唐）道宣：《广弘明集》卷十七，《大正藏》第 52 册，No.2103，第 213 页。

② 甘肃省文物工作队：《甘肃省泾川县出土的唐代舍利石函》，《文物》1966 年第 3 期；《丝绸之路——大西北遗珍》编辑委员会：《丝绸之路——大西北遗珍》，文物出版社，2010 年，第 228、229 页，图版 226。

③ 临潼县博物馆：《临潼唐庆山寺舍利塔基精室清理记》，《文博》1985 年第 5 期；赵康民：《武周皇刹庆山寺》，陕西旅游出版社，2014 年，第 38—57、78—87 页。

④ 李新玲主编：《宁静的辉煌——法门寺文化文物陈列》，长城出版社，2003 年，第 58 页；陕西省考古研究院等：《法门寺考古发掘报告》，文物出版社，2007 年。

⑤ 法门寺博物馆姜捷主编：《法门寺珍宝》，三秦出版社，2014 年，第 162、163 页；陕西省考古研究院等：《法门寺考古发掘报告》（上），文物出版社，2007 年。其中的檀香木函在以前的各种图录中未见拍摄，在《法门寺珍宝》一书中将其与其他舍利容器的组合关系明确而完整地展示出来。

图8-61　甘肃泾川大云寺出土舍利容器组合

1. 石函　2. 鎏金铜函　3. 银椁　4. 金棺　5. 琉璃瓶

图8-62　陕西西安临潼区唐庆山寺塔基地宫出土舍利容器组合

1. 石宝帐　2. 鎏金银椁　3. 金棺　4. 琉璃瓶及舍利

图8-63　陕西扶风法门寺塔基地宫出土舍利容器组合

图8-64　陕西扶风法门寺塔基地宫出土舍利容器组合

四、舍利容器造型的比较

（一）舍利函

　　方形盝顶的舍利函首先出现在中国而未见于印度，这毫无疑问是舍利瘗埋中舍利容器中国化的结果。就目前所见的中国舍利函来看，石函类可以分为一侧开口的龛形和盝顶方形两大类，特别是盝顶方形石函是中国古代瘗埋舍利的标准容器，自北魏时期开始出现一直延续到宋元明时期。中国发现的金属函类舍利容器也继承了石函中盝顶方形函的形制，自隋代以后一直沿用不衰，只是装饰上有所变化。虽然韩国石塔众

多，但韩国发现的舍利容器却罕见采用石函来瘗埋舍利者，其中用来安置舍利的塔心
础石，严格地讲，与中国造型规整的舍利函有很大差异，是塔的一个重要组成部分，
而不是一个独立的个体，所以，尚难以说明它就是石函。韩国在舍利瘗埋上的这一反
差形成了韩国舍利瘗埋中的自身特点。但值得注意的是，自隋代开始使用的金属函却
在韩国广泛使用，只是形制上有所不同。

1. 一侧开口的龛形函

　　一侧开口的龛形函就目前的考古发现来看，仅见于河北定州静志寺塔基地宫，这
也是中国目前所知最早的舍利函，其侧面刻铭内容为："大代兴安二年岁次癸巳十一月
□□朔丑癸□"等，同时其上还线刻有坐佛[1]，而且其形制颇为特殊，并不是一般意义
的盒子式，而是在一侧开口的龛式（图8-65-1）。令人惊讶的是，韩国也发现了类似的
舍利函。1995年在韩国百济扶余陵山里寺址塔心础石上发现1件带有铭文的石舍利龛
（图8-65-2），其上有铭文："百济昌王十三年太岁在丁亥妹兄公主供养舍利"。百济昌
王（威德王）十三年即567年[2]。两者的差异表现在：前者为盝顶形，后者为圆拱形；
相同之处表现在两者都为双口。同时，还值得注意的是，这两件形制相似的一侧开口
舍利容器，在中韩两国的考古发现中都是唯一的。

1　　　　　　　　2

图8-65　侧面开口的石函及舍利龛
1. 河北定州静志寺塔基地宫出土侧面开口的石函　2. 韩国百济昌王铭石舍利龛

2. 盝顶形金属舍利函

　　在中国的金属舍利函中，以盝顶的铜函、金银函为主。这些金属类舍利函在形
制上与石函中的盝顶方形函基本一致，但在一些细节上却存在明显的时代差异。隋

---

①　浙江省博物馆、定州市博物馆：《心放俗外：定州静志 净众佛塔地宫文物》，中国书店，
2014年，第41—43页。

②　〔韩〕国立扶餘博物馆：《国立扶餘博物馆》（日语版），（株）三和出版社，1998年，第74、
177、178页。

文帝仁寿时期瘗埋舍利所用的金属舍利函，函盖与函身以子母口相互扣合，没有锁鼻、合页及锁子等，而且素面无纹饰，如陕西耀县仁寿四年神德寺塔基地宫出土铜函[①]（图8-66-1）。自隋炀帝大业时期开始，在金属舍利函上錾刻天王、菩萨等图像，如河北定州静志寺塔基地宫出土的隋大业十二年鎏金铜函[②]（图8-66-2）。唐代的金属舍利函则普遍带有锁鼻、合页及锁子等，这是唐代金属函的重要特征，而且其上多錾刻各类纹饰，装饰华丽，如甘肃泾川大云寺塔基地宫出土的鎏金铜函[③]（图8-66-3）、陕西扶风法门寺塔基地宫出土的各类函[④]（图8-66-4—6）等。

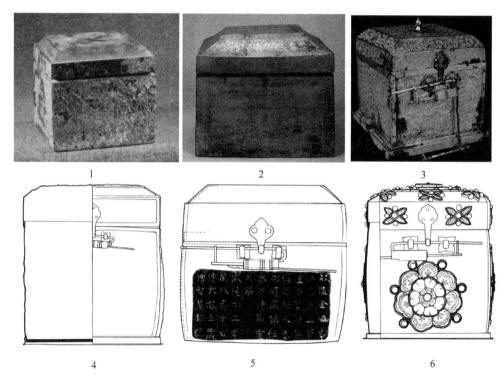

图8-66　盝顶舍利函

1. 陕西耀县神德寺塔基地宫出土铜函　2. 河北定州静志寺塔基地宫出土铜函　3. 甘肃泾川大云寺塔基地宫出土铜函　4. 陕西扶风法门寺塔基地宫出土鎏金四天王盝顶银函　5. 陕西扶风法门寺出土智慧轮壶门座盝顶银函　6. 陕西扶风法门寺塔基地宫出土金筐宝钿珍珠装纯金函

---

①　朱捷元、秦波：《陕西长安和耀县发现的波斯萨珊朝银币》，《考古》1974年第2期。

②　浙江省博物馆、定州市博物馆：《心放俗外：定州静志 净众佛塔地宫文物》，中国书店，2014年，第119—123页。

③　甘肃省文物工作队：《甘肃省泾川县出土的唐代舍利石函》，《文物》1966年第3期；《丝绸之路——大西北遗珍》编辑委员会：《丝绸之路——大西北遗珍》，文物出版社，2010年，第228、229页，图版226。

④　陕西省考古研究院等：《法门寺考古发掘报告》（上），文物出版社，2007年，第147、166、180页。

韩国舍利容器中的盝顶金属函虽然较为少见，但也有发现，如在韩国庆州市九黄洞狼山东麓皇福寺三层石塔的第二、三层之间安置舍利的石室内，发现了盝顶形金函和银函[①]（见图 8-54-2、3）。这两件金属函的盖部为盝顶，函盖与函身以子母口相扣合，这是典型的隋代金属函的特征，同时它们也是韩国的金属舍利函中仅有的 2 件与中国隋代的金属舍利函形制完全一致者，其年代大约在 6 世纪末至 7 世纪初期。这种形制的金属函的出现，似乎也验证了文献记载隋文帝仁寿元年新罗、百济、高句丽三国各请一粒舍利归国供养的真实性。

3. 四角攒尖式金属舍利函

四角攒尖式金属舍利函主要出现在统一新罗时期，此前未见。四角攒尖式金属舍利函在韩国金属舍利函中比较常见，通过比较可以看出，韩国发现的金属舍利函，在形制上受隋代的影响较大，而受唐代的影响较小。但同时还应该看到，不论是隋代还是唐代的金属函，其顶部都呈盝顶状，而韩国的金属舍利函的顶部除了前述的盝顶形金属函之外，其顶部有四角攒尖式及平顶式，其中的四角攒尖式金属函应该是对盝顶函的变体，从而形成了韩国舍利函的自身特征，其主要发现于感恩寺西塔（图 8-67-1）和东塔[②]（图 8-67-2）、王宫里五层石塔[③]（图 8-67-3）。在其上装饰宝珠形纽这一点与唐代的金属舍利函有相似之处，如甘肃泾川大云寺武则天延载元年塔基地宫出土的鎏金铜舍利函上即装饰莲座宝珠形纽[④]。平顶式的扁平金属函也是韩国舍利函的特征之一，如皇福寺三层石塔出土的平顶铜函[⑤]（图 8-68-1）、王宫里五层石塔出土的金刚经板铜外函（图 8-68-2）、金刚经板内函（图 8-68-3）和舍利铜外函[⑥]（图 8-68-4）、佛国寺三层释迦石塔出土的鎏金铜函[⑦]（图 8-68-5）等。

4. 圆形舍利盒

在陕西耀县神德寺隋仁寿四年（604 年）塔基地宫中发现 1 件圆形铜舍利盒，口径 7.9、高 5.2 厘米，出土时其中放置有头发[⑧]（图 8-69-1）。这种圆形的舍利盒在韩国也有

① 〔日〕淺井和春：《皇福寺跡三層石塔發見の二体の金制仏像》，《仏教芸術》第 188 号，1990年 1 月。

② 〔韩〕韩国国立中央博物馆：《特别展 统一新罗》（韩语），韩国国立中央博物馆，2003 年，第 212、213 页，图版 220、221。

③ 〔韩〕全州国立博物馆：《益山》（韩语），全州国立博物馆，2013 年，第 102 页。

④ 甘肃省文物工作队：《甘肃省泾川县出土的唐代舍利石函》，《文物》1966 年第 3 期。

⑤ 〔日〕奈良国立博物馆：《特别展 ブッダ釈尊——その生涯と造形》，日本写真印刷株式会社，1984 年，第 100 頁，图版 11。

⑥ 〔韩〕全州国立博物馆：《益山》（韩语），全州国立博物馆，2013 年，第 102—104 页。

⑦ 〔韩〕韩国国立中央博物馆：《特别展 统一新罗》（韩语），韩国国立中央博物馆，2003 年，第 217 页，图版 226。

⑧ 朱捷元、秦波：《陕西长安和耀县发现的波斯萨珊朝银币》，《考古》1974 年第 2 期。

图8-67　韩国出土舍利铜函

1. 感恩寺西塔出土　2. 感恩寺东塔出土　3. 王宫里五层石塔出土

图8-68　韩国出土铜函

1. 皇福寺三层石塔出土铜函　2. 王宫里五层石塔出土金刚经板外函　3. 王宫里五层石塔出土金刚经板内函

4. 王宫里五层石塔出土舍利铜函　5. 佛国寺释迦塔出土铜函

发现，而且形制极为相似，反映了两者之间的关系。当然，这种圆形铜盒在武宁王陵也曾经出土过，这充分反映了6世纪至7世纪初以圆形铜盒安置舍利的情形。年代大约在8世纪中叶以前的唐代舍利容器中也有金银质地的圆形舍利盒，但这些圆形金银舍利盒的形制明显发生了变化，盖和底部凸出，如陕西长安县（现长安区）佛塔天宫中的出土者即是如此[①]。以圆形盒作为舍利容器，在韩国也有发现，如松林寺发现的圆形青瓷舍利盒[②]（图8-69-2）。

———————————

[①]　朱捷元、秦波：《陕西长安和耀县发现的波斯萨珊朝银币》，《考古》1974年第2期。

[②]　〔韩〕韩国国立中央博物馆：《特别展 统一新罗》（韩语），韩国国立中央博物馆，2003年，第220页，图版228。

1　　　　　　　　　　　　　　　　2

图8-69　圆形舍利盒

1. 陕西耀县仁寿四年神德寺塔基地宫出土铜舍利盒　2. 韩国松林寺出土青瓷舍利盒

5. 腹壁镂空的金属舍利函

从舍利容器的一些装饰细节上，也可以看到中韩两国在舍利瘗埋制度上的密切关系。如在韩国发现的一些金属舍利函中，有将函四周镂空的现象，如韩国庆尚北道庆州市佛国寺三层石塔发现的铜舍利函四面镂空成卷草纹，高17.5厘米[1]（图8-70-1）；相传出土于韩国南原的1件鎏金铜函，高14厘米，其腹壁镂空有结跏趺坐的菩萨像[2]（图8-70-2）。这也可以在中国唐代的舍利函中找到相似者，如在江西永新县发现的1件唐代铜舍利函腹壁镂空并錾刻有各种类似花草、钱文的图案，函身呈长方形，顶部有带莲花座的宝珠纽，放置于座上栏杆之内（图8-70-3）。长25、宽15.5、通高22厘米[3]。

1　　　　　　　　　2　　　　　　　　　3

图8-70　腹壁镂空的金属舍利容器

1. 韩国佛国寺三层石塔出土　2. 相传韩国南原出土　3. 江西永新县出土

---

① 〔韩〕韩国国立中央博物馆：《特别展　统一新罗》（韩语），韩国国立中央博物馆，2003年，第216页，图版223。

② 〔韩〕韩国国立中央博物馆：《特别展　统一新罗》（韩语），韩国国立中央博物馆，2003年，第226、227页，图版234。

③ 李志荣：《永新古墓出土青铜棺及玻璃器》，《江西文物》1991年第3期；冉万里：《中国古代舍利瘗埋制度研究》，文物出版社，2013年。

6. 关于在金属舍利函上镶嵌或焊接天王像的问题

在韩国感恩寺西塔[①]（图 8-71-1、2）和东塔[②]（图 8-71-3、4）出土的金铜舍利函四侧焊接或者镶嵌有类似浮雕的四天王像，这种现象尚未明确地见于中国的金属舍利函上，似乎是韩国舍利容器的独特装饰。但值得注意的是，1955 年西安市文物管理委员会移交给陕西历史博物馆的金银器中，有 5 件银天王像，它们已于 2003 年发表，其高度分别为 20.8、22.8、17.5、17.5、16.6 厘米（图 8-71-5—9）。申秦雁认为它们可能属于佛教器物上的装饰附件[③]。笔者对其观点是赞同的，但到底是什么样的佛教器物呢？根据其高度和形制特点，前 2 件属于一组，后 3 件属于一组。结合前文韩国感恩寺东、西塔发现的金铜舍利函焊接或者镶嵌四天王像这点来看，笔者推测陕西历史博物馆收藏的这 5 件银天王像原来应该是焊接或镶嵌在舍利函的侧面的装饰，而且分属 2 件金属或者木质舍利函，由于种种原因而与原来的舍利函分离了[④]。如果笔者的这推测不错的话，在金属舍利函侧面镶嵌或者焊接类似浮雕的天王像，也反映了中韩两国之间有着密切联系，很难说是孤立的或者某个地区独有的现象。

（二）其他舍利容器

1. 舍利瓶

中韩两国的舍利容器中，特别是直接用来安置舍利的容器中，大多以琉璃瓶即玻璃瓶来安置舍利。以琉璃瓶安置舍利是一举两得，一是作为舍利容器使用，二是琉璃瓶也具有七宝之一的功能。以各种形制的玻璃瓶安置舍利的做法，在中韩两国都比较流行。如河北定州北魏华塔基址中出土的长颈玻璃瓶[⑤]、甘肃泾川大云寺塔基地宫出土的玻璃瓶[⑥]、陕西临潼庆山寺塔基地宫出土的玻璃瓶[⑦]等，而且中韩两国的玻璃瓶都呈

---

① 〔韩〕韩国国立中央博物馆：《特别展 统一新罗》（韩语），韩国国立中央博物馆，2003 年，第 212、213 页，图版 220。

② 〔韩〕韩国国立中央博物馆：《特别展 统一新罗》（韩语），韩国国立中央博物馆，2003 年，第 212、213 页，图版 221。

③ 申秦雁主编：《陕西历史博物馆馆藏金银器》，陕西人民美术出版社，2003 年，第 118—120 页，图版 126—130。

④ 在笔者提出这一看法之后，近来也有人提出与笔者相似的看法，其依据也是韩国感恩寺出土的铜舍利函，参见张晓艳：《陕西历史博物馆馆藏唐代银质天王像正名》，《文博》2016 年第 2 期。

⑤ 河北省文物局文物工作队：《河北定县出土北魏石函》，《考古》1966 年第 5 期。

⑥ 甘肃省文物工作队：《甘肃泾川县出土的唐代舍利石函》，《文物》1966 年第 3 期；《丝绸之路——大西北遗珍》编辑委员会：《丝绸之路——大西北遗珍》，文物出版社，2010 年，第 228、229 页，图版 226。

⑦ 临潼县博物馆：《临潼唐庆山寺舍利塔基精室清理记》，《文博》1985 年第 5 期；赵康民：《武周皇刹庆山寺》，陕西旅游出版社，2014 年，第 87 页。

图8-71　舍利函装饰的天王像

1、2. 韩国感恩寺西塔出土舍利铜函上装饰的天王象　3、4. 韩国感恩寺东塔出土舍利铜函上装饰的天王像
5—9. 陕西历史博物馆藏银天王像

绿色，证明其含铅量较高，而中国制造的琉璃器以铅玻璃为主，两者之间的相似性也反映了两国在玻璃舍利容器制造方面的交流和密切关系。

2. 殿阁式（灵帐形或宝帐形）舍利容器

韩国称为殿阁形的舍利容器，在中国的瘗埋舍利的塔基地宫中也有发现，但中国发现的这类舍利容器有题名，当时人称为"灵帐"或"宝帐"。目前所知年代最早者在8世纪初叶至8世纪中叶。在中国境内代表性的发现有2件。

　　陕西扶风法门寺塔基地宫中宗景龙二年（708年）灵帐，汉白玉质，由上而下由盝顶、帐檐、帐身、须弥座、床五部分组成。盝顶斜刹北侧阴刻："仇思泰一心供养"，东侧阴刻"杨阿娄、仇潮俞、仇梦儿、范存礼"等供养人姓名。帐檐内侧刻铭："大唐景龙二年（708年）戊申二月己卯朔十五日沙门法藏等造白石灵帐一铺，以其舍利入塔，故书记之"[①]（图8-72-1）。

　　陕西临潼庆山寺塔基地宫开元二十九年（741年）宝帐，石灰岩质，高109厘米。下部为"工"字形须弥座。上部帐体中空，用一块整石雕凿而成，高30、宽44、壁厚7厘米。帐体四周分别雕刻释迦说法图、涅槃图、茶毗图、分舍利图。宝帐顶盖呈重檐式，盝顶，高19厘米，阴刻有"释迦如来舍利宝帐"八字，字内填金[②]（图8-72-2）。

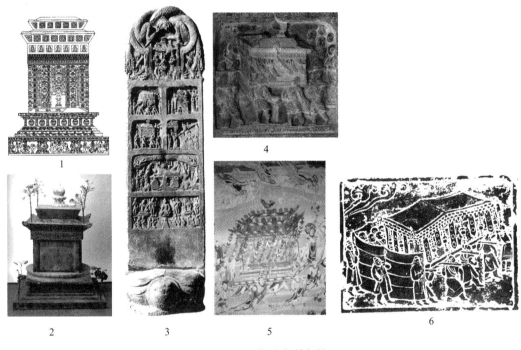

图8-72　灵帐形舍利容器

1. 陕西扶风法门寺塔基地宫出土灵帐　2. 陕西西安临潼区庆山寺塔基地宫出土宝帐　3. 山西博物院藏涅槃变相碑
4. 山西博物院藏涅槃变相碑局部　5. 敦煌莫高窟盛唐时期第148窟西壁壁画中的灵帐　6. 陕西蓝田蔡拐村塔基地宫出土石函纹饰

　　韩国称为殿阁形的舍利容器，在中国所发现者则自题"灵帐"及"宝帐"，不仅有前述考古发现者，在一些石质佛教造像及敦煌莫高窟壁画中也有这种送舍利的"灵帐"

①　陕西省考古研究院等：《法门寺考古发掘报告》（上），文物出版社，2007年，第243页。
②　临潼县博物馆：《临潼唐庆山寺舍利塔基精室清理记》，《文博》1985年第5期；赵康民：《武周皇刹庆山寺》，陕西旅游出版社，2014年，第38—57页。

或"宝帐"图，如山西博物院收藏的武则天天授元年（690 年）涅槃变相造像碑上所雕刻的送舍利图中的灵帐[1]（图 8-72-3、4）；敦煌莫高窟第 148 窟西壁盛唐时期壁画送舍利图中的灵帐[2]（图 8-72-5）；陕西蓝田蔡拐村塔基地宫出土的舍利函也雕刻有送舍利的灵帐[3]（图 8-72-6）。这些壁画或石刻中的送舍利图表现的是当时送舍利至瘗埋场的场景，送舍利的道具则均采用灵帐，灵帐或宝帐形舍利容器就是参照送舍利的灵帐制作而成的。从目前考古发现的图像和实物资料来看，灵帐或宝帐形舍利容器出现于 7 世纪末至 8 世纪之初，唐代出现这种形制的舍利容器是舍利容器中国化的一个重要证据。

笔者查阅有关资料，了解到在韩国发现了 4 件"灵帐"或"宝帐"形舍利容器。如在韩国感恩寺东塔出土 1 件，鎏金铜质，高 16.5 厘米[4]（图 8-73-1）；感恩寺西塔出土 1 件，铜质，上半部无存[5]（图 8-73-2）；松林寺砖塔出土 1 件，鎏金铜质，高 15.3 厘米[6]（图 8-73-3）。还有 1 件是相传出土于韩国庆尚南道的传世品，铜质，上部无存[7]（图 8-73-4）。它们与陕西扶风法门寺塔基地宫出土的"灵帐"、陕西西安临潼区庆山寺塔基地宫出土的"宝帐"，在形制上存在惊人的相似之处，只是其中部中空，未采用封闭的形式，而在其四角以竹节状或圆柱形的立柱将盖和底座相连[8]。这种相似性不是偶然的，它反映了中韩两国在舍利瘗埋制度上存在密切关系。它是由送舍利的灵帐发展而来，这不仅是舍利容器中国化的反映，还证明了中国的舍利容器形制曾对韩国产生了影响，其发生的时间在 7 世纪末至 8 世纪前半叶。一直到南宋时期，才开始出现真正意义上的韩国所谓的殿阁形舍利容器，如浙江宁波天封塔地宫出土的 1 件银殿形舍利容器就是其典型代表[9]（图 8-74）。

---

① 国家文物局主编：《中国文物精华大辞典·金银玉石卷》，上海辞书出版社、商务印书馆（香港），1996 年，第 321 页，石刻篇图版 161；山西博物院：《山西博物院珍粹》，山西人民出版社，2005 年，第 144、145 页。

② 敦煌研究院：《敦煌石窟艺术全集》7《法华经画卷》，同济大学出版社，2016 年，第 162 页，图版 153。

③ 樊维岳、阮新正、冉素茹：《蓝田新出土舍利石函》，《文博》1991 年第 1 期。

④〔韩〕韩国国立中央博物馆：《特别展 统一新罗》（韩语），韩国国立中央博物馆，2003 年，第 214 页，图版 222。

⑤〔韩〕韩国国立中央博物馆：《特别展 统一新罗》（韩语），韩国国立中央博物馆，2003 年，第 210 页，图版 220。

⑥〔韩〕韩国国立中央博物馆：《特别展 统一新罗》（韩语），韩国国立中央博物馆，2003 年，第 221 页，图版 230。

⑦〔日〕奈良国立文化财研究所、飛鳥資料館：《仏舎利埋納》，《飛鳥資料館図録》第 21 册，（有）関西プロセス，1989 年，第 7 页。

⑧ 关于这一点，杨泓已经指出，参见氏著《中国古代和韩国古代的舍利容器》，《考古》2009 年第 1 期，笔者在其研究的基础上仅补充了几条资料而已。

⑨ 林士民：《浙江宁波天封塔地宫发掘报告》，《文物》1991 年第 6 期。

1　　　　　　　　　　　　　3

2　　　　　　　　　　　　　4

图8-73　韩国的灵帐形舍利容器

1. 感恩寺东塔出土　2. 感恩寺西塔出土　3. 松林寺砖塔出土　4. 传庆尚南道出土

3. 塔形舍利容器

　　南朝梁武帝在大同四年（538年）瘗埋舍利时也采用套合式容器，"高祖（梁武帝）又至寺设无碍大会，竖二刹，各以金罂、次玉罂重盛舍利及爪发，内七宝塔中，又以石函盛宝塔分入两刹下，及王侯妃主百姓富室所舍金银镮钏等珍宝充积"[①]。可知梁武帝时的舍利容器组合为：石函＋七宝塔＋金罂＋玉罂，其中的七宝塔是目前所知年代最早的塔形舍利容器，虽然未见实物，但对后世产生了很大影响。在隋文帝仁寿年间瘗

---

①　（唐）姚思廉：《梁书》，中华书局，1973年，第792页。

埋舍利之时，也偶有以塔为舍利容器者，这在文献中也有明确记载。《续高僧传》卷二十六《释昙观传》记载："仁寿中岁，奉勅送舍利于本州定林寺，初停公馆，即放大光，掘基八尺获铜浮图一枚，平顶圆基两户相对，制同神造雕镂骇人，乃用盛舍利安瓶置内，恰得相容"[1]。据此可知，以塔作为舍利容器是从南朝梁武帝时期开始的，并被隋代所继承。《酉阳杂俎》续集卷五《寺塔记（上）》记载："常乐坊赵景公寺……塔下有舍利三斗四升，移塔之时，僧守行建道场，出舍利俾士庶观之，呗赞未毕，满地现舍利，士女不敢践之，悉出寺外。守公乃造小泥塔及木塔近十万枚葬之，今尚有数万存焉"[2]。

图8-74　浙江宁波天封塔地宫出土舍利容器

（1）方形塔形舍利容器

陕西扶风法门寺塔基地宫出土绘彩四铺阿育王石塔1件，汉白玉质，由塔刹、塔盖、塔身、塔座四部分组成。塔高78.5厘米（图8-75-1）。其造型有盛唐时期特征[3]。

陕西扶风法门寺塔基地宫出土铜塔1件，由宝刹、浮屠、月台、基座组成。浮屠设方形基座。通高53.5厘米。原通体鎏金，现多已脱落（图8-75-2）。其造型有隋至盛唐时期的特征[4]。

以塔形舍利容器为核心容器者，以陕西扶风法门寺塔基地宫出土宝珠顶单檐纯金四门塔最为典型，高7.1厘米，中心焊接有高2.8、直径0.7厘米的银柱，其上套置第1枚佛指舍利[5]（图8-75-3）。

到了五代时期，吴越国则出现了独特的塔形舍利容器。如浙江杭州雷峰塔塔基地宫出土的塔形舍利容器[6]（图8-75-4）和南京金陵长干寺宋代塔基地宫出土的塔形舍利

① （唐）道宣：《续高僧传》，《大正藏》第50册，No.2060，第672页。

② （唐）段成式撰，曹中孚校点：《酉阳杂俎》，《唐五代笔记小说大观》（上），上海古籍出版社，2000年，第754页。

③ 陕西省考古研究院等：《法门寺考古发掘报告》（下），文物出版社，2007年，彩版二〇九。

④ 陕西省考古研究院等：《法门寺考古发掘报告》（上），文物出版社，2007年，第206页。

⑤ 陕西省考古研究院等：《法门寺考古发掘报告》（上），文物出版社，2007年，第169页。

⑥ 浙江省文物考古研究所：《杭州雷峰塔五代地宫发掘简报》，《文物》2002年第5期。

容器[①]（图 8-75-5）。这种塔形舍利容器也常被人们称为宝箧印塔。

方形塔形舍利容器在韩国也有发现，但时代已经略偏晚，如韩国全罗南道光州市龟洞西五层石塔发现的塔身呈方形的鎏金铜舍利容器，其年代在高丽时期（11—12 世纪），高 15 厘米（图 8-75-6）[②]。

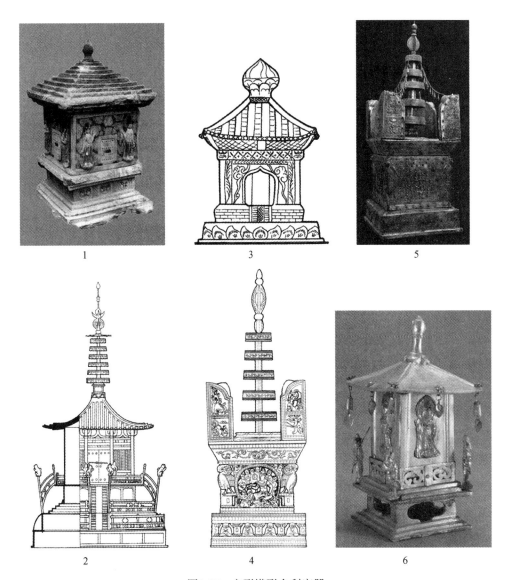

图8-75　方形塔形舍利容器

1—3. 陕西扶风法门寺塔基地宫出土　4. 浙江杭州雷峰塔塔基地宫出土　5. 江苏南京北宋金陵长干寺塔基
地宫出土　6. 韩国全罗南道光州市龟洞西五层石塔出土

① 南京市考古研究院：《南京大报恩寺遗址塔基与地宫发掘简报》，《文物》2015 年第 5 期。
② 〔日〕菊竹淳一、吉田宏志：《世界美術大全集·東洋編》第 10 卷《高句麗·百济·新羅·高麗》，小学館，1998 年，第 226 页，插图 118—199。

（2）六角形或八角形塔形舍利容器

河北省静志寺塔基地宫出土六角形鎏金银塔 1 件，其年代在隋代，是目前所知的年代最早的六角形塔形舍利容器 [1]（图 8-76-1）。

图8-76　六角形或八角形塔形舍利容器

1、2. 河北定州静志寺塔基地宫出土　3. 陕西西安鄠邑区草堂寺鸠摩罗什舍利塔　4. 日本千叶县小仓文化财团藏

5. 日本京都私人收藏　6. 高丽李成桂供奉的塔形舍利容器

河北静志寺塔基地宫还出土了 1 件六角形银塔，高 14.5 厘米。塔身、座用银丝缀连而成。形制为单层六面亭阁式，出土时塔内置 1 件鎏金莲瓣座宝珠银盖方形琉璃瓶和 2 件琉璃葫芦，内盛舍利。塔身转角宇池内有直书铭文共计 94 字："静志寺（唐）会昌六年（846 年）毁废，佛像俱焚，宝塔全除，至大中二年（848 年）再置兴切修建，舍利出兴，

---

① 浙江省博物馆、定州市博物馆：《心放俗外：定州静志 净众佛塔地宫文物》，中国书店，2014 年，第 69 页。

双合分明，随人心愿，□□寺僧众与城隍善交同造银塔子，再安舍利，伏愿法界清泰业海长销一切有□□会真记，大中四年四月八日，丘□（悟）真定方铭俟于记"[①]（图 8-76-2）。

陕西西安户县（现鄠邑区）草堂寺的八角形鸠摩罗什舍利塔，为八角形亭阁式，通高 2.3 米。该石塔实际上就是一个位于地面上的舍利容器，这也是中晚唐时期瘗埋舍利的一个特征[②]（图 8-76-3）。

与中国的塔形舍利容器相比较，韩国的塔形舍利容器更多地使用八角形这一形式。如日本千叶县小仓文化财团收藏的 1 件八角形鎏金铜塔形舍利容器，高 17.8 厘米（图 8-76-4）。对这件舍利容器的年代有不同说法，有的认为其年代在统一新罗时期，有的认为在新罗末至高丽初期，有的认为在高丽时期[③]。但其样式却与前文所列举的河北定州静志寺塔基地宫出土的六角塔形舍利容器存在较大的相似性，其具体时间约在 9 世纪。这种六角形或八角形的塔形舍利容器对韩国的舍利瘗埋影响很大，如日本京都私人收藏的 1 件鎏金铜八角形舍利容器，高 6.5 厘米（图 8-76-5），内底錾刻元至治二年（1323 年）铭文，而且其上所錾刻的鱼子纹地也是唐代金银器上常见的装饰内容[④]。这种影响一直延续至高丽时期，如高丽恭让王李成桂于 1390—1391 年供奉的银八角塔形舍利容器，高 19.8 厘米[⑤]（图 8-76-6）。

（3）香宝子形塔形舍利容器

有一些香宝子形的塔形舍利容器，样式与中国和日本收藏的香宝子形制一致，但统一新罗时代却以其为舍利容器，如日本 MIHO MUSEUM 收藏的 1 件韩国出土的铜香宝子式舍利容器，其形似覆钵塔[⑥]（图 8-77-1、2）。这种香宝子形的舍利容器在中国也有发现，如出土于新疆吐鲁番吐峪沟现藏于德国柏林国立亚洲美术馆的 1 件香宝子形舍利容器[⑦]（图 8-77-3）。中韩两国的这类舍利容器在形制上极为相似。这种形制的器

① 国家文物局主编：《中国文物精华大辞典·金银玉石卷》，上海辞书出版社、商务印书馆（香港），2005 年，第 128 页，金银器篇图版 120。

② 西安市文物局：《华夏文明故都　丝绸之路起点》，世界图书出版公司，2005 年，第 111 页；陕西省文物局：《陕西文物古迹大观　全国重点文物保护单位巡礼之二》，三秦出版社，2003 年，第 159—161 页。

③ 〔日〕奈良国立博物館：《日本仏教美術の源流》，天理時報社，1978 年，第 170 頁，図版 18；〔日〕読売新聞社：《大東洋美術展》，大塚巧芸社，1977 年，第 118 頁，図版 57。

④ 〔日〕読売新聞社：《大東洋美術展》，大塚巧芸社，1977 年，第 120 頁，図版 60。

⑤ 〔日〕菊竹淳一、吉田宏志：《世界美術大全集·東洋編》第 10 卷《高句麗·百済·新羅·高麗》，小学館，1998 年，第 227 頁，挿図 121；〔韩〕国立中央博物館：《国立中央博物館导览手册》（中国语），国立中央博物館，2012 年，第 64 页。

⑥ 〔日〕MIHO MUSEUM：《MIHO MUSEUM 開館一周年記念図録》，日本写真印刷株式会社，1998 年，第 72、73 頁。

⑦ 〔日〕奈良国立博物館：《日本仏教美術の源流》，天理時報社，1978 年，第 162 頁。但也不排除这件舍利容器为香宝子的可能性。

1　　　　　　　　　　　2　　　　　　　　　　　3

图8-77　香宝子形塔形舍利容器

1、2. MIHO MUSEUM 藏　3. 德国柏林国立亚洲美术馆藏

物在唐代墓葬中有大量发现，一般被称为"塔式罐"。

（4）覆钵塔形舍利容器

覆钵塔形舍利容器在古印度的舍利瘗埋过程中经常使用。在中国的北齐时期也发现了以覆钵塔为舍利容器，如河南安阳修定寺石塔基址夯土中出土了北齐天保五年（554年）石雕覆钵塔形舍利容器[①]（图 8-78-1）。但隋唐时期的塔形舍利容器中却非常罕见，在宋之时这种覆钵塔形舍利容器又开始出现。如陕西华县宋代塔基地宫出土的石质覆钵塔形舍利容器，下部为镂空须弥座式，座的四角各浮雕袒胸露肚的力士，中部为覆钵式，顶部有宝珠形纽，通高 18 厘米[②]（图 8-78-2）；在浙江瑞安慧光寺塔天宫出土 1 件鎏金覆钵形银舍利容器，原简报称为"鎏金银龛"[③]。经笔者仔细观察，实际应为覆钵塔式舍利容器，高 10.3 厘米（图 8-78-3）。下部为六棱形连束腰须弥座，束腰座上刻"弟子胡用，勾当僧庆恩、可观。景祐二年乙亥岁十二月日凿"。上部为錾刻折枝花、四出开光及莲花纹的覆钵。在高丽时期的舍利容器中也发现有覆钵形者，如高丽恭让王李成桂于 1390—1391 年供奉的舍利容器中即采用了覆钵塔形舍利容器，高 15.5 厘米[④]（图 8-78-4）。

---

① 河南省文物研究所、安阳地区文物管理委员会、安阳县文物管理委员会：《安阳修定寺塔》，文物出版社，1983 年；浙江省博物馆、定州市博物馆：《心放俗外：定州静志 净众佛塔地宫文物》，中国书店，2014 年，第 13 页。

② 孙仲光、张明杰：《华县馆藏宋舍利石函》，《文博》1998 年第 5 期。

③ 浙江省博物馆：《浙江瑞安北宋慧光塔出土文物》，《文物》1973 年第 1 期。

④〔日〕菊竹淳一、吉田宏志：《世界美術大全集·東洋編》第 10 卷《高句麗·百济·新羅·高麗》，小学館，1998 年，第 227 页，插图 121；〔韩〕国立中央博物馆：《国立中央博物馆导览手册》（中国语），国立中央博物馆，2012 年，第 64 页。

1　　　　　　　　2　　　　　　　　3　　　　　　　　4

图8-78　覆钵塔形舍利容器

1. 河南安阳修定寺出土　2. 陕西华县宋代塔基地宫出土　3. 浙江瑞安慧光寺塔天宫出土

4. 高丽李成桂供奉的塔形舍利容器

五、舍利容器之下安置莲花座的比较

在韩国的统一新罗时代、日本奈良时代早期舍利函的内底，常见可以活动的莲花座，其上安置盛装舍利的核心容器。如韩国全罗北道益山王宫里五层石塔出土的铜函内安置一铜莲花座，其上安置琉璃舍利瓶[①]；韩国庆州松林寺出土的鎏金铜舍利函内底设置有鎏金铜莲花座，其上置绿色琉璃杯，琉璃杯内置琉璃舍利瓶，年代为7—8世纪[②]。日本崇福寺塔心础石所出土的舍利容器共四重，年代为7世纪，其中第三重金函内安置有莲花座，其上安置琉璃瓶[③]。日本学者认为，日本在舍利容器之下安置莲花座的做法是受韩国统一新罗的影响[④]。但值得注意的是，在河北定州静志寺塔基地宫出土的隋大业二年（606年）石函之内底就浮雕有莲花座，其上安置舍利容器[⑤]，早于统一新罗时期。略有不同的是，朝鲜半岛和日本为可移动的铜莲花座，可能是朝鲜半岛和日本的舍利瘗埋极少采用石函，为了适合自己的特点采用了可移动的铜莲花座，但其作风无疑是从中国传入的。隋代的这一做法不仅影响了韩国和日本，也对唐代产生了影响，如陕西西安临潼区唐庆山寺塔基地宫（开元二十九年，741年）发现

① 〔韩〕韩国国立中央博物馆:《特别展 统一新罗》（韩语），韩国国立中央博物馆，2003年，第223页，图版232。

② 〔韩〕韩国国立中央博物馆:《特别展 统一新罗》（韩语），韩国国立中央博物馆，2003年，第220、221页，图版230。

③ 〔日〕奈良国立文化财研究所、飛鳥資料館:《仏舎利埋納》，《飛鳥資料館図録》第21册，（有）関西プロセス，1989年，第2页。

④ 〔日〕奈良国立博物館:《日本仏教美術の源流》，天理時報社，1978年，第159页。

⑤ 定县博物馆:《河北定县发现两座宋代塔基》，《文物》1972年第8期。

的 2 件琉璃舍利瓶下面均设置有铜莲花座[①]。隋唐舍利瘗埋的一脉相承性更进一步证明，韩国的统一新罗时代、日本奈良时代早期的舍利函内安置莲花座的做法是在隋代的影响下而出现的。

六、同一地点反复瘗埋舍利的问题

在中国的舍利瘗埋过程中，既有一次性瘗埋之后未再打开者。如陕西临潼庆山寺塔基地宫，在开元二十九年（741 年）瘗埋之后未再打开过，直至 1985 年 5 月被发现并进行了发掘[②]。但与此同时，也有在同一地点多次反复瘗埋者，目前考古发现的大量塔基地宫即是如此。目前所知比较典型的例子，有河北定州静志寺塔基地宫、陕西扶风法门寺塔基地宫等，这些塔基地宫往往经过多次反复瘗埋，从而在塔基地宫中出现了不同时代的器物及瘗埋舍利混杂的现象，可以以之为线索，大体上能够看出不同时代舍利瘗埋的特点。而韩国的舍利瘗埋，就目前所知的资料来看，在同一地点反复多次瘗埋舍利的现象还比较少见。至于是什么原因造成的这种现象，尚需要进一步深入研究。

中国早期的佛塔相当一部分是木构建筑，容易遭到战火的损毁。在和平时期，人们在建筑新的佛寺或佛塔的过程中，往往能够在佛寺或佛塔的旧基址中发现先前所瘗埋的舍利，从而不断地反复瘗埋，这可能是其中的原因之一。第二种情况是统治者需要利用佛教来达到其政治目的之时，也将完好无损的佛塔中所瘗埋的佛舍利取出，供人瞻仰，同时也起到了宣扬佛教的作用。这种情况的典型代表就是陕西扶风法门寺塔基地宫，其中所瘗埋的佛指舍利所经历的几次瘗埋活动，都是在最高统治者的要求之下主动地打开旧址，在广为瞻仰之后又重新瘗埋的。第三种情况是受了佛教所认为的修新不如修旧思想的影响[③]。

七、从棺椁形舍利容器的有无看中韩舍利信仰的差异

棺椁形舍利容器的有无，反映了中韩两国在各自的舍利瘗埋过程中，对佛舍利有着不同的理解。中国自唐代武则天时期开始出现了仿墓葬形式的地宫，同时开始使用安放尸体所用的棺椁形式来瘗埋舍利，其典型代表就是甘肃泾川大云寺塔基地宫的形

---

① 临潼县博物馆：《临潼唐庆山寺舍利塔基精室清理记》，《文博》1985 年第 5 期；赵康民：《武周皇刹庆山寺》，陕西旅游出版社，2014 年，第 87 页。

② 临潼县博物馆：《临潼唐庆山寺舍利塔基精室清理记》，《文博》1985 年第 5 期；赵康民：《武周皇刹庆山寺》，陕西旅游出版社，2014 年，第 13 页。

③ 马世长：《关于敦煌藏经洞的几个问题》，《文物》1978 年第 12 期。

制及其舍利容器。这说明自武则天时期开始，将瘗埋佛舍利看作是埋葬佛的遗体了，这一点并没有降低对佛舍利的崇拜，而又更加符合中国传统的丧葬思想。可见自武则天时期开始，中国传统的丧葬思想已经被佛教所吸收，从而出现了一种全新的舍利瘗埋形式，这也是佛教为适应中国的传统习惯而做的变革。同时，最为特殊的是，在宋辽时期出现了直接将涅槃佛像置于棺椁或石函之内的现象，这是在唐代的基础上，更进一步中国化发展的结果。这种采用棺椁形舍利容器瘗埋舍利的形式，目前在韩国的舍利容器中尚未出现，而且在日本也仅发现 1 件类似者，即日本太田废寺出土的石质棺形舍利容器①（图 8-79）。这一点反映了中韩两国在舍利瘗埋中的差异，而这种差异与各自的传统有着很大的关系。通过比较可以看出，棺椁形舍利容器是中国的舍利容器中非常有自身特点的舍利容器。

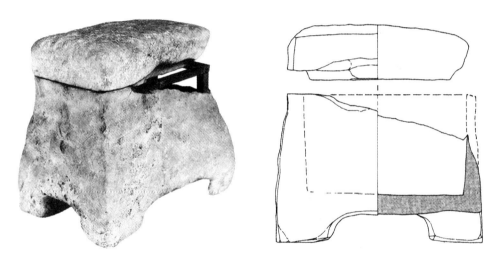

图8-79　日本太田废寺出土石质棺形舍利容器

八、结　语

通过对中韩两国舍利瘗埋的简单比较，可以得出以下结论：第一点，韩国的舍利瘗埋最早是通过南朝梁传播过去的，韩国舍利容器某些未见于北朝、隋唐时期的特点，某种程度上可以推测是南朝舍利瘗埋的反映，这一点是值得注意和思考的。第二点，隋唐时期舍利容器的某些特点或者因素，出现在韩国的舍利容器上并不是偶然的，而是中韩两国之间在舍利瘗埋问题上关系密切的反映。第三点，在舍利瘗埋的场所方面，韩国并未采用地下宫殿的瘗埋方式，而是在塔心础中安置舍利，这充分反映了韩国在舍利瘗埋的过程中形成了自身的特点，但在塔的天宫中瘗埋舍利这一点，则见于印度

---

① 〔日〕奈良国立文化财研究所、飛鳥資料館：《仏舎利埋納》,《飛鳥資料館図録》第 21 册，（有）関西プロセス，1989 年，第 9、31 頁。

式覆钵塔、中国楼阁式或密檐式塔、韩国的密檐式或楼阁式石塔，这一点说明自印度开始的这种瘗埋方式在中韩的舍利瘗埋活动中较为流行。

附记：本节曾于 2015 年 10 月 16 日在韩国首尔由韩国国立扶余文化财研究所主办的"百济的舍利庄严与东亚佛教文化国际研讨会"上宣读，并被收录于该研讨会会议论文集的第 83—136 页。收入本书的版本内容整体未进行大的修改，仅订正了一些文字和注释标记错误，在更换原来有些不清晰的图片过程中，因图片更换而随之更改、补充了一些注释。

第九章 "三花"、"三鬃"两相呼，御马颈饰修剪成
——苏轼眼中的三花马

当下的各类辞书、论著谈论及唐代"三花马"时，多引宋人郭若虚所著《图画见闻志》卷五"三花马"所载之内容，其文云："唐开元、天宝之间，承平日久，世尚轻肥，三花饰马。旧有家藏韩幹画《贵戚阅马图》，中有三花马，兼曾见苏大参家有韩幹画三花御马，晏元献家张萱画《虢国出行图》中亦有三花马。三花者，剪鬃（鬃）为三辨（辫—笔者注）。白乐天诗：'凤笺书五色，马鬃剪三花'"①。即使在《辞海》、《辞源》这样权威性的辞书中，也只是说将马鬃修剪成三瓣或五瓣者称为"三花"或"五花"，丝毫未涉及"三鬃"之事。如第六版彩图本《辞海》"五花马"条解释为："毛色斑驳的马。一说，剪马鬃为五簇，分成五个'花纹'，叫'五花'"。笔者近来在阅读宋代大文豪苏轼的文集时，发现了一条有关唐人对"三花马"的另外一种称呼——"三鬃马"，也即人们习惯了的所谓"三花马"，唐人自己也称为"三鬃马"。拙著着重谈谈"三花"和"三鬃"两种称呼在时间上的关系，以及"花马"与传统文化和外来文化的关系。

一、紫髯胡雏金剪刀 平明剪出三鬃高

《苏轼全集校注》第十九册《苏轼文集校注》卷七十"书李将军三鬃马图"条云："唐李将军思训作《明皇摘瓜图》。嘉陵山川，帝乘赤骠，起三鬃（与骏、骡、鬣同），与诸王及嫔御十数骑，出飞仙岭下。初见平陆，马皆若惊，而帝马见小桥作徘徊不进状，不知三鬃谓何？后见岑嘉州诗，有《卫节度赤骠歌》云：'赤髯胡雏金剪刀，平明剪出三鬃高。'乃知唐御马多剪治，而三鬃其饰也"②。从苏轼的行文来看，他最初也不知李思训《明皇摘瓜图》中的"起三鬃"为何物，在他读了岑嘉州（即唐代以写边塞诗著称于世的岑参，因其曾任嘉州刺史，而被后世称为岑嘉州）的《卫节度赤骠歌》后，才明白了"三鬃"就是将马鬃修剪成三个凸起的花瓣状，也即人们习惯上所说的"三花马"，并进一步指出唐代御马的鬃毛都经过修剪，一般以"三鬃"为饰。由此看

---

① （宋）郭若虚著，黄苗子点校：《图画见闻志》，人民美术出版社，1963年，第122、123页。

② 张志烈、马德福、周裕锴主编：《苏轼全集校注》，河北人民出版社，2010年，第9707页。

来，到宋代之时，连苏轼这样博学多才的人物，已经不知"三鬃"所指为何了，需要借助于唐人的诗歌才得以明白。用今天的话讲，苏轼搞明白"三鬃"之意，还是颇费了一番周折的，可以看作是苏轼本人的研究成果。而郭若虚在其所著《图画见闻志》中却没有提及，可见他也不知道"三花马"的另外一个称呼就是"三鬃马"，则以白居易的诗句考证了这种将马鬃修剪成三个花瓣的马，唐人称之为"三花马"，并在其所著的《图画见闻志》中，对所见的唐代绘画中的"三花马"进行了详细记录，其文字也成为我们现在了解唐代"三花马"的重要文献证据。从苏轼和郭若虚两位先贤的文字来看，他们对于唐代修剪马鬃的做法，均从唐诗中找到了各自的证据。现在，如果将两位先贤的所记所载结合起来看，可知"三花马"在唐代也被称为"三鬃马"。

苏轼文中所引用的岑参之《卫节度赤骠歌》为略称，其全称为《卫节度赤骠马歌》，收录于《全唐诗》卷一九九，其内容也与《苏轼文集校注》卷七十中所载略有差异，为不断章取义，将其全文录之于此，其诗云："君家赤骠画不得，一团旋风桃花色。红缨紫鞚珊瑚鞭，玉鞍锦韈黄金勒。请君鞲（一作鞍）出看君骑，尾长窣地如红丝。自矜诸马皆不及，却忆百金新买时。香街紫陌凤城内，满城见者谁不爱。扬鞭骤急白汗流，弄影行骄碧蹄碎。紫髯胡雏金剪刀，平明剪出三鬉（与鬃、骔、骏同）高。枥上看时独意气，众中牵出偏雄豪。骑将猎向南山口，城南狐兔不复有。草头一点疾如飞，却使苍鹰翻向后。忆昨看君朝未央，鸣珂拥盖满路香。始知边将真富贵，可怜人马相辉光。男儿称意得如此，骏马长鸣北风起。待君东去扫胡尘，为君一日行千里"[①]。

二、御马盛唐呼"三鬃" 乐天诗颂马"三花"

现在，我们来比较一下李思训、岑参及白居易的生平年代，进而以其生平来论述"三鬃"、"三花"两种叫法的时代关系。据《辞海》云，李思训生于615年，卒于716年，擅画山水树石，其子李昭道亦擅山水，人称其父子二人为大李将军、小李将军。李思训主要活动于唐高宗、武则天及唐中宗、唐睿宗时期，唐玄宗开元初为右武卫大将军。岑参约生于715年，卒于772年，天宝进士，曾随高仙芝到安西、武威，后又入封常清北庭幕府。"安史之乱"后入朝任右补阙，官至嘉州刺史，世称岑嘉州。岑参一生建功立业多在唐玄宗时期。以上两人的生存年代主要在盛唐时期即7世纪后半叶至8世纪后半叶，当时的人们将鬃鬣修剪成花瓣状的马称为"三鬃马"。郭若虚在谈及"三花马"时，则引征白居易《和春深二十首》中第六首的内容，论证了唐人将鬃毛修剪成三瓣的马称之为"三花马"。白居易的这首诗收录于《全唐诗》卷四四九，其中第六首的全文为："何处春深好，春深学士家。凤书裁五色，马鬣剪三花。蜡炬开明

---

① 《全唐诗》，上海古籍出版社，1986年，第468页。

火，银台赐物车。相逢不敢揖，彼此帽低斜"①。据《辞海》云，白居易生于 772 年，卒于 846 年，主要活动于中晚唐时期，唐人对于将鬃毛修剪成三个花瓣状的马，在称呼上似乎还有一定的时代性，即盛唐时期称为"三鬃马"，中晚唐时期则称之为"三花马"，而后者因为郭若虚的《图画见闻志》而被后人广为引用，但岑参诗歌中的"三鬃马"则逐渐被遗忘了。

三、秦汉花马传万古　域外"三花"点马颈

行文至此，特别值得注意的是，岑参在其《卫节度赤骠马歌》中将"三鬃"与"紫髯胡雏"放在一起，似乎意指其将马修剪成花瓣状，是卫节度的马夫"紫髯胡雏"的工作，似乎胡人对修剪马鬃为花瓣状更为熟悉，也是其从事的重要工作之一。从考古发掘资料或者传世资料来看，岑参诗中这样的用词也绝不是偶然的。笔者认为，这种将马鬃修剪成花瓣的"花马"样式，一方面受传统因素的影响，如陕西西安秦始皇陵陪葬坑出土的二号铜车马的御马就为一花马②（图 9-1），汉代的画像砖上也常见一花和二花马（图 9-2、9-3），但不见三花马。唐代的花马有"一花"、"三花"、"五花马"等，目前所知的资料为数不少，如陕西咸阳唐兴宁陵神道两侧立有石雕的三花马③（图 9-4），陕西乾县唐高宗和武则天合葬的乾陵神道两侧立有石雕的三花马④（图 9-5），唐乾陵陪葬墓之一的懿德太子墓也出土有三彩三花马⑤（图 9-6），陕西西安唐鲜于庭诲墓出土有三彩一花马（图 9-7）和三彩三花马⑥（图 9-8），河南洛阳市宜阳县也曾出土陶三花马⑦（图 9-9），日本京都国立博物馆收藏有唐代的三彩三花马⑧（图 9-10）。在两京地区以外也有三花马形象的发现，如甘肃酒泉西沟一号墓、二号墓的模印彩绘骑士画像砖上的甲马颈部也被修剪成三花状⑨（图 9-11）。在一些绘画资料中也可以看到三花马的样子，如唐张萱《虢国夫人游春图》中的三花马，三花上部呈圆弧形⑩（图 9-12）。实际上，这种上部呈圆弧形状的三花，在唐代初年已经出现了，只是以往未引起人们的

---

① 《全唐诗》，上海古籍出版社，1986 年，第 1130 页。

② 秦俑考古队：《秦始皇陵二号铜车马清理简报》，《文物》1983 年第 7 期。

③ 陕西省考古研究院田有前先生提供信息和照片，在此深表谢意。

④ 笔者实地拍摄资料。

⑤ 陕西省博物馆：《中国博物馆丛书》第 1 卷《陕西省博物馆》，文物出版社、株式会社讲谈社，1990 年，图版 65。

⑥ 中国社会科学院考古研究所：《唐长安城郊隋唐墓》，文物出版社，1980 年，彩版三、四。

⑦ 洛阳市文物管理局：《洛阳陶俑》，北京图书馆出版社，2005 年，第 262 页。

⑧ 〔日〕座右宝刊行会 后藤茂樹：《世界陶磁全集》11《隋·唐》，小学馆，1976 年，图版 192。

⑨ 酒泉市博物馆：《酒泉文物精萃》，中国青年出版社，1998 年，第 116、156 页。

⑩ 赵超：《唐马英姿展风神》，《大众考古》2014 年第 3 期。

图9-1 陕西西安秦始皇陵二号铜车马的御马

图9-2 河南洛阳画像砖二花马

图9-3 河南洛阳画像砖二花马

图9-4 陕西咸阳唐兴宁陵三花马

注意而已，陕西礼泉麟德元年（664年）郑仁泰墓出土的胡装女骑马俑之上已经出现 [①]
（图9-13）。另一方面唐代的花马也受到突厥的影响，这以陕西礼泉唐太宗昭陵浮雕的

---

① 介眉：《昭陵唐人服饰》，三秦出版社，1990年，第97页，图五七。

图9-5　陕西乾县唐乾陵神道东侧的石雕三花马

图9-6　陕西乾县唐懿德太子墓出土三花三彩马

图9-7　陕西西安唐鲜于庭诲墓出土三彩一花马

图9-8　陕西西安唐鲜于庭诲墓出土
三彩三花马

图9-9　河南洛阳市宜阳县出土陶三花马

图9-10 日本京都国立博物馆藏三彩三花马　　图9-11 甘肃酒泉西沟二号唐墓出土模印彩绘骑士画像砖

图9-12 唐张萱《虢国夫人游春图》

六骏为代表，六骏的颈部鬃毛均被修剪成弯刀状，如昭陵六骏中的青骓①（图9-14），与其相似的三花马在阿尔泰地区6—7世纪的突厥岩画中可以见到②（图9-15）。突厥这种颈部鬃毛呈尖状的花马，在更早的斯基泰装饰纹样中已经出现，如在俄罗斯南部阿尔泰的巴泽雷克5号墓出土的壁挂毛织物上，其年代被认为在公元前5世纪至公元前4世纪，或者公元前241年，其上装饰斯基泰女神塔比提（Tabiti）手持一棵生命树授予骑马者以统治者的身份，表现的是王权神授的题材，而且同一画面反复出现③（图9-16、9-17），其中马的颈部就装饰有两个较小的尖状（锐角三角形）的二花，可见突厥人的这种尖状三花受到了斯基泰人的影响。在中亚发现的一些织锦及壁画上也可以看到三尖状三花，但却装饰在呈方块状的一花上，如日本平山郁夫丝绸之路美术馆收藏的

---

① 西安碑林博物馆：《西安碑林博物馆》，陕西人民出版社，2000年，第94页。

② 〔日〕角田文衞：《世界考古学大系》9《北方ユーラシア・中央アジア》，平凡社，1962年，第152頁。

③ Christoph Baumep, *The History of Central Asia*, Volume one, The Age of the Steppe Warriors, London・New york: I. B. TAURIS, 2012, p.195；〔日〕田边胜美、前田耕作：《世界美術大全集・東洋編》第15巻《中央アジア》，小学館，1999年，第38頁，図版55、56；〔日〕角田文衞：《世界考古学大系》9《北方ユーラシア・中央アジア》，平凡社，1962年，黑白図版72。

图9-13　陕西礼泉唐郑仁泰墓出土胡装女骑马俑

图9-14　陕西礼泉唐太宗昭陵六骏之青骓

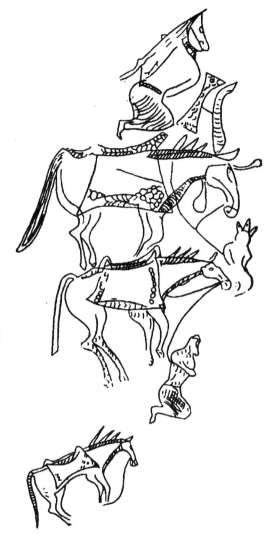

图9-15　俄罗斯阿尔泰突厥岩画上的三花马

1 件粟特织锦上的翼马纹 [①]（图 9-18-1），在乌兹别克斯坦撒马尔罕粟特人故地阿弗拉西阿卜发现的大使厅壁画装饰中绘制的天马 [②]（图 9-18-2）等都是如此，其上部的 3 个尖状装饰似乎都可以看到受斯基泰影响的影子。

　　值得注意的是，陕西礼泉唐昭陵韦贵妃墓第 1 天井西壁壁画中绘制有"四花马" [③]（图 9-19），即将马颈部的鬃毛上部修剪成四个颜色较淡的方块状，这是以前所未见的。

　　① 〔日〕奈良国立博物館：《特別展　天馬——シルクロードを翔ける夢の馬》，天理時報社，2008 年，图版 61，说明文字参见第 206 页。

　　② 〔日〕奈良国立博物館：《特別展　天馬——シルクロードを翔ける夢の馬》，天理時報社，2008 年，第 204 頁。

　　③ 陕西省考古研究院：《唐昭陵韦贵妃墓发掘报告》，科学出版社，2017 年，第 113 页。

图9-16 俄罗斯阿尔泰巴泽雷克5号墓出土壁挂毛织物

图9-17 俄罗斯阿尔泰巴泽雷克5号墓出土壁挂毛织物(局部)

1

2

图9-18 翼马纹

1. 日本平山郁夫丝绸之路美术馆藏粟特织锦 2. 乌兹别克斯坦撒马尔罕阿弗拉西阿卜壁画

图9-19　陕西礼泉唐昭陵韦贵妃墓壁画中的"四花马"图像

　　这些说明，在唐代花马中，不仅有一花、三花马，还有四花马。那么，李白诗歌中所云的"五花马"绘画资料以后可能也会被发现。

　　在这里需要补充的是，根据对有关资料的检索，笔者发现波斯狩猎纹银盘内底装饰的狩猎纹中，狩猎者（主要为国王）所骑乘的马匹也有将马鬃修剪成一瓣、三瓣、四瓣的现象，而且形状各异，有方块形、扇面形等，不一而足，它们应该就是文献中所云的"花马"。其中波斯的一瓣方块状者见于俄罗斯艾尔米塔什博物馆[①]（图 9-20）、美国华盛顿弗利尔美术馆[②]（图 9-21）、日本 MIHO MUSEUM[③]（图 9-22）等收藏的波斯狩猎纹银盘；略呈尖状近似三瓣方块形者见于伊朗德黑兰伊朗·巴斯坦博物馆收藏的波斯狩猎纹银盘[④]（图 9-23）；四瓣方块状者见于英国伦敦大英博物馆收藏的波斯狩猎纹银盘[⑤]

　　① 〔日〕東京国立博物館、大阪市立美術館、朝日新聞社：《シルクロードの遺宝——古代・中世の東西文化交流》，日本経済新聞社，1985 年，图版 74。

　　② 〔日〕田辺勝美、松島英子：《世界美術大全集・東洋編》第 16 卷《西アジア》，小学館，2000 年，第 312 頁，图版 281。

　　③ 〔日〕MIHO MUSEUM：《MIHO MUSEUM 南館図録》，日本写真印刷株式会社，1997 年，第 118、119 頁，图版 55。

　　④ 〔日〕田辺勝美、松島英子：《世界美術大全集・東洋編》第 16 卷《西アジア》，小学館，2000 年，第 310 頁，图版 279。

　　⑤ 〔日〕田辺勝美、松島英子：《世界美術大全集・東洋編》第 16 卷《西アジア》，小学館，2000 年，第 313 頁，图版 284。

图9-20　俄罗斯艾尔米塔什博物馆藏
波斯狩猎纹银盘

图9-21　美国华盛顿弗利尔美术馆藏
波斯狩猎纹银盘

图9-22　日本MIHO MUSEUM藏
波斯狩猎纹银盘

图9-23　伊朗德黑兰伊朗·巴斯坦博物馆藏
波斯狩猎纹银盘

（图9-24）；四瓣扇面形者见于日本出光美术馆所藏的波斯狩猎纹银盘 [①]（图9-25）等。由此可见，以"一花"、"三花"、"四花"等装饰马的颈部，也为波斯人所喜爱。这反映了唐代花马在受到传统因素和突厥因素的影响之外，还有来自波斯的影响。如此一来，则岑参诗歌中的"紫髯胡雏金剪刀，平明剪出三鬃高"，将"胡雏"与"三鬃"并列，不仅显得非常自然，而且也是唐人自己对唐代花马曾受到外来文化影响的一个真实的回答。

_____

① 〔日〕読売新聞社：《大東洋美術展》，大塚巧芸社，1977年，第62页，图版136。

图9-24　英国伦敦大英博物馆藏波斯狩猎纹银盘　　图9-25　日本出光美术馆藏波斯狩猎纹银盘

　　除了上述花马纹样，还有一些距离更为遥远的壁画绘制二花或者三花马。如1877年发现的克里米亚半岛凯奇安提斯特里乌斯1世纪墓室东壁上的壁画，画面右半部绘制两个身着铠甲全副武装的骑士，画面左侧绘制一位坐着的妇女和三个小孩，其中一个小孩向骑士表示欢迎，画面象征的可能是战败战士的回归（图9-26）。其中的两个骑士，一人持长枪牵着备马，一人持短剑，他们骑乘的马匹颈部都装饰有呈竖长方形块状的二花[①]。另外一幅壁画也发现于克里米亚半岛，年代也在1世纪。画面描绘的是身着铠甲的萨尔马提亚骑士双手握着被叫作康托斯（kontos）的长矛，三名身着铠甲的骑士持长矛、盾牌（左）与两名未着铠甲（右）的骑士作战；中间是一名躺倒在地的阵亡士兵[②]（图9-27），其身旁的马匹颈部装饰有两个呈竖长方形块状的二花，马颈前部残缺，根据残缺的长度，似乎应该还有一个呈竖长方形块状"花"，这样就可以将其"复原"为"三花"。上述两幅壁画均藏于刻赤博物馆。从这些壁画资料来看，克里米亚半岛的古代人也喜欢将马的颈部装饰成二花或者三花，进而可知，对马的颈部进行修剪装饰不论年代早晚，是一个普遍现象。更为有趣的是，斯基泰人不仅将马的颈部修剪成花状，还在颈部捆绑一个高耸的插有鬃毛的人工装饰，看起来就像一个横长形的硕大的"一花"，从而使得马的颈部看起来更加高耸和威武，有的还戴有组合式驯鹿头形面具。如在俄罗斯南部阿尔泰一座公元前5世纪至公元前4世纪的斯基泰人墓葬中，殉葬有一匹马匹，不仅颈部捆绑插有鬃毛的人工装饰，面部还戴了带有硕大鹿角的

---

　　①　Christoph Baumep, *The History of Central Asia*, Volume one, The Age of the Steppe Warriors, London・New York: I. B. TAURIS, 2012, p. 252.

　　②　Christoph Baumep, *The History of Central Asia*, Volume one, The Age of the Steppe Warriors, London・New York: I. B. TAURIS, 2012, p. 252.

图9-26 克里米亚半岛凯奇安提斯特里乌斯墓室东壁壁画

图9-27 克里米亚半岛墓葬壁画

面具，经过复原这匹马原来装饰非常华丽[1]（图9-28）。同样在巴泽雷克库尔干1号斯基泰人墓中也出土了10匹殉葬的阉马，其中最前面的两匹装饰得非常华丽，经Griaznov. Cf. 复原，其样子也与前者接近[2]（图9-29）。马匹的面具和插有鬃毛的人工装饰显然是为了表现某种场合的威武神秘，或者专门用在一些礼仪场合（如葬仪中的送葬马队）。斯基泰人对马颈部进行的各类装饰，似乎也影响到了秦汉时期的花马，这是一个值得关注的问题。

四、意外的收获

在花马的研究过程中，新疆的资料一直匮乏，笔者最近在读书的过程中，发现两件遗物上装饰有花马图案。

---

[1] Christoph Baumep, *The History of Central Asia*, Volume one, The Age of the Steppe Warriors, London·New York: I. B. TAURIS, 2012, p.187.

[2] Karl Jettmar, *Art of the Steppes*, New York: Crown Pubilishiers, Inc, 1967, p.107-108, fig.85, 87.

图9-28　俄罗斯阿尔泰斯基泰人墓殉马
装饰复原图

图9-29　俄罗斯巴泽雷克1号墓出土殉马
装饰复原图

（1）1件是流传国外的可能出自新疆洛浦山普拉墓地的毛织物[①]（图9-30），其上装饰的是狩猎纹图案，画面的中央是骑在马上拉弓射箭的狩猎者。马匹的颈部以黄线织出的一个方形框和月牙形图案。方形框应该是马颈部方块状之花瓣，月牙形也是马颈部之花瓣，这种在马颈部装饰方块状和月牙形的花马还是比较少见的，反映了古代于阗人对于花马的认识。这件毛织物因其与山普拉墓地的84SLM01中出土的装饰狩猎纹的毛织物一致[②]，因此被认为可能出自山普拉墓地。而84SLM01的年代在西汉晚期至东汉早期，那么，这件毛织物的年代也大体在这一时期。这件毛织物上的花马可与同时期的花马资料相对应，反映了这一时期花马传播过程中于阗地区的中介作用。

图9-30　新疆洛浦山普拉墓地出土毛织物

① Christoph Baumep, *The History of Central Asia*, Volume Two, The Age of the Silk Roads, London · New York: I. B. TAURIS, 2014, p.140, fig.109.

② 新疆维吾尔自治区博物馆、新疆文物考古研究所：《中国新疆山普拉——古代于阗文明的揭示与研究》，新疆人民出版社，2001年，第43、214—216页，图版409—411。

（2）另外 1 件是在尉犁县咸水泉墓地发现的一具彩绘木棺，其上绘制有三花马图像①（图 9-31、9-32），因图案过于小，以往没有引起注意。要说明棺盖上装饰的三花马的渊源，必须把木棺彩绘纹饰包含的文化因素进行全面分析。

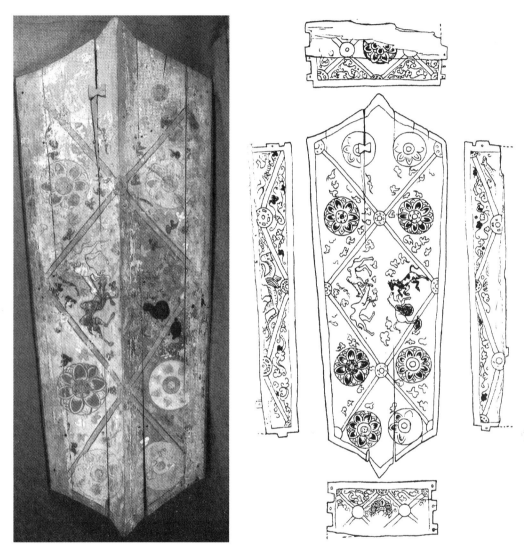

图9-31　新疆尉犁县咸水泉墓地出土　　　　　图9-32　新疆尉犁县咸水泉墓地出土彩绘木棺
　　　　　　彩绘木棺

彩绘木棺棺盖上的纹饰极为丰富，彩绘有硕大的莲花纹、斗驼纹、斗马纹等，而且以双线勾绘出的折线纹之间穿有玉璧状图案，可以称之为折线穿璧纹。这种装饰在汉代画像石上常见，有写实和抽象两种，写实者逼真地雕刻出折线和璧的纹饰。如山

　　①　祁小山、王博：《丝绸之路·新疆古代文化》（续），新疆人民出版社，2016 年，第 105 页，图版⑤、⑥。

东曲阜韩家铺村出土的西汉末至东汉初年画像石上雕刻的写实折线穿璧纹（图 9-33、9-34）[①]，抽象者如山东滕州官桥镇后掌大出土的东汉晚期画像石上雕刻的抽象折线穿璧纹[②]（图 9-35）、陕西绥德东汉画像石上雕刻的抽象折线穿璧纹[③]（图 9-36）等。通过

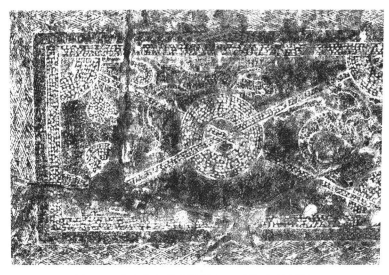

图9-33　山东曲阜韩家铺村出土画像石（局部）

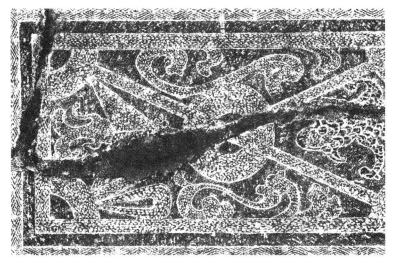

图9-34　山东曲阜韩家铺村出土画像石（局部）

---

① 中国画像石全集编辑委员会：《中国画像石全集》1《山东画像石》，山东美术出版社、河南美术出版社，2000 年，第 82 页，图版一一五，说明文字参见第 38 页。

② 中国画像石全集编辑委员会：《中国画像石全集》2《山东画像石》，山东美术出版社、河南美术出版社，2000 年，第 170 页，图版一七八，说明文字参见第 61 页。

③ 陕西省博物馆：《陕西古代美术巡礼》2《陕北东汉画像石》，陕西人民美术出版社，1984 年，图版 22。

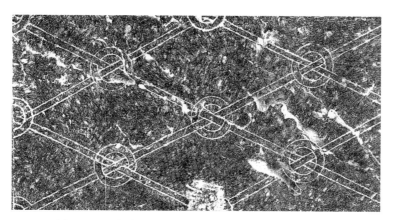

图9-35 山东滕州官桥镇后掌大出土汉画像石（局部）

图9-36 陕西绥德出土汉画像石（局部）

比较，咸水泉出土彩绘棺木上装饰的折线穿璧纹似乎受了中原地区写实折线穿璧纹的影响，这可与汉代设立西域都护府对西域进行管辖相联系，说明这一来自中原地区的文化因素一直在当地流传。

在对木棺两侧纹饰介绍时，介绍者认为棺板左侧（图的左侧）的图案是翼龙，而右侧纹饰不清楚。经过笔者仔细观察，介绍者所说的左侧装饰是面部较方、有尖状双耳、带羽翼的虎纹，一前一后，前者较小，但形态一致；右侧棺板前部露出一个头部较尖的动物形象应该是龙，其布局与带羽翼的虎纹一样，也应该是一前一后，前小后大，似乎也应该带有羽翼。这样一来，棺板两侧装饰的应该是带羽翼的青龙和白虎。青龙和白虎在中原地区发现的北朝石棺及唐代墓葬的墓道两侧常见，数量甚巨，此不赘述。这应该也是受了中原地区文化因素的影响。与棺盖同样，两侧棺板上也装饰有以双线勾绘的折线穿璧纹，而且还填充汉式如意状云气纹。值得一提的是，这种汉式如意状云气纹在汉代已经初步形成，如陕西绥德东汉画像石上的云气纹[1]（图 9-37），显得还比较抽象。到了唐代则变得较为规整，大体上形如三出的如意状，在唐代墓葬壁画中常见，如陕西乾县唐乾陵陪葬墓之一的懿德太子墓墓道东壁绘制的云气纹[2]（图 9-38）等。

① 陕西省博物馆：《陕西古代美术巡礼》2《陕北东汉画像石》，陕西人民美术出版社，1984年，图版2。

② 陕西历史博物馆：《唐墓壁画珍品》，三秦出版社，2011年，第46页，图版38。

图9-37　陕西绥德汉画像石纹饰

图9-38　陕西乾县唐懿德太子墓墓道东壁壁画中的云气纹（局部）

　　在棺木前后两端也装饰有硕大的莲花纹，而且同样有以双线勾绘的折线穿璧纹，其间以汉式云气纹填充。

　　棺木的纹饰，莲花是佛教因素的反映，这一点是毫无疑问的，而折线穿璧、青龙、白虎、汉式云气纹则是中原地区文化因素的反映。斗驼纹和斗马纹则是西亚一带因素的反映，如在山西太原隋虞弘墓石椁椁壁第3幅图像中的胡人骑驼啮狮图像[①]（图9-39）；类似的发现还见于陕西乾县唐永泰公主墓的石椁线刻纹饰，其中有若干幅狮子与鸵鸟相斗的图像[②]（图9-40）等，而这些都是西亚波斯文化影响的结果。虽然斗驼纹、斗马纹在中原地区不常见，但前面列举的两个例子，其设计与斗驼纹、斗马纹极为相似，这不仅为判断木棺文化因素的来源，而且也为判断木棺的年代提供了重要参考。

　　总的来看，这具彩绘木棺的文化因素极为丰富，能够体现新疆作为丝绸之路上文化交汇点这一特征。通过具体的对比

图9-39　山西太原隋虞弘墓椁壁浮雕第3幅

图9-40　陕西乾县唐永泰公主墓石椁
　　　　　线刻纹饰（局部）

---

　　① 山西省考古研究所、太原市文物考古研究所、太原市晋源区文物旅游局：《太原隋虞弘墓》，文物出版社，2005年，图版三〇。

　　② 樊英峰、王双怀：《线条艺术的遗产——唐乾陵陪葬墓石椁线刻画》，文物出版社，2013年，第211、213—219页。

可以看出，这具木棺的年代大约在隋唐时期，具体而言大约在 7 世纪初至 8 世纪初之间。而与这里所谈的三花马有密切关系的是斗马纹，其中一匹马的颈部绘制出呈方块状的三花，这是新疆发现的非常重要的三花马资料。从这具棺木充满着中原地区文化因素这一点来看，马的颈部修剪呈方块状的三花，可以认为是唐代方块状三花马影响的结果。

五、结　　语

综合起来而言，唐代的"三花马"或者"三鬃马"，有着极其丰富的文化内涵，而且涉及对传统文化的继承以及与外来文化的关系。简而言之，唐代的"三花马"或者"三鬃马"应该是多种因素综合而形成的，既有传统的因素，也有外来的突厥与波斯因素。这不仅彰显了文化交流的重要性，而且更是当时"丝绸之路"繁荣发达的一个剪影！

第十章 胜
—— 一个民族的文化符号

胜本来是传说中的西王母的头饰，随着时代的推移，人们开始在春日（正月初二）和人日（正月初七）之时以金箔或者纸张剪成图案张贴于帐上，以示吉利。笔者依据文献记载和考古发现的实物及图像资料，将胜分为西王母式胜、花胜、人胜等三大类，对其进行初步的探讨。就目前所见到的实物资料和文献资料来看，胜作为一种装饰最初出现于汉代，形制和用途经过了一个漫长的发展演变过程，出现了在不同场合中使用的胜。关于胜，在许多论著中均略有涉及①，但鲜有展开论述其发展演变者，这里拟在前人研究的基础上对胜进行初步的探讨。

一、西王母式胜的分类与演变

朝鲜乐浪古坟出土 1 件玉饰，形如篆体"五"字的中央加上一个圆形小竖长方孔的钱币形饰，在中央圆形部分之上线刻有四瓣花形饰②（图 10-1-1）。日本学者梅原末治、藤田亮策最早断定出土于乐浪古坟的玉饰与汉代画像石及铜镜中西王母头上的装饰——胜相似，并将其命名为胜③。同时，乐浪古坟出土玉胜的形制与山东沂南汉画像石墓东侧支柱和西侧支柱上西王母图像头部两侧装饰的胜一致（图 10-1-2、3），关于这一点，报告的编者已经进行了详细考证④。图像和实物资料相结合，足可以证明朝鲜乐浪古坟出土的玉器是胜。这类头戴胜的西王母图像还见于其他画像石、画像砖及摇钱树等。如四川成都新都区新农乡出土的 1 块东汉时期的画像砖上模印有西王母像，

①〔日〕梅原末治、藤田亮策：《朝鲜古代文化総鑑》第三卷，養德社，1959 年，第 18、19 页；南京博物院、山东省文物管理处：《沂南古画像石墓发掘报告》，文化部文物管理局，1956 年；孙机：《汉代物质文化资料图说》（增订本），上海古籍出版社，2011 年，第 283、284 页。

②〔日〕梅原末治、藤田亮策：《朝鲜古代文化総鑑》第三卷，養德社，1959 年，图版第六五。

③〔日〕梅原末治、藤田亮策：《朝鲜古代文化総鑑》第三卷，養德社，1959 年，第 18、19 页。

④ 南京博物院、山东省文物管理处：《沂南古画像石墓发掘报告》，文化部文物管理局，1956 年，图版 25、26。

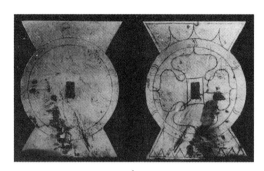

图10-1　汉代的玉胜及装饰胜的西王母图像

1. 朝鲜乐浪古坟出土玉胜　2. 山东沂南汉画像石墓东侧支柱上的西王母像　3. 山东沂南汉画像石墓
西侧支柱上的西王母像

西王母的头部两侧装饰有胜[①]（图 10-2-1）；四川西昌高草一座东汉中期偏晚的墓葬中出土 1 件残摇钱树，其上的西王母头两侧装饰有胜[②]（图 10-2-2）；河北定县东汉（174年）刘畅墓出土的 1 件玉屏风上镂刻有东王公、西王母，在其头两侧均装饰有胜，而且该屏的两侧也分别镂刻有上下排列的胜[③]（图 10-2-3）；在山东嘉祥县宋山画像石墓中出土的第四石年代为东汉，其上所装饰的西王母图像清晰，其头部两侧装饰有胜[④]（图 10-2-4）。

　　关于西王母头上戴胜的传说，在《山海经》中多有记载。如《山海经·西山经》云："玉山，是西王母所居也。西王母其状如人，豹尾虎齿而善啸，蓬发戴胜，是司天之厉及五残"[⑤]。《山海经·海内北经》云："海内西北陬以东者。蛇巫之山，上有人操杯

①　《中国画像砖全集》编辑委员会：《四川汉画像砖》，四川美术出版社，2006 年，图版一五七。

②　刘世旭：《四川西昌高草出土汉代"摇钱树"残片》，《考古》1987 年第 3 期。

③　定县博物馆：《河北定县 43 号汉墓发掘简报》，《文物》1973 年第 11 期。

④　嘉祥县武氏祠文管所：《山东嘉祥宋山发现汉画像石》，《考古》1979 年第 9 期。

⑤　周明初校注：《山海经》，浙江古籍出版社，2000 年，第 36 页。

图10-2　装饰胜的西王母图像

1. 四川成都新都区新农乡出土画像砖　2. 四川西昌高草东汉墓出土摇钱树　3. 河北定县东汉刘畅墓出土玉屏风
4. 山东嘉祥县宋山东汉墓出土画像石

而东向立。一曰龟山。西王母梯几而戴胜杖。其南有三青鸟，为西王母取食。在昆仑虚北"①。《山海经·大荒西经》云："西海之南，流沙之滨，赤水之后，黑水之前，有大山名曰昆仑之丘。有神——人面虎身，有文有尾，皆白——处之。其下有弱水之渊环之。其外有炎火之山，投物辄然。有人，戴胜，虎齿，有豹尾，穴处，名曰西王母"②。

关于西王母头戴玉胜，文献中也有记载。《博物志》卷八云："汉武帝好仙道，祭祀名山大泽以求神仙之道。时西王母遣使乘白鹿告帝当来，乃供帐九华殿以待之。七月七日夜漏七刻，王母乘紫云车而至于殿西，南面东向，头上戴玉胜，青气郁郁如云。有三青鸟，如乌大，使侍母旁"③。

依据朝鲜乐浪古坟中发现的玉胜及其研究成果，并结合有关图像资料，可以断定，在篆体"五"字状中央加一个形如圆形方孔钱币的实物或图像，就是文献中所云的"胜"。因为这种胜主要见于西王母头上，所以拙著将其称为西王母式胜。根据目前考古发现的实物和图像资料，笔者将西王母式胜分为四类，它们之间存在明显的演变关系。

（一）A类胜

拙著以乐浪古坟出土的玉胜为标准，将与之相似者作为 A 类胜。根据考古发现的资料，A 类胜的延续时间很长，可以一直延续到隋唐时期。下面在叙述过程中，主要的发现按照年代顺序罗列。东汉时期墓葬中多见 A 类胜的实物，但魏晋南北朝时期 A 类胜的形象则多见于墓葬的墓砖纹饰。见于墓砖上的 A 类胜以往人们仅将其称为莲花纹，而未再进一步进行诠释，其构图方式与乐浪古坟发现的玉胜基本一致，唯独中央部分为无孔的花瓣式，或者是忍冬纹，或者是莲花纹，这应该是与西方文化交流以及受佛教影响的结果，但 A 类胜的基本特点却没有改变，所以拙著也将其作为 A 类胜。A 类胜的中央圆形部分装饰花瓣者，在东汉时期已经出现。有孔和无孔无本质的区别，有孔者为实用品，需要在中央穿物（横簪）以便被饰于头上；无孔者多以图案形象出现，中央的孔有时被省略掉了，仅具其外形而已。据目前所知的资料，A 类胜不论是实物资料还是图像资料，发现数量较多而且延续时间较长。现将目前所见的 A 类胜按时代列举如下。

1. 汉代的A类胜

汉代的 A 类胜不仅有实物出土，而且在画像石、画像砖、摇钱树、屏风等载体上

---

① 周明初校注：《山海经》，浙江古籍出版社，2000 年，第 185 页。

② 周明初校注：《山海经》，浙江古籍出版社，2000 年，第 228 页。

③ （晋）张华撰，（宋）周日用等注，王根林校点：《博物志》卷八，《汉魏六朝笔记小说大观》，上海古籍出版社，1999 年，第 220 页。

常见。还有一些鸟形饰的侧面也装饰有 A 类胜，这类鸟形饰可能是作为簪头使用的。汉代画像石上还出现了符号化的 A 类胜，奠定了三国至隋唐时期这类符号化 A 类胜的基础。

（1）江苏邗江甘泉二号东汉初期墓中出土 3 件 A 类胜，其中 1 件是将三个 A 类胜焊接成品字形（图 10-3-1），另 2 件是单个的 A 类胜（图 10-3-2、3）。该墓葬中出土的其他金银器充满巫道色彩[1]。这座墓葬出土了王冠形饰以及 A 类胜，似乎该墓葬之中原来存在西王母的模型，其意义与画像石上的西王母像是一致的。

（2）湖南常德南坪乡东汉时期的 M10 出土 1 件金饰，其形制与乐浪古坟所出的玉胜相一致，也应该是 A 类胜[2]（图 10-3-4）。

（3）河北定县东汉刘畅墓（174 年）除出土了前述的玉屏风上装饰的 A 类胜之外，该墓出土的金饰片（金银平脱残片）中也有 A 类胜样式的金饰[3]（图 10-3-5、6）。

（4）湖南长沙五里牌东汉墓出土 1 件"亚腰形"的金饰，中部装饰有六瓣花形饰，长 5、厚 0.4 厘米[4]（图 10-3-7）。如果将其与乐浪古坟和前述的其他 A 类胜相比较，它们在形制上极为相似，五里牌东汉墓所出者也应该是 A 类胜。

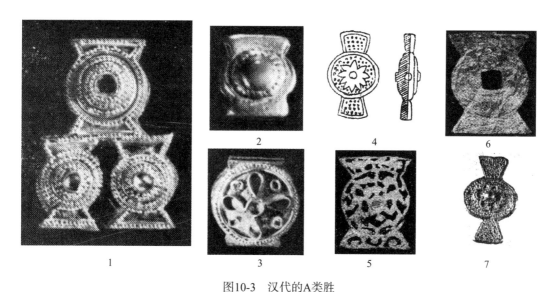

图 10-3　汉代的 A 类胜

1—3. 江苏邗江二号东汉墓出土　　4. 湖南常德南坪东汉 M10 出土　　5、6. 河北定县东汉刘畅墓出土

7. 湖南长沙五里牌东汉墓出土

---

① 南京市博物馆：《江苏邗江甘泉二号汉墓》，《文物》1981 年第 11 期。

② 湖南省博物馆：《湖南常德东汉墓》，《考古学集刊》（第 1 集），中国社会科学出版社，1981 年，第 166 页。

③ 定县博物馆：《河北定县 43 号汉墓发掘简报》，《文物》1973 年第 11 期。

④ 湖南省博物馆：《长沙五里牌古墓葬清理简报》，《文物》1960 年第 3 期。

（5）河南巩义新华小区东汉中期M1出土1件鸟形饰，在其四侧有A类胜[1]（图10-4-1、2），传世品也有同类的器物[2]（图10-4-3）。它们可能是作为簪头使用的。

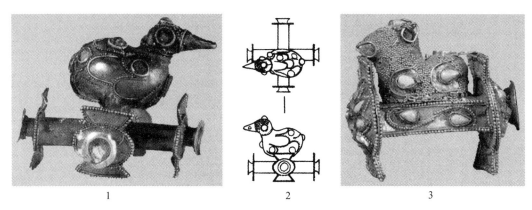

图10-4　汉代的A类胜

1、2. 河南巩义新华小区东汉墓出土鸟形金饰　3. 传世品中的鸟形金饰

（6）四川合江东汉砖室墓石棺上雕刻有符号化的A类胜[3]（图10-5-1）。

（7）山东泰安大汶口东汉前期画像石墓的墓砖侧面装饰有符号化的A类胜[4]（图10-5-2）。

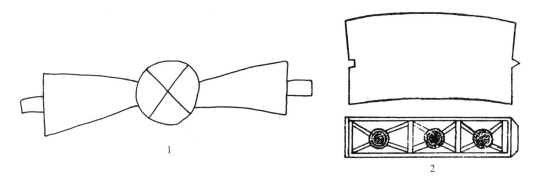

图10-5　汉代的A类胜

1. 四川合江东汉砖室墓出土石棺装饰（摹）　2. 山东泰安大汶口东汉画像石墓墓砖纹饰

2. 三国至南北朝时期的A类胜

三国至南北朝时期，汉代开始出现的符号化A类胜大量流行，而且主要见于墓室

① 郑州市文物考古研究所、巩义市文物保护管理所：《河南巩义市新华小区汉墓发掘简报》，《华夏考古》2001年第4期。

② 〔日〕曾布川宽、冈田健：《世界美術大全集・東洋編》第3卷《三国・南北朝》，小学館，2000年，图版132、133。

③ 谢荔、徐利红：《四川合江县东汉砖室墓清理简报》，《文物》1992年第4期。

④ 泰安地区文物局：《泰安县大汶口发现一座汉画像石墓》，《文物》1982年第6期。

内的砖上，并影响到朝鲜半岛，如韩国百济时期的武宁王陵墓墓砖上的花纹就是这种样式的胜[①]（图10-6）。从发现地域来看，这类符号化的 A 类胜主要发现于长江中下游流域，而以建康（今南京）为中心的地区最为集中，在北方地区仅有极个别的发现，这与汉代的 A 类胜在南北方地区均流行有所不同。与此同时，在符号化 A 类胜的基础上，三国至南北朝时期的器物上，特别是铜镜上流行双鸟或双凤衔 A 类胜的图案，这应该是以西王母身边的青鸟为原型创造出来的，以 A 类胜代替西王母的形象，可以看作是西王母图像的简略化。这一时期也有少量的胜的实物发现。魏晋时期，胜还被认为是祥瑞的象征。《宋书·符瑞志下》记载："金胜，国平盗贼，四夷宾服则出。晋穆帝永和元年二月，春穀民得金胜一枚，长五寸，状如织胜"[②]。《太平御览》卷七百一十九《服用部二一》引《符瑞图》曰："金胜者，仁宝也。不断自成，光若明月"[③]，又引《晋中兴书》曰："一名金称，《援神契》曰：'神灵滋液，百珍宝用有金胜'"[④]。这里所说的金胜，应该就是 A 类胜。这一时期 A 类胜及其图案装饰的主要发现如下。

图10-6　韩国百济武宁王陵墓及模印砖纹
1. 墓室局部　2. 墓室壁面　3、4. 墓砖纹饰

（1）江苏镇江磷肥厂东吴墓出土的 1 面夔凤纹铜镜上装饰双凤口衔 A 类胜[⑤]（图 10-7-1）。

① 〔韩〕国立公州博物馆：《国立公州博物馆》（韩语），通川文化社，2013 年，第 19、26、27 页。
② （梁）沈约：《宋书》，中华书局，1974 年，第 852 页。
③ （宋）李昉等：《太平御览》，中华书局，1962 年，第 3186 页。
④ （宋）李昉等：《太平御览》，中华书局，1962 年，第 3186 页。
⑤ 镇江博物馆：《镇江东吴西晋墓》，《考古》1984 年第 6 期。

图10-7　铜镜拓片

1. 江苏镇江磷肥厂东吴墓出土　2、3. 江苏扬州胥浦孙吴西晋墓出土　4. 安徽马鞍山出土

（2）江苏扬州胥浦孙吴西晋时期的 M70（图 10-7-2）、M89（图 10-7-3）分别出土
1 面夔凤纹镜，其上的双凤口衔 A 类胜[1]。

（3）安徽马鞍山出土的 1 面夔凤纹铜镜上装饰双凤口衔 A 类胜[2]（图 10-7-4）。

（4）浙江漓渚六朝早期墓的墓砖上模印有符号化的 A 类胜，中央为圆形方孔图案[3]
（图 10-8-1）。

（5）浙江黄岩秀岭水库东吴天玺元年（276 年）M5（图 10-8-2）、东晋永和十一年

①　胥浦六朝墓发掘队：《扬州胥浦六朝墓》，《考古学报》1988 年第 2 期。

②　殷春梅、雍玲玲：《安徽马鞍山市发现一枚晋代铜镜》，《考古》1999 年第 8 期。

③　王士伦、朱伯谦：《浙江绍兴漓渚考古简报》，《考古通讯》1955 年第 5 期。

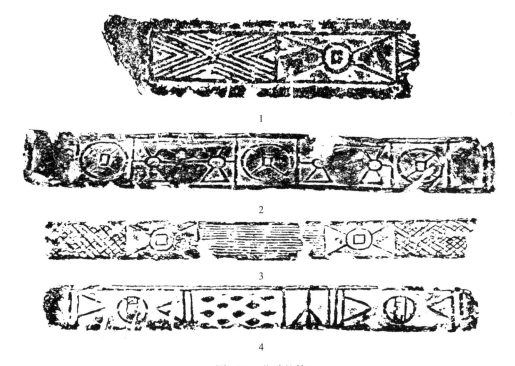

图10-8　墓砖纹饰
1. 浙江漓渚六朝早期墓　2—4. 浙江黄岩秀岭水库东吴、东晋墓

（355年）M44（图10-8-3）及东晋M32（图10-8-4）墓砖均装饰A类胜，中央为圆形方孔图案。其中东吴天玺元年墓墓砖上还模印有两端为A类胜，中央有一横簪者[1]。

（6）江西波阳西晋太康三年（282年）墓墓砖上模印有A类胜，中央为圆形方孔图案[2]（图10-9-1）。

（7）湖南浏阳姚家园西晋太康八年（287年）墓出土的墓砖上纹饰有A类胜，中央为圆形圆孔图案[3]（图10-9-2）。

（8）江苏镇江西晋元康五年（295年）墓出土的墓砖上模印有A类胜[4]（图10-9-3）。墓中出土的地券（图10-9-4）文字涉及东王公、西王母信仰的问题，而其砖的纹饰中也有方胜饰，说明这种符号化的A类胜确实与西王母信仰有关，是对西王母图像的简化。

（9）江苏南京富贵山东晋早期墓M1墓砖模印A类胜，中央为莲花状图案[5]（图10-9-5）。

① 浙江省文物管理委员会：《黄岩秀岭水库古墓清理报告》,《考古学报》1958年第1期。

② 唐山：《江西波阳西晋纪年墓》,《考古》1983年第9期。

③ 高至喜：《浏阳姚家园清理晋墓二座》,《文物》1960年第4期。

④ 镇江博物馆：《镇江东吴西晋墓》,《考古》1984年第6期。

⑤ 南京市博物馆：《江苏南京市富贵山六朝墓地发掘简报》,《考古》1998年第8期。

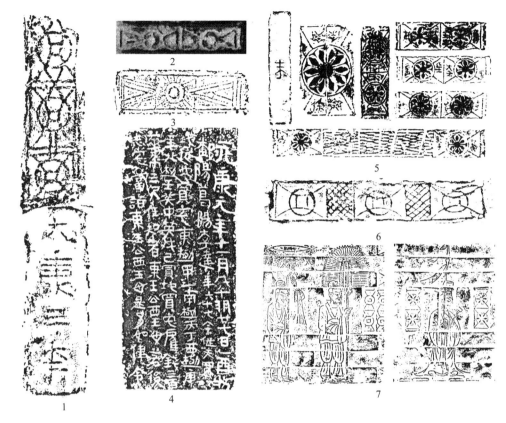

图10-9　墓砖纹饰与地券拓片

1. 江西波阳西晋墓墓砖　2. 湖南浏阳姚家园西晋墓墓砖　3、4. 江苏镇江西晋墓墓砖及地券　5. 江苏南京富贵山东晋墓墓砖　6. 江西赣县南朝宋墓墓砖　7. 江苏丹阳建山金家村南朝墓墓砖

（10）江西赣县南朝宋墓墓砖模印有 A 类胜，中央为圆形方孔图案（图 10-9-6）。该墓墓砖上有"景平年胡"字样，可知其年代在 423—424 年[①]。

（11）江苏丹阳建山金家村南朝墓墓砖模印有 A 类胜，有的在中央圆形图案上饰莲花纹，有的中央为圆形方孔图案[②]（图 10-9-7）。

（12）江苏丹阳胡桥南朝大墓墓砖上模印大量 A 类胜，以在中央圆形图案上装饰莲花纹者为主，也有中央为圆形方孔图案者[③]（图 10-10-1）。

（13）江苏南京郊区梁普通二年（521 年）墓墓砖上模印有符号化的 A 类胜，有的在中央圆形图案上装饰莲花纹，有的中央为圆形方孔图案[④]（图 10-10-2）。

（14）江苏南京梁桂阳王萧融夫妇合葬墓墓砖上模印有符号化的 A 类胜，有的在中

---

① 赣州地区博物馆、赣县博物馆：《江西赣县南朝宋墓》，《考古》1990 年第 5 期。

② 南京博物院：《江苏丹阳县胡桥、建山两座南朝墓葬》，《文物》1980 年第 2 期。

③ 南京博物院：《江苏丹阳胡桥南朝大墓及砖刻壁画》，《文物》1974 年第 2 期。

④ 南京市文物保管委员会：《南京郊区两座南朝墓清理简报》，《文物》1980 年第 2 期。

央圆形图案上装饰莲花纹，有的中央为圆形方孔图案[①]（图 10-10-3）。

（15）江苏南京梁南平王墓阙遗址出土砖上模印有符号化的 A 类胜，有的在中央圆形图案上装饰莲花纹，有的中央为圆形方孔图案[②]（图 10-10-4）。

（16）江苏南京梁桂阳王萧象墓墓砖上模印有符号化的 A 类胜，中央圆形图案上装饰莲花纹[③]（图 10-10-5）。

（17）江苏南京中央门外新宁砖厂南朝墓墓砖上模印有符号化的 A 类胜[④]（图 10-10-6）。

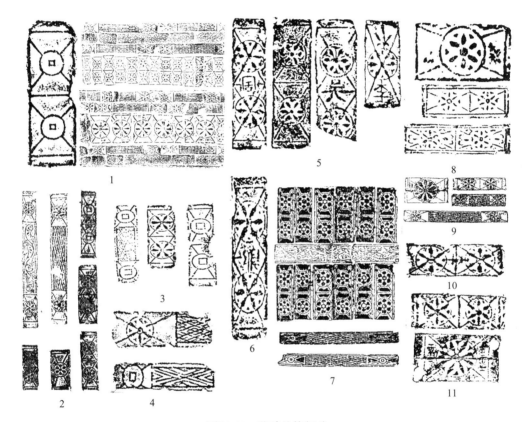

图10-10　墓砖纹饰拓片

1. 江苏丹阳胡桥南朝大墓墓砖　2. 江苏南京梁普通二年墓墓砖　3. 江苏南京梁桂阳王萧融夫妇墓墓砖　4. 江苏南京梁南平王萧伟墓阙砖　5. 江苏南京梁桂阳王萧象墓墓砖　6. 江苏南京新宁砖厂南朝墓墓砖　7. 江苏南京西善桥油坊村南朝墓墓砖　8. 江苏南京雨花台油坊桥南朝墓墓砖　9. 江苏南京红星砖厂南朝墓墓砖　10. 江苏南京板桥南朝墓墓砖　11. 江苏南京白龙山南朝墓墓砖

---

① 南京市博物馆：《南京梁桂阳王萧融夫妇合葬墓》，《文物》1981 年第 12 期。

② 南京市文物研究所、南京栖霞区文化局：《南京梁南平王萧伟墓阙发掘简报》，《文物》2002年第 7 期。

③ 南京博物院：《梁朝桂阳王萧象墓》，《文物》1990 年第 8 期。

④ 南京市文物保管委员会：《南京六朝墓清理简报》，《考古》1959 年第 5 期。

（18）江苏南京江宁东善桥砖瓦一厂南朝墓墓砖上模印有符号化的 A 类胜，在中央圆形图案上装饰莲花纹，有的为圆形方孔图案，有的为方形方孔图案 ①。

（19）江苏南京西善桥油坊村南朝大墓墓砖上模印有符号化的 A 类胜，有的在中央圆形图案上装饰莲花纹，有的中央为圆形方孔图案 ②（图 10-10-7）。

（20）江苏南京雨花台油坊桥南朝墓墓砖上模印有符号化的 A 类胜，在中央圆形图案上装饰莲花纹 ③（图 10-10-8）。

（21）江苏南京红星砖厂南朝陈墓墓砖上模印有符号化的 A 类胜，在中央圆形图案上装饰莲花纹 ④（图 10-10-9）。

（22）江苏南京板桥南朝墓墓砖上模印有符号化的 A 类胜，在中央圆形图案上装饰莲花纹 ⑤（图 10-10-10）。

（23）江苏南京白龙山南朝墓墓砖上模印有符号化的 A 类胜，在中央圆形图案上装饰莲花纹 ⑥（图 10-10-11）。

（24）江苏南京尧化门南朝梁墓墓砖模印 A 类胜，在中央圆形图案上装饰莲花纹，或为圆形方孔图案 ⑦（图 10-11-1）。

（25）江苏南京雨花台南朝墓墓砖模印 A 类胜，在中央圆形图案上装饰莲花纹，或为圆形方孔图案 ⑧（图 10-11-2）。在该墓的简报中，首次将以往所称的莲花纹称为"莲花方胜纹"，也即拙著所说的西王母式 A 类胜。

（26）江苏南京江宁胜太路南朝墓墓砖上装饰篆体"五"字形，其中央圆形图案上装饰莲花纹，属于 A 类胜 ⑨（图 10-12-1、2）。

（27）四川昭化宝轮镇南北朝时期崖墓出土 1 件铜洗，其底部装饰的双凤交颈和双鱼纹，在下方有一行铭文"大吉羊"，双凤头上的装饰形如"五"字形的 A 类胜 ⑩（图 10-12-3）。

（28）河南洛阳北魏元乂墓墓室顶部天象图壁画中的雷公图案中，小鼓之间的连接

---

① 陈兆善：《江宁东善桥砖瓦一厂南朝墓发掘简报》，《东南文化》1987 年第 3 期。

② 罗宗真：《南京西善桥油坊村南朝大墓的发掘》，《考古》1963 年第 6 期。

③ 南京市博物馆：《南京油坊桥发现一座南朝画像砖墓》，《考古》1990 年第 10 期。

④ 南京市博物馆 阮国林：《南京发现一座陈墓》，《文物资料丛刊》（8），文物出版社，1983 年。

⑤ 南京市博物馆：《南京郊区两座南朝墓》，《考古》1983 年第 4 期。

⑥ 南京市博物馆、栖霞区文管会：《江苏南京白龙山南朝墓》，《考古》1998 年第 8 期。

⑦ 南京博物院：《南京尧化门南朝梁墓发掘简报》，《文物》1981 年第 12 期。

⑧ 南京市博物馆、南京市雨花台区文化局：《南京雨花台石子岗南朝砖印壁画墓（M5）发掘简报》，《文物》2014 年第 5 期。

⑨ 南京市博物馆、南京市江宁区博物馆：《南京江宁胜太路南朝墓》，《文物》2012 年第 3 期。

⑩ 沈仲常：《四川昭化宝轮镇南北朝时期的崖墓》，《考古学报》1959 年第 2 期。

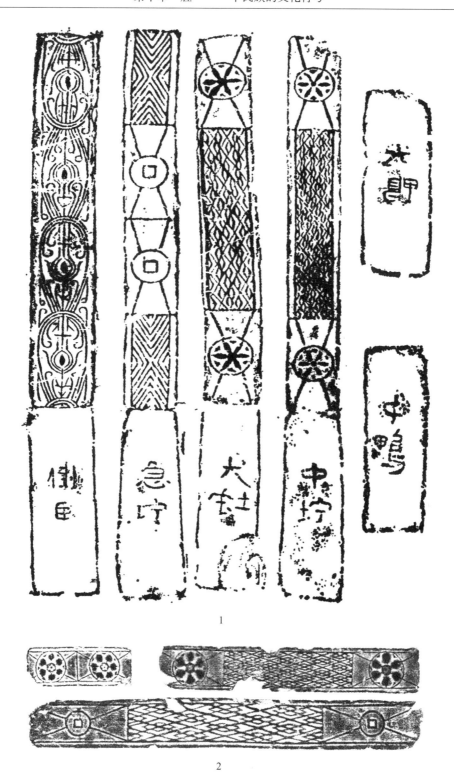

图10-11 墓砖纹饰拓片
1. 江苏南京尧化门南朝梁墓墓砖   2. 江苏南京雨花台南朝墓墓砖

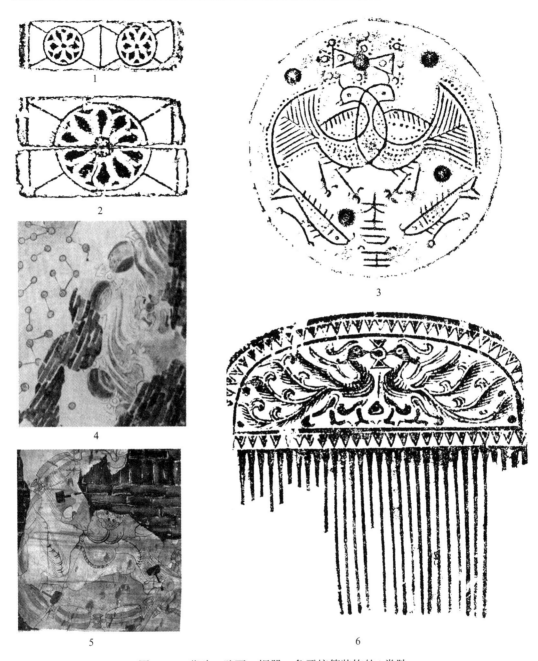

图10-12　墓砖、壁画、铜器、象牙梳等装饰的A类胜

1、2. 江苏南京江宁胜太路南朝墓墓砖　3. 四川昭化宝轮镇南北朝时期崖墓出土铜洗纹饰　4. 河南洛阳北魏元乂墓墓室顶部壁画　5. 山西太原北齐东安王娄睿墓壁画　6. 青海西宁北朝墓出土象牙梳

物为A类胜[①]（图10-12-4）。

（29）山西太原北齐东安王娄睿墓壁画中的雷公图案中，小鼓之间的连接物也为A

_____

① 洛阳博物馆：《河南洛阳北魏元乂墓调查》，《考古》1974年第12期。

类胜[1]（图 10-12-5）。

（30）青海西宁北朝墓出土的象牙梳上装饰双凤衔胜图案，其中的胜属于 A 类胜[2]（图 10-12-6）。

（31）河南安阳孝民屯晋墓出土的马具垂饰和鞍上錾刻有双凤衔 A 类胜[3]（图 10-13）。

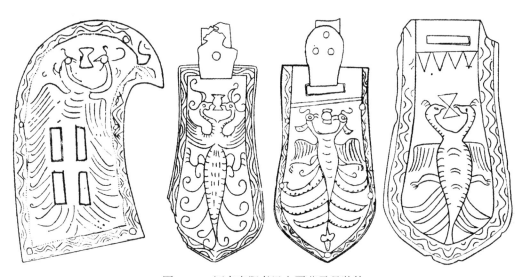

图10-13　河南安阳孝民屯晋墓马具装饰

（32）河南邓县南北朝时期的彩绘画像砖墓券门上方装饰兽面纹，口中衔两端饰 A 类胜并覆搭带子的装饰，似乎以之象征西王母[4]（图 10-14）。

（33）山东青州益都傅家庄北齐屏风石榻上线刻象戏图中的坐具护栏上装饰 A 类胜[5]（图 10-15-1）。

（34）江苏徐州北齐墓墓砖上模印有 A 类胜，中央圆形图案上装饰莲花纹，或为圆形方孔图案[6]（图 10-15-2），与同时期的南朝墓砖上 A 类胜相比较，显得较为笨拙，这也可以看作是 A 类胜在北方地区不大流行的一个证据。

除了上述图像资料中的 A 类胜，还有个别的实物发现。如江苏南京郭家山东晋墓

① 山西省考古研究所、太原市文物考古研究所：《北齐东安王娄睿墓》，文物出版社，2006 年，彩版八一。

② 卢耀光、尚民杰、贾鸿键：《青海西宁市发现一座北朝墓》，《考古》1989 年第 6 期。

③ 中国社会科学院考古研究所安阳工作队：《安阳孝民屯晋墓发掘报告》，《考古》1983 年第 4 期。

④ 陈大章：《河南邓县发现北朝七色彩绘画象砖墓》，《文物参考资料》1958 年第 6 期。

⑤ 青州市博物馆：《山东青州傅家庄北齐线刻画像石》，齐鲁书社，2014 年，第 22 页。

⑥ 徐州市博物馆：《江苏徐州市北齐墓清理简报》，《考古学集刊》（第 13 集），中国大百科全书出版社，2000 年。

图10-14　河南邓县南北朝时期彩绘画像砖墓券门

（M1）出土 2 件金胜，中间有穿孔，应该饰于死者头部两侧，长 1.5、宽 0.7、厚 0.3 厘米 [①]（图 10-16-1）。江苏南京仙鹤观东晋墓（M2）出土 1 件金胜，以金片制作而成，中部有一穿孔，长 1.5、宽 0.7、厚 0.3 厘米 [②]（图 10-16-2）。

特别值得一提的是，浙江余杭小横山东晋南朝墓墓砖上模印的 A 类胜，在中央的圆形方孔图案四周模印有 "大泉五十"、"五十" 等字样 [③]（图 10-17），表现出明显的区域性特点。出现这种现象存在两种可能性：一是在这一较小的区域之内，当时的工匠将方胜误认为货币了；二是在这一较小的区域之内，人们对胜是陌生的，很值得进一步探讨。

3. 隋唐时期的A类胜

隋唐时期的 A 类胜仍有发现，但数量较少，说明 A 类胜在隋唐时期已经没有三国至南北朝时期那么流行，甚至有些已经简化为篆体 "五" 字。如浙江衢州隋墓（M4）墓砖上模印有这种 "五" 字加钱币状的 A 类胜 [④]（图 10-18-1、2）。甘肃安西榆林窟第 25 窟北壁弥勒经变中供桌侧面装饰有篆体 "五" 字形胜，在其中央有圆形饰，属于 A 类

---

①　南京市博物馆：《南京北郊郭家山东晋墓葬发掘简报》，《文物》1981 年第 12 期。

②　南京市博物馆：《江苏南京仙鹤观东晋墓》，《文物》2001 年第 3 期。

③　杭州市文物考古研究所、余杭博物馆：《余杭小横山东晋南朝墓》（上），文物出版社，2013 年，第 47、64、75、108、208、219、235、236 页。

④　衢州市文化馆：《浙江衢州市隋唐墓清理简报》，《考古》1985 年第 5 期。

1

2

图10-15　屏风石榻线刻及墓砖纹饰拓片

1. 山东益都傅家庄北齐屏风石榻线刻　2. 江苏徐州北齐墓墓砖

1　　　　　　　　　2

图10-16　金胜

1. 江苏南京郭家山东晋墓出土　2. 江苏南京仙鹤观东晋墓出土

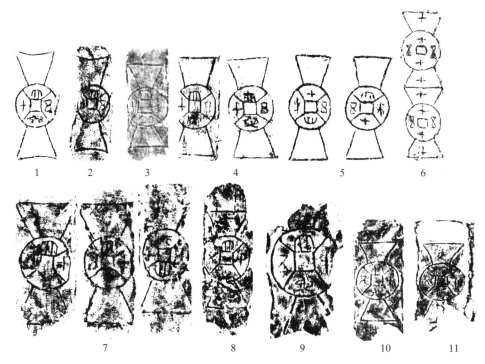

图10-17　浙江余杭小横山东晋南朝墓墓砖纹饰拓片

1. M3　2. M8　3. M9　4. M23　5、6. M107　7. M109　8—11. M119

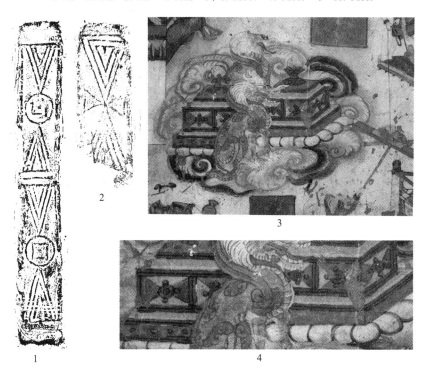

图10-18　墓砖及壁画中的胜

1、2. 浙江衢州隋墓墓砖纹饰　3、4. 甘肃安西榆林窟第25窟北壁弥勒经变供桌及其侧面

胜[①]（图 10-18-3、4）。新疆吐鲁番柏孜克里克石窟壁画中也有 A 类胜，如第 31 窟供养菩萨的下方边饰（图 10-19-1）、第 31 窟本行经变及涅槃变下方的边饰（图 10-19-2）、第 33 窟供养童子的下方边饰[②]（图 10-19-3），可见 A 类胜影响之深远。A 类胜在隋唐时期还对日本产生了影响，如日本奈良药师寺佛座侧面装饰有 A 类胜[③]（图 10-19-4）。

（二）B 类胜

在考古发现的长江流域东吴以来的墓葬墓砖纹饰中，开始出现一种由 A 类胜发展演变而来的 B 类胜，这类胜是在 A 类的基础上，在胜的中央增加了一个菱形网格纹，并且增加了一个圆形方孔的钱币形图像，分别位于菱形网格状的两侧，但篆体"五"字形的两端没有改变。整体上仍与 A 类胜相似，显示了 A 类胜与 B 类胜之间的演变关系。这类胜的形象也有所变化，这种变化主要见于墓葬的墓砖纹饰，流行时间主要在三国吴、东晋、南朝时期，发现地点主要集中在江西地区，这类胜在时间上与 A 类胜相衔接。主要的发现如下。江西南昌东吴时期墓葬（都 M1）墓砖上模印有中央为菱形网格状纹的 B 类胜[④]（图 10-20-1），江西南昌青云谱岱山西晋墓墓砖上模印有中央为网格状纹的 B 类胜[⑤]（图 10-20-3），江西南昌市发现的一座东晋墓砖上模印有中央为网格状纹的 B 类胜[⑥]（图 10-20-2），江西清江山前南朝宋元嘉二十七年（450 年）墓（图 10-20-4）、南朝齐建武三年（496 年）墓（图 10-20-5）墓砖上模印有中央为网格状纹的 B 类胜[⑦]，江西清江南朝宋泰始六年（465 年）（图 10-20-7）、梁大同三年（537 年）墓（图 10-20-8）墓砖上模印有中央为网格状纹的 B 类胜[⑧]，江西永修梁天监九年（510 年）墓墓砖上模印有中央为网格状纹的 B 类胜[⑨]（图 10-20-6）。

（三）C 类胜

B 类胜两端去掉，仅剩下中央的网格状菱形，而且也不再以网格纹为主，其上出现了各种不同的装饰图案，但其形状仍旧呈菱形，只是中央的网格状纹由横长或纵长

[①] 敦煌研究院：《安西榆林窟》，文物出版社、平凡社，1997 年，图版 16。

[②] 吐鲁番地区文物保管所：《吐鲁番柏孜克里克石窟壁画艺术》，新疆人民出版社，1990 年，第 64、70、72 页。

[③] 〔日〕法相宗大本山藥師寺：《藥師寺》，株式会社飞鸟园，2008 年，第 7 页。

[④] 江西省博物馆：《江西南昌东汉、东吴墓》，《考古》1978 年第 3 期。

[⑤] 江西省文物工作队：《江西南昌市发现三座晋墓》，《考古》1986 年第 9 期。

[⑥] 陈定荣、许智范：《南昌市区清理一座东晋墓》，《考古》1984 年第 4 期。

[⑦] 清江县博物馆 傅冬根：《江西清江山前南朝墓》，《文物资料丛刊》（8），文物出版社，1983 年。

[⑧] 江西省博物馆考古队：《江西清江南朝墓》，《考古》1962 年第 4 期。

[⑨] 杨后礼：《江西永修南朝梁墓》，《考古》1984 年第 1 期。

图10-19　壁画及造像中的胜

1—3. 新疆吐鲁番柏孜克里克石窟壁画　4. 日本奈良药师寺药师佛佛座侧面

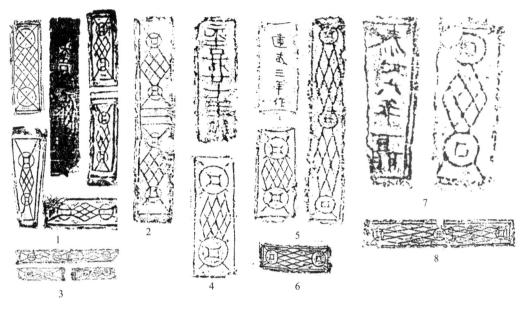

图10-20　墓砖纹饰拓片

1. 江西南昌吴墓（都M1）　2. 江西南昌市东晋墓　3. 江西南昌西晋墓　4. 江西清江元嘉二十七年墓　5. 江西清江建武三年墓　6. 江西永修天监九年墓　7. 江西清江泰始六年墓　8. 江西清江梁大同三年墓

的菱形变成了方形或菱形，在多数情况下以一个角向下形成菱形，也有个别的以一边向下形成方形。从时间来看，这种胜或者胜形饰主要见于唐代，而且常常两侧缀花叶或绶带装饰。铜镜上装饰的这类胜数量最多，陶瓷上也有装饰。现按照缀饰的有无将其分为以下四种。

第一种：仅以单个的菱形样式出现，其中装饰由多条凸线条组成的对角线"十"字形饰，有的两侧缀有较小的花饰。如陕西历史博物馆收藏的1面"千秋"蟠龙镜外区的胜纹（图10-21-1），该馆收藏的另外1面"千秋"蟠龙镜的外区则在"千秋"二字的两侧缀饰两个菱形胜，其内装饰双线"十"字形饰（图10-21-2），该馆收藏的另1面铜镜则在镜纽的内区和外区均装饰这种菱形胜，其内装饰三条凸线组成的"十"字形饰[①]（图10-21-3）。《中国铜镜图典》收录的1面铜镜，在其外区装饰三条线条的"十"字形饰[②]（图10-21-4）。陕西临潼唐遂州司马董务忠墓出土1件菱形金饰[③]（图10-21-5），疑似为第一种胜，或者是胜形饰。河南伊川鸦岭唐齐国太夫人墓出土1件菱形饰（图10-21-6），在其一侧和下部还残存缀饰[④]，也应该具有胜的含义，其样式

---

① 陕西历史博物馆：《千秋金鉴——陕西历史博物馆藏铜镜集成》，三秦出版社，2012年，第353、355、392页。

② 孔祥星、刘一曼：《中国铜镜图典》，文物出版社，1992年，第580页。

③ 程学华、程蕊萍：《唐遂州司马董务忠墓清理简报》，《文博》1996年第2期。

④ 洛阳市文物工作二队：《伊川鸦岭唐齐国太夫人墓》，《文物》1995第11期。

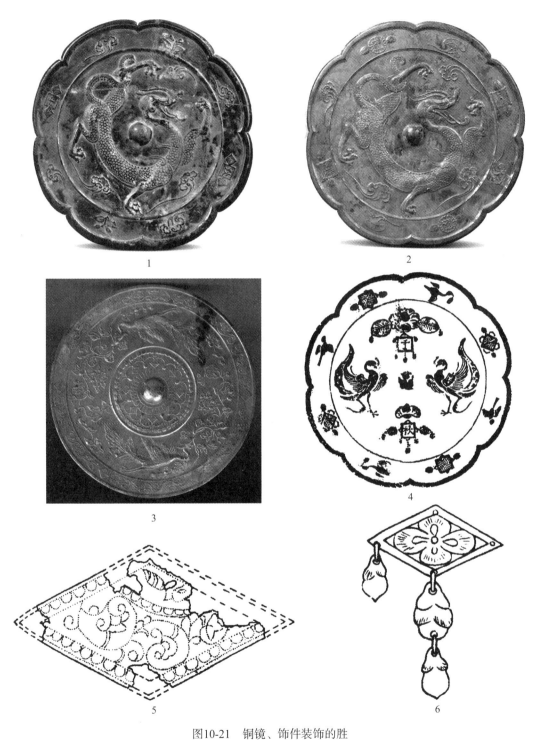

图10-21　铜镜、饰件装饰的胜

1—3. 陕西历史博物馆藏铜镜　4.《中国铜镜图典》收录　5. 陕西临潼唐遂州司马董务忠墓出土饰件
6. 河南伊川鸦岭唐齐国太夫人墓出土饰件

属于第一种胜。陕西西安唐唐安公主墓石墓门上线刻的人物头部一侧有菱形饰[1]（图10-22），应该是簪导一端的装饰，也疑似为第一种胜。由此可见，这种装饰于铜镜上的胜的样式，也是下文所要探讨的菱形花胜的图案化表现。

　　第二种：以单个的菱形或方形样式出现，四角缀饰草叶状装饰。这种胜在唐代的陶瓷器，特别是瓷器上常见。如江苏扬州老城区唐代遗址出土的瓷执壶上就装饰这种四角带花叶的胜，胜之内还装饰花草纹[2]（图10-23-1、2）。在江苏扬州师范学院唐城遗址出土的青花瓷枕上装饰有这种胜，其内也装饰一个菱形胜，在其四周装饰花瓣[3]（图10-23-3）。印度尼西亚海域沉船"黑石号"出水的唐青花瓷盘上也装饰有这种胜[4]（图10-23-4、5），这是典型的中国文化元素向伊斯兰世界输出的一个好例证。

图10-22　陕西西安唐唐安公主墓门线刻人物图像

内蒙古和林格尔出土1件五代至宋辽时期的酱釉划花穿带瓶，腹部装饰有四角缀饰绶带状花瓣形纹的菱形胜[5]（图10-24-1）。此外，在湖南郴州竹叶冲唐墓出土1件滑石盒，其盖部装饰菱形胜，四角均饰叶片状纹[6]（图10-24-2）。

　　值得注意的是，以往认为这种装饰是受了伊斯兰影响，如果笔者推测无误的话，那应该是这种胜在向西传播过程中对伊斯兰世界产生了影响，但由于文化的差异，在伊斯兰世界仅作为一种图案而对待了。这种图案的影响却是深远的[7]，如在陕西扶风

①　陈安利、马咏钟：《西安王家坟唐代唐安公主墓》，《文物》1991年第9期。

②　郑州市文物考古研究所：《河南唐三彩与唐青花》，科学出版社，2006年，图版418、419。

③　郑州市文物考古研究所：《河南唐三彩与唐青花》，科学出版社，2006年，图版418、419。

④　郑州市文物考古研究所：《河南唐三彩与唐青花》，科学出版社，2006年，图版418、419。

⑤　本社编：《新中国出土文物》，外文出版社，1972年，图版153。

⑥　雷子干：《湖南郴州市竹叶冲唐墓》，《考古》2000年第5期。

⑦　关于这种纹饰到底是伊斯兰世界影响了中国，还是中国影响了伊斯兰世界，学界的看法是不同的，但前者似乎占据了上风。参见李仲谋：《关于唐青花新发现资料的思考》，《中国古陶瓷研究》（第九辑），紫禁城出版社，2003年；马文宽：《长沙窑装饰艺术中的某些伊斯兰风格》，《文物》1993年第5期。笔者从广泛装饰于各类器物上的胜或称为胜形饰这一中国传统纹饰角度出发，认为这种菱形或方形的缀花叶或其他装饰的胜对伊斯兰世界产生了影响。

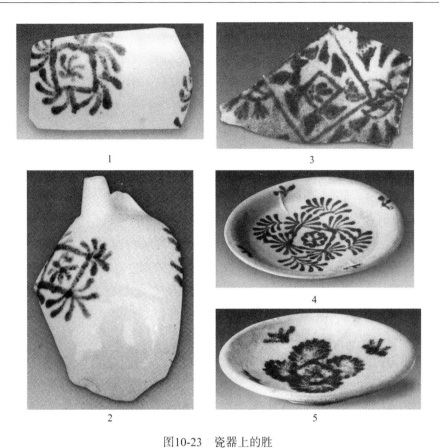

图10-23　瓷器上的胜

1、2. 江苏扬州老城区唐代遗址出土瓷执壶　3. 江苏扬州师范学院唐城遗址出土瓷枕

4、5. 印尼海域沉船"黑石号"出水瓷盘

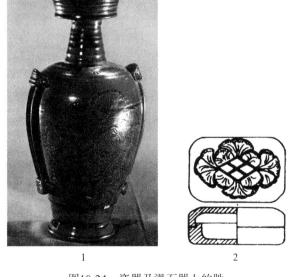

图10-24　瓷器及滑石器上的胜

1. 内蒙古和林格尔出土酱釉穿带瓶　2. 湖南郴州竹叶冲唐墓出土滑石盒

法门寺塔基地宫出土的玻璃盘底部装饰方形图案，而且在花纹的中央刻划菱形格纹饰（图 10-25-1），与一同出土的其他伊斯兰玻璃器的装饰图案明显不同[1]，而与第二种胜在形制上类似，仅与第二种胜往往将花叶或绶带之类的装饰置于四角略有不同，其四边装饰四个花叶，这正说明第二种胜作为一种图案传入伊斯兰世界后，其样式发生了变化，也就是说第二种胜形饰传入到伊斯兰世界后伊斯兰化了。又据汪庆正研究，在 9—10 世纪之时，中国的陶瓷制造业确实对伊斯兰的制陶产生过影响，其文章引用的 1 件青花瓷碗内底即装饰竖置的长方形胜，其内书写阿拉伯文字（图 10-25-2），这个胜摆放方式发生了变化，但其四边装饰花叶纹的习惯并没有发生变化[2]。在印度尼西亚海域沉船"黑石号"出水的唐代瓷盘、盆、壶等器物上均装饰有菱形胜（图 10-25-3），在其四角均缀饰花草纹[3]。如果将其与前述玻璃盘相比较，正好说明这种胜传入伊斯兰世界后发生了变化。

图10-25　琉璃及瓷器上的胜
1. 陕西扶风法门寺塔基地宫出土琉璃盘　2. 汪庆正文章引用青花瓷盘　3. 印尼海域"黑石号"沉船出水瓷器纹饰

　　第三种：以单个的菱形样式出现，两侧缀饰长长的绶带，下方缀饰短绶带，而且其上装饰"卍"字纹。如在日本五岛美术馆收藏的唐代迦陵频伽铜镜上装饰的两两相对的飞天共持一饰"卍"字纹的菱形胜，在其两侧缀饰较长的绶带[4]（图 10-26），这种胜应该是供养给佛的，可以如佛幡一样悬挂，所以也可以称为"佛胜"或"幡胜"。

　　① 陕西考古研究院等：《法门寺考古发掘报告》（上），文物出版社，2007 年，第 216 页。
　　② 汪庆正：《中国唐代陶瓷器对伊斯兰地区 9 至 10 世纪陶业影响的若干问题》，《上海博物馆集刊》（第九期），上海书画出版社，2002 年。
　　③ 李建毛：《长沙窑研究的几个问题》，《中国古陶瓷研究》（第九辑），紫禁城出版社，2003 年，第 66 页。
　　④ 〔日〕大阪市立美术馆：《隋唐の美术》，平凡社，1978 年，彩色图版 53。

图10-26　日本五岛美术馆藏唐代伽陵频伽铜镜

第四种：以单个的菱形样式出现，也有个别的以正方形形式出现，一般在其下方缀饰绶带，两侧缀饰绶带或小件饰物，上端缀一环，上系带或无带，带的最上端为较大的环纽或直接在胜上系环纽。这种胜虽然见于器物的装饰纹样中，但从其上有环状纽来看，应该是用来佩戴的。这种胜在装饰纹样中多为飞鸟所衔，而且以铜镜上的装饰为多，在拨镂牙尺、石椁线刻上也可以见到。如《中国铜镜图典》收录1面铜镜，在镜纽的两侧分别装饰1只口衔这类胜的仙鹤[①]（图10-27-1）。故宫博物院收藏的1面唐代铜镜上方则饰方形胜，其下方为长绶带，其余三面为较短的绶带，胜的中央有"吉"字[②]（图10-27-2）。故宫博物院收藏的另1面唐代铜镜上，装饰口衔菱形胜的凤凰，胜的下方缀饰绶带，其余三个角上缀饰一椭圆形环纽[③]（图10-27-3）。河南洛阳唐肃宗乾元元年（758年）和唐德宗兴元元年（784年）夫妇合葬墓出土1面月宫龙纹双鹊镜，镜纽两侧分别有口衔胜的飞鹊[④]（图10-27-4）。上海博物馆藏1面唐代月宫龙纹双鹊铜镜，镜纽两侧分别有口衔胜的飞鹊[⑤]（图10-27-5）。陕西历史博物馆藏1面唐代菱花形铜镜装饰有双鸟共衔胜的纹饰[⑥]（图10-28-1）。《中国铜镜图典》收录1面唐代葵花形铜镜，纹饰也和前述铜镜类似[⑦]（图10-28-2）。陕西历史博物馆收藏有1面唐代圆形四胜铜镜（原名减地方格花卉纹铜镜），其上装饰四个菱形胜，胜内有双线"十"字形饰，两侧缀饰花瓣，下部缀饰绶带[⑧]（图10-28-3）。有些胜则纯粹图案化了，如《中国铜镜图典》收录的1面唐代铜镜，镜纽的上下方分别装饰一个方形胜，其上部为莲花或荷叶，两侧为花叶，下部有缀饰[⑨]（图10-28-4）。日本奈良宫内厅正仓院收藏的拨镂牙尺装饰

① 孔祥星、刘一曼：《中国铜镜图典》，文物出版社，1992年，第574页。

② 郭玉海：《故宫藏镜》，紫禁城出版社，2008年，图104。

③ 郭玉海：《故宫藏镜》，紫禁城出版社，2008年，图93。

④ 孔祥星、刘一曼：《中国铜镜图典》，文物出版社，1992年，第590页。

⑤ 孔祥星、刘一曼：《中国铜镜图典》，文物出版社，1992年，第591页。

⑥ 陕西历史博物馆：《千秋金鉴——陕西历史博物馆藏铜镜集成》，三秦出版社，2012年，第381页。

⑦ 孔祥星、刘一曼：《中国铜镜图典》，文物出版社，1992年，第586页。

⑧ 陕西历史博物馆：《千秋金鉴——陕西历史博物馆藏铜镜集成》，三秦出版社，2012年，第426页。

⑨ 孔祥星、刘一曼：《中国铜镜图典》，文物出版社，1992年，第580页。

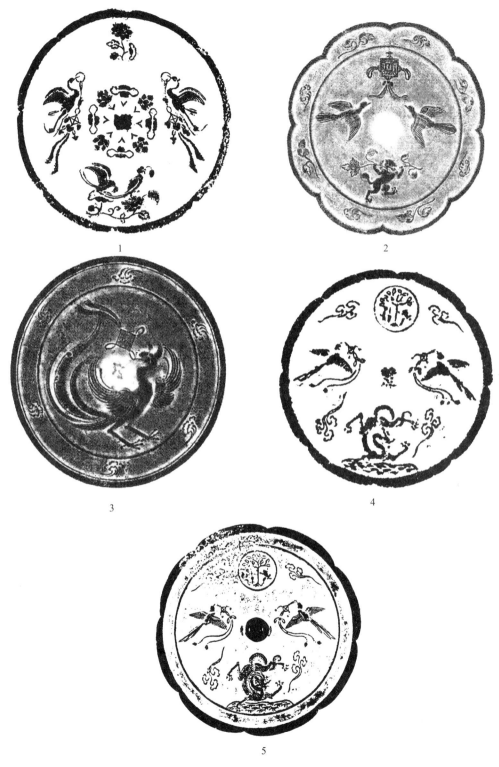

图10-27　唐代铜镜

1.《中国铜镜图典》收录　2、3. 故宫博物院藏　4. 河南洛阳唐墓出土　5. 上海博物馆藏

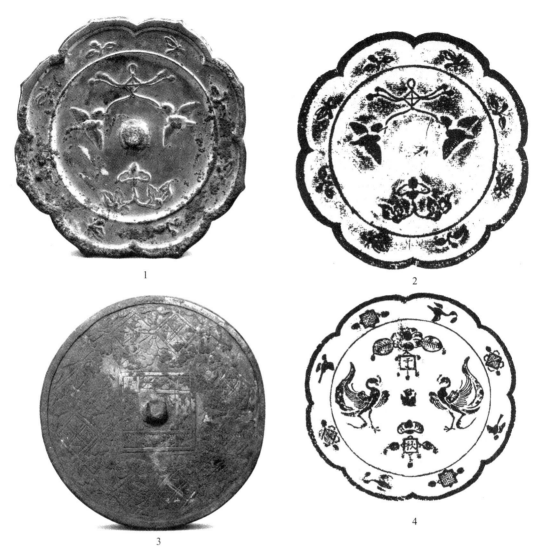

图10-28　唐代铜镜

1、3. 陕西历史博物馆藏　2、4.《中国铜镜图典》收录

的立鸟口中（图 10-29-1、2）、拨镂拨上装饰的飞鸟口中均衔有这种胜者[1]（图 10-29-3、4）。佩戴这类胜的人物图像在考古材料中虽然数量不多，但有图像资料可资参考，如在山西万荣县发现的唐开元九年（721 年）驸马薛儆墓石椁上有四个线刻人物身上佩戴这类胜[2]（图 10-30），只是其形状略有变形，但大体上呈菱形，也有一个人物身上佩带的胜呈三角形，疑其是雕刻或者绘图时造成的误差。现代中国流行的中国结与

---

[1]　〔日〕奈良国立博物館：《特別展 天馬——シルクロードを翔ける夢の馬》，天理時報社，2008 年，第 116 頁。

[2]　山西省考古研究所：《唐代薛儆墓发掘报告》，科学出版社，2000 年，第 50、51 页。

图10-29　日本奈良宫内厅正仓院藏拨镂牙尺及拨
1、2. 拨镂牙尺整体与局部　3、4. 拨镂拨局部与整体

图10-30　山西万荣县唐薛儆墓石椁线刻人物

这种胜何其相似，从中不仅可以感知到中国文化的源远流长，而且更能明白中华文明文脉不断的道理。

C类胜在清代还有发现，只是其两角缀饰的是抽象化的云气状绶带。如在浙江安吉昆铜三城清代墓葬出土的1件金簪两端装饰有C类胜，其中一端略变形，其上錾刻"福寿"二字①（图10-31）。由此看来，直到清代人们仍然将胜视为吉祥如意、福寿的象征。

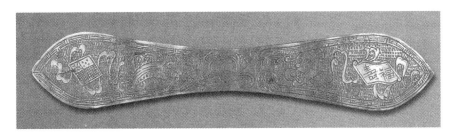

图10-31　浙江安吉昆铜三城清墓出土金簪

（四）D类胜

在C类胜的基础上，两个菱形胜叠加，这类胜被称为"叠胜"。笔者最近在翻阅资

---

① 安吉县博物馆：《安吉文物精华》，文物出版社，2003年，第124页。

料时找到了直接的证据，这就是自辽宁阜新红帽子乡辽塔地宫出土的琥珀叠胜盒，其上阴刻"叠胜"二字[1]（图10-32-1）。顾名思义，就是将两个单个的菱形胜相叠加而成，这同时也说明前文将单个菱形确认为胜是完全正确的。

图10-32　叠胜
1. 辽宁阜新红帽子乡辽塔地宫出土　2. 英国人 A·克拉克收藏瓷盒

　　在现存的实物资料中，相互叠压的胜最早出现在晚唐时期约 9 世纪的陶瓷器上，如英国人 A·克拉克收藏的 1 件绿釉海棠形瓷盒盖面装饰有叠胜纹[2]（图10-32-2）。这种叠胜可以看作是后世叠胜的起源，而主要流行于晚唐以后。在隋唐洛阳城遗址出土的 1 件骨梳（原报告称其为骨刮板）上浮雕有菱形叠胜[3]。五代时期的叠胜也有发现，如在浙江杭州临安吴越国康陵采集到 3 件被称为菱形饰的铜饰[4]（图10-33），从其形制来看，应该是叠胜，这也是目前所见年代最早的叠胜实物。五代之后，叠胜不论是实物还是作为装饰图案均较为常见，特别是在宋元明时期的瓷器、明代铜镜上所装饰的杂宝纹中常见。也有一些独立存在的叠胜，人们一般习惯上将其称为"方胜"，但从前文所列举带有铭文的叠胜实物来看，应该称为"叠胜"。这类单独存在的叠胜考古发掘中也有出土，如浙江宁波天封塔地宫出土银叠胜 6 件（图10-34-1—4），有的镂刻花纹，有的

　　①　辽宁省博物馆：《辽宁省博物馆概览》，辽宁人民出版社，2011 年，第 134 页。

　　②　〔日〕座右宝刊行会　後藤茂樹：《世界陶磁全集》11《隋·唐》，小学馆，1976 年，第 298 页。孙机在《汉代物质文化资料图说》（增订本）一书中，将拙著所述的两个以上的西王母式 A 类胜连接在一起者称为叠胜，与这里讨论的叠胜不同。参见孙机：《汉代物质文化资料图说》（增订本），上海古籍出版社，2011 年，第 283、284 页。

　　③　中国社会科学院考古研究所：《隋唐洛阳城——1959—2001 年考古发掘报告》，文物出版社，2014 年，第 126、127 页。

　　④　杭州市文物考古研究所、临安县文物馆：《五代吴越国康陵》，文物出版社，2014 年，彩版一二〇，3、4。

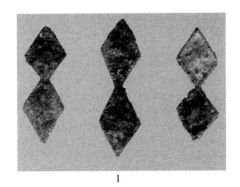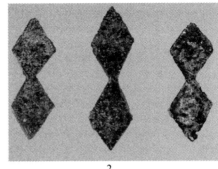

图10-33　浙江杭州临安吴越国康陵采集叠胜
1. 正面　2. 背面

鏨刻花纹，有的边缘还呈花瓣形，其中 2 件之上还鏨刻"长命富贵"四字[①]。天封塔地宫出土的这些器物原来被称为菱形饰、牌饰，现在看来应该称为叠胜，它们能够反映出南宋时期人们仍然延续着正月初七人日的风俗习惯。山东嘉祥元代曹元用墓出土的杂宝纸画上绘有犀牛角、方胜等[②]（图 10-34-5—7），它们虽然属于吉祥类杂宝图案，但其中的所谓方胜都采用叠胜的样式，也应称为叠胜。浙江衢州南宋墓出土 2 件玻璃胜，长 2、宽 1.4 厘米，两个菱形方框状物叠在一起，应该是 2 件玻璃叠胜[③]（图 10-35-1）。安徽安庆棋盘山元墓出土的一组杂宝金饰件中有 2 件金叠胜[④]（图 10-35-2）。江苏南京明王兴祖墓出土 1 件菱形饰，用金片制作而成，中部为四瓣蒂形，角隅及边缘饰圆泡和连珠等纹饰，长 8.3 厘米[⑤]（图 10-35-3）。该饰物的形制与前面所论述的叠胜一致，应该也是 1 件金叠胜。在明代的多宝纹铜镜上叠胜也是重要的纹饰之一，如陕西历史博物馆收藏的多面明代多宝镜就有叠胜纹[⑥]（图 10-35-4）；河南宝丰出土的 1 面明代铜镜上也装饰有叠胜纹[⑦]（图 10-35-5）。这类铜镜数量众多，不一而足。此外，在明清时期的双陆棋盘上也可以见到这种叠胜纹，如美国费城艺术博物馆收藏的 1 件明代黄花梨木双陆棋盘（图 10-36-1）、故宫博物院收藏的 1 件紫檀双陆棋盘（图 10-36-2）盘面中央分别装饰叠胜、三叠胜纹[⑧]。

① 林士民：《浙江宁波天封塔地宫发掘报告》，《文物》1991 年第 6 期。

② 山东省济宁地区文物局：《山东嘉祥县元代曹元用墓清理简报》，《考古》1983 年第 9 期。

③ 衢州市文管会：《浙江衢州市南宋墓出土器物》，《考古》1983 年第 11 期。

④ 白冠西：《安庆市棋盘山发现的元墓介绍》，《文物参考资料》1957 年第 5 期。

⑤ 南京市博物馆：《南京明王兴祖墓清理简报》，《考古》1972 年第 4 期。

⑥ 陕西历史博物馆：《千秋金鉴——陕西历史博物馆藏铜镜集成》，三秦出版社，2012 年，第 541 页。

⑦ 邓城宝：《宝丰文化馆收藏一面雕刻人物镜》，《考古与文物》1983 年第 4 期。

⑧ 陆增弼：《双陆》，《文物》1982 年第 4 期。

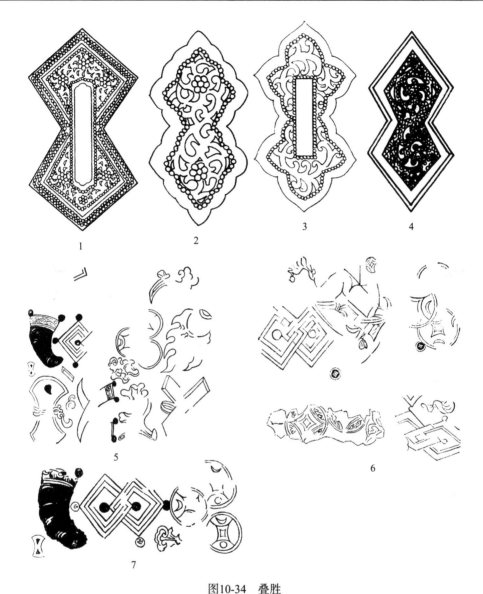

图10-34　叠胜

1—4. 浙江宁波天封塔地宫出土　　5—7. 山东嘉祥元代曹元用墓出土杂宝纸画

　　叠胜不仅常见于纹饰图案或者作为装饰品，还有一些器物的造型往往制作成叠胜样式，可以称之为"叠胜某"。如《中国瓷器鉴定与欣赏》一书收录的1件明万历五彩天下太平人物纹双菱盒[①]（图10-37-1）。笔者以为，这件瓷器实际上就是1件叠胜盒，胜本身就有吉祥如意的含义，器形制作成叠胜状，并装饰"天下太平"文字。这种将吉祥文字与器形结合在一起的设计思想，不仅反映了工匠的深刻用意，更可能有珠联璧合之含义，可能是婚礼等吉庆场合的使用品。中国国家博物馆收藏1件被称为"青

　　①　朱裕平：《中国瓷器鉴定与欣赏》，上海古籍出版社，1993年，彩版34。

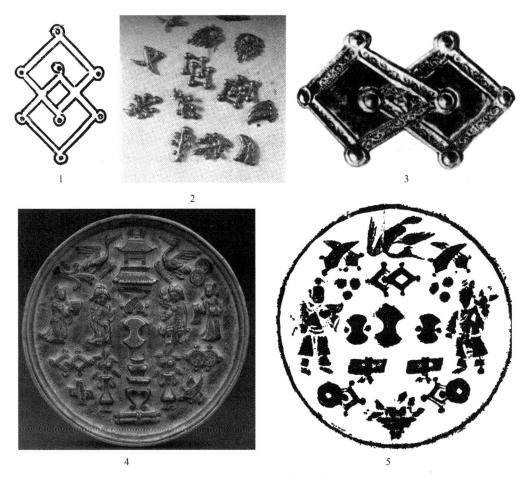

图10-35　叠胜及叠胜纹饰
1. 浙江衢州南宋墓出土叠胜　2. 安徽安庆棋盘山元墓出土叠胜　3. 江苏南京明王兴祖墓出土叠胜
4. 陕西历史博物馆藏铜镜　5. 河南宝丰出土铜镜

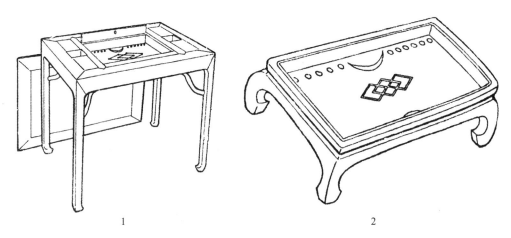

图10-36　装饰叠胜的双陆棋盘
1. 美国费城艺术博物馆藏　2. 故宫博物院藏

玉六蜻蜓环耳双联洗"的玉器①（图 10-37-2），形制与辽宁出土的叠胜盒一致，可以称为
"青玉六蜻蜓环耳玉叠胜杯"，其用途也应该与上述叠胜盒一致，这种叠胜玉杯应该是
古代双连合卺杯②与叠胜相结合的结果。天民楼珍藏的 1 件明隆庆款青花双龙花蝶纹方胜
盖盒，如果俯视来看，犹如两个胜叠压在一起，也可以称之为叠胜盒③（图 10-37-3）。《中
国古陶瓷图典》收录有 1 件"清乾隆釉里红山水纹方胜形笔筒"④（图 10-37-4），俯视其
口部犹如叠胜，如果将"方胜形笔筒"改称为"叠胜笔筒"似乎更加形象。首都博物馆
收藏 1 件仿石釉双联笔筒，其形制与前述笔筒相一致，也应该是 1 件仿石釉叠胜笔筒⑤。

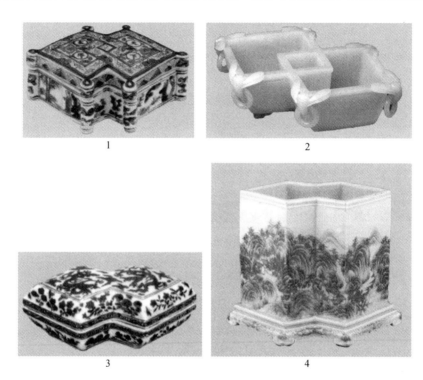

图10-37　叠胜形器物
1. 明万历五彩天下太平人物纹叠胜盒　2. 青玉六蜻蜓环耳玉叠胜杯　3. 明隆庆款青花双龙
花蝶纹叠胜盒　4. 清乾隆釉里红山水纹叠胜笔筒

①　中国历史博物馆：《中国历史博物馆——华夏文明史图鉴》第四卷，朝华出版社，2002 年，
第 272 页，图版 245。
②　王子今：《秦汉时代的双连杯及其民俗学意义》，《考古与文物》1986 年第 5 期。
③　汪庆正、葛师科主编：《天民楼珍藏青花瓷器》，上海科学技术出版社，1996 年，第 166
页；华慈祥：《上海博物馆藏明代玉盒鉴别》，《上海博物馆集刊》（第八期），上海书画出版社，2000
年，第 588—601 页。
④　《中国古陶瓷图典》编辑委员会：《中国古陶瓷图典》，文物出版社，1998 年，第 262 页，插图 346。
⑤　《北京文物精粹大系》编委会、北京市文物局：《北京文物精粹大系·陶瓷卷（下）》，北京出
版社，2004 年，第 242 页，图版 266—268。

通过以上的论述来看，西王母式胜或西王母式胜图案存在一个很明显的发展演变过程，即 A 类→B 类→C 类→D 类。

二、花胜的发现与演变

"胜"不仅是西王母的头饰，也是古代妇女的头饰，文献中称其为"花胜"、"彩胜"、"金胜"等。虽然文献记载"花胜"自晋代开始，据《荆楚岁时记》云："华胜起于晋代"[1]，但司马相如《大人赋》云："低徊阴山翔以纡曲兮，吾乃今日睹西王母。暠然白首戴胜而穴处兮，亦幸有三足乌为之使"，颜师古注云："胜，妇人首饰也，汉代谓之华胜"[2]。这也可从实物得到证据，目前最早的花胜图像资料见于西王母的头饰，如山东嘉祥县嘉祥村出土的东汉画像石西王母头上即装饰有这类花胜，其形状呈放射状的六瓣花形[3]（图 10-38）。

图10-38　山东嘉祥县嘉祥村出土东汉画像石西王母图像

在传世品中也有类似的实物，如日本大阪市立美术馆编著的《六朝の美術》一书中收录 1 件金饰，直径 2.6 厘米，呈八瓣放射状，每瓣即是前文所述的西王母式 A 类胜，也即由八个西王母式 A 类胜组成一个花胜[4]（图 10-39-1）。唐代铜镜纹饰中也有金胜的图像，其形象是横穿一簪，两头做放射状圆形，其旁标有"金胜"二字[5]（图 10-39-2）。

---

① （梁）宗懔撰，（隋）杜公瞻注，黄益元校点：《荆楚岁时记》，《汉魏六朝笔记小说大观》，上海古籍出版社，1999 年，第 1053 页。

② （汉）班固撰，（唐）颜师古注：《汉书》，中华书局，1962 年，第 2596、2598 页。

③ 山东省博物馆、山东省文物考古研究所：《山东汉画像石选集》，齐鲁书社，1982 年，第 27 页，图版八五，图 194；孙机：《汉代物质文化资料图说》（增订本），上海古籍出版社，2011 年，第 282—284 页。

④ 〔日〕大阪市立美術館：《六朝の美術》，平凡社，1976 年，图版 165。

⑤ 〔日〕百橋明穂、中野徹：《世界美術大全集·東洋編》第 4 卷《隋·唐》，小学館，1997 年，第 298 页，插图 178。

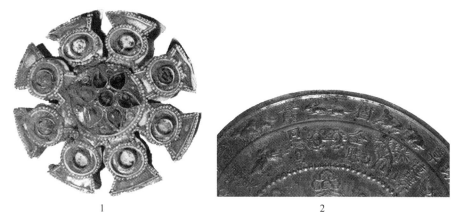

图10-39　胜形饰及铜镜上的胜
1.《六朝の美術》收录金饰　2. 唐代铜镜纹饰局部

　　花胜不仅仅是妇女头上的普通装饰品，也与春日及人日联系在一起，作为这两个特殊节日之时妇女头上的装饰。《文选》卷十九曹魏曹子建《洛神赋并序》云："戴金翠之首饰，缀明珠以耀躯"。李善注引司马彪《续汉书》曰："太皇后花胜上为金凤，以翡翠为毛羽，步摇贯白珠八"[①]。《太平御览》卷七百一十九《服用部二一》引《释名》曰："花胜，草化（花）也。言人形容正等，着之则胜"[②]。又引《续汉书·舆服志》曰："皇后入庙，为花胜。上为凤皇（凰），以翡翠为毛羽，下有白珠垂金绮，镊横簪之"[③]。贾充《李夫人典戒》云："像瑞图金胜之形，又取像西王母戴胜也"[④]。就目前所见的实物和图案装饰来看，花胜可以分为两类。

　　A类：形制以圆形为主，目前发现的实物多以金片镂刻而成，纹饰以双凤为主，也有无双凤者，一端多有链可以悬挂。目前所发现者多出土于魏晋墓葬，特别是东晋南朝墓葬出土数量较多。主要为薄金片剪成的饰物，有的中央有双凤衔西王母式胜的图案，这应该就是文献上记载的"花胜上为金凤"。由于其多为金片镂刻而成，所以多以金胜呼之。从文献记载来看，这种花胜不仅是西王母信仰的反映，也是当时庆祝春日、人日的反映，并已经发展演变成妇女的装饰。依据其中所镂刻图案的特点分为二式。

　　Ⅰ式：为双凤衔西王母式A类胜，或者仅具双凤纹，有的一端带链，有的则无。从出土状况来看，这类胜主要出土于墓主人头部附近，应该是缀于钗之上的装饰。如湖南长沙晋墓出土2件，均以圆形金片镂空而成，其内为相对站立的双凤，共衔西王

　　① （梁）萧统编，（唐）李善注：《文选》，上海古籍出版社，1986年，第897页。
　　② （宋）李昉等：《太平御览》，中华书局，1962年，第3186页。
　　③ （宋）李昉等：《太平御览》，中华书局，1962年，第3186页。
　　④ （梁）宗懔撰，（隋）杜公赡注，黄益元校点：《荆楚岁时记》，《汉魏六朝笔记小说大观》，上海古籍出版社，1999年，第1053页。

母式 A 类胜[①]（图 10-40-1、2）。江西南昌西湖区上窑湾老福山晋墓（M2）出土 1 件，圆形，镂刻双凤与山岳状纹饰，直径 2.2 厘米（图 10-40-3），出土时与银发钗、枕头等在同一位置[②]，说明其原来为头饰，很可能缀于银钗上，这为同类器物的用途提供了非常重要的证据。江苏镇江谏壁砖瓦厂东晋墓（M26）出土 1 件，镂刻双凤共衔西王母式 A 类胜，直径 2 厘米[③]（图 10-40-4）。江苏南京仙鹤观东晋泰和元年（366 年）M2 出土 1 件，其内镂刻呈双凤相对站立，共衔一西王母式 A 类胜，直径 2.3 厘米，带有金链[④]（图 10-40-5）。

　　II 式：形制仍为圆形，镂刻的双凤消失，但仍旧镂刻纹饰。如江苏南京仙鹤观东晋泰和元年（366 年）M2 出土 1 件，直径 2.5 厘米[⑤]（图 10-40-6）。江苏南京郭家山东晋 M1 出土 2 件，直径 1.5 厘米[⑥]（图 10-40-7、8）。

图10-40　金花胜

1、2. 湖南长沙晋墓出土　3. 江西南昌西湖区上窑湾老福山晋墓出土　4. 江苏镇江谏壁砖瓦厂东晋墓出土
5、6. 江苏南京仙鹤观东晋墓出土　7、8. 江苏南京郭家山东晋墓出土

---

①　高至喜：《长沙南郊的两晋南朝隋代墓葬》，《考古》1965 年第 5 期。

②　江西省博物馆：《江西南昌晋墓》，《考古》1976 年第 6 期。

③　镇江博物馆：《江苏镇江谏壁砖瓦厂东晋墓》，《考古》1988 年第 7 期。

④　南京市博物馆：《六朝风采》，文物出版社，2004 年，第 188 页，图版 156。

⑤　南京市博物馆：《六朝风采》，文物出版社，2004 年，第 188 页，图版 155。

⑥　南京市博物馆：《六朝风采》，文物出版社，2004 年，第 187 页，图版 154。

　　B类：形制不统一，但都镂刻花纹。有的上面有文字，与春日、人日有关，主要见于唐代。河北定州静志寺塔基地宫出土2件唐代的镂空银片，其中一片呈菱形，中央的方形边框之内有卧牛，其周围镂空，在菱形饰的四角即卧牛的上下分别镂刻母鸡、公鸡，左右分别镂刻飞燕（图10-41），这与《荆楚岁时记》所云的"立春之日，悉剪彩为燕戴之"[①]相吻合。在其上端有银丝连接的扁平锥形物，应该是插在头上的金花胜。另1件整体呈鱼形，中央有牌形饰，其上錾刻四字："宜春大吉"。上端有螺丝形银丝，最上端为三角形玉饰[②]（图10-42），也应该是插在头上的金花胜。这件花胜也与《荆楚岁时记》所云的"立春之日，悉剪彩为燕戴之，帖'宜春'二字"[③]相吻合。一些图像资料中还有唐代妇女头戴菱形花胜的形象。出土于甘肃敦煌莫高窟藏经洞、现藏于英国伦敦大英博物馆的一幅接引菩萨绢画中妇女头上即装饰有菱形花胜[④]（图10-43），从头部两侧露出的金黄色来看，菱形花胜应该是簪头之上的装饰，也与下文所引诗歌中

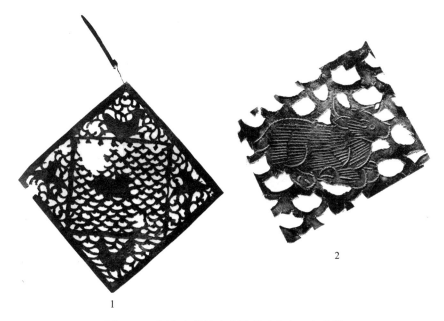

图10-41　河北定州静志寺塔基地宫出土金花胜

1. 全图　2. 局部

　　①　（梁）宗懔撰，（隋）杜公瞻注，黄益元校点：《荆楚岁时记》，《汉魏六朝笔记小说大观》，上海古籍出版社，1999年，第1053页。

　　②　浙江省博物馆、定州市博物馆：《心放俗外：定州静志　净众佛塔地宫文物》，中国书店，2014年，第109、110页。

　　③　（梁）宗懔撰，（隋）杜公瞻注，黄益元校点：《荆楚岁时记》，《汉魏六朝笔记小说大观》，上海古籍出版社，1999年，第1053页。

　　④　〔英〕ロデリック・ウイットフイールド编集，〔日〕上野アキ訳：《西域美術·大英博物館スタインコレクション》第2卷《敦煌絵画》（Ⅱ），講談社，1978年，图版9。

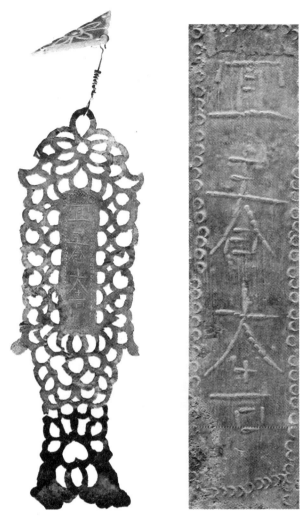

图10-42　河北定州静志寺塔基地宫出土金花胜

图10-43　甘肃敦煌莫高窟藏经洞出土接引菩萨绢画

的内容相吻合。乌兹别克斯坦撒马尔罕阿弗拉西阿卜 7—8 世纪的建筑壁画中唐装女子头部两侧发髻装饰有菱形带毛状花边的花胜形象[①]（图 10-44）。可见唐代女子头上戴花胜的形象给当时的康国人留下了多么深刻的印象，这也是唐文化向西传播的又一例证。前文论述胜作为一种图案装饰曾影响到伊斯兰世界的器物装饰，这两者结合起来看，可以认为胜作为一种图案装饰的确曾对西方产生过影响。

图10-44　乌兹别克斯坦撒马尔罕阿弗拉西阿卜建筑壁画

唐代诗人对于这类胜多有歌咏，诗歌中也多将 B 类花胜与春日、人日的妇女头上所戴之胜相关联，现将相关诗句列举如下。

陆龟蒙《人日代客子（是日立春）》云："人日兼春日，长怀复短怀。遥知双彩胜，并在一金钗"[②]。

戴叔伦《和汴州李相公勉人日喜春》云："年来日日春光好，今日春光好更新。独献菜羹怜应节，遍传金胜喜逢人"[③]。

和凝《宫词百首》云："螺髻凝香晓黛浓，水精鸂鶒飐轻风。金钗斜戴宜春胜，万岁千秋绕鬓红"[④]。

五代花蕊夫人《宫词》云："翠钿贴靥轻如笑，玉凤雕钗袅欲飞。拂晓贺春皇帝阁，彩衣金胜近龙衣"[⑤]。

以上所列诗句或称彩胜、金胜等，或以质地言之，或以颜色言之。从其形制来看，有放射状者，也有菱形或鱼形等动物形状者。

①　孙机：《唐李寿石椁线刻〈侍女图〉、〈乐舞图〉散记》（下），《文物》1996 年第 6 期。
②　《全唐诗》，上海古籍出版社，1986 年，第 1581 页。
③　《全唐诗》，上海古籍出版社，1986 年，第 689、690 页。
④　《全唐诗》，上海古籍出版社，1986 年，第 1840 页。
⑤　《全唐诗》，上海古籍出版社，1986 年，第 1956 页。

三、人胜的发现与演变

《荆楚岁时记》云："正月七日为人日。以七种菜为羹；剪彩为人，或镂金薄为人，以贴屏风，亦戴之头鬓；又造华胜相遗；登高赋诗。"隋杜公赡注引董勋《问礼俗》云："正月一日为鸡，二日为狗，三日为猪，四日为羊，五日为牛，六日为马，七日为人。正旦画鸡于门，七日贴人于帐。……剪彩人者，人入新年，形容改，从新也"[①]。

最为典型者是日本奈良宫内厅正仓院北仓收藏的 1 件方形人胜实物，边长 31 厘米，其上用金箔修剪成各种花纹和树木，其中有一个小童子和一只小狗的形象，并有文字："令节佳辰，福庆惟新，燮和万载，寿保千春"（图 10-45）。日本齐衡三年（865 年）的《杂财物实录》（北仓一六五）记载："人胜二枚，一枚在金薄字十六，一枚押綵绘女形等边缘在金薄裁物，纳斑兰箱一合，右，以天平宝字元年（759 年）润（闰——笔者注）八月廿四日献物"。据日本学者研究，它就是《杂财物实录》中所云的"一枚在金薄字十六"那枚人胜[②]。日本奈良宫内厅正仓院收藏的这件 8 世纪中期的人胜实物，既是唐代在正月七日人日这一天剪彩或镂刻人胜的习俗传播到了日本的证明，而且这件人胜是目前较完整者，可作为唐代人胜的标型器来看待。其特点是将各种镂刻或剪裁的人物图案粘贴于一个背景物之上，构成一个完整的画面，其上有各类写实或抽象的花草、树木、动物、人物等。正仓院的这幅人胜，使得人们能够更进一步理解杜甫《人日两篇》中"胜里金花巧耐寒"[③]的含义，在正月尚寒的天气里，而人胜中剪裁或镂刻出来的花朵却盛开着，预示着春天的到来。

人胜之物曾在新疆吐鲁番麴氏高昌至唐时期的墓中有所发现。新疆吐鲁番阿斯塔那 M306（高昌章和十一年，541 年）中出土一些被剪成亚腰形的纸片，这些应该是人胜的一部分，原来应该张贴在纸张或者绢物等之上[④]（图 10-46-1、2）。新疆吐鲁番阿斯塔那盛唐至中唐时期的一座墓葬中出土被剪成七个人形的人形胜（图 10-46-3），发掘者根据《全唐诗》卷二百十七杜甫《彭衙行》中的"剪纸招我魂"[⑤]一句，认为这是"寓意招魂的人胜剪纸"[⑥]。实际上，这类剪纸应该是人胜的组成部分。宁夏唐史道洛墓中曾

① （梁）宗懔撰，（隋）杜公赡注，黄益元校点：《荆楚岁时记》，《汉魏六朝笔记小说大观》，上海古籍出版社，1999 年，第 1052、1053 页。

② 〔日〕奈良国立博物馆：《第六十六回正倉院展目録》，天理時報社，2014 年，第 48、49 页，图版 16。

③ 《全唐诗》，上海古籍出版社，1986 年，第 576 页。

④ 新疆维吾尔自治区博物馆：《新疆吐鲁番阿斯塔那北区墓葬发掘简报》，《文物》1960 年第 6 期。

⑤ 《全唐诗》，上海古籍出版社，1986 年，第 515 页。

⑥ 新疆维吾尔自治区博物馆：《吐鲁番县阿斯塔那——哈拉和卓古墓群发掘简报》，《文物》1973 年第 10 期。

图10-45　日本奈良宫内厅正仓院藏人胜
1. 整体　2—4. 局部

经发现一些银片,被认为与人胜有关^①。陕西陇县原子头唐墓（M1）中出土了1件塔式罐,其上贴有剪纸^②（图10-47）,应该是一种较为简化的人胜,而不是简单的剪纸。陇县原子头唐墓（M22）中发现两件银平脱木匣,木匣虽朽,但残存各种银平脱饰件,其中有1件为以银片镂刻而成的方形饰物（图10-48）,与正仓院所收藏人胜上粘贴的以金

---

① 原州联合考古队:《唐史道洛墓》,文物出版社,2014年,第148页。

② 宝鸡市考古工作队、陕西省考古研究所:《陇县原子头》,文物出版社,2005年,彩版一三、三二。

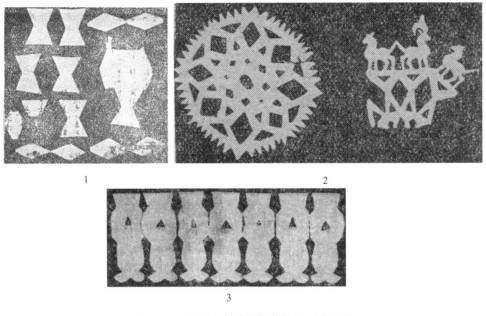

图10-46　新疆吐鲁番阿斯塔那出土纸人胜
1、2. M306 出土　　3. 唐墓出土

图10-47　陕西陇县原子头唐墓M1出土塔式罐及粘贴在其上的纸人胜

片镂刻而成的人物、动物、花树等非常类似，应该具有人胜的寓意在内。湖北武汉武昌区阅马场一座五代吴国墓出土了 1 件木枕，其表面装饰两个大的菱形图案，每个大菱形图案之内又分割成四个小菱形图案，从而在每个大的菱形图案之内形成两个"叠胜"[①]（图 10-49），这应该也有人胜的含义，与陇县原子头唐墓出土塔式罐上的"人胜"意义相同。

图10-48　陕西陇县原子头唐墓M22出土人胜形饰

　　下面列举的唐诗，也可以帮助我们理解人日这一节日在唐代是多么重要。在这一天，除剪彩为人胜、登高赋诗之外，皇帝还在大明宫大宴群臣，而且在宴会上大臣们也"应制赋诗"，唐诗中有关人日与春日者，多为"应制"之作。

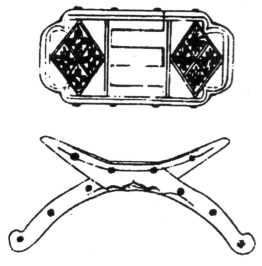

图10-49　湖北武汉武昌区阅马场五代
吴国墓出土木枕及装饰的人胜

　　沈佺期《人日重宴大明宫赐彩缕人胜应制》云："拂旦鸡鸣仙卫陈，凭高龙首帝城（一作庭）春。千官黼帐杯前寿，百福香奁胜里人。山鸟初来犹怯啭，林花未发已偷新。天文正应韶光转，设报悬知用此辰"[②]。

　　李适《人日宴大明宫恩赐彩缕人胜应制》云："朱城待凤韶年（一作华）至，碧殿疏龙淑气来。宝帐金屏人已帖，图花学鸟胜初裁。林香近接宜春苑，山翠遥添献寿杯。向夕凭高风景丽，天文垂耀象昭回"[③]。

　　刘宪《奉和立春日内出彩花树应制（一作人日大明宫应制）》云："禁苑韶年此

　　①　武汉市博物馆：《阅马场五代吴国墓》，《江汉考古》1998 年第 3 期。这件器物应该是胡床，在陕西三原唐李寿墓石椁线刻上刻有持胡床的女子形象。另 1 件同类型的实物则出土于四川蒲江县宋墓之中。参见易水：《漫话胡床——家具谈往之三》，《文物》1982 年第 10 期；孙机：《唐李寿石椁线刻〈侍女图〉、〈乐舞图〉散记》（上），《文物》1996 年第 5 期；四川省文物管理委员会　陈显双：《四川省蒲江县发现两座宋墓》，《考古与文物》1986 年第 5 期。

　　②　《全唐诗》，上海古籍出版社，1986 年，第 243 页。

　　③　《全唐诗》，上海古籍出版社，1986 年，第 186 页。

日归，东郊道上转青旂。柳色梅芳何处所，风前雪里觅芳菲。开冰池内鱼新跃，剪彩花间燕始飞。欲识王游布阳气，为观天藻竞春晖"[1]。其中的"剪彩花间燕始飞"正与前文所引《荆楚岁时记》中所云的"立春之日，悉剪彩为燕戴之"相似。

苏颋《人日重宴大明宫恩赐彩缕人胜应制》云："疏龙磴道切昭回，建凤旗门绕帝台。七叶仙蕖依月吐，千株御柳拂烟开。初年竞贴宜春胜，长命先浮献寿杯。是日皇灵知窈幸，群心就捧大明来"[2]。

徐延寿《人日剪彩》云："闺妇持刀坐，自怜裁剪新。叶催情缀色，花寄手成春。帖燕留妆户，黏鸡待饷人。擎来问夫婿，何处不如真"[3]。

这种贴人胜的习惯还影响到铜镜装饰，如陕西历史博物馆收藏的具有剪纸效果的铜镜[4]（图 10-50）。这种装饰工艺虽然可能是受了金银平脱工艺的影响，但其装饰内容，特别是将镜背纹样装饰成菱形或者菱形相套合的样式，应该是对剪彩为人胜张贴于帐的模仿。另外，唐代铜镜中金银平脱镜的纹饰也有人胜的影子。虽然金银平脱这种工艺本身经历了漫长的发展才在唐代广为流行，但其中的纹饰本身包含有"人日贴人胜"这一文化元素。

佛教信仰者还将人胜剪成佛塔形。法国人伯希和从敦煌莫高窟藏经洞掠走的P.4518（38），就是 1 件单层佛塔剪纸（图 10-51），题记云："天寿二年（964 年）宝胜上天皇后之奏状"、"辛卯年十二月当宅物品登记册"[5]。这件剪纸佛塔应该是当时人胜的一个组成部分，人胜中出现佛塔的样子，反映了佛教对中国这一传统节日的影响。

现在的民俗中，还比较流行在春节期间或婚庆之日剪窗花的习俗，其中以陕西北部、山西一带流行的剪纸及贴窗花艺术为代表。如果纵观人胜的发展史就会明白，这种民俗实际上就是古代人日这一天以剪纸或镂刻金箔的方式制作出有各种花纹图案的人胜，并将其张贴于帐上的流风余韵，只是人们已经逐渐忘了这一文化现象的内涵，仅将剪纸视为一种美丽的装饰品罢了。

四、结　语

"胜"这一概念伴随着神话传说中的西王母而出现，到了东汉中晚期，随着巫道的盛行，人们将西王母头上的装饰——"胜"图像化和实物化。东汉至魏晋南北朝时期

---

① 《全唐诗》，上海古籍出版社，1986 年，第 187 页。

② 《全唐诗》，上海古籍出版社，1986 年，第 192 页。

③ 《全唐诗》，上海古籍出版社，1986 年，第 270 页。

④ 陕西历史博物馆：《千秋金鉴——陕西历史博物馆藏铜镜集成》，三秦出版社，2012 年，第424—426 页。

⑤ 季羡林主编：《敦煌学大辞典》，上海辞书出版社，1999 年，第 244 页。

图10-50　陕西历史博物馆藏铜镜

图10-51　敦煌莫高窟藏经洞出土剪纸

的墓葬中常见西王母式胜或者以西王母式胜作为装饰，这不仅是西王母信仰的反映，人们似乎也赋予了其辟邪的功能。自魏晋时期开始，在荆楚一带开始流行人胜和花胜，虽然最早的花胜见于东汉画像石上西王母的头饰，但却流行于魏晋时期。从目前发现的情况来看，人胜和花胜——特别是花胜主要发现于长江流域的建康（今南京）周围，而在同时期的北方地区及黄河流域却较为少见。隋唐时期，特别是唐代，西王母式胜中的 A 类胜虽然还有发现，但已经不流行了，取而代之的是魏晋时期开始出现的各类花胜和人胜，而且遍及整个南北方地区。唐代以后，叠胜广为流行，并且影响到器物造型和装饰，瓷器上的八宝图案中也常见叠胜。在现代民间习俗中的各类剪纸艺术，特别是以陕西北部和山西北部为代表的剪纸窗花艺术，应该就是魏晋隋唐以来人们剪彩为人胜习俗的孑遗，只是人们对其文化内涵已经不甚了解罢了。与此同时，现代中国在喜庆之日悬挂的中国结，则是拙著所云的西王母式 C 类胜的流风余韵。由此可见，将"胜"看作是中华民族的文化符号一点也不为过，它还影响了东亚的日本和朝鲜半岛，甚至随着瓷器的输出，流传到了遥远的西亚。

第十一章　史海拾贝

第一节　长安镜像

一、一幅承载历史记忆的马毬图像——唐嗣虢王李邕墓壁画中的打马毬图

　　唐嗣虢王李邕墓位于陕西省富平县，是唐高祖李渊献陵的陪葬墓之一。李邕本人则是唐高祖李渊第十五子虢王李凤嫡孙。陕西省考古研究院于 2004 年对该墓进行了发掘，墓葬规模较大，地面有封土，有象征等级的石墓门，全长 47 米[①]（图 11-1）。其中出土的 1 合墓志[②]（图 11-2、11-3），确定了墓主人是嗣虢王李邕。更吸引人的是，其中发现的一幅已经残缺的壁画，其上绘制打马毬图，这是继乾陵陪葬墓之一的章怀太子墓发现打马毬壁画后的又一个类似发现。据《唐嗣虢王李邕墓发掘报告》介绍，壁画

图11-1　陕西富平唐嗣虢王李邕墓鸟瞰

---

①　陕西省考古研究院：《唐嗣虢王李邕墓发掘报告》，科学出版社，2012 年，图版二。

②　陕西省考古研究院：《唐嗣虢王李邕墓发掘报告》，科学出版社，2012 年，第 130、131 页。

图11-2　陕西富平唐嗣虢王李邕墓志盖

位于墓葬前甬道西壁，残存画面长2.14、高1.2米，画面中的人物、马匹色彩鲜艳，栩栩如生[①]（图11-4）。画面中残存四匹马和手持杖杆的驭马者，两端的部分残缺不全，画面中部的人和马基本完整，一人骑于马上，有浓密的络腮胡子，回首，双目圆睁，紧盯落地的马毬[②]（图11-5）；一人回首，袒露右肩，右手高举杖杆呈击毬状[③]（图11-6）。在画面左侧方下部有一个圆形马毬，上画"十"字状装饰。四匹马均缚尾，呈风驰电掣的奔驰状，动感十足。那么，嗣虢王李邕墓中为什么会绘制打马毬图？这得从金城公主和亲吐蕃和一次唐蕃马毬赛谈起。

（一）吐蕃迎娶金城公主与唐蕃马毬赛

唐代前期曾两次与吐蕃和亲，其中金城公主出嫁吐蕃就是其中的一次。据《旧唐书·吐蕃传上》云，中宗神龙元年（707年），吐蕃赞普亡，"吐蕃使来告丧，中宗为之举哀，废朝一日。俄而赞普之祖母遣其大臣悉薰热来献方物，为其孙请婚，中宗以所养雍王守礼女为金城公主许嫁之。自是频岁贡献。景龙三年（709年）十一月，又遣其大臣尚赞吐（相当于唐的左仆射）等来迎女，中宗宴之于苑内毬场，命驸马都尉杨慎交与吐蕃使打毬，中宗率侍臣观之"[④]。吐蕃于唐中宗景龙三年（709年）十一月迎娶金城公主之事，《资治通鉴》卷二百九记载为："吐蕃赞普遣其大臣尚赞咄等千余人逆金城公主"[⑤]。

吐蕃一千余人的迎亲使团来到长安后，唐中宗在内苑宴会招待，并在梨园亭子毬场举行了宫廷打马毬表演，同时与吐蕃举行了一场马毬比赛。关于这场比赛，（唐）封演所著《封氏闻见记》卷六"打毬"条的记载精彩而具体。当时，唐中宗赏赐吐蕃使节于内苑的梨园亭子毬场观看打马毬表演。期间，吐蕃赞咄上奏言："臣部曲有善毬者，请与汉敌"。于是中宗命令表演的马毬队与之比赛，但连续几个回合都输于吐蕃。在这样的情况下，唐中宗让时为临淄王的李隆基与嗣虢王李邕、驸马杨慎交、武秀四

① 陕西省考古研究院：《唐嗣虢王李邕墓发掘报告》，科学出版社，2012年，第67页。

② 陕西省考古研究院：《唐嗣虢王李邕墓发掘报告》，科学出版社，2012年，图版一九，1。

③ 陕西省考古研究院：《唐嗣虢王李邕墓发掘报告》，科学出版社，2012年，图版一九，2。

④ （后晋）刘昫等：《旧唐书》，中华书局，1975年，第5226页。

⑤ （宋）司马光编著，（元）胡三省音注：《资治通鉴》，中华书局，1956年，第6637页。

图11-3 陕西富平唐嗣虢王李邕墓志

图11-4 陕西富平唐嗣虢王李邕墓打马毬壁画全图

图11-5　陕西富平唐嗣虢王李邕墓打马毬壁画局部

图11-6　陕西富平唐嗣虢王李邕墓打马毬壁画局部

人组成一队，与吐蕃十人比赛①。关于唐代吐蕃人的形象及其服饰，可参见敦煌莫高窟中唐时期的第159窟（图11-7-1）、第237窟（图11-7-2）、第360号窟（图11-7-3）

---

① （唐）封演撰，赵贞信校注：《封氏闻见记》，中华书局，2005年，第52—54页，原文中的"景云中"应为"景龙中"之误。

1　　　　　　　　　　　　　　　　2

3

图11-7　敦煌莫高窟壁画中的吐蕃赞普及侍从礼佛图

1. 第159窟　2. 第237窟　3. 第360窟

壁画中的吐蕃赞普及侍从礼佛图^①。李隆基在这场比赛中意气风发，"东西驱突，风回电激，所向无前"，最终唐皇室的四人队以四敌十打败了吐蕃马毬队，唐中宗非常高兴，赏赐他们"强明绢数百段"，还命沈佺期、武平一等学士以此赛事为题献诗，所献之诗均题为《幸梨园亭观打毬应制》^②。

（二）唐蕃马毬赛参赛人员与马毬

在参与唐蕃马毬比赛的四人当中，李隆基本人就是个马毬高手，在其即帝位之

① 敦煌文物研究所：《中国石窟·敦煌莫高窟》（四），文物出版社、株式会社平凡社，1987年，图版91；敦煌研究院：《敦煌石窟艺术全集》23《服饰画卷》，同济大学出版社，2016年，第151、152页，图版135、136；星云大师总监修：《世界佛教美术图说大典·石窟》④，湖南美术出版社，2017年，第1661页。

② 沈佺期所献者云："今春芳苑游，接武上琼楼。宛转萦香骑，飘飘拂画毬。俯身迎未落，回臂逐傍流。只为看花鸟，时时误失筹"（《全唐诗》，上海古籍出版社，1986年，第241页）；武平一所献者云："令节重遨游，分镳应绿毬。骎骎回上苑，蹴蹴绕通沟。影就红尘没，光随赭汗流。赏阑清景暮，歌舞乐时休"（《全唐诗》，上海古籍出版社，1986年，第253页）。

后，依旧未改。据唐封演所著《封氏闻见记》卷六"打毬"条云："开元、天宝中，玄宗数御楼观打毬为事，能者左萦右拂，盘旋宛转，殊可观"①。南宋佚名画家根据其事迹，绘有一幅《明皇击毬图》，以白描手法生动形象地表现了唐玄宗等十六人打马毬的场景，该画现收藏于辽宁省博物馆。虽然我们今天无法看到唐代马毬和毬杖的实物，但日本大阪四天王寺收藏的毬杖和马毬②（图11-8）为我们提供了重要的实物资料。

图11-8　日本大阪四天王寺藏马毬和毬杖

驸马杨慎交其妻是唐中宗之女长宁公主。《新唐书·长宁公主传》中说："长宁公主，韦庶人（唐中宗皇后韦氏）所生，下嫁杨慎交。造第东都，使杨务廉营总。第成，府财几竭，乃擢务廉将作大匠。又取西京高士廉第、左金吾卫故营合为宅，右属都城，左颒大道，作三重楼以冯观，筑山浚池。帝及后数临幸，置酒赋诗。又并坊西隙地广鞠场"③。《隋唐嘉话》卷下记载："景龙中，妃主家竞为奢侈，驸马杨慎交、武崇训，至油洒地以筑球场"④。从杨慎交与长宁公主修建私家马毬场来看，杨慎交本人应该精于马毬，这也是中宗让其参与比赛的重要原因。

《封氏闻见记》卷六所云的"武秀"，似为武延秀之误。据《新唐书·诸帝公主传》记载，唐中宗诸公主的驸马中，武姓者仅有武延基、武延秀，二人均为安乐公主的驸马。安乐公主先嫁武延基，武延基在唐中宗太子李重俊叛乱被杀后又嫁武延秀。武延秀作为唐中宗最宠爱的女儿——安乐公主的丈夫，出现在宴请吐蕃迎亲使团的宴会上，是顺理成章之事。

关于这里要谈的主人公嗣虢王李邕，在史籍中无传，仅在《旧唐书》卷六十四

①　（唐）封演撰，赵贞信校注：《封氏闻见记》，中华书局，2005年，第53页。

②　〔日〕京都文化博物館：《大唐長安展——京都のはるかな源流をたずねる》，日本写真株式会社，1994年，第171页，图版151。

③　（宋）欧阳修、宋祁：《新唐书》，中华书局，1975年，第3653页。

④　（唐）刘餗撰，恒鹤校点：《隋唐嘉话》，《唐五代笔记小说大观》（上），上海古籍出版社，2000年，第110页。

《虢王凤传》中略有提及，云："神龙初，封凤嫡孙邕为嗣虢王。邕娶韦庶人妹为妻，由是中宗时特承宠异，转秘书监，俄又该封汴王，开府置僚属。月余而韦氏败，邕挥刃截其妻首，以至于朝，深为物议所鄙。贬沁州刺史，不知州事，削封邑。景云二年（710年），复嗣虢王，还封二百户，累迁卫尉卿。开元十五年（726年）卒"[1]。从这段记载来看，嗣虢王李邕由于娶了唐中宗皇后韦氏之妹，格外受中宗恩宠。但在李隆基发动的"唐隆政变"中韦皇后被杀，李邕为了撇清自己与韦氏的关系，竟然手刃妻子并携其头至朝，其行为和人品为时人所不齿。又从《大唐故嗣虢王墓志铭》中"王时陪蹙鞠"这句话来看，李邕受唐中宗恩宠并经常陪其"蹙鞠"。这里所谓的"蹙鞠"，《唐嗣虢王李邕墓发掘报告》中将其解释为"踢球"，但如果将文献记载与其墓葬中的打马毬壁画相结合来看，应该解释为"打马毬"，而不是"踢球"。正因为嗣虢王李邕能够经常陪伴唐中宗左右，所以，在要与吐蕃比赛的紧急情况下，他才有可能出场。如此看来，嗣虢王李邕生前是一位打马毬高手，在神龙三年（709年）的这场比赛中，不仅为唐中宗，也为大唐争得了面子。

（三）嗣虢王李邕墓绘制打马毬壁画的原因分析

虽然嗣虢王李邕墓的打马毬壁画有所残缺，但令人惊异的是，如果将其画面进行复原，正好是四匹马、四个人物。笔者以为，嗣虢王李邕墓中的打马毬壁画所绘的人物，应该就是以神龙三年以四敌十的唐玄宗隆基、嗣虢王李邕、驸马杨慎交和武（延）秀作为臆想的对象而绘制的。当然，在嗣虢王李邕死时，李隆基已经成为皇帝，画家不可能明目张胆地将皇帝的画像绘于臣子的墓室，只是取其意境罢了。唐中宗为了神龙三年（709年）战胜吐蕃队的赛事让学士们献诗，正史及笔记类文献中也或略或详地有所记录，画家以绘画表现这次比赛也不是没有可能。

从笔者的分析结果来看，嗣虢王李邕不仅生前喜好打马毬，而且他对自己和唐玄宗李隆基等四人合作，战胜吐蕃十人队这一事件萦绕于怀，所以，这幅以当时的比赛为背景的打马毬图，应该有嗣虢王李邕生前授意的可能，将其作为自己人生中最辉煌的经历永留地下，陪伴自己。

无独有偶，唐代出土的打马毬铜镜也是以四个打马毬者的形象出现，这或许是出于镜背装饰图案对称的考虑，但既然唐玄宗可以为了纪念其生日，而专门铸造出用于祝寿的"千秋万岁"铜镜，那么为了纪念这次以四敌十的辉煌战绩而设计、铸造出打马毬铜镜也不是没有可能的。

唐代装饰打马毬图案的铜镜，均为八出菱花形，镜背纹饰均为四骑间以折枝花，内外区之间的凸棱以八出葵花形为主，仅个别内外区之间的凸棱呈圆形。这类铜镜镜

---

① （后晋）刘昫等：《旧唐书》，中华书局，1975年，第2432页。

背的人物、马匹的姿态以及花鸟的姿态完全相同，说明它们的范以同一底稿制作而成，仅大小略有差异。从菱花形打马毬铜镜主要流行于唐玄宗时期来看，一方面说明玄宗时期打马毬运动的流行，另一方面也为这类铜镜的流行时间提供了重要的参考。目前所知的唐代打马毬铜镜共计 5 面，分别出土于安徽怀宁[①]（图 11-9）、江苏扬州邗江唐墓[②]（图 11-10、11-11）、河南洛阳伊川唐墓（M3）[③]（图 11-12）。另外，在故宫博物院[④]（图 11-13）、陕西西安大唐西市博物馆[⑤]（图 11-14）也各收藏 1 面。

图11-9　安徽怀宁出土打马毬铜镜　　　图11-10　江苏扬州邗江唐墓出土打马毬铜镜拓片

目前所知的打马毬铜镜的形制与纹饰一致，大小也较为接近，似乎有"同范镜"的意味。当然，将"以四敌十"的唐蕃马毬比赛场景浓缩于铜镜之上，也许不是唐玄宗本人的原意，但出于对皇帝歌功颂德的目的，官营手工业作坊的工匠设计出图案纹

---

① 怀宁县文物管理所 许文、金晓春：《安徽怀宁县发现唐人马球铜镜》，《文物》1985 年第 3 期；中国青铜器全集编辑委员会：《中国青铜器全集》16《铜镜》，文物出版社，1998 年，图版一五五。

② 周欣、周长源：《扬州出土的唐代铜镜》，《文物》1979 年第 7 期；邹厚本主编：《江苏考古五十年》，南京出版社，2000 年；马富坤：《扬州出土的唐代打马球铜镜》，《东南文化》2000 年第 10 期；吴炜：《扬州出土的唐代打马球铜镜》，《文物天地》1991 年第 4 期；孔祥星、刘一曼：《中国古代铜镜图典》，文物出版社，1992 年，第 639 页；中国青铜器全集编辑委员会：《中国青铜器全集》16《铜镜》，文物出版社，1998 年，图版一五六。

③ 洛阳市第二文物工作队：《洛阳伊川大庄唐墓（M3）发掘简报》，《文物》2005 年第 8 期。

④ 中国青铜器全集编辑委员会：《中国青铜器全集》16《铜镜》，文物出版社，1998 年，图版一五四。

⑤ 吕建中主编：《大唐西市博物馆》，陕西人民出版社，2010 年，第 52 页。

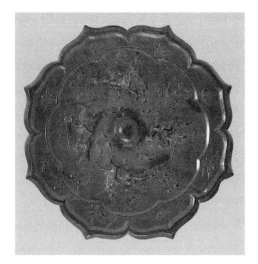

图11-11　江苏扬州邗江唐墓出土打马毬铜镜　　图11-12　河南洛阳伊川大庄唐墓出土打马毬铜镜拓片

图11-13　故宫博物院藏打马毬铜镜　　图11-14　陕西西安大唐西市博物馆藏打马毬铜镜

饰，然后于扬州等铸镜中心铸造是完全有可能的。所以，唐代铜镜中的菱花形打马毬镜也是神龙三年以四敌十战胜吐蕃马毬队的纪念物，这应该是隐藏在图像中的历史事件，也是以图像记录历史的一个重要证据。唐代铜镜中常见的四骑狩猎纹铜镜也多呈菱花形，其图案布局与打马毬镜完全相同，这似乎是受上述打马毬镜的影响。

　　最后，再来比较一下嗣虢王李邕墓壁画中打马毬图的布局特点。此前，在陕西乾县唐章怀太子墓壁画中也发现有打马毬图 [①]（图 11-15—11-17），这幅图画面宏大，

　　① 中国墓室壁画全集编辑委员会：《中国墓室壁画全集》第二卷《隋唐五代》，河北教育出版社，2011 年，第 70 页，图版七五，说明文字参见第 24 页；乾陵博物馆、乾陵旅游开发有限公司：《中国乾陵文物精华》，陕西旅游出版社，图版 8—14。

图11-15　陕西乾县唐章怀太子墓壁画中的
打马毬图（局部）

而且在打毬的人物之间点缀山石等，说明其场地是在野外。这幅场景式布局的打马毬图在表现人物时，人物多为散点分布，而多采用背面或者侧面，正面人物形象较少，人们感觉到的更是宏大和热烈，但对于具体人物则印象不深。嗣虢王李邕墓中的打马毬图则不同，它采取的是聚焦式布局，相当于对激烈的打马毬场景来了个特写镜头，凸显出四个人物争抢马毬的姿态。从较完整的两个人物来看，其正面形象展现的就是其争抢

图11-16　陕西乾县唐章怀太子墓壁画中的
打马毬图（局部）

图11-17　陕西乾县唐章怀太子墓壁画中的
打马毬图（局部）

马毬情景的瞬间定格，面部神态、眼神、动作等形象逼真。这种聚焦式画面布局，就是为了也更能凸显并纪念墓主人曾经参与的值得纪念的活动，是以画表现历史故事，从这一点似乎也可以支持笔者前面的论述。

（四）结语

综上所述，唐王朝是一个流行打马毬的国度，在这样的历史背景下出现了众多的

打马毬高手。嗣虢王李邕本人喜爱打马毬，他也经常陪伴唐中宗进行这一活动。在唐中宗神龙三年（709 年）与吐蕃的比赛中，唐皇室马毬队以四敌十赢了比赛，成为当时的佳话，而嗣虢王李邕本人就是这一战绩的功臣之一。正是为了纪念这次比赛，唐玄宗将其铸造在了铜镜之上，而作为当事人的李邕死后，其家人（此事也许是李邕生前的重要谈资或者写入了遗嘱，以至于相关内容出现在其墓志志文中）让画家在其墓葬中将其曾经的辉煌历史绘制成壁画。打马毬铜镜的纹饰应当是这一被史书记载的历史事件的另外一个"版本"。

二、"丝绸之路"视野中的一件三彩骆驼俑

2004 年，在陕西西安南郊长安区郭杜镇唐墓（M31）中出土了 1 件三彩骆驼俑[①]（图 11-18），骆驼呈卧姿，其身上装载有一些物品，似乎是在途中休息。骆驼俑背部所载物品中，可以通过造型确认的有皮囊壶、菱花形盘、胡瓶、丝绸等。这件三彩骆驼俑被发掘者认为是最为精美的三彩器之一，笔者也有同感，因此，拟从骆驼俑自身及所载物品进行分析，探讨唐代对外文化交流的情形。

图11-18　陕西西安南郊长安区郭杜镇唐墓出土三彩骆驼俑

（一）骆驼

首先从三彩骆驼俑本身谈起。毫无疑问，它的制作是以当时所能见到的骆驼为原型的，在陆上长途运载工具还不发达之时，人们选择了耐力强、能驮载的骆驼。因此，在现代人的意识中，骆驼有意无意地成为一种长途跋涉乃至"丝绸之路"的象征。对于在漫长的"丝绸之路"上要经过干旱沙漠地带的商队而言，骆驼是不可或缺的运载工具。

───────────

① 西安市文物保护考古所：《西安市南郊唐墓（M31）发掘简报》，《文物》2004 年第 1 期。

　　我国古代人对骆驼的认识有一个过程。王嘉《拾遗记》"周灵王"条记载："有韩房者，自渠胥国来，献玉骆驼高五尺，虎魄凤凰高六尺，火齐镜广三尺，暗中视物如昼，向镜语，则镜中影应声而答"[1]。据《艺文类聚》卷九十四引华峤《汉书》云："南单于遣使诣阙，奉蕃称臣，入居于云中，遣使上书，献骆驼二头，文马十匹"[2]。骆驼造型的玉器及骆驼本身之所以能够成为上贡品，说明它们在当时还是稀罕之物。河北满城汉墓二号墓出土的一件鎏金铜博山炉上装饰有骆驼纹，并且与凤、虎、龙等装饰在一起，其展开顺序为凤、虎、骆驼、龙[3]（图11-19）。将骆驼与传统的凤凰、虎、龙并列，可见当时人将骆驼看得很神秘，有将其视为灵兽之意。到了东汉时期，画像石上开始出现骆驼形象，如河南南阳汉画像石上所装饰的胡人骑驼形象[4]（图11-20），四川新都东汉墓中出土的骆驼载鼓画像砖上的骆驼[5]（图11-21）等。但四川新都汉墓画像砖上的骆驼有明显的失真之处，这也可能与四川一带当时人对其了解不多有一定关系。据《王氏见闻录》记载，即使到了五代之时，因"蜀地无骆驼，人不识之。蜀将亡，王公贵权幸出入宫省者，竟执骆驼杖以为礼，自是内外效之。其杖长三尺许，屈一头，傅以桦皮"[6]。

图11-19　河北满城汉墓二号墓出土鎏金铜博山炉上部纹饰展开图

---

①（前秦）王嘉著，（梁）萧绮录，王根林校点：《拾遗记》，《汉魏六朝笔记小说大观》，上海古籍出版社，1999年，第513页。

②（唐）欧阳询撰，汪绍楹校：《艺文类聚》（下），中华书局，1962年，第1630页。

③中国社会科学院考古研究所、河北省文物考古所：《满城汉墓发掘报告》，文物出版社，1980年，第257页。

④河南省博物馆 吕品：《河南南阳汉画像石中的动物形象》，《考古与文物》1980年第4期。

⑤国家文物局主编：《中国文物精华大辞典·金银玉石卷》，上海辞书出版社、商务印书馆（香港），1996年，第362页，砖瓦篇图版48。

⑥（宋）李昉等：《太平广记》卷一百四十，中华书局，1961年，第1012页。

图11-20　河南南阳汉像石上胡人骑驼形象　　　图11-21　四川新都东汉墓出土骆驼载鼓
　　　　　　　　　　　　　　　　　　　　　　　　　　　　　　画像砖

　　文献中还有大量关于骆驼本性及传闻的记载，大多数与长途跋涉有关。如《艺文类聚》卷九十四引《博物志》云："敦煌西渡流沙，往外国，济沙千余里中，无水。时有伏流处，人不能知，骆驼知水脉。过其处，辄停不行，以足踏地。人于所踏处掘之，辄得水"[1]。同卷又引《异苑》云："西域苟夷国，山上有石骆驼，腹下出水，以金铁及手承取，即便对过，唯葫芦盛者，则得饮之，令人身体香净而升仙，其国神秘，不可数过"[2]。唐人段成式在其《酉阳杂俎》中云："驼，性羞。《木兰篇》：明驼千里脚。多误作鸣字。驼卧腹部贴地，屈足漏明，则行千里"[3]。

　　到了魏晋时期，以骆驼俑随葬的现象逐渐增多。说明随着"丝绸之路"的不断繁荣，人们对于这种动物已经司空见惯。例如，内蒙古呼和浩特市大学东路北魏墓[4]、河北磁县东魏茹茹公主墓[5]、河北磁县湾漳北朝壁画墓[6]（图11-22）等都随葬有各种造型的骆驼俑。与此同时，洛阳城还出现了铜驼街这样的街道名称以及立于街道上的铜骆驼。据《艺文类聚》卷九十四引《洛中记》云："有铜驼二枚，在宫之南四会道，头高九尺，头似羊，颈身似马，有肉鞍两个相对"[7]。以骆驼作为一座城市的标志性雕塑，与当时洛阳城作为"丝绸之路"的中心有密切关系。

　　汉武帝之时张骞开通西域，经过了数百年，"丝绸之路"的中心也随着政治、经

　　① （唐）欧阳询撰，汪绍楹校：《艺文类聚》（下），上海古籍出版社，1962年，第1630页。

　　② （唐）欧阳询撰，汪绍楹校：《艺文类聚》（下），上海古籍出版社，1962年，第1630页。

　　③ （唐）段成式撰，曹中孚校点：《酉阳杂俎》前集卷十六，《唐五代笔记小说大观》（上），上海古籍出版社，2000年，第682页。

　　④ 〔日〕大广：《中国☆美の十字路展》，東京印書館，2005年，第152页，图版134。

　　⑤ 磁县文化馆：《河北磁县东魏茹茹公主墓发掘简报》，《文物》1984年第4期。

　　⑥ 中国社会科学院考古研究所、河北省文物研究所：《磁县湾漳北朝壁画墓》，科学出版社，2003年，第125页。

　　⑦ （唐）欧阳询撰，汪绍楹校：《艺文类聚》（下），上海古籍出版社，1962年，第1630页。

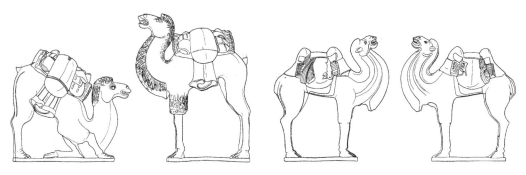

图11-22　河北磁县湾漳北朝墓出土骆驼俑

济、文化中心的不断变迁而从汉代的长安转移到了魏晋洛阳。洛阳城当时中外交流繁荣的情景还可以通过文献记载得到清楚认识。据《洛阳伽蓝记》卷三记载："永桥以南，圜丘以北，伊洛之间，夹御道，东有四夷馆，一曰金陵，二曰燕然，三曰扶桑，四曰崦嵫。道西有四夷里，一曰归正，二曰归德，三曰慕化，四曰慕义。吴人投国者，处金陵馆。三年已后，赐宅归正里。……北夷来附者，处燕然馆。三年已后，赐宅归德里。……北夷酋长遣子入侍者，常秋来春去，避中国之热，时人谓之雁臣。东夷来

图11-23　山东益都北齐石室墓屏风石榻上线刻"商旅驼运图"

附者，处扶桑馆，赐宅慕化里。西夷来附者，处崦嵫馆，赐宅慕义里。自葱岭已西，至于大秦，百国千城，莫不款附。商胡贩客，日奔塞下，所谓尽天地之区矣。乐中国土风因而宅者，不可胜数。是以附化之民，万有余家。门巷修整，阊阖填列，青槐荫陌，绿柳垂庭。天下难得之货，咸悉在焉"[①]。从这段文字可以看出，当时的洛阳已经是一个国际大都市，居住着大量外来移民，其中包括"商胡贩客"，而当时"商胡贩客"所依赖的主要运载工具骆驼成为洛阳城的一道风景线。所以，铜骆驼的竖立及铜驼街名称的出现，墓葬之中骆驼俑的出现，都与当时"丝绸之路"的繁荣密切相关。

　　北朝晚期的一些图像资料中还出现了形象逼真的驼运图。例如，山东益都北齐石室墓线刻纹样中的"商旅驼运图"中线刻一头骆驼（图 11-23），骆驼背上有兽面纹鞍具，驼峰两

---

① （魏）杨衒之撰，周祖谟校释：《洛阳伽蓝记校释》，中华书局，2010 年，第 114—117 页。

侧是成卷的织物，织物之外悬挂一件高足状器物（原报告作者认为是皮囊）[1]。山西太原北齐娄睿墓墓道东壁第一层壁画也绘制有胡人与驼队[2]（图11-24）。诸如此类的例子很多，不一而足。骆驼驮载的这些物品，绝大多数是当时"丝绸之路"上用以贸易的商品。

图11-24　山西太原北齐娄睿墓墓道东壁第一层壁画中的胡人驼队图

到了隋代，情况进一步发生变化，随葬骆驼俑的墓葬数量明显增加，而且多与胡人一起出现。如山西太原斛律彻墓出土1件[3]（图11-25）、陕西西安隋吕思礼墓出土1件[4]等，但与随葬骆驼俑的唐墓相比较，数量尚少。有的驼背上载有丝绸等物品，斛律彻墓出土的骆驼俑就是如此，该骆驼俑高大健壮，张嘴嘶鸣，双峰间驮载丝绸等，其上坐一胡人。在一些外来移民的墓葬石刻中可见有特殊含义的骑驼图，如山西太原隋虞弘墓出土的石椁上雕刻有骑驼狩猎的胡人形象[5]（图11-26、11-27）。

唐墓，特别是北方地区的唐墓随葬的骆驼俑不仅数量大，而且造型生动逼真，说明骆驼已是当时社会司空

图11-25　山西太原斛律彻墓出土胡人骆驼俑

①　山东省益都县博物馆：《益都北齐石室墓线刻画像》，《文物》1985年第10期。

②　山西省考古研究所、太原市文物考古研究所：《北齐东安王娄睿墓》，文物出版社，2006年，第31页。

③　山西省考古研究所、太原市文物管理委员会：《太原隋斛律徹墓清理简报》，《文物》1992年第10期；山西省考古研究所：《太原沙沟隋代斛律彻墓》，科学出版社，2017年，图版九。

④　陕西省考古研究所：《隋吕思礼夫妇合葬墓清理简报》，《考古与文物》2004年第6期。

⑤　山西省考古研究所、太原市文物考古研究所、太原市晋源区文物旅游局：《太原隋虞弘墓》，文物出版社，2005年，第101、102页。

图11-26　山西太原虞弘墓石椁椁壁　　　　图11-27　山西太原虞弘墓石椁椁壁浮雕第4幅
　　　　　浮雕第3幅

见惯之物。这些骆驼俑不仅造型非常优美，而且生动活泼，背部驮载丝绸等物品的骆驼俑明显增多，有的甚至还有演奏乐队等，从一个侧面反映出当时"丝绸之路"的繁荣情景，而骆驼俑也成为文化交流的象征之物。与此同时，骆驼俑又与墓葬之中的鸡、狗、猪等构成一组明器群，反映了这种外来动物已经与中国传统融为一体。

（二）皮囊壶

　　前述 M31 出土骆驼俑的一侧悬挂有皮囊壶，作为盛水用具，它是长途跋涉或在沙漠中行进时的必备品。西安何家村唐代窖藏中出土的 1 件银壶（图 11-28），其造型是皮囊式，两侧分别锤鍱出基本相同的舞马衔杯纹 [①]。以前人们认为这件舞马衔杯银壶是受契丹文化的影响，但从早期契丹人墓葬中出土的各类鸡冠壶来看，两者之间差异还是较大的，关系并不密切。类似的瓷皮囊式壶也有不少。扬州城唐代遗址中发现 1 件皮囊

---

① 韩伟：《海内外唐代金银器萃编》，三秦出版社，1989 年，第 35 页，器物线图 103。

壶，高 22 厘米[1]（图 11-29）； 1956 年在陕西西安郊外出土 1 件白瓷皮囊式壶，高 16.5 厘米[2]（图 11-30）；1964 年在陕西西安沙坡村唐墓出土 1 件白瓷皮囊式壶，高 20 厘米[3]（图 11-31）；河南洛阳出土 1 件白瓷皮囊式壶，高 18 厘米[4]（图 11-32）；陕西西安韩森寨曾经出土 1 件白瓷皮囊式壶，高 19 厘米[5]（图 11-33）；江苏南通人防工地出土 1 件青瓷皮囊式壶[6]（图 11-34），在日本东京国立博物馆收藏 1 件三彩皮囊式壶，高 12.3 厘米[7]

图11-28　西安何家村窖藏出土皮囊式银壶

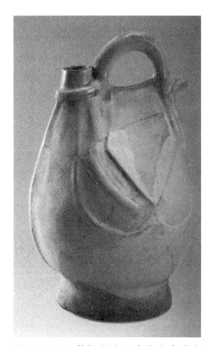

图11-29　江苏扬州出土白瓷皮囊式壶

① 中国社会科学院考古研究所等：《江苏扬州市文化宫唐代建筑基址发掘简报》，《考古》1994 年第 5 期；中国社会科学院考古研究所等：《扬州城——1987～1998 年考古发掘报告》，文物出版社，2010 年，图版一二一；国家文物局：《中国文物地图集·江苏分册》（上），中国地图出版社，2008 年，第 344 页。

② 〔日〕セゾン美術館：《〈シルクロードの都　長安の秘宝展〉図録》，三映印刷，1992 年，第 41 页，图版 31；京都文化博物馆：《平安建都 1300 年——京都府·陕西省友好提携 10 周年記念——大唐長安展》，1994 年，第 151 页，图版 130。

③ 西安市文物局：《华夏故都 丝路起点》，世界图书出版公司，2005 年，第 36 页；西安文物保护考古所：《西安文物精华·瓷器》，世界图书出版公司，2008 年，第 83 页，图版 93。

④ 河南博物院：《汉唐中原——河南文物精品展》，科学出版社，2015 年，第 232 页。

⑤ 〔韩〕庆州国立博物馆：《特别展　陕西历史博物馆珍宝展》（韩语），庆州国立博物馆，2012 年，第 39 页，图版 39。

⑥ 张柏主编：《中国出土瓷器全集》7《江苏 上海》，科学出版社，2008 年，第 85 页，图版 85。

⑦ 〔日〕大阪市立美術館：《隋唐の美術》，平凡社，1976 年；（日）座右宝刊行会 後藤茂樹：《世界陶磁全集》11《隋·唐》，小学館，1976 年，第 141 页，图版 129。

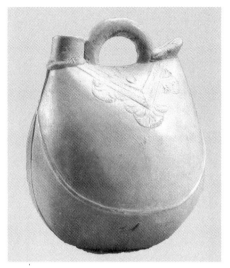

图11-30　陕西西安郊外出土
白瓷皮囊式壶

图11-31　陕西西安沙坡村唐墓出土
白瓷皮囊式壶

图11-32　河南洛阳出土白瓷皮囊式壶

图11-33　陕西西安韩森寨出土白瓷皮囊式壶

（图 11-35）；日本出光美术馆收藏 1 件三彩皮囊式壶，高 19.7 厘米 [1]（图 11-36）等。这些瓷皮囊式壶中，除个别较瘦高之外，大部分都呈垂腹状。上有拱形提梁，一侧的圆管状流或竖或斜，有的口部以鸡首为塞，另一侧则装饰鸡尾形饰。器身侧面边沿还有模仿皮囊缝合的凸棱，以象征皮囊壶的缝合线。个别器物两侧或两端装饰有华丽的纹饰，而三彩器则将金银器上常见的鱼子纹也装饰了上去。这些瓷皮囊式壶底部不带圈

---

[1] 〔日〕出光美术館：《開館 35 周年記念・シルクロードの宝物》，中央公論美術出版，2001 年，第 54 頁，図版 92。

足，平底或者从侧面看不到的小平底，这则是
对皮囊壶的完全模仿，另外一些带有圈足或假
圈足者，则是借用皮囊式壶的器形并加以改造
的结果。不论是平底、小平底或者圈足、假圈
足，都是日常生活中为了使其能够平稳放置而
做的设计。从这些瓷皮囊式壶的釉色来看，既
有以邢窑为代表的北方白釉瓷器，也有以越窑
为代表的青釉瓷器，说明皮囊式壶在唐代南北
方地区均是人们所喜爱的一类器物。

　　从 M31 出土的这件骆驼俑上所载的皮囊
壶来看，这类器物是丝路商人的生活必备品，
并不是某个民族特有的东西。

图11-34　江苏南通出土青瓷皮囊式壶

图11-35　日本东京国立博物馆藏三彩皮囊式壶

图11-36　日本出光美术馆藏三彩皮囊式壶

（三）胡瓶

　　考古发现和传世的胡瓶数量不在少数，其优美的造型、华丽的装饰始终吸引着人
们的目光。宁夏固原北周李贤墓出土的鎏金银胡瓶[1]（图 11-37），是目前所见的最为
精美的此类输入品。对于胡瓶在中国的渊源及其发展演变，有学者进行过专门论述[2]。

---

　　① 宁夏回族自治区博物馆、固原博物馆：《北周李贤墓发掘简报》，《文物》1985 年第 11 期。

　　② 罗丰：《北周李贤墓中亚风格的鎏金银瓶》，《考古学报》2000 年第 3 期；彭善国：《唐代陶
瓷凤首壶的类型、渊源与流向》，《中原文物》2006 年第 4 期。

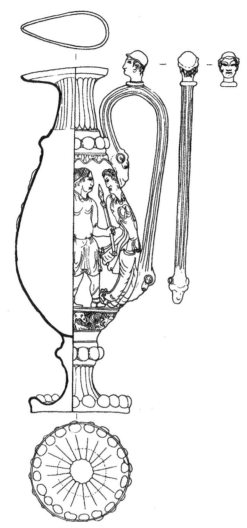

图11-37 宁夏固原北周李贤墓出土
鎏金银胡瓶

在唐代金银器中也有几件银胡瓶，一件出土于河北宽城大野峪窖藏①，另外一件出土于内蒙古敖汉旗李家营子墓葬②（图11-38），前者把手已佚，后者完整，但两者的造型基本一致，被认为是粟特银器③。至于陶瓷胡瓶，造型多样，以胡瓶演化而来的凤首瓶造型最为优美。胡瓶的最大特点是鸭嘴形流，这种流似乎没有得到唐人的认可，所以，唐代制作的各类质地的胡瓶式器物中，主要以凤首等为其主要特征。但值得注意的是，绘画和陶俑的手持物中的胡瓶则以鸭嘴形流为主。特别是持胡瓶的陶俑，多为胡人形象。

三彩骆驼背负的胡瓶是凤首形，也应当是唐王朝境内加工的器皿。胡瓶由鸭嘴形逐渐被凤首形所代替，这种个别因素的置换，体现了文化交流过程中的选择性，装饰纹样也由连珠圈变成凤凰、狩猎等中国传统题材。如陕西西安西郊三桥蔺家村唐墓出土的一件三彩胡瓶，高33厘米，腹部一面装饰独脚站立的凤④（图11-39）。

唐人对于胡瓶的喜爱程度可以从多个方面得到反映，特别是在唐墓壁画或者石椁椁线刻中有大量手持胡瓶的仕女或男子形象。唐永泰公主墓的石椁线刻上有手执胡瓶的仕女形象⑤（图11-40）、唐章怀太子墓壁画中有抱持胡瓶的仕女形象⑥（图11-41）、

① 宽城县文物管理所：《河北宽城出土两件唐代银器》，《考古》1985年第9期。
② 敖汉旗文化馆：《敖汉旗李家营子出土的银器》，《考古》1978年第2期。
③ 齐东方：《唐代金银器研究》，中国社会科学出版社，1999年，第321—332页。
④〔日〕東京国立博物館、NHK、NHKプロモーション：《宮廷の栄華——唐の女帝·則天武后とその時代展》，大塚巧芸社，1998年，第118页，图版68。
⑤ 陕西省文物管理委员会：《唐永泰公主墓发掘简报》，《文物》1964年第1期。
⑥ 乾陵博物馆、乾陵旅游开发有限公司：《中国乾陵文物精华》，陕西旅游出版社，图版26下右侧。

图11-38　内蒙古敖汉旗李家营子墓葬
出土银胡瓶

图11-39　陕西西安西郊三桥蔺家村唐墓出土
三彩凤首胡瓶

图11-40　陕西乾县唐永泰公主墓石椁
线刻中持胡瓶仕女

图11-41　陕西乾县唐章怀太子墓壁画中
抱持胡瓶仕女

陕西富平唐房陵大长公主墓壁画中有手持胡瓶及多曲长杯的仕女像[①]（图 11-42）、陕西礼泉唐安元寿墓壁画中有手持胡瓶的男子像[②]（图 11-43）等。在这些以线刻或绘画的形式表现的胡瓶，以鸭嘴形流为主，仅唐永泰公主墓石椁线刻中的胡瓶为凤首形，其中鸭嘴形流胡瓶很可能是来自西方的输入品。由此可见，唐人在接受外来文化影响的同时，也在着力改造。最终创造出一种与外来文化相融合的造型，并且出现了一种非常有趣的文化现象，即唐人认为它们有胡风，而域外之人则认为它们有唐风。

图11-42　陕西富平唐房陵大长公主墓壁画中持
胡瓶及多曲长杯仕女

图11-43　陕西礼泉唐安元寿墓壁画
中持胡瓶人物

（四）菱花形盘

菱花形器物是唐代流行的一种新颖的器物造型，是唐人尚新样的结果。在菱花形

①　中国墓室壁画编辑委员会：《中国墓室壁画全集》第二卷《隋唐五代》，河北教育出版社，2011 年，第 47 页，图版五二。

②　昭陵博物馆：《唐安元寿夫妇墓发掘简报》，《文物》1988 年第 12 期。

器物中，数量较多而且最具代表性者当数菱花形铜镜，它打破了唐以前铜镜单一的圆形模式，为唐文化增添了新鲜活泼的因素，如上海博物馆收藏的 1 枚菱花形四骑狩猎纹镜[①]（图11-44）。铜镜之外，唐代的铜容器中还有一些菱花形铜盘，如在陕西礼泉郑仁泰墓[②]、辽宁朝阳韩贞墓[③] 等都有出土。不仅铜器，有些唐代陶瓷器尤其是三彩器也采用了这种菱花造型，或为四瓣状菱花形（图11-45），或为莲花瓣状菱花形[④]（图11-46），造型别致。但由于制作工艺等原因，此类陶瓷器远没有金属器中的菱花形器多。

图11-44　上海博物馆藏菱花形铜镜

图11-45　四瓣状菱花形三彩盘

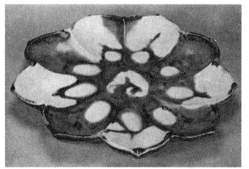

图11-46　菱花形三彩盘

　　与铜镜、铜容器中的菱花形器相比较，唐代金银器中的菱花形银盘更引人注目，到目前为止已经发现数件，如西安东郊韩森寨窖藏出土凤纹菱花形银盘[⑤]（图11-47）、河北宽城大野峪窖藏出土菱花形三足银盘[⑥]（图11-48）、山西繁峙窖藏出土菱花形小银盘[⑦]（图11-49、11-50）等。这种造型的器物甚至东传至日本，日本奈良宫内厅正仓院收藏

①　孔祥星、刘一曼：《中国铜镜图典》，文物出版社，1992 年，第 643 页。

②　陕西省博物馆、礼泉县文教局唐墓发掘组：《唐郑仁泰墓发掘简报》，《文物》1972 年第 7 期。

③　朝阳地区博物馆：《辽宁朝阳唐韩贞墓》，《考古》1973 年第 9 期。

④　〔日〕座右宝刊行会 後藤茂樹：《世界陶磁全集》11《隋·唐》，小学馆，1976 年，第 140 页，图版 122、123。

⑤　韩伟：《海内外唐代金银器萃编》，三秦出版社，1989 年，第 77 页，器物线图 162。

⑥　宽城县文物管理所：《河北宽城出土两件唐代银器》，《考古》1985 年第 9 期。

⑦　李有成：《繁峙县发现唐代窖藏银器》，《文物季刊》1996 年第 1 期。

图11-47　陕西西安东郊韩森寨窖藏出土
菱花形银盘

图11-48　河北宽城大野峪窖藏出土
菱花形三足银盘

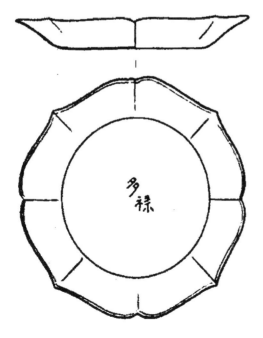

图11-49　山西繁峙窖藏出土菱花形银盘

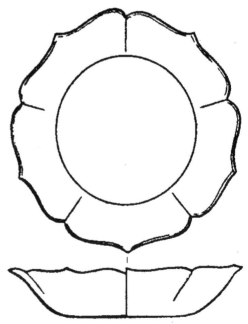

图11-50　山西繁峙窖藏出土菱花形银盘

的四足菱花形银盘[①]（图11-51）可能是通过遣唐使传入日本的。唐代金银器中，除了菱花形银盘，还有大量的菱花形银盒，如河南偃师杏园村李景由墓出土的菱花形银盒（M2603：39）[②]（图11-52）、江苏丹徒丁卯桥窖藏出土的凤纹菱花形银盒（图11-53）与鹦鹉纹菱花形银盒[③]（图11-54）、美国纳尔逊美术馆收藏（图11-55）和弗利尔美术馆（图11-56、11-57）收藏的菱花形银盒[④]等。

显而易见，骆驼俑上的菱花形盘，应当是1件唐王朝境内所生产或受到唐文化影响的对外贸易品，而且很有可能模仿的就是菱花形银盘。

图11-51　日本奈良宫内厅正仓院藏
四足菱花形银盘

图11-52　河南偃师杏园唐李景由墓出土
菱花形银盒（M2603：39）

（五）丝绸

丝绸是最能代表中国古代文化的象征物之一。早在19世纪末，汉代丝绸已在叙利亚巴尔米拉墓葬中发现，因为这一发现，"丝绸之路"这一经久不衰的专用名词诞生

①　韩伟：《海内外唐代金银器萃编》，三秦出版社，1989年，第85页，器物线图174。
②　中国社会科学院考古研究所：《偃师杏园唐墓》，科学出版社，2001年，第131页。
③　镇江市博物馆、陕西省博物馆：《唐代金银器》，文物出版社，1985年，图版211—214。
④　韩伟：《海内外唐代金银器萃编》，三秦出版社，1989年，第108页，器物线图218；第116页，器物线图230。

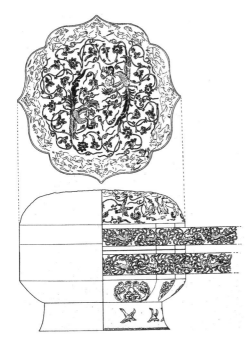

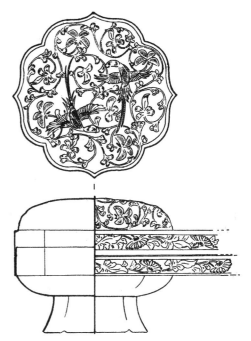

图11-53　江苏丹徒丁卯桥窖藏出土　　　　　图11-54　江苏丹徒丁卯桥窖藏出土
　　　　　凤纹菱花形银盒　　　　　　　　　　　　　　　鹦鹉纹菱花形银盒

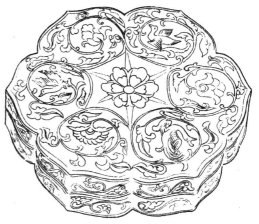

图11-55　美国纳尔逊美术馆藏菱花形银盒　　　图11-56　美国弗利尔美术馆藏菱花形银盒

了，并成为东西方文化交流的代名词之一。汉代的丝绸后来在巴尔米拉还有发现，如叙利亚国立博物馆收藏的一片红色带刺绣的丝绸①（图 11-58），至今看起来仍然鲜艳无比。尽管此后还出现了各种名称，如"白银之路"、"陶瓷之路"、"玉之路"等，但都没有"丝绸之路"一词的生命力长久。陕西西安长安区郭杜镇唐墓（M31）出土的骆驼

---

　　① 〔日〕增田精一、杉村棟：《世界の博物館》18《シリア国立博物館》，講談社，1979 年，第110 頁。

俑背部所装载的物品，除了商人们的日常
生活用品之外，应该还有丝绸了。实际上，
自中国输出的丝绸类产品可以分为两类：
一类为织成品，这类产品在我国新疆楼兰
遗址、吐鲁番阿斯塔那墓地等汉晋唐时期
的遗址和墓葬中多有出土，在俄罗斯阿尔
泰地区巴泽雷克公元前 5 世纪的 5 号墓葬
之中也有发现[1]（图 11-59），可见中国丝绸
向外输出的历史非常悠久。关于这些输出
的丝绸织成品的使用，苏联考古学家阿列
克谢夫认为，是"供最富有的人，特别是
供'公主'出嫁时使用的"[2]。另一类则是

图11-57　美国弗利尔美术馆藏菱花形银盒

生丝。中国的丝以及丝绸产品一直为西方梦寐以求，他们不仅输入中国的丝绸和生丝，
甚至渴望了解桑蚕的养殖方法。从西方文献中关于桑蚕的各种传说可以看到西方人对

图11-58　叙利亚巴尔米拉古墓出土刺绣丝绸

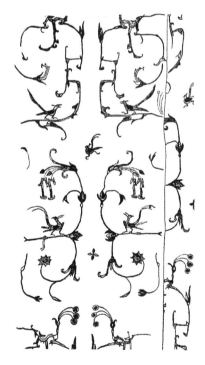

图11-59　俄罗斯阿尔泰地区巴泽雷克5号
墓葬出土丝绸上的刺绣花纹结构

---

① 〔苏联〕С.И.鲁金科：《论中国与阿尔泰部落的古代关系》，《考古学报》1957 年第 2 期。
② 转引自〔苏联〕С.И.鲁金科：《论中国与阿尔泰部落的古代关系》，《考古学报》1957 年第 2 期。

于中国丝绸和桑蚕关系的认识有一个发展过程。

罗马人拖雷美的《地理书》将中国称为赛里斯国。克拉勃罗德谓赛里斯实来自"丝"字[1]。2 世纪的希腊历史学家包撒尼雅斯则在其著作中对中国养蚕之事进行了详细描述："赛里斯人用织绸缎之丝，则非来自植物，另有他法以制之也。其法如下：其国有虫，希腊人称之为塞尔，塞里斯不称之为塞尔，而别有它名以名之也。虫夥大，约两倍于甲虫。他种性质，皆与树下结网蜘蛛相似。蜘蛛八足，该虫亦有八足。赛里斯人冬夏两季，各建专舍，以畜养之。虫所吐之物，类于细丝，缠绕其足。先用稷养之四年，至第五年，则用青芦饲之，盖谓此虫最好之食物也。虫之寿仅有五年。虫食青芦过量，血多身裂，乃死。其内即丝也"[2]。这段文字说明，当时的希腊人还没有真正了解桑蚕的养殖。

东罗马拜占庭人梯俄方内斯比较详细地记载了蚕种传入罗马的过程，同时也对养蚕有更加详细的记载："哲斯丁皇帝在位时，有波斯人某至拜赞廷传示蚕之生养方法，盖为以前罗马人所未知悉也。波斯人某，尝居赛里斯国。归国时，藏蚕子于行路杖中，后携至拜赞廷。春秋之际，置蚕卵于桑叶上，盖此叶为其最佳之食也。后生虫，饲叶儿长大，生两翼，可飞"[3]。这一记载更接近于真实，说明到了 2 世纪之时，西方人已基本了解中国桑蚕的养殖情况。还可从隐匿蚕卵带往国外的情况看出，西方人不仅对中国的丝绸充满渴望，也有获得桑蚕的养殖方法自己生产的愿望。

由此可见，关于桑蚕的知识从中国传播到西方，并且为西方人所熟知，有一个漫长而又充满曲折的过程，甚至在这一过程中出现过各种曲解。

关于蚕种传入外国还有另外的说法。《大唐西域记》卷十二《瞿萨旦那国下》记载："王城东南五六里，有麻射僧伽蓝，此国县王妃所立也。昔者此国，未知桑蚕，闻东国有之，命使以求。时东国君秘而不赐，严敕关防，无令蚕桑种出也。瞿萨旦那王乃卑辞下礼，求婚东国。国君有怀远之志，遂允其请。瞿萨旦那命使迎妇而诫曰：'尔致辞东国君女，我国素无丝绵，桑蚕之种，可以持来，自为衣服。'女闻其言，密求其种，以桑蚕之子，置帽絮中。既至关防，主者遍索，唯王女帽不敢以验。遂入瞿萨旦那国，止鹿伽蓝故地。方备礼仪，奉迎入宫，以桑蚕种，留于此地。杨春告始，乃植其桑，蚕月既临，复事采养。初至也，尚以杂叶养之。自时厥后，桑树连荫，王妃乃刻为制，不令伤煞。蚕蛾费尽，乃得治茧。敢有犯违，明神不祐。遂为先蚕，建此伽蓝。数株枯桑，云是本种之树也。故今此国有蚕不杀。窃有取丝者，来年辄不宜蚕"[4]。

① 张星烺编著，朱杰勤校订：《中西交通史料汇编》（一），中华书局，2003 年，第 131、132 页。
② 张星烺编著，朱杰勤校订：《中西交通史料汇编》（一），中华书局，2003 年，第 138 页。
③ 张星烺编著，朱杰勤校订：《中西交通史料汇编》（一），中华书局，2003 年，第 154 页。
④ （唐）玄奘、辩机原著，季羡林等校注：《大唐西域记校注》（下），中华书局，2000 年，第 1021、1022 页。

同时，还应该看到"丝绸之路"上的贸易品以各类奢侈品为主，而且出口到西方的丝绸对西方社会也造成了一定的影响和冲击，当时有人抨击了对于奢侈品的追求给社会带来的影响。白里内慨叹罗马的奢靡之风时，将中国的丝绸也列为奢侈品之一："有识者已深慨奢侈之风，由来渐矣。至于今代，乃见凿山以求碧玉，远赴赛里斯国以取衣料，投红海不测之深以捞珍珠，掘地千丈以求宝玉。心犹未安，以珍珠宝石悬挂颈带冠冕为不足，乃更穿耳悬珠。除非将来凿孔全身，满盛珠宝而后快心。""阿拉伯海财运更为亨通，盖其地供给吾人以珍珠也。据最低之计算，吾国之金钱，每年流入印度、赛里斯及阿拉伯半岛三地者，不下一万万赛斯透司（罗马货币名称）。此即吾国男子及妇女奢侈之酬价也"（亨利玉尔《古代中国闻见录》第一卷，第196—200页）[①]。

（六）结语

对"丝绸之路"的研究方兴未艾，在当今已经成为一门显学，研究角度是多方面的，既可以是宏观的，也可以是微观的，其方法也多种多样，所涉及的内容也非常广泛。但某些器物中所包含的东西方文化交流因素是一个非常重要的研究内容，此前人们更多注重对金银器、玻璃器包含的文化交流进行研究，而对于陶瓷器的这方面研究尚嫌不足，应该得到加强，这不仅是一个基础性工作，也是一个非常有意义的工作，也许更能使我们感受到"丝绸之路"对当时社会生活的影响程度。对若干个案进行剖析可能得到意想不到的结果，也可以使得这一研究更加深入，让我们看到东西方文化交流的互动性。西安地区墓葬之中类似的发现很多，拙著对南郊 M31 出土骆驼俑的分析仅是一个尝试，其中包含深刻反映唐代"丝绸之路"繁荣的鲜活要素，甚至可以说这件小小的但造型非常优美的三彩骆驼俑是当时"丝绸之路"的缩影。

三、长安盛开无花果—— 一幅珍贵的"无花果采摘归来图"

1988 年，陕西省考古研究院对位于西安市长安区南里王村、葬于景龙二年（708 年）的韦浩墓进行了发掘，在其墓中发现了数幅珍贵的壁画，其中一幅壁画残存四个人物形象，画面精美而清晰（图 11-60）。位于最前面的人物为女扮男装，身着翻领长袍，其左肩上架一只鸟，脚蹬靴，右手提一个直筒状、饰有斜向菱形纹的小篮子，其内装满了圆角方形的水果状物。其身后是一个侍女形象，侍女身躯左侧有一个牵其衣裙的小孩，侍女右手持一个呈五片状的硕大叶子。侍女形象的身后有左手持直筒状小篮子的侍女，其身躯已经部分残缺[②]。这幅已残的壁画以往被人们简单地称为"仕女

---

① 张星烺编著，朱杰勤校订：《中西交通史料汇编》（一），中华书局，2003 年，第 123、124 页。
② 〔日〕齋藤龍一：《大唐王朝 女性の美》，中日新聞社，2004 年，第 22—26 页，图版 2。

图11-60　韦浩墓壁画

图"或"持扇侍女图"[①]，但笔者通过观察，认为其中包含丰富的文化信息非常值得深入探讨。

人们以往不仅将这幅残存的壁画称为"仕女图"或"持扇侍女图"，关键是将壁画中央仕女所持的叶片状物解释成扇子[②]，而没有将整幅画面综合观察。笔者通过将其与制作扇子的芭蕉叶、棕榈树叶等进行对比，发现两者差异较大，不可能是制作扇子的芭蕉叶或者棕榈叶，而应该是别的植物的叶子。侍女所持的叶状物有五个叶片，中央有笔直的叶脉，叶子边缘呈锯齿状。笔者将其与现在生存在我国各地的灌木或者小乔木的无花果叶子（图11-61）仔细进行比对，发现两者不论叶子的形状还是锯齿状边缘和叶脉都非常相似，所以，笔者认为韦浩墓壁画中侍女所持者为无花果的叶子，而不是以往认为的扇子，笔者的这一分析结果与王昱东早在2003年的看法[③]相同。据《辞海》解释，无花果属于桑科，原产亚洲西部，属于落叶灌木或小乔木，全株含有白色乳汁。其叶片呈掌状单叶，分为3—5裂，大而粗糙，表面光滑[④]。《辞海》中对无花果叶子特征的描述也与韦浩墓壁画中的侍女所持叶片状物非常相似，这进一步证明了其为无花果的叶子，而且是一个5裂的无花果叶子，绘画者在较大的每裂叶片两侧画出两个小芽状辅叶，而将下方两侧的两裂叶片画得非常小，看起来其叶片又像3裂。那为什么绘

① 〔日〕齋藤龍一：《大唐王朝　女性の美》，中日新聞社，2004年，第22页；中国墓室壁画全集编辑委员会：《中国墓室壁画全集》第二卷《隋唐五代》，河北教育出版社，2011年，第82页，图版八九。

② 〔日〕齋藤龍一：《大唐王朝　女性の美》，中日新聞社，2004年，第22—26页，图版2；中国墓室壁画全集编辑委员会：《中国墓室壁画全集》第二卷《隋唐五代》，河北教育出版社，2011年，第82页，图版八九，第38页说明文字。

③ 笔者在撰写这些文字时，未注意到王昱东早在2003年已经率先注意到这幅"执蒲扇侍女"图中侍女手持者为"无花果叶子"，近来阅读相关文献时偶然发现，特于此记之，以补因自己孤陋寡闻造成的疏漏之缺憾。参见王昱东：《唐韦浩墓壁画"蒲扇"置疑》，《碑林集刊》（第九辑），陕西人民美术出版社，2003年，第297—300页。尽管笔者的分析结果与王昱东的看法相同，但从时间的先后顺序看，对于这一问题的发现权显然属于王昱东，笔者不敢掠美。但由于两者论述问题时所用材料和着眼点有一定差异，所以仍将笔者的这一分析结果收录于此，并对学术史部分进行修正和补充。

④ 辞海编辑委员会：《辞海》第六版彩图本，上海辞书出版社，2009年，第2403页。

图11-61　新疆库车县文物局院内生长的无花果叶子（陈刚摄影）

制无花果的叶子呢？从其身旁所牵引的小孩来看，一是因其如人的手掌而可能作为小孩的玩耍之物；另一个可能是，由于无花果的叶子可以治疗某些疾病。《本草纲目》卷三十一记载，无花果叶子的气味甘、微辛，性平，有小毒，主治五痔肿痛，煎汤频熏洗 [①]。那么，韦浩墓壁画侍女所持的无花果叶子也可能是带回去为治疗疾病所用。当然了，《本草纲目》所载的是李时珍所了解的无花果叶子的药用价值，唐代人是否真的了解其药用价值还需要进一步的证明材料。

　　既然韦浩墓壁画中的侍女手中持者为无花果叶子，又根据该侍女前后各有一个人手中持直筒状篮子，画面前方人物所提的篮子装满了圆角方形的水果状物，其形状也与无花果的形状相似，这说明他们不仅自种植无花果之地而来，而且采摘了无花果，那么，这幅壁画所要表现的应该是他们采摘完无花果的果实之后正在返回途中的情形。既然如此，笔者以为可以直接将其命名为"无花果采摘归来图"。

　　如果王昱东以及笔者的上述比对和推断没有大的问题，那就可以根据这一实物资料，结合韦浩墓的年代在景龙二年（708年）即8世纪初这一点，初步推断无花果这

---

　　① （明）李时珍撰，刘衡如、刘山永校注，杨淑华协助：《本草纲目》（下），华夏出版社，2008年，第1234页。

图11-62　陕西乾县永泰公主墓出土鎏金马具（杏叶）

种原产于亚洲西部的植物至迟在 8 世纪初已经传入中国内地了，而且已经在唐都长安贵族官僚的庭院或者园林中有所种植。这一推断比劳费尔推断的无花果传入中国不早于唐代[①]更加具体。还有一个旁证可以证明上述看法，乾陵陪葬墓之一的神龙元年（705 年）永泰公主墓出土 1 件鎏金马具（杏叶）[②]（图 11-62），其虽然称为"杏叶"，却与杏树的叶子不相同，反而与无花果的叶子极为相似，只是其叶片从 5 裂变成了 7 裂，而且弯曲的每裂均呈分叉状，应该是以无花果的叶子作为原型制作而成的。从上述壁画中所绘无花果的叶子栩栩如生这一点看，说明绘画者对其是非常熟悉的，这似乎也进一步反映出无花果在唐都长安已经有所普及，所以绘画者才能对其特征了如指掌，并能将其形象地表现在壁画中。韦浩墓中这幅残破的壁画告诉了我们这样一个非常重要的信息。又根据相关文献记载，中晚唐时期无花果的种植就较为普遍了，这可以从中晚唐时期人段成式（约生于 803 年或稍后，卒于 863 年）所著的《酉阳杂俎》中得到证明。段成式在其著作中已经能够详细地描述出无花果的原产地及其原产地的名称，也对其生长状况、树木特征、果实的颜色和味道等了如指掌。《酉阳杂俎前集》卷十八记载："阿驿。波斯国呼为阿驲，拂林呼为底珍。树长丈四五，枝叶繁茂。叶有五出，似椑麻，无花而实。实赤色，类椑子，味似甘柿，而一月一熟"[③]。从这一记载来看，他所熟悉的是叶子为 5 裂的无花果，没有言及无花果的叶子也有 3 裂的现象。另一条重要的证据见于慧琳所著《一切经音义》。《一切经音义》卷十三记载："乌昙跋罗，梵语，花名，旧云优昙波罗花，或云优昙婆罗花，叶似梨，果大如拳，其味甜，无花而结子。亦有花而难值，故经中以喻希有者也"[④]。慧琳所云的"乌昙跋罗"就是指"无花果"，其特征是"无花而结子"。慧琳出生于盛唐末期，主要生活在中唐时期，《宋高僧传》卷五记载："释慧琳，姓裴氏，疏勒国人也。始事不空三藏为室洒，内持密藏，外究儒流，印度声明，支那诂训，靡不精奥……撰成《大藏音义》一百卷。……以元和十五年（820 年）庚子卒于所住，春秋八十四矣"[⑤]。《一切经音义》卷八所说："优昙花，梵语，古译讹略也。梵语正云乌昙跋罗，此云祥瑞灵异，天花也，世间无此花。若如来下生、金轮王出现世间，以大福

① 〔美〕劳费尔著，林筠因译：《中国伊朗编》，商务印书馆，2005 年，第 254 页。

② 乾陵博物馆、乾陵旅游开发有限公司：《中国乾陵文物精华》，陕西旅游出版社，图版 8。

③ （唐）段成式撰，曹中孚校点：《酉阳杂俎》，《唐五代笔记小说大观》（上），上海古籍出版社，2000 年，第 698 页。

④ （唐）慧琳：《一切经音义》，《大正藏》第 54 册，No.2128，第 385 页。

⑤ （宋）赞宁撰，范祥雍点校：《宋高僧传》（上），中华书局，1987 年，第 108 页。

德力故,感得此花出现"①。这说明佛经中所云的"乌昙跋罗"、"优昙花"有时实指无花果,有时又是一种祥瑞灵异,当视情况而定。劳费尔也注意到了,在中国古代"优昙钵"有时也是指无花果②。从段成式、慧琳能够准确描述出无花果特征这一点来看,无花果在中晚唐时期的种植已经较为普遍。同时,阿拉伯商人的游记也可以证明上述看法。成书于9世纪中叶的《中国印度见闻录》(也曾经被译为《苏莱曼东游记》)记载,当时中国人食用的水果中就有"无花果",由于中国人食用无花果给作者留下了深刻的印象,所以他将其与桃、杏、葡萄等水果并列描述③。这条史料说明,在中晚唐时期无花果的种植不仅已经较为普遍,而且成为人们食用的主要水果之一。

无花果这种原产于亚洲西部的植物,既然能够传到中国内地,那么其传播路线应该是通过中亚、新疆一带传入中原的。至目前为止,在新疆的考古发掘中也发现了关于无花果的相关资料,如新疆和田洛浦县山普拉84LSⅠM01陪葬坑K2中出土一件方形"树叶纹鞍毯"(图11-63),其四边所装饰的树叶与前述新疆地区生长的5裂无花果叶子非常相似,可确定为5裂无花果叶子,似乎称为"无花果叶子纹鞍毯"更为合适。而84LSⅠM01属于山普拉墓地的早期阶段,年代在公元前1世纪至3世纪中叶即西汉晚期至三国时期④。据此可知,无花果在这一时期已经传入新疆和田地区。另外还有其他的传播路线,劳费尔在其名著《中国伊朗编》中认为,中国云南的无花果是印度传入的⑤。从目前国内的栽培情况来看,无花果以新疆南部栽培最多,在长江流域及山东沿海地区也有少量栽培,但以新疆地区栽培的无花果最为有名,而且品质最好,甜度最高,是新疆地区重要的特产果物之一。这说明新疆地区可能最先栽种无花果,现在新疆地区之所以栽培数量大品质好,显然是受了"丝绸之路"的恩惠,是东西方文化交流的结果。

关于无花果传入中国的时间,劳费尔在《中国伊朗编》中已有详细论述,他认为:"无花果非中国本生;虽然中国的记载里没有讲到它何时移植到中国以及如何移植来的,可是明显可看出这植物是从波斯和印度移植来的,时间不早于唐代"⑥。现在将劳费尔的研究结果、王昱东的研究成果以及笔者在前文的推断综合起来观察,可以初步判

① (唐)慧琳:《一切经音义》,《大正藏》第54册,No.2128,第351页。

② 〔美〕劳费尔著,林筠因译:《中国伊朗编》,商务印书馆,2005年,第256页。

③ 穆根来、汶江、黄倬汉译:《中国印度见闻录》,中华书局,1983年,第11页;〔美〕劳费尔著,林筠因译:《中国伊朗编》,商务印书馆,2005年,第257页。

④ 新疆维吾尔自治区博物馆、新疆文物考古研究所:《中国山普拉——古代于阗文明的解释与研究》,新疆人民出版社,2001年,第12页,彩版14。

⑤ 〔美〕劳费尔著,林筠因译:《中国伊朗编》,商务印书馆,2005年,第258页。

⑥ 〔美〕劳费尔著,林筠因译:《中国伊朗编》,商务印书馆,2005年,第253—258页。

图11-63　新疆和田洛浦县山普拉84LSⅠM01陪葬坑K2中出土鞍毯及局部

断无花果在西汉末期至三国时期已经传入新疆和田地区，又至迟在8世纪初已经传入到了中国内地，至少在当时的唐都长安已经开始种植。

综上所述，在王昱东研究的基础上，笔者进一步推断韦浩墓壁画侍女手持的叶片状物为5裂无花果叶子，并根据该侍女前后各有一个手持直筒状篮子的人物形象，认为这幅壁画应该命名为"无花果采摘归来图"。如果上述相关推断结果没有错误的话，则可以证明无花果至迟在8世纪初叶已经传入中国内地，而且这幅"无花果采摘归来图"自然成为当时中西（特别是波斯、印度和唐王朝之间）文化交流的重要实物资料。又从相关文献的记载来看，无花果这种原产于亚洲西部的植物，大约在中晚唐时期已经在中国内地广为种植，并成为当时中国人日常食用的水果之一。某种程度上，作为"丝绸之路"的重要组成部分，当时也存在一条"无花果之路"。

四、大唐威仪——章怀太子墓"客使图"中的鸿胪寺官员形象

陕西乾县唐章怀太子墓壁画中的"客使图"一直为学术界所关注。这幅壁画表现的是唐代鸿胪寺官员接待外国使节的场面[①]（图11-64），是一幅难得的反映唐代对外交往活动的壁画。以往研究者更多关注的是画面后面三位外国"使节"，而对于前面三位鸿胪寺官员多倾向于对其身份和官阶进行论述。笔者着重要解读的是唐王朝在接待外国使节时的威仪。

---

① 乾陵博物馆、乾陵旅游开发有限公司：《中国乾陵文物精华》，陕西旅游出版社，图版15—17。

图11-64　陕西乾县唐章怀太子墓壁画"客使图"

　　服饰有对内和对外两个层面的含义，对外表达的是一个民族的符号和象征；对内则是身份的标志。"客使图"中三位官员服装是统一的，而且手执笏版，主要目的是显示唐王朝的威仪，而这种威仪则是唐王朝的脸面和象征。威严、整肃的服装是"礼仪之邦"的标志之一。我们平常所说的"礼仪"包含有两个层面的意思，一是"礼"的本身，二是将"礼"这一抽象的内容以某种仪式表现出来。也就是说，"礼"是靠"仪"来支撑并得以实现的，而"仪"通俗而言就是"仪式"。在"仪式"中，场面或庄重或严肃，但人物的衣冠整肃则是其中最为重要的内容之一，因为人是"仪式"的主体，这也是古人强调衣冠的重要原因。如《管子·形势》云："衣冠不正则宾者不肃，进退无仪则政令不行，且怀且威则君道备矣"[1]。《论语·尧曰》云："君子正其衣冠，尊其瞻视，俨然人望而畏之，斯不亦威而不猛乎？"[2]《孟子·公孙丑上》云："立于恶人之朝，与恶人言，如以朝衣朝冠坐于涂炭。推恶恶之心，思与乡人立，其冠不正，望望然去之，若将浼焉"[3]。衣冠作为礼仪的重要组成部分，先秦时期甚至将衣冠是否整肃，作为衡量一个人是不是君子的重要标准，看来"衣冠"确实是支撑"礼"的"仪"。

　　① 黎翔凤撰，梁运华整理：《管子校注》，《新编诸子集成》，中华书局，2004年，第7页。

　　② 程树德撰，程俊英、蒋见元点校：《论语集释》，《新编诸子集成》，中华书局，1990年，第1371页。

　　③ （清）焦循撰，沈文倬点校：《孟子正义》（上），中华书局，1987年，第242页。

在唐代的对外活动中，对于衣、冠、带也非常重视，常常赐外国使节以冠带，而这种行为也有教化的意义。之所以如此，是因为古代中国人对于衣冠很看重，即使是对于死者，也不忘记对自己死后着什么礼服而加以强调。如《旧唐书·李勣传》记载，李勣在其遗嘱里说："又见人多埋金玉，亦不须尔。惟以布装露车，载我棺枢，棺中敛以常服。惟加朝服一副，死倘有知，望着此奉见先帝"[①]。对于厚葬，李勣明确表示反对，但对于身着朝服一事却又格外强调。这一方面是朝服而葬的丧葬习俗的反映，另一方面也是其身份等级的标志，这还说明在唐王朝觐见比自己身份高的人物，特别是拜见皇帝的时候，身着正式的朝服是必需的，以保持君臣、上下之间的"仪"不缺失，以之体现君臣、上下级之间的"礼"。

陕西乾县唐章怀太子墓壁画中身着整齐划一服装的鸿胪寺官员，他们的衣冠展示的就是大唐威仪，也是儒家教化四夷思想的体现。《论语·季氏》云："丘也闻有国有家者，不患寡而患不均，不患贫而患不安。盖均无品，和无寡，安无倾。夫如是，故远人不服，则修文德以来之。既来之，则安之"[②]。文德的外在表现形式显然是各种物化的东西，其中当然包括反映礼仪的服装。

陕西乾县唐章怀太子墓壁画中的这幅"客使图"可与阎立本的《职贡图》相提并论，主要在其重要的象征意义。关于外来宾客到来对唐王朝的意义，《太平广记》卷二百十一引《谭宾录》云："唐贞观三年，东蛮谢元深入朝，冠乌熊皮冠，以金络额，毛帔以裳，为行縢，著履。中书侍郎颜师古奏言：'昔周武王治致太平，远国归款，周史乃集其事为《王会》。今圣德所及，万国来朝，卉服鸟章，俱集蛮邸，实可图写贻于后，以彰怀远之德。'从之，乃命立德等画之"[③]。

不论是《职贡图》，还是"客使图"，所要展现的都是大唐的魅力，也就是王维在《和贾舍人早朝大明宫之作》中所云的"九天阊阖开宫殿，万国衣冠拜冕旒"[④]。而章怀太子墓壁画中的"客使图"将这一过程犹如照片一样记录了下来，使得我们能够看到其真实的场景，鸿胪寺官员威严的朝服彰显的正是"大唐威仪"。某种程度上而言，这一组三人的图像体现的是中华民族传统的礼仪和教化思想。

五、跋一幅珍贵的"羊车通学"图像

羊车通学在犍陀罗佛教造像中多见，表现的是太子时期的释迦牟尼乘坐羊车上学

---

① （后晋）刘昫等：《旧唐书》，中华书局，1975 年，第 2489 页。

② 程树德撰，程俊英、蒋见元点校：《论语集释》，《新编诸子集成》，中华书局，1990 年，第 1137 页。

③ （宋）李昉等：《太平广记》，中华书局，1961 年，第 1616、1617 页。

④ 《全唐诗》，上海古籍出版社，1986 年，第 279 页。

的情景。英国伦敦大英博物馆收藏的出土于巴基斯坦犍陀罗的羊车通学图像，年代在2—3世纪[①]（图11-65），是目前所见的同类图像中比较完整的一件。太子时期的释迦

图11-65　英国伦敦大英博物馆藏犍陀罗造像中的羊车通学

牟尼，除乘坐羊车通学之外，还乘羊通学，这类造像在犍陀罗造像中也比较常见，如巴基斯坦白沙瓦博物馆收藏的1件残缺的乘羊通学造像，其年代在2—3世纪[②]（图11-66）。

　　综观我国的佛教造像和壁画，对于羊车通学的题材表现得比较少，但幸运的是，陕西安塞大佛寺石窟第4窟发现了一组北魏晚期至西魏时期的释迦牟尼诞生及成长图像[③]（图11-67），其中包括无忧树下

图11-66　巴基斯坦白沙瓦博物馆藏犍陀罗
造像中的乘羊通学

----

　　① 〔日〕田辺勝美、前田耕作：《世界美術大全集·東洋編》第15卷《中央アジア》，小学館，1999年，第107頁，圖版135。

　　② 笔者拍摄于巴基斯坦白沙瓦博物馆。

　　③ 延安市文物研究所：《延安石窟菁华》，陕西人民出版社，2016年，第9—13页。

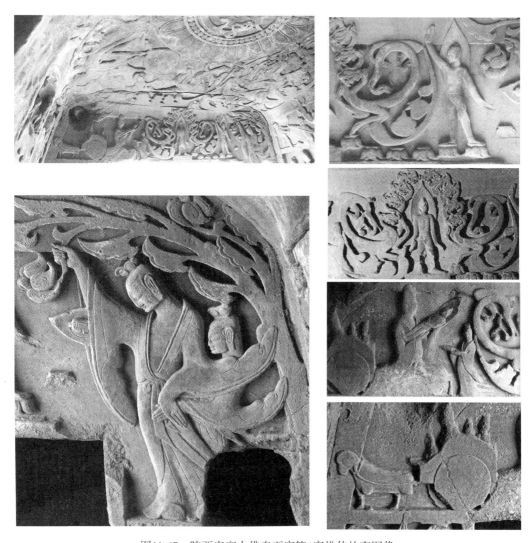

图11-67　陕西安塞大佛寺石窟第4窟佛传故事图像

诞生、七步莲花、九龙沐浴太子、阿私陀占相等，特别是在画面左侧雕刻一个羊拉车的图像，车中坐着的应该是太子乔达摩·悉达多。这也是目前为止国内为数不多的一幅羊车通学图像。它的构图与犍陀罗造像中的构图方式非常相似，只是画面中的人物完全是褒衣博带的士大夫形象，可见这幅图像与犍陀罗造像的羊车通学图像有着密切关系，只是人物的服饰中国化了，充分反映了我国的早期佛教造像受到了犍陀罗造像的影响。

略感遗憾的是，释读者将其解释成四门出游了。从目前所见的所有四门出游题材来看，太子时期的释迦牟尼四次出城门时，乘坐的都是马车或者乘马而出。如阿富汗昆都士出土的犍陀罗造像中的四门出游（图11-68），采取一图数景式（异时同图），雕

图11-68　阿富汗昆都士出土犍陀罗造像中的四门出游

刻两匹马，画面的左侧分别是老人、病人
和死人①。新疆克孜尔石窟第 76 窟壁画也
采取一图数景式表现方法，画面左侧是骑
马的太子，右侧则是老人、病人和死人②
（图 11-69）。山西大同云冈石窟第 6 窟东壁
雕刻的出门四游的太子骑在马上，每幅画
面右侧分别是太子所见的老人、病人、死
人图像③（图 11-70）。甘肃敦煌莫高窟藏经
洞发现的绢画中绘制的四门出游图像（图
11-71、11-72），太子骑在马上，在其左侧
或者右侧分别绘制他所看到的老人、病
人、死人、比丘图像④。众多的图像表明，
骑马出城是表现四门出游题材的通例。而

图11-69　新疆克孜尔石窟第76窟壁画中的
四门出游

在安塞大佛寺石窟第 4 窟雕刻的这幅图像中，丝毫未见太子出城门时看到的老人、病
人、死人、比丘四种人物形象。所以，这幅图像所表现的题材显然不是太子乔达摩·悉
达多出门四游，应为羊车通学的情景。关于羊车通学，也有佛经为依据。据《太子瑞

①　〔日〕奈良国立博物館：《仏教美術ハンドブック》2《美術にみる釈尊のあゆみ》，天理時報
社，2011 年，第 29 頁。

②　新疆龟兹石窟研究所：《中国新疆壁画·龟兹》，新疆美术摄影出版社，2008 年，第 76 页，
图版二〇。

③　张焯：《中国石窟艺术·云冈》，江苏美术出版社，2011 年，第 82 页，图版46—48。

④　〔日〕東武美術館、奈良国立博物館、名古屋市博物館、NHK、NHK プロモーション：《ブ
ッダ展——大いなる旅路》，美術出版デザインセンター，1998 年，第 136 頁，图版107；〔日〕東京
国立博物館：《シルクロード大美術展》，読売新聞社，1996 年，第 138 頁，图版148。

图11-70　山西大同云冈石窟第6窟东壁的四门出游　　　图11-71　甘肃敦煌莫高窟藏经洞
绢画中的四门出游

应本起经》卷上云："（太子）及至七岁，而索学书，乘羊车诣师门。"①

　　安塞大佛寺石窟第4窟画面中占相的阿私陀以及摩耶夫人均身着宽袍大袖的褒衣博带式服装，与云冈石窟中期（471—494年）第6窟中心塔柱西面下层佛龛左侧的无忧

――――――――――

　　① 《太子瑞应本起经》，《大正藏》第3册，No.185，第474页。

树下诞生图像中摩耶夫人所着窄袖的鲜卑服装完全不同[①]（图11-73），其时代应该与云冈石窟第三期相当，即北魏晚期（495年至正光末年）。画面雕刻线条流畅，具有极高的艺术价值。这一组佛传故事，不仅能够反映陕北地区的佛教造像与云冈石窟的关系，而且对于探讨该地区佛教造像与犍陀罗佛教造像的关系，以及长安地区早期佛教造像的特征，都具有重要的学术意义。

最后笔者还想赘述一点内容。虽然都与羊车有关，但两者却风马牛不相及，那就是晋武帝司马炎羊车巡幸的典故。据《晋书》卷三十一记载："时帝（晋武帝）多内宠，平吴之后复纳孙皓宫人数千，自此掖庭殆将万人。而并宠者甚众，帝莫知所适，常乘羊车，恣其所之，至便宴寝。宫人乃取竹

图11-72　甘肃敦煌莫高窟藏经洞绢画中的四门出游（局部）

图11-73　山西大同云冈石窟第6窟中心塔柱西面下层佛龛左侧无忧树下诞生图像

① 云冈石窟文物保管所：《中国石窟·云冈石窟》（一），文物出版社、株式会社平凡社，1991年，图版73。

叶插户，以盐汁洒地，而引帝车"[1]。武帝司马炎坐着羊车巡游后宫，他是为了寻欢作乐而已，为以后西晋的迅速毁灭埋下了种子，后人以"羊车望幸"对其进行辛辣的讽刺。而释迦牟尼的羊车通学则奠定了他以后创立佛教的知识基础，并最终创立了佛教，与我国的孔子、希腊的苏格拉底属于历史上同时期的伟大思想家。

第二节 新疆文物中的历史镜像

一、吐鲁番的日月图案与器物装饰

吐鲁番出土的陶器和木器上装饰有各类图案，其中莲瓣较为常见，也较容易辨认。但还有一些图案则颇耐人寻味，它们以各种白色圆、圆环及红色圆形和月牙形图案等组成。以往的各类描述多称其为彩绘图案、连珠纹、圆环纹等。但通过笔者仔细观察，发现这些图案具有一定的时代特征，以线条表示莲瓣者应该是受了佛教文化的影响，这些白色圆点及其他图案则别有含义，应该是日月图案。

吐鲁番地区发现的装饰伏羲、女娲的大量幡画其上有日月及星辰图案，在一些日月图案的周围分布圆点，表示星相，日则呈圆形，月则呈月牙形或者圆形。那么，这些器物上的圆点应该是星辰，其中的圆形、圆环形及月牙形显然则是日月图案。在这一影响之下，莲瓣的外轮廓也画成了白色圆点状。

目前吐鲁番阿斯塔那和哈拉合卓墓葬出土的彩绘器物，纹饰主要分为两类：一类为彩绘莲瓣，这类莲瓣是以实线条勾勒而成的，对其图案的理解一般没有歧义，如吐鲁番安乐古城出土的晋代彩绘陶罐[2]（图 11-74），有的则以白色连珠纹勾边，其中绘制红色的莲瓣，如阿斯塔那 M50 出土的彩绘罐[3]（图 11-75）。第二类则是以白色圆点作为外轮廓，然后在其中绘制圆环、月牙、圆形图案等，如阿斯塔那 M116 出土的彩绘三足陶釜（图 11-76）、阿斯塔那 M326 出土的三足木釜（图 11-77）、阿斯塔那唐墓出土的彩绘三足陶釜[4]（图 11-78）、哈拉和卓 M1 出土的高圈足陶豆[5]（图 11-79）、阿斯

---

① （唐）房玄龄等：《晋书》，中华书局，1974 年，第 962 页。

② 新疆维吾尔自治区文物局：《丝路瑰宝——新疆馆藏文物精品图录》，新疆人民出版社，2011 年，第 62 页。

③ 新疆维吾尔自治区文物局：《丝路瑰宝——新疆馆藏文物精品图录》，新疆人民出版社，2011 年，第 66 页。

④ 新疆维吾尔自治区文物局：《丝路瑰宝——新疆馆藏文物精品图录》，新疆人民出版社，2011 年，第 66、144、222 页。

⑤ 新疆维吾尔自治区文物事业管理局等：《新疆文物古迹大观》，新疆美术摄影出版社，1999 年，第 139 页，图版 344。

图11-74 新疆吐鲁番安乐古城出土彩绘陶罐

图11-75 新疆吐鲁番阿斯塔那M50出土彩绘陶罐

图11-76 新疆吐鲁番阿斯塔那M116出土
彩绘三足陶釜

图11-77 新疆吐鲁番阿斯塔那M326出土
三足木釜

图11-78 新疆吐鲁番阿斯塔那唐墓出土
彩绘三足陶釜

图11-79 新疆吐鲁番哈拉合卓M1出土
高圈足陶豆

图11-80　新疆吐鲁番阿斯塔那唐墓出土
高圈足木豆

塔那唐墓出土高圈足木豆[①]（图11-80）等腹部和圈足上装饰的图案。第二类图案的外轮廓多被称为连珠纹，而绘制其中的则多被称为圆环等，而未称为日月图案。

吐鲁番阿斯塔那·哈拉合卓唐墓曾经出土1件新月纹锦，其上重复装饰新月图案（图11-81），新月"怀抱"阿拉伯文字，被日本学者认为是阿拉伯文字初期的科菲体文字，意为"快速、胜利"，年代在6世纪末或7世纪；中国学者则释读为"唯一、胜利"，并认为是8世纪初伊斯兰地区的纺织物[②]。林梅村认为它是"撒答剌欺锦"[③]。但从其图像来看，新月图案周围没有象征星相的圆点，这一点与吐鲁番地区出土的唐代日月图案有一定的区别。这反映了这一外来文化对吐鲁番地区唐代的日月图

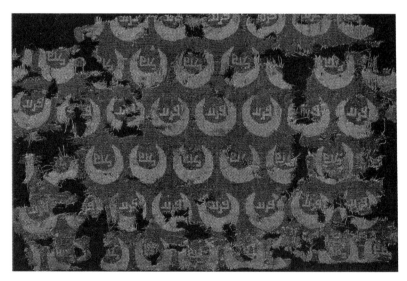

图11-81　新疆吐鲁番阿斯塔那·哈拉合卓唐墓出土新月纹锦

---

① 新疆维吾尔自治区文物局：《丝路瑰宝——新疆馆藏文物精品图录》，新疆人民出版社，2011年，第230页。

② 赵丰：《魏唐织锦中的异域神祇》，《考古》1985年第2期。赵先生文中说这件织锦出自阿斯塔那，但根据日本方面公布的资料来看，这件织锦出自阿斯塔那·哈拉合卓。参见《日本の美術》2002年第7期No.434中刊登的臺信祐爾所著的《大谷光瑞と西域美術》第16图及其说明；〔日〕読売新聞社：《大東洋美術展》，大塚巧芸社，1977年，第140页，图版78。

③ 林梅村：《西域美术》，北京大学出版社，2017年，第200页。

案构图未产生影响。而且吐鲁番的日月图像更多地与中原地区、古龟兹地区石窟壁画中的月相图案相似，似乎受中原地区、古龟兹地区的影响较大[①]。日月外围的白色圆点与圆形的太阳、月牙形的月亮构成了吐鲁番地区独特的器物装饰。虽然构图方式未受其影响，但月亮图案弯曲的程度更甚了，呈怀抱式，这一点似乎受了外来因素的影响。

这里需要补充的是，笔者曾经认为这种外围带圆点的日月图案主要受龟兹地区的影响，这一看法现在看来需要修正。山西太原晋源镇发现的唐温神智墓墓室壁画中绘制日月图案，其外围即绘制有圆圈表示星相，如墓顶东部青龙图中的日图案（图11-82）、墓顶西部白虎图中的月图案[②]（图11-83）。基于这一资料，可以认为这种外围带圆点的日月图案来源不是唯一的，中原地区因素必须考虑进去，而且不可忽视。

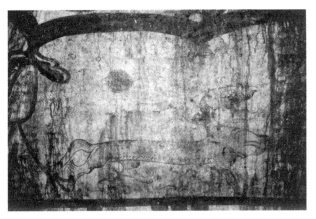

图11-82　山西太原唐温神智墓墓顶东部青龙图

图11-83　山西太原唐温神智墓墓顶西部白虎图

---

① 冉万里：《丝路豹斑——不起眼的交流，不经意的发现》，科学出版社，2016年，第306—320页。

② 太原市文物考古研究所：《山西太原晋源镇三座唐壁画墓》，《文物》2010年第7期。

　　吐鲁番地区是粟特人的聚居区，这些粟特人是信仰祆教的。祆教一般被称为拜火教，但祆本身就有日月的意思，所以，装饰这类图案的人群也可能与粟特人的拜火教有一定关系。而日月的图案样式则显然带有中原、古龟兹地区的文化因素。这种图案的样式在吐鲁番出土的绢画上较为常见①。

　　关于这些白色圆点，以往多称其为连珠纹，都是将其与日月图案分割开来看待的结果。如果将其与日月图案结合起来观察，它们无疑表示的是星相而不是连珠纹。但值得注意的是，其表现方式受了来自波斯文化的连珠纹的影响，这一点也是不可否认的。所以，可以说波斯文化中的连珠纹因素融入到了吐鲁番出土器物上的日月图案中。

　　综上所述，吐鲁番出土器物上装饰的日月图像，其来源是丰富的，但中原地区及古龟兹地区的影响是主流。同时，吐鲁番曾经居住为数不少的粟特人，是粟特人在中国的重要聚居区之一，这不仅从吐鲁番出土的文书中可以反映，而考古发现的粟特人聚族而葬的墓葬资料则更为直接。还有波斯文化中的连珠纹表现方式也融合其中。大概到了 7 世纪或者 8 世纪，又出现了一些新的因素，这就是来阿拉伯世界的新月纹图案。虽然出现了装饰新月图案的织锦，但器物上的图案仍然以周围带白色连珠纹的日月为主，但对新月的怀抱样式可能产生了一定的影响。

二、库车发现的阿特拉斯铜像

　　新疆库车龟兹博物馆收藏的 1 件铜残片上有圆雕式的带羽翼的胸像，深目高鼻，毛发浓密旺盛，双睁圆眼②（图 11-84），徐苹芳首先注意到了这件胸像，对其进行了介绍并认为是西方所制③。但对于其到底仿制的是西方的什么神祇，先生没有进一步下结

图11-84　新疆库车发现的带羽翼人物胸像

论。笔者在库车工作期间，专门去龟兹博物馆参观了这件铜像。虽然残缺较甚，但其特征与犍陀罗地区流行的阿特拉斯（Atlas）雕像比较吻合，所以，笔者初步推断其为希腊神话中的阿特拉斯像，但其直接来源不是希腊，而是受其影响较深也就是希腊化的犍陀罗地区。

　　阿特拉斯是希腊神话被罚作苦役的大力神，当巨人族首领泰坦反叛奥林匹

　　① 　冉万里：《丝路豹斑——不起眼的交流，不经意的发现》，科学出版社，2016 年，第 306—320 页。

　　② 　裴孝曾主编：《库车县志》，新疆大学出版社，1993 年，彩色图版第 9 页中左。

　　③ 　徐苹芳：《丝绸之路考古论集》，上海古籍出版社，2017 年，第 52 页。

斯众神战败后，支持他的大多数都被打入地狱的黑暗深渊，而阿特拉斯则被罚去西方，并站在地母盖娅身上擎住天父乌拉诺斯，以免他和地母做爱。

阿特拉斯的形象广泛见于犍陀罗造像中，主要见于各类雕刻的下部，还保持着其在地狱的黑暗深渊之中的状态。而且其形象大体上可以分为托重物和不托重物两大类。但不论是哪种形象，一般呈坐式，上身袒裸。有的还在其身躯之后雕刻出羽翼。从目前所见的犍陀罗地区的阿特拉斯雕像来看，其造型样式丰富多彩，大体上可以分为三类。

第一类：手中不持物。背部雕刻羽翼，上半身袒裸，有的上半身覆搭帔帛，下身着衣。呈一腿盘曲、一腿曲折竖立的舒相座样式。如巴基斯坦犍陀罗地区出土的2—3世纪的阿特拉斯坐像[1]（图11-85）、日本个人收藏的双阿特拉斯坐像[2]（图11-86）、日本个人收藏的阿特拉斯坐像[3]（图11-87）、日本东京国立博物馆藏阿特拉斯坐像[4]（图11-88）、伦敦大英博物馆藏双阿特拉斯坐像[5]（图11-89）、巴基斯坦白沙瓦博物馆藏阿特拉斯像[6]（图11-90）等。在所见的阿特拉斯坐像中，此种类型者为大多数。

图11-85 犍陀罗造像中的
阿特拉斯像

图11-86 日本个人收藏犍陀罗阿特拉斯像

① 〔日〕樋口隆康、桑山正進、宮治昭、田边勝美：《パキスタン・ガンダーラ美術展図録》，日本放送協会，1984年，第81頁，図版IV-13。

② 〔日〕栗田功：《ガンダーラ美術》（II）（改訂增補版），二玄社，2003年，第156頁，図版450。

③ 〔日〕栗田功：《ガンダーラ美術》（II）（改訂增補版），二玄社，2003年，第155頁，図版447。

④ 〔日〕根津美術館：《ガンダーラの影像》，大塚巧芸社，2000年，第71頁，図版45。

⑤ 〔日〕栗田功：《ガンダーラ美術》（II）（改訂增補版），二玄社，2003年，第156頁，図版451。

⑥ 〔日〕栗田功：《ガンダーラ美術》（II）（改訂增補版），二玄社，2003年，第157頁，図版453。

图11-87　日本个人收藏犍陀罗
阿特拉斯像

图11-88　日本东京国立博物馆藏阿特拉斯坐像

图11-89　伦敦大英博物馆藏犍陀罗阿特拉斯像

　　第二类：姿态同于第一类，手托一方形重物置于头顶，这种类型的阿特拉斯像比较少见，如巴基斯坦犍陀罗地区出土的3—4世纪阿特拉斯坐像[①]（图11-91）。

　　第三类：背部有羽翼或者无羽翼，但几乎完全裸体，仅在颈部系带，或者仅在身躯一侧披有帔帛之类的装饰，如英国伦敦 Spink & Ltd. 收藏的犍陀罗出土的阿特拉斯像[②]（图11-92）、比利时布鲁塞尔 Claud de Marteau 收藏的犍陀罗阿特拉斯像[③]（图11-93）等。

　　库车发现的这件阿特拉斯铜像残片反映了作为龟兹都城的库车地区曾经是中外文化交流的一个重要的交汇点，希腊文化因素通过希腊化的犍陀罗地区传播到了龟兹即今库车地区。库车发现的阿特拉斯铜像残片与犍陀罗地区造像中的第一、三类阿特拉斯比较接近，由于仅存头部残片，不知其原来的形象是着衣还是裸体。从犍陀罗地区的阿特拉斯雕像以第一类为主来看，其影响似乎更大一些。同时，在古龟兹地区未见

　　[①]〔日〕東京国立博物館、NHK、NHK プロモーション：《日本・インド国交樹立50周年記念——パキスタン・ガンダーラ彫刻展》，便利堂，2002年，第52頁，図版30。

　　[②]〔日〕栗田功：《ガンダーラ美術》（Ⅱ）（改訂増補版），二玄社，2003年，第155頁，図版449。

　　[③]〔日〕栗田功：《ガンダーラ美術》（Ⅱ）（改訂増補版），二玄社，2003年，第155頁，図版448。

图11-90　巴基斯坦白沙瓦博物馆藏犍陀罗　　　　图11-91　犍陀罗地区出土阿特拉斯像
　　　　　阿特拉斯像

图11-92　英国伦敦Spink & Ltd.藏　　　　图11-93　比利时布鲁塞尔Claud de Marteau藏
　　　　　阿特拉斯像　　　　　　　　　　　　　　　阿特拉斯像

完全裸体露出生殖器的艺术形象（小孩形象除外），说明古龟兹地区没有此类表现裸露的生殖器的艺术传统，那么，第三类阿特拉斯的形象对古龟兹地区的影响存在伦理道德和审美上的障碍，所以，笔者推测似乎库车发现者更应该接近于犍陀罗地区阿特拉斯雕像的第一类。

　　无独有偶，在河北定州静志寺塔基地宫中也曾发现1件隋大业二年（606年）鎏金铜函（图11-94、11-95）。在这件铜函的顶部錾刻一个站立的神祇形象，身有羽翼，

图11-94　河北定州静志寺塔基地宫出土鎏金铜函顶部线图

图11-95　河北定州静志寺塔基地宫出土鎏金铜函顶部

其中左侧羽翼上部可见横向的连珠纹[①]。其外围是一周连珠圈，其中的人物头戴冠，右手持戟，脚下踩踏一个小鬼，两者都俯卧或者站立于周边带有连珠纹的氍毹之上。从其形象可以判断其身份为天王，但一般天王是没有羽翼的，这一点似乎借鉴了犍陀罗地区有羽翼的阿特拉斯形象，将羽翼移植到了天王身上，从而使其具有双重身份，一是阿特拉斯的身份，取其在地狱能够负重之意；一是天王的身份。这种形象在隋唐时期的造像和绘画中是非常罕见的。

三、托库孜萨来古城遗址的摩崖造像

新疆巴楚托库孜萨来古城遗址位于巴楚县东北 48 千米、喀什噶尔河河畔、托库孜萨来村西 200—300 米处。古城西部利用托库孜萨来山作为屏障，未筑墙体。在墙体外侧山崖上浮雕有 5 尊摩崖造像。在《喀什地区文物志》和《新疆佛寺遗址》中公布了其中的 3 尊佛像[②]。托库孜萨来古城遗址南部的托库孜萨来佛寺遗址曾经出土了大量泥塑或者石膏质的佛像、菩萨像，在与之相去不远的图木舒克佛寺遗址中发现的佛像也以泥塑和石膏质为主。

托库孜萨来古城西部外侧的摩崖造像虽然个体较小，但明显地显示出与当地佛教造像传统迥异的旨趣，也显得尤其珍贵和重要。笔者于 2017 年 8 月 12 日，在巴楚县文物保护管理所副所长熊荣的带领下参观了这处摩崖造像，发现共有 5 尊，分别编号为 1—5 号（图 11-96-1—4），另外发现浅龛一处（图 11-96-5）。5 尊造像的特征基本一致，面部均已模糊不清，均为低肉髻，身着圆领通肩袈裟，施禅定印，其中 1、4 号佛像坐于下部带梗枝的硕大仰莲座上。从其造像特征来看，均为结跏趺坐的坐佛像，仅一尊佛像的头光和背光明显，其余均未见头光和背光。其中 1、4、5 号佛像为单尊造像，而 2、3 号佛像雕刻在一起，似乎表现的是释迦、多宝佛并坐的题材。4、5 号佛像为笔者参观时发现，其中 4 号佛像坐姿同于前三者，头光呈圆形，背光呈椭圆形，但头光和背光不突出，仅可看到头光和背光边缘的阴刻线，用手触摸可以明显地感觉到其存在。5 号佛像表面斑驳较甚，但仍可辨认其与 1 号相似。还有一个未完成的浅龛以前也未注意，笔者将其编为 6 号，该龛仅修整出龛的形制而未雕像。从这些造像的排列方式看，虽然仅有数尊而已，但却明显具有千佛的性质，而且还出现了大乘佛教造像中流行的释迦、多宝佛坐像，这与疏勒流行的小乘佛教有所不同，属于大乘佛教的

① 〔日〕藤田国雄、桑原住雄：《日中国交正常化纪念——中华人民共和国出土文物展》，朝日新闻社本社企画部，1973 年，补 77；浙江省博物馆、定州市博物馆：《心放俗外：定州静志 净众佛塔地宫文物》，中国书店，2014 年，第 120 页。

② 喀什地区文物局、喀什地区博物馆：《喀什地区文物志》，新疆人民出版社，2014 年，第 51—53 页；新疆维吾尔自治区文物局：《新疆佛寺遗址》（上册），科学出版社，2015 年，第 220 页。

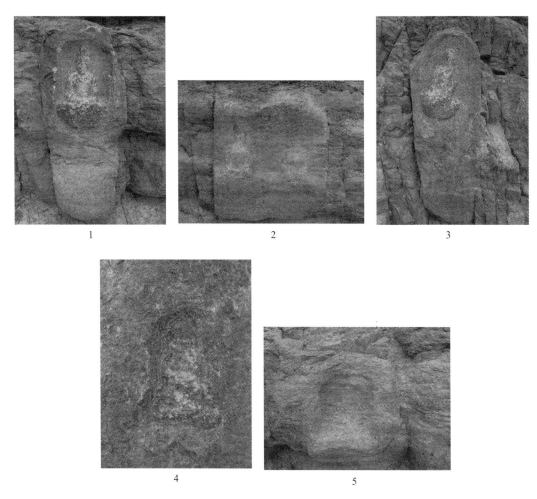

图11-96　新疆巴楚托库孜萨来古城西部摩崖造像
1. 1号佛像　2. 2、3号佛像　3. 4号佛像　4. 5号佛像　5. 浅龛

性质，这似乎暗示了造像者不是当地人，这个问题在下面进行详细论述。

1、4号佛像的仰莲座很有特点，上部为硕大的仰莲，下部为较粗壮梗枝的仰莲座
也很具有特点。虽然这种莲座在犍陀罗造像中较为常见，但其外侧常常雕刻出清晰的
莲瓣，如巴基斯坦白沙瓦博物馆收藏的1尊佛教造像，佛均坐于带梗枝的莲座上，莲
座侧面浮雕出分层的连瓣[①]（图11-97），与这5尊像有所不同。前述5尊像的莲座与
中原地区的更为相似，在唐代长安地区的佛教造像中也有类似的莲座，如唐长安城青
龙寺遗址出土的四面开龛造像碑中的坐佛像[②]（图11-98）。在河南洛阳龙门石窟擂鼓

　　① 〔日〕栗田功：《ガンダーラの美術》（Ⅰ）（改訂増補版），二玄社，2003年，第200页，图
版403、404。

　　② 　西安市文物保护考古所：《西安文物精华·佛教造像》，世界图书出版公司，2010年，第156
页，图版166。

台南洞北壁的唐代菩萨群像中也可以看到这类莲花座^①（图 11-99）。由此可见，托库孜萨来古城遗址摩崖造像的仰莲座，与唐代长安及洛阳地区有着密切关系。笔者从造

图11-97 巴基斯坦白沙瓦博物馆藏犍陀罗造像

图11-98 唐长安城青龙寺遗址
出土四面造像碑

图11-99 河南洛阳龙门石窟擂鼓台南洞北壁的
唐代菩萨群像

① 龙门石窟文物保管所、北京大学考古系：《中国石窟·龙门石窟》（二），文物出版社，1992年，图版 260。

像模糊的服饰观察，发现其也更接近于唐代中原地区的佛教造像，应该是来自于中原地区的工匠雕刻的，或者与中原地区有着某种密切的联系。

这批摩崖造像与疏勒、龟兹、于阗等以泥塑或者石膏模制佛像的西域佛教艺术有着很大差异。相反，在敦煌以东地区的佛教造像则主要以石刻为主，是中原北方地区的造像传统。在塑像和石膏像极为发达的疏勒地区，这几尊石雕像显得极为突兀，不由得使人联想起驻扎在这一带的汉族兵将们。也就是说，托库孜萨来古城遗址附近的摩崖造像很可能是来自内地的工匠开凿的。在库车的库木吐喇石窟也有这类现象，而且这些石窟被称为汉风窟，是汉族僧侣和工匠特意开凿的，体现了中原文化向西域的传播。慧超在《往五天竺国传》中对疏勒的佛教情况有详细描述，其文云："又从葱岭步入一月，至疏勒，外国自呼名伽师祇离国。此亦汉军马守捉，有寺有僧，行小乘法，吃肉及葱韭等，土人着叠布衣也"[①]。

1928年，黄文弼曾对托库孜萨来古城遗址进行过调查，当时称为"托和沙赖古城"，他认为："托和沙赖塔格系一南北行小山，中断为二：一在路南，一在路北。中间相隔约里许均为草滩，现行大道即从中经过。古代遗址即散布在大道两旁山上，路南为古寺庙遗址，……半山腰有一本牌，为巴楚县知事段瑛所立，上书郁头州废城遗址。又在两旁题识云：'按志载尉头州故城遗址在此。推迫北五里，及玉河北百余里东扎拉堤属地，尚有废城遗址，颓垣败屋，规模宏大，疑尉头州遗址似在于兹。或为汉时尉头国建治之所，亦未可知云。'按东扎拉堤古城，为清代所筑，并非古城。迤北之古城，疑即托和沙赖北山之废城遗址也。路北为古城，在北山南麓。计城三重，城墙已毁，现仅余墙基。内城自山腰绕至地面，计七百五十六米。山脚并有古房屋建筑遗址。……外城计一千零八米，接内城，绕于平地至山巅，接大外城。大外城则由外城绕山头直至山南根，计周一千六百六十八米。在山南根尚有古房屋遗址及墓葬，但已被中外人盗掘净尽。现平地城中，已辟为田舍，只余古城遗迹。山腰尚可见土坯所砌之城墙遗迹，南北开门，现本地称此城为托和沙赖，'九间客房'之义。以殿宇高敞，类客房者九，故以名城及地，而汉人则呼为唐王城。《新疆图志·建置志》云：'今城（巴楚）东北一百五十里，图木舒克九台北山有废城，樵者于土中掘得开元钱，因呼为唐王城。'按此城与路南之废寺庙相隔不过数里，中间为河流所经行，疑此二地为同一时期所遗。在路南由于吾人所发现皆七八世纪遗物，则此城当亦与之同时。至为唐代何城，吾人根据《新唐书·地理志》、《贾耽道里记》云：'据史德城，龟兹境也。一曰郁头州，在赤河北岸孤石山。'按喀什葛尔河亦名克子尔河，译为红河，亦即赤河之义。现克子尔河虽已断流，但古时河流经行遗迹尚可得见。此城正在旧河床北岸山上，与《唐地志》所述郁头州城形势完全相合，则此地亦即唐代内属诸

---

① （唐）慧超原著，张毅笺证：《往五天竺国传笺证》，中华书局，2000年，第153、159页。

胡之郁头州也，又为古龟兹国西境史德城。《唐地志》又称：'赤河来自疏勒西葛罗岭，至城西分流，合于城东北，入据史德界。'则龟兹至据史德城，亦即唐之郁头州城也"①。

根据黄文弼的研究结果，托库孜萨来古城遗址即是文献记载的郁头州，也即龟兹国的据史德城。既然是唐代的郁头州，那应该有唐王朝的守军，这也可与慧超能在疏勒见到"汉军马守捉"相佐证。而这些守军往往由士兵及各种匠人组成，如杜环《经行记》中记载，在怛逻斯之战中被俘虏到阿拉伯的战俘中有"绫绢机杼，金银匠，画匠，汉匠起作画者，京兆人樊淑、刘泚，织络者，河东人乐隈、吕礼"②。对于这段话，人们更多关注的是其中的一枝一叶，但如果将整个军队综合起来看，唐王朝的戍边将士中，除了征战的将士之外，还有诸多的后勤辅助人员，除了承担后勤补给之外，其他的各类工匠则可能是来宣传唐文化，加强对控制区域的统治，犹如一个集各种职能于一体的"军团"。作为一个旁证资料，就是在西藏吉隆县阿瓦呷英山口摩崖上发现的唐显庆三年（658年）《大唐天竺使之铭》，共阴刻楷书24行，残存220字左右，记载唐使王玄策率刘嘉宾、贺守一等出使天竺，历尽险阻，经"小杨同"过吉隆时的勒石记事③。使团可以沿途勒石刻铭，可见其中包括各种人员。由此可见，在郁头州驻扎的唐王朝军队中应该也有能够开凿佛像的工匠，正是他们开凿了这些摩崖造像。这样一来，托库孜萨来古城遗址的摩崖造像与库车库木吐喇石窟石刻佛像的意义是相同的，很可能是唐代守边的汉人将士们及与之一起戍边的工匠所为。

如果诚如此，可以说是这些守边将士或工匠将中原文化与佛教艺术表现方式向西传播到了古疏勒一带，同时也反映了在当时守边将士的内心世界企图通过佛教造像来保佑自己。他们在造佛像时并没有采用当地流行的泥塑等方式，而采用了中原地区流行的石雕佛像样式，似乎明显是要表达对远方的亲人及故土的思念，同时也向边疆地区传播了中原文化。总而言之，托库孜萨来古城遗址发现的摩崖造像，虽然个体较小，但其意义是多方面的，很值得重视。

四、于阗蚕神——关于和田出土的一件双人面双耳陶壶

和田发现的双人面双耳陶壶（图11-100），不论是形制还是装饰，都非常精美。据说是19世纪末驻喀什噶尔的俄国领事彼得洛夫斯基的收藏品，出土于和田约特干遗

① 黄文弼：《塔里木盆地考古记》，科学出版社，1958年，第60、61页。

② （唐）杜环著，张一纯笺注：《经行记笺注》，中华书局，2000年，第55页。

③ 西藏自治区文管会：《西藏吉隆县发现唐显庆三年〈大唐天竺使出铭〉》，《考古》1994年第7期；霍巍：《〈大唐天竺使出铭〉相关问题再探》，《中国藏学》2001年第1期。原来认为是"大唐天竺使出铭"，经过辨认，今认为是"大唐天竺使之铭"。

图11-100　新疆和田出土双人面双耳陶壶

址，高26厘米。一般将其腹部贴塑的装饰，认为是女性像、猴、贝，在口部堆塑一条蛇[①]。这种介绍一直被因循下来，不见对这件器物腹部的贴塑和其他部位的堆、贴塑图像进行深入分析和探讨者。这件器物的造型应该是受了罗马文化的影响，其双面的造型在罗马的玻璃器中常见，对此笔者已经另文讨论。这里着重讨论其腹部装饰的贴塑纹饰。通过笔者仔细观察，认为其上贴塑的并不是贝壳等，而是蚕、蚕茧和蚕蛾等，而且这些形象与于阗传入桑蚕的传说有关。

首先来看看蚕。其外形确实如"贝"，但其头部明显地塑出两个圆形的眼睛，而且其身躯也呈横向的褶皱状，明显地表现的是蚕；其次，与蚕一起装饰的还有飞蛾状昆虫，它所表现的是破茧而出的蚕蛾；再次，形状像贝壳的贴塑，应当是蚕茧；最后，尤其奇妙的是，陶壶腹部有被蚕、蚕茧、蚕蛾围绕的女性图像，她可能是玄奘在《大唐西域记》中所记载的"东国公主"的形象，被作为蚕神来供奉。

关于和田即古于阗国栽桑养蚕，玄奘在其《大唐西域记》卷十二"瞿萨旦那"条记载了一个蚕种入于阗的故事："王城东南五六里，有麻射僧伽蓝，此国先王妃所立也。昔者此国未知桑蚕，闻东国有也，命使以求。时东国君秘而不赐，严敕关防，无令桑蚕种出也。瞿萨旦那王乃卑辞下礼，求婚东国。国君有怀远之志，遂允其请。瞿萨旦那王命使迎妇，而诫曰：'尔致辞东国君女，我国素无丝绵桑蚕之种，可以持来自为裳服。'女闻其言，密求其种，以桑蚕之子，置帽絮中。既至关防，主者遍索，唯王女帽不敢以验。遂入瞿萨旦那国，止麻射伽蓝故地。方备仪礼，奉迎入宫。以桑蚕种，留于此地。阳春告始，乃植其桑。蚕月既临，复事采养。初至也，尚以杂叶饲之，自时厥后，桑树连阴。王妃乃刻石为制，不令伤杀。蚕蛾飞尽，乃得治茧。敢有犯违，明神不祐。遂为先蚕建此伽蓝。数株枯桑，云是本种之树也。故今此国有蚕不杀，窃有取丝者，来年辄不宜蚕"[②]。

---

① 〔日〕東京国立博物館：《シルクロード大美術展》，読売新聞社，1996年，第36页，图版21。

② （唐）玄奘、辩机原著，季羡林等校注：《大唐西域记校注》（下），中华书局，2000年，第1021、1022页。

斯坦因在和田发掘时，曾经在丹丹乌里克发现 1 件木版画[①]（图 11-101），木板长46、高 12 厘米。画面左侧第二个人物被认为是来自中原的公主，其冠饰中藏有蚕卵及蚕茧，左侧第一个人物（侍女）用手指着公主的头部。右侧第二个人物为四臂神像，被认为是纺织的守护神。因此版画上的内容被解释为"蚕种西传"。尽管现在人们对这件版画的内容有了不同的解读，但将其与"蚕种西传"的故事联系起来这一点则反映了古于阗国栽桑养蚕对人们思维的影响。古代于阗人不仅用图像资料表现自己对桑蚕的敬仰，还以陶制做出了蚕的形象，以表示对蚕的崇拜，如在新疆洛浦县阿克斯匹尔古城遗址采集的 1 件陶蚕，长 5.2 厘米[②]（图 11-102）。

图11-101　新疆丹丹乌里克出土蚕种西传故事版画

图11-102　新疆洛浦县阿克斯匹尔古城遗址采集陶蚕

以图像资料表现蚕母，在内地也有类似的例子。如浙江温州固安寺塔出土的 1 件宋代套色版画中，印有蚕母的形象，其上方题有"蚕母"二字[③]（图 11-103）。在蚕母面前放置一个盛满蚕茧、装饰华丽的曲口状器物，蚕母呈贵妇人形象，双手合十，面对蚕茧做祈祷状，形象地表现了桑蚕之地的人们对于蚕母的信仰，祈求保佑蚕茧。这件印刷品的年代虽晚，但与这件陶壶上装饰的蚕茧等有异曲同工之妙。

---

① 〔日〕長沢俊和、NHK 取材班：《NHK 大英博物館（5）——中央アジア・東西文明の十字路》，日本放送出版協会，1991 年，第 93 页，图版 66。

② 新疆维吾尔自治区文物视野管理局等：《新疆文物古迹大观》，新疆美术摄影出版社，1999年，第 78 页，图版 164。

③ 金柏东：《温州发现〈蚕母〉套色版画》，《文物》1995 年第 5 期。

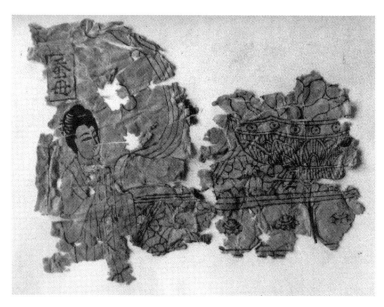

图11-103　浙江温州固安寺塔出土套色蚕母版画

图11-104　新疆和田出土倚坐龙王像

　　既然版画中有纺织的守护神，那么双耳罐的口部盘绕的蛇，它表示的应该是作为守护神的蛇形龙王。俄国探险家贝勒佐夫斯基在和田（一说粟特东部）曾经发现1件倚坐龙王像，在其颈部和头部盘绕一条蛇形龙[①]（图11-104）。说明于阗有以蛇形龙王作为守护神的做法。那么，双耳罐口部堆塑的蛇形龙可以视之为蚕、蚕蛾、蚕茧的守护神。这样一来，这件双耳罐上的贴塑及堆塑图像就与斯坦因发现版画上的图像对应起来了。将这些片段的图像资料连缀起来，我们就了解到古代于阗人对桑蚕传入的重视，不仅形成了传说，而且以各种艺术形象反复表现这一故事。

　　如果说斯坦因发现的版画表现的玄奘所记桑蚕传入于阗的过程，那么这件双人面双耳陶壶腹部的装饰，则表现的是春暖花开蚕出世的场景，将"蚕蛾飞尽，乃得治茧"的情景表现得淋漓尽致。如果将斯坦因发现的版画与这件器物结合起来的话，别有一番趣味。从这件器物的精美程度来看，或为麻

　　① 〔日〕東京国立博物館：《シルクロード大美術展》，読売新聞社，1996年，第37頁，図版22。

射僧伽蓝供养蚕神的器具，或者至少是 1 件与于阗桑蚕传入有关的器具，但这毕竟只是笔者依据图像资料的一个大胆推测，尚需大量的资料来证明。

五、猕猴顶钵——猕猴奉蜜的佛传故事

在印度德里国立博物馆收藏有 1 件造型独特的陶器，被称为顶碗陶猴（图 11-105），高 16 厘米，年代被定为 4—6 世纪。这件器物，据说是 1923 年英国驻新疆喀什的副领事 H.I 哈定从和田的巴德鲁丁·汗处购得，推测可能来自和田约特干遗址[①]。

这件陶器的造型生动有趣，笔者觉得称之为猕猴顶钵更为确切。猕猴雕刻得栩栩如生，姿态呈结跏趺坐状，以断线阴刻出猴毛，头部非常圆，面部表情生动，似乎咧嘴在笑。双手上举一碗，笔者认为应该称为钵比较妥当。钵为敛口，方唇，腹部略外鼓，圜底，可惜残缺一块。这种形制的钵在中原地区的寺院遗址、塔基地宫和僧墓中较为常见，如陕西西安临潼区唐庆山寺塔基地宫出土的 1 件黑陶钵[②]（图 11-106）。

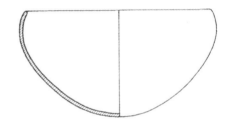

图11-105　印度德里国立博物馆藏陶猕猴顶钵　　　图11-106　陕西西安临潼区唐庆山寺塔基地宫
　　　　　　　　　　　　　　　　　　　　　　　　　　　　　出土黑陶钵

在犍陀罗造像中也有不少关于佛钵的故事，如四天王奉钵故事。关于这一故事，玄奘《大唐西域记》卷八记载："长者献麨侧，有窣堵波，四天王奉钵处。商主既献麨

①　祁小山、王博：《丝绸之路·新疆古代文化》（续），新疆人民出版社，2016 年，第 93 页，图版⑤。

②　赵康民：《武周皇刹庆山寺》，陕西旅游出版社，2014 年，第 99 页。

蜜，世尊思以何器受之，时四天王从四方来，各持金钵，而以奉上，世尊默然不纳受，以为出家不宜此器。四天王舍金钵，奉银钵，乃至颇胝、琉璃、马瑙、车渠、真珠等钵，世尊如是皆不为受。四天王各还宫，奉持石钵，绀青映徹，重以进献，世尊断彼此故，而总受之。次第重叠，按为一钵，故其外侧有四际（一作隆）焉。"①

　　表现四天王奉钵这一题材的犍陀罗造像比较多，如巴基斯坦白沙瓦博物馆收藏 1 件②（图 11-107），日本平山郁夫丝绸之路美术馆收藏 1 件③（图 11-108），日本个人收

图11-107　巴基斯坦白沙瓦博物馆藏四天王奉钵造像

图11-108　日本平山郁夫丝绸之路美术馆藏犍陀罗造四天王奉钵造像

---

　　① （唐）玄奘、辩机原著，季羡林等校注：《大唐西域记校注》（下），中华书局，2000 年，第 687、688 页。

　　② 笔者拍摄于巴基斯坦白沙瓦博物馆。

　　③ 〔日〕東武美術館、奈良国立博物館、名古屋市博物館、NHK、NHK プロモーション：《ブッダ展——大いなる旅路》，美術出版デザインセンター，1998 年，第 121 頁，図版 92。原在神奈川县丝绸之路研究所，平山郁夫丝绸之路美术馆成立后，移至该美术馆。

藏1件[①]（图11-109）。另外，在日本东京国立博物馆收藏1件出土于犍陀罗地区的佛钵供养图像[②]（图11-110），其中硕大的佛钵呈四重唇，表现的是佛接受四天王所奉之钵后，以神力将四个佛钵按为一钵。在我国的石窟造像及壁画中也有四天王奉钵的题材，如山西大同云冈石窟第8窟后室东壁第二层南侧龛中雕刻四天王奉钵的题材[③]（图11-111），其中四天王的形象与云冈石窟同期的菩萨像非常类似。又如法国巴黎吉美美术馆收藏的杜尔杜尔阿胡尔东北寺院遗址出土的四天王奉钵壁画残片[④]（图11-112），虽然已经残缺，但其中的天王形象和所奉钵却清晰可见。

图11-109　日本个人收藏犍陀罗四天王奉钵造像

　　还有一个与佛钵相关的故事值得注意，它与这件顶钵猕猴造型的器物似乎密切相关，这个故事就是猕猴奉蜜。据《贤愚经》卷十二云，舍卫城中有一婆罗门，字师质，居家大富，无有子息。诣六师所问其因缘，六师答言：汝相无儿。夫妻愁苦，往诣释迦牟尼问询。释迦牟尼说：你们当有儿，福德具足，长大出家。师质闻喜，说：但使有儿，学道何苦？因请佛及僧明日舍食。这时，释迦牟尼默然许之。第二天，释迦牟尼与众比丘往诣其家，食已还归，路游一泽，泉水清美，释迦牟尼与诸比丘便往休息。这时，诸比丘各各洗钵。有一猕猴来到阿难面前，向其索钵。阿难担心其将钵打坏，

---

①　〔日〕栗田功：《ガンダーラの美術》（Ⅰ）（改訂増補版），二玄社，2003年，第287页，图版625。

②　笔者拍摄于日本东京国立博物馆。

③　中国石窟雕塑全集编辑委员会：《中国石窟雕塑全集》3《云冈》，重庆出版社，2001年，第81页，图版八〇，说明文字该参见28页。

④　〔日〕田边胜美、前田耕作：《世界美術大全集・東洋編》第15卷《中央アジア》，小学馆，1999年，第288頁，图版211、212。

图11-110　日本东京国立博物馆藏
犍陀罗造像中的佛钵

不想给它。释迦牟尼告阿难说：速与勿忧。阿难得到释迦牟尼的指令，便将钵给了猕猴。猕猴得钵，持至蜜树，盛蜜满钵，来奉上佛。释迦牟尼告诉猕猴说：去蜜中不净。猕猴即将蜜中的蜂虫拣出，极令净洁。释迦牟尼又告诉猕猴说：以水和之。猕猴即以水和蜜，奉献给释迦牟尼。释迦牟尼接受后，将蜜分给诸比丘，咸共饮之。猕猴欢喜，腾跃起舞，不小心堕大坑中，即便命终。魂归受胎于师质家，妇便觉娠。日月已足，生一男儿，端正少双。当生之时家内器物自然满蜜。师质夫妇喜不自胜，告诉了诸位占相师，相师占相后说：善。以初生之日，蜜为瑞应，因名蜜胜。儿既年大，辞父出家，得阿罗汉果，与诸比丘，游化人间[1]。

那么，佛教造像或者绘画，是怎样表现猕猴奉蜜的呢？不论是造像或者绘画，都是以猕猴捧

图11-111　山西大同云冈石窟第8窟后室东壁第二层南侧龛

---

[1] 《贤愚经》,《大正藏》第 4 册，No.0202，第 429、430 页。

图11-112　新疆杜尔杜尔阿胡尔东北寺院遗址出土四天王奉钵壁画残片

钵的形式出现。下面列举几个不同地区不同时代的相关例子。

印度中央邦 1 世纪的桑奇第 1 塔北门西柱上雕刻一幅猕猴奉蜜图像[①]（图 11-113）。由于这一时期尚没有出现佛像，所以，画面左侧雕刻出菩提树和佛座来象征释迦牟尼的存在，座前有礼拜佛像的信徒。在画面的右侧上方雕刻供养者像，下方雕刻两只猕猴，一前一后，靠近佛座的猕猴手中捧一钵，形象生动地展现了猕猴为释迦牟尼奉蜜的情景。

巴基斯坦拉合尔博物馆收藏有 1 件出土于西克利（Sikiri）猕猴奉蜜造像[②]（图 11-114）。在这件造像中，释迦牟尼居中，手托一钵，在其两侧分别雕刻一只猕猴。释迦牟尼右侧的猕猴捧钵，左侧的猕猴呈转身离去状。这件造像有明显的异时同图的性质，即在同一画面中，同时雕刻不同时间段发生的故事情节。

甘肃敦煌莫高窟宋代第 72 窟东壁门北侧绘制有以猕猴奉蜜为主题的壁画（图 11-115），图中塔前有较长的题记："吷舍城内猕猴奉蜜于世尊，佛即纳之，身心欢喜而作舞，失足限井，命终生天，此地兴隆，第七塔也。"画面绘制了较为完整而且连续的故事情节，包括猕猴于树下采蜜、以钵盛蜜献佛、欢喜起舞、失足坠井、生天和散花供养等情节[③]。这幅壁画年代虽然较晚，但说明猕猴捧钵奉蜜这一故事是重要的佛教造像或者绘画的题材。

---

① 〔日〕肥塚隆、宫治昭：《世界美術大全集・東洋編》第 13 卷《インド》（1），小学館，2000年，第 48 頁，图版 47。

② 〔日〕栗田功：《ガンダーラ美術》（Ⅰ）（改訂增補版），二玄社，2003 年，第 177 頁，图版 348。

③ 敦煌研究院：《敦煌石窟艺术全集》4《佛传故事画卷》，同济大学出版社，2016 年，第 204、205 页，图版 191、192。

图11-113　印度桑奇第1塔北门西柱上猕猴奉蜜图像

图11-114　巴基斯坦拉合尔博物馆藏猕猴奉蜜造像

图11-115　甘肃敦煌莫高窟宋代第72窟东壁门北侧猕猴奉蜜壁画

　　从这件猕猴顶钵来看，古代于阗的工匠们是非常了解猕猴奉蜜这一佛教故事的。他们与桑奇大塔的建筑艺术家以及犍陀罗造像的艺术家们一样，也将猕猴和钵凸显出来，从而将这一故事浓缩为猕猴顶钵的形象。钵位于猕猴的头顶，使用方便，同时也满足了器物造型之美，并且也将猕猴奉蜜的故事寓于器物之中。这样一来，不仅实用、美观，而且也起到了宣传佛教的作用，堪称一件匠心独具的艺术精品。

结　　语

　　对于世界古代文明和人类文明交往的认识，欧美和中国学界存在着巨大差异，欧美学者往往以文明冲突来诠释世界古代文明，而中国自孔子开始就主张世界大同，和而不同，尊重文明的差异，提倡"修文德以来之，既来之，则安之"的理念，核心是希望世界走向大同，共建人类命运共同体。拙著的研究主要从考古学的视野出发，以"文明交往论"为理论基础，通过研究丝绸之路上丰富多彩的遗存，阐释人类在古代就是通过这条道路实现了文明的交往、人类社会的发展与进步，它绝不是冲突的结果，而是包容、互鉴的必然结果。

　　单就唐王朝而言，其对外政策本身就具有极强的开放性与包容性，诸如允许外国人入境居住、允许外国人参政做官、重用番将统军、保护对外贸易通商、允许番汉通婚联姻、允许外国僧侣传教等，其结果必然是衣食住行混杂、文化开放融合[①]。这些政策不仅使得来华人员有强烈的归属感，更符合儒家治国理念中的"远人不服，则修文德以来之。既来之，则安之"。与其他各个朝代相比较，唐王朝的开放、融合、包容表现得尤其强烈。这首先是因为唐王朝有雄厚的经济基础和发达的手工业技术（也就是我们现在强调的核心技术）——以精美的丝绸、绚烂多彩的金银器和唐三彩的制作工艺等为代表。其次是"华夷观"的转变，使得文化认同高于民族认同，表现出唐代文化"多元一体"的特点。正是由于雄才大略的唐太宗具有国际大视野和世界眼光，他被各民族尊称为"天可汗"。唐太宗说："自古皆贵中华，贱夷狄，朕独爱之如一，故其种落皆依朕如父母。"也正是这种文化认同，使得许多外来移民，特别是粟特人改变了自己传统的丧葬习俗，以唐代的丧葬习俗埋葬——这是文化认同中最难改变的一部分。在各种因素的促成之下，使得唐王朝具有极强的自信心、包容性、吸纳力和影响力，并且爆发出旺盛的创造力。

　　拙著的旨趣主要是从微观层面论述古代中国与希腊、罗马、中亚、西亚及古印度之间存在的文化交流问题。其中包括峰牛、三花马等的交流；与佛教相关的石窟地形的选择、香炉造型、舍利容器与舍利瘗埋等的交流；波斯与中国文化的交流；作为中

---

① 葛承雍：《论唐朝的世界性》，《胡汉中国与外来文明·交流卷：绵亘万里长》，生活·读书·新知三联书店，2019年，第99—113页。

华民族文化符号的"胜"的发展与传播；中原王朝对西域经略过程中的文化传播；以贵霜为中介的希腊罗马与中国的文化交流等。通过这些论述可以清晰地看出，古代中国特别是唐代，在文化交流中的态度是敞开胸怀地包容与积极地吸收，而不是消极被动地接受。唐王朝在吸收外来的物质和精神文化的过程中，也不是简单地全盘吸收，大都经历了从模仿到改造的过程，而这一过程恰恰是取舍的过程，将其符合传统文化的部分不断地加以改造，使其成为唐王朝文化的一部分，并最终将其融合于传统文化中，从而体现出"中体外用"的思维逻辑。为什么诸多的外来器物消失在了历史长河而成为现在难得一见的珍贵文物？总归是与唐王朝的伦理道德、审美观念、器用习惯等不相吻合有关，但其曾经起到的作用则是不可忽视的，或者说其折射出的唐王朝开放、包容的态度是不可忽视的。同时，尽管拙著的观察是微观的，但通过论述仍然可以看出，文化交流是多层次的，更是立体的，涉及当时社会生活的诸多层面，在很多方面表现出如春雨一般"润物细无声"。

　　总而言之，"丝绸之路"犹如一条条、一段段丝线，将欧亚大陆上万里之遥的地方连接在一起，让人们在交流与互鉴中享受人类文明的共同成果，与儒家治国理念中的世界"大同"的思想高度吻合。更为重要的是，通过"丝绸之路"上的文化交流可以看出，除去其他因素不谈，唐王朝正是得益于文化交流而国运长盛不衰，即使受到"安史之乱"的重创，也仍然能够延续150多年。这也让我们深刻认识到文化交流的重要性。

后　记

当一校校样由顺丰快递传递到我的手里时，看着很厚的样子，心里有着一点期待，也有点惴惴焉，同时却也很淡然，总之是在矛盾着。夹着邮包自长安校区南门内的菜鸟驿站步行 10 余分钟回到新搬的办公室，摊开校样，看到柴丽丽编辑的提示，需要注意的有三项，其中有一项是图名的统一，因为自己也编辑以书代刊的出版物，对于这一项有点心有余悸，我知道其中的工作量很大，因为每新增一个标准，工作量就会倍增，这是毫无疑问的。柴丽丽编辑用红色笔标注出来的地方要认真核对，建议用蓝色笔标记改动之处，因为没有蓝色的油性笔，就只好用黑颜色的油性笔来校改。经过几天加班加点的努力，改得满篇都是标注的文字和符号。校样也因被我翻来覆去，来回摆弄，原本有点脆性的纸，竟然被我翻得柔软而如小圆筒一般卷起来了，这使我想起小时候上学时边角卷起的课本，当时这种现象被老师和家长称为"把书揉成牛肉了"。再后来二校之时，是对其中涉及的日文文献等的校对，这一项工作的工作量也很大，但柴丽丽编辑不厌其烦，认真负责，不放过点滴，每每提出问题时，我都会冒出"我的打字和写作能力怎么这么差，以后还是不写了吧"的念头。同时我也更加深刻地理解了"版权"一词背后的含义。

《丝路豹斑——不起眼的交流，不经意的发现》一书出版后，有各种议论，正面评价为主，批评意见也有。正面评价给本人以鼓励，增强了自己的信心；批评则使我反思，有利于自身提高和进步，毕竟个人的局限性是永远存在的，耳提面命、醍醐灌顶是时时刻刻需要的。此后的日子里，我又按照原来的思路写了一些文章，长短不一，有些较长，有些较短。因为大体的思路还是原来的样子，没有重大改变，所以将这本书起名为《丝路豹斑（续集）——不起眼的交流，不经意的发现》，以表示是原来的延续，但多少汲取了原来的一些经验和教训。

这个续集中的大部分章节以前曾经发表过，在此次编辑出版之时有所改动，但文脉和基本内容没有改变。改动的形式和原因多样，其中有些是对地图的删减；有些是对注释的增加；有些是对学术史的补充；有些则是对观点的补充和修订；有些则是为了使其看起来像一本书而对章节进行了统一，所以对题目有所改动。没有发表过的部分，集中在第十一章，主要是平日的读书学习、教学和研究过程中写作的札记和学习心得，不是什么完整的论述。

　　一本书的出版，编辑校对至为关键，而且需要多方合作。科学出版社文物考古分社孙莉社长和柴丽丽编辑尽心尽力，认真负责，避免了诸多错误的发生，甚至连2020年的国庆节和中秋节休假也没有休息，使我非常感动。西北大学文化遗产学院的李伟、马健、豆海峰、温睿、凤鸣、张瑞东等女士和先生，对拙著的编辑出版也曾给予关心和支持。日本友人大正大学文学部教授加岛胜、奈良县立橿原考古研究所副所长冈林孝作、东北大学文学部教授长冈龙作，在拙著的编辑过程中，无私地提供急需的照片和相关资料。研究生高悦、谢雪菲、周艺欣、张佩玲、全刘涛、马斌成等，在校对过程中也付出了一定的辛苦。凡此种种，皆记录在此，一并对所有给予我帮助的编辑、朋友、同仁和学生等，深表谢意。